단숨에 성경을 꿰뚫는

# 즐거운 성경 66권 탐구

단숨에 성경을 꿰뚫는
# 즐거운 성경 66권 탐구

지은이 | 유진소
초판 발행 | 2010년 1월 20일
18쇄 발행 | 2024. 1. 16.

등록번호 | 제3-203호
등록된 곳 | 서울특별시 용산구 서빙고동 95번지
발행처 | 사단법인 두란노서원
영업부 | 2078-3333    FAX 080-749-3705
출판부 | 2078-3477

▌책 값은 뒤표지에 있습니다.
ISBN 978-89-531-1267-4   03230

▌편집부에서 독자의 의견을 기다리겠습니다.
tpress@duranno.com    http://www.Duranno.com

▌이 책의 본문은 개역개정 성경을 사용했습니다

두란노서원은 바울 사도가 3차 전도여행 때 에베소에서 성령 받은 제자들을 따로 세워
하나님의 말씀으로 양육하던 장소입니다. 사도행전 19장 8-20절의 정신에 따라 첫째
목회자를 돕는 사역과 평신도를 훈련시키는 사역, 둘째 세계선교(TIM)와 문서선교(단행
본·잡지) 사역, 셋째 예수문화 및 경배와 찬양 사역, 그리고 가정·상담 사역 등을 감
당하고 있습니다. 1980년 12월 22일에 창립된 두란노서원은 주님 오실 때까지 이 사역
들을 계속할 것입니다.

단숨에 성경을 꿰뚫는

# 즐거운 성경66권탐구

유진소 지음

두란노

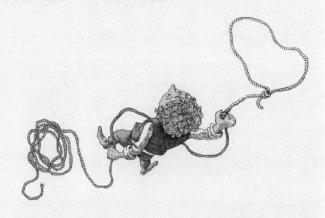

# ○ 4부 성경 보는 눈을 열어 주는 7가지 맥

**▎서론**

# 말씀은 살아 있는 생명입니다

## 언더우드가 조선에 와 보았더니…

한국 선교역사에서 결코 빼놓을 수 없는 인물 중 한 분이 바로 언더우드 선교사입니다. 그분의 일생은 정말 한번 영화로 만들어 보고 싶을 만큼 극적이고 감동적입니다. 그런데 이 언더우드 선교사의 이야기를 꺼내자면 필연적으로 짚고 넘어가야 할, 전대미문의 엄청난 교회사적 사실이 하나 있습니다. 그것은 바로 우리 한국은 선교사보다 말씀이 먼저 들어와 복음화가 된 나라라는 사실입니다. 세계 역사상 그런 유례가 없었습니다. 대개의 경우 먼저 선교사가 피 흘리고 핍박받던 끝에 결국 복음이 들어갔습니다. 그런데 우리나라만은 선교사가 들어오지도 않은 상태에서 오직 말씀만으로 믿음의 불꽃이 일어나 퍼져 간 특이한 케이스였습니다.

만일 개신교만 그랬다면 우연한 사건이었다고 할 수 있습니다. 그러나 이에 앞서 가톨릭이 들어오는 과정에서도 같은 양상이 나타났습니다. 우리 역사를 보면, 처음에 가톨릭은 서학(西學)으로 들어왔습니다. 이수광의『지봉유설』에도 소개되었듯이 가톨릭을 서양 학문의 하나인 천주학으로만 여겼습니다. 그런데 사람들은 서학을 공부하는 가운데 천주교 교리와 말씀을 접하게 되었습니다. 시간이 지나면서 점차 서학은 뒷전으로 밀리고, 정약용의 형 정약전 같은 사람은 교리 연구 모임을 만들어 아예 본격적인 말씀 공부를 시작했습니다. 이처럼 교리 연구를 하다가 은혜를 받고 마침내 신앙을 갖게 된 사람들이 점점 늘어나자 이를 막으려는 대대적인 핍박이 일어났고 수많은 순교자들이 나오게 되었습니다.

정연희 씨가 쓴 소설『양화진』에도 나오지만 그들은 정말 대단한 사람들이었습니다. 배운 것도 없고 아는 것도 없었지만 오직 그 믿음을 지키기 위해 목숨을 걸었던 사람들입니다. 심지어 열한 살 먹은 아이조차 끔찍한 고문에 굴하지 않고 끝까지 신앙을 고백하다가 목숨을 잃기까지 했습니다. 이들이 바로 우리 믿음의 조상들입니다.

그러니까 결국, 선교사가 먼저 들어온 것도 아니었고, 목회자가 교회부터 세워 놓고 말씀 전한 것도 아니었습니다. 그저 흘러 들어온 말씀, 그것도 전체가 아닌 말씀 조각을 읽다가 은혜 받아 신앙을 갖게 된 믿음의 조상들, 거기서 생명을 건 순교자들이 나왔던 것입니다.

앞에서도 언급했지만, 이런 놀라운 역사는 가톨릭에서 끝난 것이 아니라 개신교에서도 그대로 나타났습니다. 이 놀라운 역사를 직접 목도한 사람이 바로 언더우드였습니다.

뉴욕 대학과 뉴브런스윅 신학교를 나온 언더우드는 당시 미국에서 한창 유행하던 기독학생운동(S.V.M.)에 합류했습니다. 그 학생운동에서 내건 슬로건은 '세계복음화를 이 세대 안에 이루자'였는데, 그는 이 슬로건에 은혜를 받고 선교사로 헌신했습니다.

사실 당시 언더우드는 중국 선교에 관심이 있었습니다. 그런데 어떠한 경로로 조선(朝鮮)에 대한 얘기가 선교사들 간에 나오게 되었고, 언더우드는 다른 이들에게 조선 선교를 권하다가 결국 그 자신이 조선 선교에 헌신하게 되었습니다. 그러니 조선이 도대체 어떤 나라인지 제대로 알지도 못한 채 오게 되었던 것입니다. 다만 한 가지, 2천만 명의 사람들이 사는데 주된 종교가 없다는 것을 알고 왔을 뿐이었습니다.

언더우드는 이 극동의 작은 나라에는 정말 아무도 복음 전한 사람이 없으니 자신이 조선 최초의 선교사라고 생각했습니다. 물론 알렌이 앞서서 선교활동을 하고 있기는 했지만, 그는 복음전파보다는 의사로서의 전략적 접근에 힘썼습니다. 즉, 선교적 기반만 구축했습니다. 그런 의미에서, 제대로 복음을 전파한 사람은 언더우드, 아펜젤러, 스크랜턴이 처음이었습니다.

처음에 언더우드는 알렌과 같이 병원에서 의료 선교를 하다가 그후 정동교회를 세웠습니다. 정동교회는 조선 사람들을 위한 교회가 아니라 외국인을 대상으로 한 교회로서, 한국 최초의 조직교회였고 새문안교회의 전신(前身)이었습니다.

이처럼 조선 사람들에게는 아직 복음을 전하지 못하고 있던 언더우드에게 어느 날 노 도사라는 사람이 찾아와서는 "우리한테 세례를 베풀어 주십시오"라고 부탁했습니다. 깜짝 놀란 언더우드가 "당신이 복

음을 압니까?"라고 묻자 그는 "알 뿐더러, 나 말고도 믿는 사람이 황해
도 해주에 많이 있습니다"라고 대답했습니다. 그들은 만주로부터 복
음을 들었다는 것이었습니다.

그러면, 선교사가 들어와서 복음을 전한 일도 없는데, 이들은 도대
체 어디에서 복음을 전해 들었던 것일까요? 바로 이 배후에, 세계 선
교 역사상 유례가 없는, 이 땅에서만 일어났던 놀라운 이야기가 숨어
있습니다. 언더우드가 일본을 통해 조선에 들어와 정동교회를 세울
때, 하나님께서는 만주에서 놀라운 복음의 역사를 이미 시작하고 계셨
던 것입니다.


## 하나님의 말씀 프로젝트


우리나라에 포교의 문이 열리기 전에 존 로스라는 스코틀랜드 출신
선교사가 중국 선교를 위해 만주에서 사역하고 있었습니다. 몸이 아파
1년 정도 쉬면서 중국 여행을 하다가 소위 만추(Manchu)라고 불리는 만
주 땅, 지금의 단동인 고려원에 도착한 로스는, 저 건너편 반도(牛島)에
조선이라는 나라가 있고 2천만 명이 산다는 얘기를 듣는 순간 그 가슴
이 불타기 시작했습니다. 하나님의 일은 이렇게 가슴에 불이 붙게 되
면 그 다음부터는 아무도 못 말리는 법입니다. 로스는 가 본 적도 없는
그 미지의 나라에 너무너무 복음을 전하고 싶었습니다. 그래서 선교본
부에 연락하여 조선 선교를 자원했지만 거절당하고 맙니다. 그 당시

조선은 선교사가 들어갈 수 없는 위험한 나라였기 때문입니다.

그래도 하나님께서는 자꾸만 그의 마음속에 조선 선교에 대한 소원을 심어 주셨습니다. 로스는 용기를 내어 1874년 9월 어느 날, 국경마을인 신의주 건너편 고려문에까지 오게 됩니다. 하지만 그 강경한 조선의 쇄국정책에 가로막혀 입국하지 못하고 맙니다.

그런데 그때 백 씨라는 개성상인이 자포자기한 로스를 찾아와서는 양복지를 달라고 하는 것이었습니다. 그 당시 조선의 개성상인들에게 최고로 수지맞는 장사가 양복지 장사였습니다. 중국에 가서 양복지를 구해 조선에다 팔면 엄청나게 이윤이 남았고, 그 돈으로 중국에서 또 양복지를 사들여 왔습니다. 이 개성상인은 로스가 선교사인지도 모른 채 스코틀랜드 사람이 와 있다니까 양복지를 얻으러 다짜고짜 찾아온 것이었습니다.

그때 로스 선교사는 양복지 대신에 한문 성경책을 그에게 건네주었습니다. 그것도 두꺼운 성경책이 아닌, 쪽복음인 마가복음서만을 말입니다. 당시에는 인쇄술이 발달되지 않아 책 자체가 아주 귀하던 시절이었습니다. 그래서 이 백 씨라는 상인은 실망스러웠지만 그거라도 받아 왔습니다.

그 후 로스 선교사는 다시 북경으로 돌아와 제2기 사역을 시작합니다. 그러나 그동안에도 가슴속에 지펴진 조선을 향한 애끓는 사랑의 불길은 꺼지질 않았습니다. 선교에 한번 미치면 이처럼 못 말리는 것입니다. 그 어떤 연애 감정보다도 더 뜨겁습니다. 로스 선교사는 조선 선교에 대한 불같은 열정을 결국 주체하지 못하고 몇 년 후 선교본부에 다시 허락을 구합니다. 그러자 선교본부에서는 "절대로 조선 땅에 들어가지 말고 만주에서 문서선교만 하라"는 부분적인 승낙을 해 주었습니다. 벌써 제너럴셔먼호 사건으로 토마스 목사가 순교한 선례가 있던 터라, 조선은 아주 고약한 나라로 낙인찍혀 있었습니다.

로스 선교사는 성경 번역 작업만 하겠다는 약속을 하고는 만주로 다시 갔습니다. 그곳에 자리를 잡고 성경 번역 작업에 착수한 로스는 조선말과 중국말을 모두 할 수 있는 조선 사람을 모집하여 중국어 성경을 조선말로 번역하게 했습니다.

양복지 대신에 엉뚱한 책을 얻어 가지고 고향 황해도로 돌아온 개성상인 백 씨는 그 아들 백홍준에게 한자로 된 책이니 읽어 보라며 그 쪽복음을 건네주었습니다. 아버지에게서 성경을 받아 읽던 백홍준은 말씀이 가슴에 파고드는 것을 느꼈습니다. 무슨 뜻인지 이해가 되지는 않았지만, 그 안에 알 수 없는 힘이 있다는 것을 알아차렸습니다. 보통 책이 아님을 깨달은 것입니다.

말씀을 읽다가 은혜를 받은 백홍준은 더 알고 싶다는 열망을 안고 친구와 함께 중국으로 떠납니다. 아버지가 중국에서 얻어온 책이니 혹시 거기 가면 책 전체를 다 얻을 수 있을까 하는 기대를 가지고, 괴나리봇짐만 든 채 만주 고려원으로 간 것입니다. 거기 거하면서 직업이 필요했던 그들은 두 나라말을 하는 사람을 찾는다는 소식을 듣고는, 수소문해서 그곳을 찾아가게 됩니다.

한편, 로스 선교사는 번역 아르바이트 지망생과 면접을 하게 되었는데, 놀랍게도 이 조선 친구가 복음을 안다고 하는 것이었습니다. 떨리는 마음을 가다듬고 자초지종을 들어 보니, 몇 년 전 자신이 양복지 대신에 쪽복음을 전해 주었던 바로 그 사람의 아들이 이제 제 발로 찾아온 것이 아니겠습니까? 저는 이것을 일컬어 '하나님의 프로젝트'라고 부릅니다. 하나님의 프로젝트는 정말 기막힙니다. 사람이 계획해서는 이런 일이 절대로 일어날 수 없습니다. 사건들이 짜 맞추어져 가는 과정을 보면 정말 소름이 끼칠 정도입니다. 로스 선교사와 백홍준의 만남은 결코 우연이 아니었습니다.

너무나도 놀란 로스 선교사는 자신이 누구인지를 밝히고는 백홍준과 그 친구에게 성경 번역을 맡겼습니다. 이리하여 그들은 한글로 된 최초의 성경인 로스역(譯)의 번역을 돕게 되었고, 말씀 속에서 더 확실하게 구원의 확신을 갖게 됩니다. 그리고 마침내 세례를 받습니다. 이름이 알려지지 않은 백홍준의 친구는 이리하여 우리나라 최초의 세례자가 됩니다.


## 복음 들고 산을 넘는 자들의 발길

이 외에도 우리나라 성경 번역 역사에 주연 혹은 조연으로 등장하는 숱한 사람들이 있었습니다.

이응찬이라는 사람은 원래 술꾼에 아편쟁이였다고 전해지는데, 개성상인으로서 만주에 장사하러 갔다가 약값으로 돈 다 날리고 또다시 약값을 구하려다가 성경 번역 일에 뛰어들게 되었습니다. 그런데 그런 그가 성경을 번역하다가 그만 복음에 은혜를 받았습니다. 약(藥) 때문에 돈 벌러 왔다가, 그보다 더 센 신약(新約)에 빠져 버린 것입니다. 로스 선교사의 전도로 믿은 것이 아니라 번역하다가 직접 말씀에 감화받아 믿게 된 경우였습니다. 그때 이응찬은 당장 세례를 받고 싶어 했지만 로스 선교사는 허락하지 않았습니다. 왜냐하면 이응찬에게는 밥 먹을 때마다 반주(飯酒)를 한 잔씩 하는 고질적인 습관이 있었기 때문입니다. 그저 믿겠다고만 해도 감지덕지하여 눈감아 줄 법도 한데, 로스 선교사는 술 끊기 전에는 절대로 세례를 줄 수 없다며 단호하게 나갔습니다. 당시 선교사들은 이처럼 엄격하여, 아닌 것은 아니라고 분명하게 선을 그었습니다.

결국 이응찬은 술을 끊었고, 세례를 받고 나서는 말씀 번역한 것을 필사(筆寫)하여 권서 행위를 했습니다. 당시 권서인(勸書人)들의 발걸음은 전국 구석구석을 부지런히 누볐습니다. 산 건너 물 건너 다녔습니다. 심지어 결혼하지 않은 처녀들도 호랑이가 나온다는 고개를 성경책을 짊어지고 넘어 다녔습니다. 이런 사람들을 통해 이 땅에 복음이 확산되는데, 이응찬도 권서인으로서 활동하다가 그만 콜레라에 걸려 죽었고 우리나라 최초의 순교자 중 한 명이 되었습니다.

서상륜이라는 사람은 황해도 송천, 즉 솔내 또는 소래 지역 출신인데, 중국에 장사하러 갔다가 그만 장질부사(장티푸스)에 걸립니다. 병치레 끝에 돈이 다 떨어진 그는 고향에 바로 돌아갈 수가 없어 종잣돈 마련을 위해 성경 번역 아르바이트를 하게 됩니다. 이응찬처럼 번역하는 과정에서 그 의미를 새기다가 은혜를 받은 서상륜은 자신이 직접 번역한 말씀을 가지고 고향으로 갑니다. 사실 그 당시 말씀을 짊어지고 압록강을 건넌다고 하는 것은 목숨을 건 일이었습니다. 그래서 어떤 기록에 따르면, 그가 성경을 전부 다 종이 노끈으로 만들어 가지고 국경을 넘었다고 합니다. 어찌되었건 그는 생명을 걸고 성경책을 들여와 자기 고향 소래에 복음을 전파했습니다. 그때 그의 동생 서경조가 복음을 믿게 되는데, 그는 우리나라 최초로 목사 안수를 받은 일곱 사람 중 한 명이었습니다. 그 서경조의 손자 되는 분이 경실련(經實聯)의 서경석 목사입니다. 그들에 의하여 소래에 교회가 세워졌는데, 그것이 바로 한국 최초의 신앙공동체인 소래교회였습니다. 선교사가 복음을 전한 일도 없는데 언더우드에게 찾아와 세례를 요청한 사람들이 바로 이 서상륜, 서경조의 전도를 받은 소래교회 사람들이었던 것입니다.

또 그 당시 김청송이라는 식자공(植字工)이 있었습니다. 식자공은 ㄱ, ㄴ 등의 활자를 인쇄판에 꼽는 사람이어서 사실 내용을 제대로 안 보고 기계적으로 그 일을 하기가 쉬운데, 얼마나 말씀의 능력이 대단한지 김청송은 식자 작업 도중에 은혜를 받았습니다. 그 후 그는 자기가 인쇄한 성경책을 짊어지고 두만강 지역을 찾아가 골짜기 골짜기마다 기도하며 전도하러 다녔습니다. 그리하여 일주일 만에 15개 골짜기 중에서 10개의 골짜기가 복음화되었습니다. 그곳 사람들은 "왜 이제서야 말씀을 가지고 왔냐?"며 기쁘게 복음을 받아들였고, 매일 가정예배를 드릴 정도로 다들 열심이었습니다.

김청송의 조수도 일하다가 은혜를 받았습니다. 어머니가 위독하여 돌아가야 할 때조차 그는 그 기회에 복음을 전해야 한다며 자기가 찍은 성경책을 짊어지고 떠났습니다. 하여간 이 당시 사람들은 말씀에 미쳐 있었습니다. 말씀을 건들기만 하면 다 은혜를 받았습니다. 말씀이 흥왕했습니다. 그 때 번역되어 전파되었던 말씀은 마가복음과 요한복음이었습니다.

어떻게 이런 역사가 가능했을까요? 그것은 바로 말씀이 죽은 글이 아니라 살아 있는 글이기 때문입니다. 말씀은 지식이 아니라 살아 있는 생명입니다. 그것은 꼭 바이러스와 같습니다. 바이러스는 우리 몸에 들어오면 가만있지 않습니다. 살아 있기 때문에 결국 병을 일으킵니다. 말씀은 전염병 중에서도 가장 독한 전염병입니다. 닿기만 해도, 듣기만 해도 사람들이 은혜를 받으니 말입니다. 식자공뿐 아니라 그 조수까지도 말씀에 닿기만 하면 다 넘어갔으니 이것이 전염병이 아니고 무엇이겠습니까? 말씀은 살아 있는 생명입니다. 병원균처럼 들어오기만 하면 사람이 바뀝니다. 복음의 역사는 이처럼 대단합니다.

그런데 우리는 이 말씀의 능력을 얼마나 사용하고 있습니까? 왜 요즘에는 이런 생명의 역사가 없을까요? 교회를 오래 다녔어도 도대체 말씀을 얼마나 알고 있습니까? 제가 볼 때 21세기 최대의 기적 중 하나는 교회를 그렇게 오래 다니고도 말씀을 너무나 모른다는 것입니다. 매주 그렇게 설교도 많이 듣고 성경공부도 많이 하는데, 어찌 된 게 말씀만 나오면 막막하고 막연하기만 합니다. 들으면 다 아는 소리 같은데 제대로 아는 것이 없습니다. 막상 누군가에게 가르치려고 하면 모르겠고, 읽은 말씀이 무슨 뜻인지도 모릅니다. 이것이 문제입니다.

이렇게 된 데에는 여러 가지 이유가 있겠으나, 말씀에 대한 무지가 가장 큰 이유일 것입니다. 수도 없이 많은 설교를 듣고 성경공부도 해 왔지만, 그래서 단편적인 지식들은 많이 있지만, 그것들이 하나로 꿰어지지 않아서 전체적으로는 그냥 뿌연 것이 우리의 상태가 아닐까요?

모으긴 모았는데…

성탐이가 박물관에 갔다가 실수로 그만 거대한 공룡 뼈 모형과 충돌하고 말았습니다. 뼈 다귀들이 와르르 무너져 내리고 사방으로 튀면서 난리가 났습니다. 급한 김에 뼈다귀들을 모으긴 다 모았는데, 문제는 그 뼈들이 어디에 어떻게 붙어서 전체적으로 어떤 모습을 이루는지 알 수가 없다는 것이었습니다. 어떤 뼈가 어디에 붙는지

공룡의 구조를 알아야 맞추잖겠습니까? 그래서 성탐이가 그냥 주저앉아서 포기하고 저런 표정을 짓고 있는 것입니다.

그런데 바로 이 난감한 표정은 우리가 성경 볼 때도 나타납니다. 어디서 다 들어 본 얘기인데, 보면 다 아는 얘기인데, 성경의 구조를 모르니까 이해가 안 되고 안개 낀 것처럼 뿌연 것입니다.

일단 성경의 흐름과 맥을 잡는 것이 필요합니다. 정보가 중요한 것이 아니라 성경이 어떻게 구성되었는지 그 구조를 알고 맥을 잡는 게

중요합니다.

　그런데 이 맥을 잡는 것이 그렇게 만만한 일이 아닙니다. 하나님의 말씀을 보는 눈이 새롭게 확 열려지는 일이 쉬울 리가 있겠습니까? 그냥 보통 세상 일 같으면 모르겠지만, 진리를 깨닫는 일이기에 마귀의 집요한 공격이 따릅니다. 그래서 모든 영적인 일에는 결단이 필요합니다. 그냥 자연적으로 되는 것은 영적인 일이 아닙니다. 반면, 죄짓는 것은 자동으로 됩니다. 저는 죄짓기로 결단하고 작정한 사람을 본 적이 없습니다. 우리가 정말로 하나님의 일을 하려면, 그것이 무엇이든 간에 결단하지 않고는 시작할 수 없습니다.

　성경의 맥을 잡을 때도 가나안 땅을 정탐하듯 작전이 필요합니다. 성경을 이해하고 맥을 잡기 위해 시간을 투자하고 열심을 드려야 하는 것입니다.

　이 책의 내용들을 성탐 군과 함께 꾸준하게 열심히 따라가면서 성경을 통독하실 수 있기를 바랍니다.

즐거운 성경 66권 탐구

Part 1

# 성경 개괄

하나님의 구원 대상이 온 인류에서 시작해서 한 사람까지 갔다가, 그 한 사람에서 다시 온 인류로 넓혀진다는 것을 알고 봐야 성경을 제대로 이해할 수 있습니다.

# 1장
# 성경의 구조

성경에서 하나님의 구원 대상은 온 인류에서 예수 그리스도 한 사람으로 좁혀졌
다가 다시 예수 그리스도로부터 온 인류로 넓어진다.

미국 라스베이거스로 향하는 사막 한가운데 고속도로에 차 한 대가
세워져 있었습니다. 운전자가 보닛 뚜껑을 열어 놓고 한창 수리 중에
있었습니다. 오랫동안 운전을 해 왔지만 자동차 내부에는 별 관심이
없었고, 또 알 만한 기회도 없었습니다. 지금 차량 통행도 뜸한 이 고
속도로에서 어찌할 바를 모르며 후회해도 아무런 소용이 없었습니다.
암만 들여다보아도 뭐가 뭔지 모르겠고, 대충 이것은 엔진이고 저것은
라디에이터고 요것은 팬벨트 같은데, 그러나 이것들이 어떻게 연결되
고 어떻게 작동되는지 도대체 알 수가 없었습니다. 그러니 어디가 고
장인지도 당연히 알 길이 없었습니다.

그런데 그때 갑자기 차 한 대가 미끄러지듯이 멈춰 서더니 머리가
희끗희끗한 노신사가 내리며 "왜 그러십니까?" 하고 물었습니다. 그
운전자가 "차가 고장 났는데 고칠 수가 없어요"라고 하자 노신사는 자
기가 고쳐 주겠다고 나섰습니다. 그러더니 엔진룸을 몇 분간 들여다보

고서는 몇 개의 드라이버로 조이고 풀고를 반복했습니다. 마침내 엔진에 시동을 걸어 보라고 했습니다. 그러자 정말 시동이 걸리는 것이었습니다.

차 주인이 너무 놀라 감사를 표하며, "누구신데 이렇게 차를 잘 고치십니까?"라고 물었더니, 이 사람이 씩 웃으면서 명함을 건네주는데 거기에는 '헨리 포드'라고 적혀 있었다는 겁니다. 그 노신사는 다름 아닌 그 차를 만들어 낸 포드 자동차 회사의 포드 회장이었습니다. 그는 그 차의 구조와 기능에 대해 너무나도 정확하게 알고 있었기 때문에, 고장의 원인과 부품 위치를 정확하게 파악하여 쉽게 고칠 수 있었던 것입니다. 이렇듯 어떤 일의 전체적인 구조와 흐름을 알고 그 맥을 잡고 있다면 아무리 엄청난 일이라도 쉽게 해결할 수 있을 것입니다. 차 주인은 타고 다니기만 했을 뿐 차의 구조를 몰라 고장 나도 고치지 못했지만, 만든 이는 구조를 아니까 문제가 생겨도 당장 해결점을 찾을 수 있었던 것입니다.

성경을 배우는 것도 마찬가지입니다. 성경에 대한 열심만을 가지고 무작정 공부하는 것은 눈 가리고 사하라 사막을 횡단하는 것과 같습니다. 성경 통독하겠다면서 완전히 생으로 성경에다 머리를 처박는 사람이 있습니다. 특히 신년 1월 1일부터 그렇게들 많이 시작합니다. 그래서 성경책을 보면 앞부분만 새까맣고 중간은 하얗습니다. 그러다가 또 중간 이후에 까만 데가 나타납니다. 처음부터 읽다가 안 되면 신약에 손을 대기 때문입니다. 그만큼 통독이 힘든 것입니다.

창세기, 출애굽기를 무사히 통과해도 레위기에서 헤매기 십상입니다. 레위기에서 빠졌다가 겨우 기어나와도 민수기에서 또 걸리고, 조금 있다가는 역대기에서 또 걸립니다. 족보가 오죽 많이 나와야 말이지요. 거기까진 좋은데 에스겔, 다니엘까지 가면 통 모를 소리들만 계속 나옵니다. 이것이 성경 통독의 현주소입니다. 도처에 복병이 있어서 나중에는 "성경 못 읽겠다. 어렵다"고들 두 손 드는 것입니다.

한때 저도 패배의식에 젖어 그만 성경 통독을 포기하려고 했습니다. 그러면서 제가 확인한 한 가지 분명한 사실은, 성경은 관련 없는 일련의 이야기들로 아무렇게나 묶여져 있다는 것입니다.

그러던 어느 날, 저는 열쇠 하나를 발견했습니다. 이 열쇠를 사용하니 성경의 이해를 가린 안개가 서서히 걷히기 시작했습니다. 예리하게 초점을 맞추며 다가오지는 않았지만, 저는 아릿한 수평선 위에서 어렴풋한 하나의 형태를 보기 시작했습니다.

솔직히 말하면, 성경을 읽으면서 처음부터 너무 재미있다고 말하는 사람은 위선자 아니면 미친 자 둘 중 하나일 것입니다. 이해가 안 되는데 어떻게 재미있겠습니까? 헤매다가 나중에는 방향 감각도 잃게 될 것입니다.

그런데 희망이 있습니다. 구조를 알아서 뛸 때 뛰고 건너갈 때 건너가다 보면 순조롭게 목적지에 도착할 수 있습니다.

그렇다면 우리에게 무엇이 필요하겠습니까? 바로, 구조를 배워서 성경이 어떻게 되어졌는지 아는 것입니다. 건축학을 배우는 사람은 건물들이 어떻게 구성되는가를 가장 먼저 배워야 하고, 항해술을 배우고자 하는 사람은 함선들이 어떻게 조립되는지를 맨 처음 배워야 하는 것처럼, 우리가 성경을 이해하기 원한다면 먼저 성경이 어떻게 구성되었는지부터 배워야 합니다. 제가 발견했다고 한 열쇠란 바로 이 성경의 구조를 배우는 것을 말합니다.

그런데 우리는 성경에 대해 엄청난 오해를 하고 있습니다. 성경을 창세기부터 요한계시록까지 하나의 스토리로 알고 있다는 것입니다. 성경이 창세기부터 요한계시록까지 그대로 죽 연결된 스토리라고 생각하니까 자꾸 헷갈리는 것입니다. 성경은 큰 뼈대에 다양한 이야기들이 살로 붙어 있는 책입니다.

## 구약과 신약

성경의 구조를 보는 제일 초보적인 관점은 구약과 신약으로 나누는 것입니다. 그런데 구약과 신약 중에서 어떤 것이 먼저 있었겠습니까? 구약이 먼저입니까, 신약이 먼저입니까? 너무 당연한 것을 물어보니까 헷갈리지요?

사실 '구약'과 '신약' 가운데 '신약'이라는 말이 먼저 나왔습니다. 그 근거는 예레미야 31장 31절입니다.

"여호와의 말씀이니라 보라 날이 이르리니 내가 이스라엘 집과 유다 집에 새 언약을 맺으리라."

여기서 '새 언약'이 바로 '신약'입니다. 그 새 언약이 나중에 예수 그리스도를 통해 이루어집니다. 그래서 예수 그리스도 이후의 말씀을 '신약'이라고 하고, 그 신약이라는 말의 반대말로 그 이전에 있던 말씀을 '구약'이라고 한 것입니다. 이렇게 해서 성경은 크게 구약과 신약으로 나누어집니다.

구약은 하나님께서 창조하신 이 세상이 죄 때문에 하나님을 떠나계속 망가져 가자 그것을 회복시키려고 여러 가지로 노력하신 것을 기록하고 있습니다. 그런데 그 노력은 전 인류를 대상으로 하다가 이스라엘, 유다 지파, 남은 자로 점점 범위가 좁아지다가 마지막에는 한 사람 예수 그리스도로 집약됩니다.

신약은 구약의 결론인 예수 그리스도가 오셔서 사역하고 그 남은

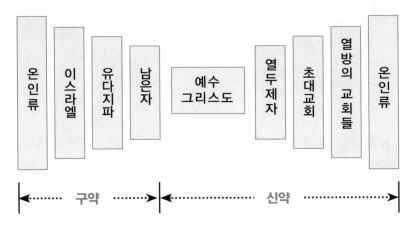

〈한눈으로 보는 성경의 구조 1〉

온인류 / 이스라엘 / 유다지파 / 남은자 / 예수 그리스도 / 열두제자 / 초대교회 / 열방의 교회들 / 온인류

구약 | 신약

사역을 사도들과 교회가 성령 안에서 확장시켜 나가는 이야기입니다. 예수 그리스도 한 사람으로부터 시작된 이 복음은 12제자, 초대 교회, 열방의 교회들로 점점 퍼져 나가다가 마지막 요한계시록에 가면 온 인류를 회복시키는 데까지 이르게 됩니다. 그런 의미에서 성경의 구조는 가운데가 오목하고 양쪽이 넓은 장구같이 생겼습니다.

창세기를 보면 에덴동산 이야기도 그렇고 노아 이야기도 그렇고 온 인류에 대한 스토리입니다. 그런데 노아가 이스라엘 사람입니까? 아니지요. 노아가 백인입니까, 황인입니까, 흑인입니까? 노아는 그 어느 쪽도 아닙니다. 노아의 아들로부터 인종이 시작되었기 때문입니다. 결국 아담도 마찬가지입니다. 저는 제일 분통 터지는 것이 아담을 갈색머리 서양 사람으로 묘사하는 것입니다. 왜 아담이 서양 사람입니까? 아담에게는 인종의 개념이 없습니다. 창세기 1장에서 11장 바벨탑까지의 이야기는 온 인류의 스토리입니다. 하나님께서 그 온 인류를 한꺼번에 구원하려고 시도하셨잖습니까? 노아의 홍수 사건은 온 인류를 대상으로 했던 구원과 심판의 역사였습니다.

그런데 바벨탑 사건 이후 하나님이 마음을 바꾸어 한 민족을 택하신 것이 이스라엘입니다. 그래서 아브라함부터 시작해서 이스라엘이라는 민족을 택하신 이야기가 나오게 된 것입니다. 그런데 어느 순간 하나님의 역사 대상은 유다가 됩니다. 이스라엘하고 유다는 똑같지 않습니다. 유다는 이스라엘의 12지파 중 한 지파입니다. 솔로몬 이후 르호보암때 남북 분열이 일어나 11지파가 속한 북 이스라엘은 다 하나님을 떠나고, 결국 다윗의 직계인 유다 지파 하나만 남게 됨으로써 하나님이 역사하시는 대상은 더 줄어들게 됩니다.

그러다가 후에 예루살렘이 멸망하면서 유다 지파 일부가 포로로 끌려가게 됩니다. 여기서 에스겔, 다니엘, 느헤미야, 에스라, 에스더 같은 사람들의 이야기가 나옵니다. 온 유다가 아니라 포로로 잡혀간 사람들의 이야기입니다. 그들은 포로로 잡혀갔지만 여전히 신앙을 지켰습니다. 그 나머지는 다 신앙을 잃었습니다. 이 남은 자들이 돌아와 다시 성경의 중간기를 형성하게 됩니다. 하나님의 이야기인 성경 자체가 다루는 범위는 온 인류로부터 시작해서 이스라엘, 유다 지파, 남은 자로 계속 좁혀집니다.

그런데 결국 남은 자들로도 안 되니까 하나님께서는 역사 가운데 직접 한 분을 보내십니다. 그분이 바로 예수 그리스도입니다. 그래서 도표 중간에 '예수 그리스도'가 있는 것입니다. 그 예수님 한 분으로부터 이제 다시 하나님의 구원 역사는 시작됩니다.

복음서에서 제자들 중심으로 가다가 사도행전에서는 성령의 역사로 초대교회가 등장합니다. 예루살렘 교회, 안디옥 교회가 세워지고, 서신서로 넘어가면 열방의 교회들로 구원의 범위가 확장됩니다. 골로새 교회, 갈라디아 교회, 에베소 교회 등이 열방의 교회입니다. 그 교회 사람들은 유대인이 아니고 헬라인일 수도 있었지만 그것은 상관이 없습니다. 왜냐하면 이제 교회의 범위가 넓어졌기 때문입니다. 그러다가 마침내 온 인류까지 구원의 범위가 넓어지게 됩니다.

지금 우리는 어디쯤까지 와 있는 것일까요? 온 인류까지? 사실 저도 잘 모르겠습니다. 그러나 열방의 교회 시기가 거의 다 끝날 때쯤인 것은 확실합니다. 주님이 곧 오실 것 같습니다. 지금 세상 돌아가는 꼴을 보니까 그렇습니다.

어쨌든 이처럼 하나님의 구원 대상이 온 인류에서 시작해서 한 사람까지 갔다가, 그 한 사람에서 다시 온 인류로 넓혀진다는 것을 알고 봐야 성경을 제대로 이해할 수 있습니다.

〈한눈으로 보는 성경의 구조 2〉

| 구분 | 권수 | 쓰인언어 | 중심내용 |
|------|------|----------|----------|
| 구약 | 39권 | 히브리어 | 창조부터 예수님 전까지의 이야기<br>(이스라엘 중심) |
| 신약 | 27권 | 헬라어 | 예수님부터 인류의 종말까지의 이야기 |
| 성경 | 66권 | | 하나님께서 잃어버린 세상을 되찾으시는 이야기 |

구약은 39권, 신약은 27권입니다. 하나님께서는 우리가 머리 나쁜 줄 아시기 때문에 외우기 쉽게 3×9=27로 해 주셨습니다. 성경을 이해시키시려는 하나님의 이 처절한 노력을 알겠습니까?

구약 39권은 대개 히브리어로 되어 있습니다. 다니엘서에는 약간의 아람어가 들어가 있기도 합니다. 아람어와 히브리어는 거의 비슷한데, 영화 〈패션 오브 크라이스트〉에 아람어가 나옵니다. 구약의 내용은 창조 사건부터 예수님 전까지의 이야기입니다. 온 인류로부터 시작해서 남은 자 이야기까지 다루어지지만 그 중심에는 이스라엘이 있습니다.

신약은 27권인데 대개 헬라어로 되어 있습니다. 헬라어에는 두 종류가 있습니다. 고급 헬라어가 있고, '코이네'라고 하는 그야말로 장바닥에서 쓰는 헬라어가 있습니다. 그런데 놀랍게도 신약성경은 고급 헬라어가 아닌 코이네로 쓰여졌습니다. "참새 두 마리가 한 앗사리온에 팔리지 않느냐"(마 10:29) 같은 말씀만 봐도 이것은 장바닥 언어임을 알 수 있습니다. 이 쉬운 얘기를 누가 이해 못 하겠습니까?

한편, 호머의 『일리아드』나 『오딧세이』, 플라톤의 『향연』 같은 작품은 고급 헬라어로 썼기 때문에, 보통 사람이 들었을 때는 뭔 소린지 잘 모릅니다. 우리나라 말도 문자(文字) 쓰면 이해가 잘 안 되는 것과 같은 이치입니다. "옥체 후 일양 만강하옵시고 가내 두루 평안하옵신지 불초소생 원근에서 깊은 심령"이라고 쓰면 아무리 우리말이어도 무슨 소린지 모릅니다. 언젠가 육법전서를 읽다가 기절하는 줄 알았습니다. 교육을 받을 만큼 받았는데도, 너무 어려워서 아무리 읽어도 무슨 말인지 알 수가 없었습니다.

다행히 성경은 아주 평범한 말로 써졌습니다. 그런데 놀라운 사실은 그 평범한 말 속에 진리를 완벽하게 담고 있다는 것입니다. 이것이 하나님의 역사입니다.

초창기 우리나라에 복음이 왕성하게 전파될 수 있었던 가장 큰 이유 중 하나가 '하나님'이라는 단어였다고 합니다. 하나님을 중국에서는 '상제'(上帝), 일본에서는 '가미사마'라고 합니다. 하지만 그것은 이미 많이 있는 신들 중 하나를 가리키기 때문에 이미지가 잘 잡히지 않습니다. 그런데 우리나라 말로는 '하나님'입니다. 한 분이고, 크고, 하늘에 계시는 분이라는 뜻이 다 들어갑니다. 이 기막힌 말이 있어서 우리 백성은 하나님에 대한 이미지를 잘 잡을 수 있었습니다. 이것은 제가 한 말이 아니라 정통학자들의 의견입니다.

또한 성경은 한글, 곧 언문(諺文)으로 쓰여졌습니다. 결국 세종대왕이 우리나라 복음 전파에 지대한 공헌을 한 셈입니다. 한자가 아닌 누구나 읽을 수 있는 한글로 쓰여졌기에 쉽게 복음이 확산된 것입니다. 신약성경에 사용된 '코이네'가 바로 이 '암클'이라고 무시당했던 한글과도 같은 언어인 것입니다. 코이네나 한글은 전달성이 뛰어납니다. 이걸 보더라도 하나님께서 복음을 위해 예비한 민족이 우리 민족 아닐까 싶습니다.

신약은 예수님부터 인류의 종말까지의 이야기입니다. 결국 신약과 구약이 다루는 범위는 창조부터 인류의 종말까지입니다. 하나님이 세상을 만드신 이야기와 인류의 종말, 이 2가지를 모두 다루는 것을 일컬어 '구속사'(救贖史)라고 합니다. 성경은 구속사적 배경을 가지고 있습니다.

성경 전체는 66권이고, 인간의 언어로 되어 있습니다. 그 내용은 하나님께서 잃어버린 세상을 되찾으시는 이야기입니다. 구속사의 핵심은 회복입니다. 성경을 탐구하고 그 맥을 잡을 때, 창조하신 세상을 되찾고자 하시는 하나님의 끝없는 노력의 연속이 성경 내용이라는 것을 알아야 합니다.

### 구약의 구조

구약의 처음 17권은 역사서이고, 다음 5권은 시가서이며, 그 다음 17권은 예언서입니다.

17권, 5권, 17권. 기억하기 쉽지요? 하지만 이 분류법에 대해 "왜 5권만 시가서로 보느냐? 더 많아야 하지 않느냐?"라든가 "왜 룻기가 역

<구약의 3가지 유형>

| 역사서(17권) | 시가서(5권) | 예언서(17권) |
|---|---|---|
| 창세기 | 욥기 | 이사야 |
| 출애굽기 | 시편 | 예레미야 |
| 레위기 | 잠언 | 예레미야 애가 |
| 민수기 | 전도서 | 에스겔 |
| 신명기 | 아가 | 다니엘 |
| 여호수아 | | 호세아 |
| 사사기 | | 요엘 |
| 룻기 | | 아모스 |
| 사무엘상 | | 오바댜 |
| 사무엘하 | | 요나 |
| 열왕기상 | | 미가 |
| 열왕기하 | | 나훔 |
| 역대상 | | 하박국 |
| 역대하 | | 스바냐 |
| 에스라 | | 학개 |
| 느헤미야 | | 스가랴 |
| 에스더 | | 말라기 |

사서냐?"는 반론도 나올 수 있습니다. 그러나 이것은 여러 분류법 중 하나에 불과하니, 진리인 양 절대시하지는 마십시오. 17권-5권-17권은 이해하기 가장 쉬운 분류법이라 판단되어 선택한 것뿐입니다.

역사서는 창세기, 출애굽기, 레위기, 민수기, 신명기, 여호수아, 사사기, 룻기, 사무엘상, 사무엘하, 열왕기상, 열왕기하, 역대상, 역대하, 에스라, 느헤미야, 에스더까지 총 17권입니다.

시가서는 욥기, 시편, 잠언, 전도서, 아가까지 총 5권입니다.

예언서는 이사야, 예레미야, 예레미야 애가, 에스겔, 다니엘, 호세아, 요엘, 아모스, 오바댜, 요나, 미가, 나훔, 하박국, 스바냐, 학개, 스가랴, 말라기까지 총 17권입니다.

다시 한 번 말하지만, 구약성경 전체를 읽을 때 처음부터 끝까지 이

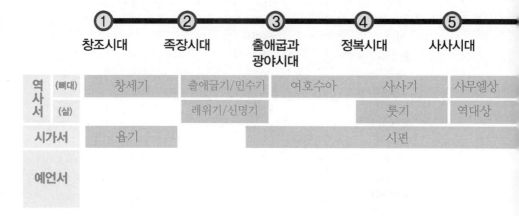

〈연대기적으로 본 구약성경〉

어진 하나의 스토리라는 생각을 버리지 않는 한 절대 수렁에서 헤어 나올 수가 없습니다. 구약은 하나로 연결된 스토리가 아닙니다.

일단 역사적으로 구약 시대는 10개의 시대로 나눌 수 있고, 그 시대들에 직접적으로 관계된 성경은 11권뿐입니다. 그러므로 이 11권으로 먼저 골격, 곧 **뼈대**를 세우고 그 **뼈대**에다 나머지 살을 붙이는 방식으로 구조를 짜야 합니다. 그렇게 해야 성경의 전체 그림이 이해가 됩니다. 그것을 제대로 보여 주는 것이 위의 도표입니다.

10개의 시대는 적당히 나눌 수 있는 대로 나눈 것입니다. 창조 시대, 족장 시대, 출애굽과 광야 시대, 정복 시대, 사사 시대, 단일 왕국 시대, 분열 왕국 시대, 포로 시대, 포로 귀환 시대, 침묵 시대. 이것을 외워야 합니다. 그래야 구약의 맥이 잡힙니다.

이 10개 시대에 맞추어서 11권의 책이 살로 붙어 있습니다. 시대적 **뼈대**를 형성하는 책들로는 창세기, 출애굽기, 민수기, 여호수아, 사사기, 사무엘상, 사무엘하, 열왕기상, 열왕기하, 에스라, 느헤미야가 있

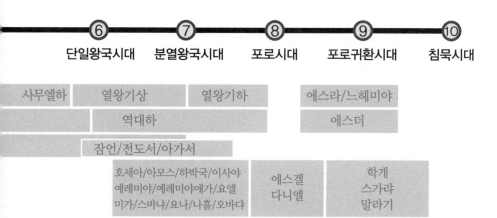

| ⑥ | ⑦ | ⑧ | ⑨ | ⑩ |
|---|---|---|---|---|
| 단일왕국시대 | 분열왕국시대 | 포로시대 | 포로귀환시대 | 침묵시대 |

| 사무엘하 | 열왕기상 | 열왕기하 | | 에스라/느헤미야 |
| --- | --- | --- | --- | --- |
| | 역대하 | | | 에스더 |
| | 잠언/전도서/아가서 | | | |
| | 호세아/아모스/하박국/이사야 예레미야/예레미야애가/요엘 미가/스바냐/요나/나훔/오바댜 | | 에스겔 다니엘 | 학개 스가랴 말라기 |

습니다. 이 책들은 역사의 뼈대에 해당하는 시대를 담고 있습니다. 그 뼈대를 보는 것이 중요합니다. 만약 성경을 시대별로 읽고 싶다면 이 책들만 따라 읽어 가면 연결이 잘 될 것입니다. 이 흐름을 모른 채 성경을 연결된 스토리로만 알고 무작정 처음부터 끝까지 읽어 나가니까 지그재그로 왔다 갔다 헷갈리는 것입니다.

그리고 역사서 중에는 뼈대에 붙은 살과 같은 책들이 있습니다. 같은 역사서이지만 뼈대에 붙은 살 같은 것이 레위기와 신명기입니다. 이들은 출애굽과 광야 시대의 뼈대인 출애굽기와 민수기에 붙어 있는 살입니다. 신명기는 Deuteronomy, 즉 '다시 말하는 율법'이기 때문에 거기 붙어 있는 것입니다.

그 다음에, 사사 시대 옆에 붙어 있는 살이 룻기입니다. 룻기 이야기는 사사 시대에 있었던 일입니다.

역대상, 역대하는 단일 왕국 시대, 분열 왕국 시대 옆에 붙은 살이고, 에스더는 포로 귀환 시대에 붙어 있는 살입니다. 침묵 시대에는 붙는 살이 없습니다. 왜냐하면 하나님께서 아무 말씀도 하지 않으셔서 성경이 아예 없었기 때문입니다.

시가서도 나름대로 역사적 배경을 가지고 있습니다. 욥기는 대개 족장 시대의 작품으로 봅니다. 시편에는 모세의 시편도 들어 있습니다. 그래서 출애굽과 광야 시대에서 시작하여 분열 왕국 시대 직전까지 시편이 걸쳐 있다고 보는 겁니다. 물론 시편에는 다윗의 시가 집중적으로 많습니다.

잠언, 전도서, 아가서는 솔로몬의 작품이기에, 단일 왕국 시대 마지막 부분에 속하는 것입니다. 이것을 솔로몬이 직접 썼다고는 생각하지 않습니다. 그는 왕이었기에 편집을 했을 것입니다.

예언서는 분열 왕국 시대에 12개가 있었습니다. 왕국이 멸망하기 직전에 집중적으로 예언이 시작되었기 때문입니다. 예언자들은 기회가 있을 때 지금이라도 돌이키라고 예언합니다. 12개의 예언서에는 호세아, 아모스, 하박국, 이사야, 예레미야, 애가, 요엘, 미가, 스바냐, 요나, 나훔, 오바댜까지가 포함됩니다.

포로 시대의 예언서는 다니엘과 에스겔입니다. 그리고 포로 귀환 시대에 와서 성전을 다시 봉헌할 때 등장한 예언서가 학개, 스가랴, 말라기입니다. 이렇게 해서 구약의 연대기가 완성됩니다.


신약의 구조

신약의 처음 4권은 복음서이고, 다음 1권은 역사서이며, 그 다음 22권이 서신서들인데, 그중 바울 서신은 13권, 일반 서신은 9권입니다.

왜 요한계시록이 서신서인가 의문을 가질지 모르겠지만, 요한계시록도 서신서입니다. 묵시 문학적 성격을 띠고 있지만 서신서입니다.

복음서에는 마태복음, 마가복음, 누가복음, 요한복음이 있으며, 사

<신약의 3가지 유형>

| 복음서(4권) | 역사서(1권) | 서신서(22권) | | |
|---|---|---|---|---|
| | | 바울서신(13권) | | 일반서신(9권) |
| 마태복음<br>마가복음<br>누가복음<br>요한복음 | 사도행전 | 〈교회에게〉<br>로마서<br>고린도전서<br>고린도후서<br>갈라디아서<br>에베소서<br>빌립보서<br>골로새서<br>데살로니가전서<br>데살로니가후서 | 〈개인에게〉<br>디모데전서<br>디모데후서<br>디도서<br>빌레몬서 | 히브리서<br>야고보서<br>베드로전서<br>베드로후서<br>요한1서<br>요한2서<br>요한3서<br>유다서<br>요한계시록 |

도행전은 역사서입니다. 서신서에는 바울 서신과 일반 서신이 있는데, 바울 서신이 13권, 일반 서신이 9권입니다.

교회에 보낸 바울 서신에는 로마서, 고린도전서, 고린도후서, 갈라디아서, 에베소서, 빌립보서, 골로새서, 데살로니가전서, 데살로니가후서가 있습니다. 이 이름들은 전부 다 그 지역교회 이름입니다. 바울이 개인에게 보낸 서신서는 디모데전서, 디모데후서, 디도서, 빌레몬서입니다. 그리고 일반 서신은 히브리서, 야고보서, 베드로전서, 베드로후서, 요한1서, 요한2서, 요한3서, 유다서, 요한계시록입니다. 히브리서를 바울의 저작으로 보는 사람도 있지만 저는 아닌 것으로 취급했습니다.

자, 여기까지 일단 구조를 공부했습니다. 정말 멋진 출발을 하셨습니다. 이제 집을 짓기 위한 골격은 다 세운 것입니다. 여기에다가 벽돌을 쌓아 벽을 세우고 문을 달고 여러 가지 시설까지 갖추면 멋진 집이 됩니다. 포기하지 마십시오. 벌써 포기한 사람은 설마 없겠지요.

# 2장

# 성경의 지리와 기후

지도를 통해 9개의 수역과 지역, 기후를 알면 생생하게 성경을 읽을 수 있다.

소규모 성경공부 모임을 이끌다 보니 교인들이 지도를 몰라도 너무 모른다는 것을 알게 되었습니다. 교회 집사요 교사인데도 지도 개념이 없습니다. 성경 지명이 나오면 거기가 어디인지를 모릅니다.

한번은 성경공부 중에 팔레스타인 지역을 다루게 되었는데, 말로만 해서는 잘 이해를 못하기 때문에 지도를 직접 그려 보게 했습니다. 모두들 열심히는 그리는데, 생각보다 다들 손이 예민하지 않은지 초등학생처럼 그려 놓고는 서로 깔깔거리며 웃었습니다. 그중에는 이제 예수를 믿은 지 얼마 안 되는 사람도 있었지만, 성경 지도를 그리는 일에는 모두가 초보였으므로 아무런 문제가 되지 않았습니다.

그러고 나서 얼마 후 예배 시간에 저는 지도 공부의 위력을 실감했습니다. 예수님의 수난 예고를 주제로 한 설교였는데, 가이사랴 빌립보 지방이나 변화산과 같은 지명 얘기가 나왔습니다. 다들 거기가 어디인가 생각하며 멍하게 앉아 막연하게 설교를 듣고 있었지만, 몇 명만은 연신 고개를 끄덕거리고 있었습니다. 그 몇 명이 누구겠습니까? 일전에 지도를 그려 봤던 사람들입니다. 머리에 가이사랴 빌립보 지방의 위치가 떠오르고 그 위에 버티고 선 헐몬 산이 느껴졌을 겁니다. 저는 LA에 사니까 "얼바인에서 벨리까지 오는데 힘들었어" 하는 말을 들으면 머릿속에 금방 지도가 떠오르지만, 타지(他地)에 사는 사람들은 그게 뭔 소린가 싶을 것입니다. 성경을 정확히 알기 위해서도 지도를 잘 아는 것이 중요합니다.

지도를 알고 지리와 기후를 알게 되면 성경을 보는 눈이 확 열리기 시작합니다. 그냥 열리는 정도가 아니라 성경의 내용이, 전해 내려오는 신화가 아니라 역사 속에 개입하신 하나님에 대한 누구도 부인할 수 없는 역사적 사실이라는 확신을 갖게 됩니다. 구체적인 어떤 장소에서 일어난 일이라는 것을 알고 읽으니까 그 내용이 꼭 신문 보는 것처럼 생생하게 다가옵니다.

할머니에게 듣는 옛날이야기는 구수하고 재미는 있으나 생생한 현장감은 없습니다. 그동안 우리는 성경을 이런 옛날이야기처럼 읽어 왔지만, 지도를 알고 보면 성경 읽기가 마치 뉴스를 듣는 것처럼 실감나게 다가올 것입니다. 아마 마태복음은 이런 식이 될 것입니다.

"놀라운 일이 일어났습니다. 거친 풍랑이 몰아치는 갈릴리 호수가 한마디의 명령으로 갑자기 잔잔해졌습니다. 이 사건을 목격한 증인들은 하나같이 입을 모아 이 일을 행한 나사렛 예수를 하나님의 아들이라고 합니다. 직접 들어 보시죠.

'마 말도 마이소. 워찌 풍랑이 쎈지 내사마 죽는 줄 알았심더. 알지요? 이 갈릴리 풍랑이 월메나 매서운지? 물에서 태어났다고캐도 과언이 아닌 내가 이제는 물에서 죽는구나카고 예수님을 보니, 아니 이 양반 주무시고 계신기라요. 내사마 참 기가 칵 막혀서, 그래서 깨웠지요.

일어나이소. 우리가 꼭 죽게 됐십니더. 그랬더니 이 양반 일어나서 우리를 보고 안됐다는 듯이 혀를 끌끌 차데요. 믿음이 없다카면서….'

네, 말이 좀 길어지는군요. 아마 너무 흥분해서 그런가 봅니다. 하지만 풍랑을 꾸짖어 잠재운 사실을 목격한 사람치고 어찌 흥분을 안 할 수 있겠습니까? 상식으로는 믿을 수 없는 일이 여기 팔레스타인의 직경 11km의 호수 갈릴리에서 일어났음을 긴급 특보로 알려 드립니다. 이스라엘 갈릴리에서 헤븐리 뉴스 마태 기자였습니다."

성경의 지리를 너무 모르면 성경 말씀을 사실성 없는 '호랑이 담배 피던 시절' 이야기로 생각하기 쉽습니다. 그러나 성경은 정확한 사건을 나름대로 보도해 주려고 애쓰는 특보와도 같습니다. 때문에 지리를 알고 기후를 아는 것이 성경의 이해에서 중요합니다. 어디서 사건이 일어났는가를 안다면 이제 우리는 신문을 보듯이, 뉴스를 듣듯이 그렇게 성경을 생생하게 읽을 수 있게 될 것입니다.

조금 더 예를 들어 볼까요? 지리를 알면 어떤 말을 들었을 때 느낌이 팍 옵니다. '강원도 감자' 하면 강원도 지역 특유의 느낌이 전해집니다. '태백산맥'이라든가 '남도 삼백리' 같은 이름들도 지리적 배경을 아는 사람에게는 느낌이 몇 배로 다가옵니다. 그런 것이 성경에 너무나 많습니다. 성경은 추상적인 내용을 담은 글이 아니기 때문입니다.

'단에서 브엘세바까지'라는 표현이 성경에 자주 등장하는데 이것도 지리를 알면 정말 그 느낌이 다를 것입니다. 단이 위에 있고 아래로 브엘세바가 있는데, 그것은 '신의주에서 부산까지'와 같은 의미입니다. 그러니까 '단에서 브엘세바까지'는 전 이스라엘을 말하는 것임을 알 수 있습니다. 단은 이스라엘의 최북단을, 브엘세바는 사람이 거주할 수 있는 최남단을 말합니다.

헤브론에 있을 때 아브라함이 조카 롯을 구하기 위해서 집에서 훈련시킨 318명을 데리고 단까지 쫓아갔습니다.

> "아브람이 그의 조카가 사로잡혔음을 듣고 집에서 길리고 훈련된
> 자 삼백십팔 명을 거느리고 단까지 쫓아가서"(창 14:14).

단이 어디까지인지 모르는 사람은 그냥 아브라함이 쫓아갔나 보다 하고 성경을 읽습니다. 그러나 지도를 아는 사람은 헤브론에서 단까지 가 사흘 길임을 알 수 있습니다. 밤낮 쉬지 않고 뛰어야 갈 수 있는 거리입니다. 그 거리를 일심으로 쫓아갔다는 것을 볼 때 그가 얼마나 조카를 사랑하는가를 알 수 있잖습니까?

아모스 4장 1절을 보면 "사마리아의 산에 있는 바산의 암소들아"라는 구절이 나오는데, 이 바산을 알아야 말씀이 제대로 와 닿습니다. 바산은 골란 고원을 말하는데, 이스라엘이 시리아에게서 빼앗은 목초지입니다. 제가 바산에 가 봤는데, 커피처럼 검은 흙에서 풀이 솟아올라서 매우 먹음직스러워 보였습니다. 그 목초지가 조금 높은 지역인데, 우리나라로 치면 대관령을 생각하면 됩니다. 바로 거기에 있는 풀을 마음껏 뜯어 먹고 늘어진 암소들이 바산 암소인 것이며, 이 소들은 부에 빠져 버린 백성들을 의미합니다.

## 수역

성경의 지리를 익히기 위해 제일 먼저 알아야 할 것이 수역입니다. 왜냐하면 땅을 나누는 것이 물이기 때문입니다. 하나님께서도 세상을 창조하실 때 셋째 날에 땅과 바다를 나누셨다고 했습니다(창 1:9-10). 이처럼 물이 땅을 나누기 때문에 수역을 알아야 합니다. 성경에는 9개의 수역이 나옵니다.

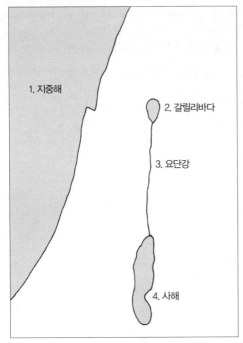

〈이스라엘의 수역〉

1. 지중해
2. 갈릴리바다
3. 요단강
4. 사해

## 1. 지중해

성경에는 지중해라는 말은 안 나오고 '대해'라고 되어 있습니다. 이 바다는 성지의 왼쪽에 위치합니다.

## 2. 갈릴리 바다

이 지역을 바다라고 부르기에는 좀 뭐합니다. 여기 물은 사실 짠물이 아니고 민물인 데다, 이 수역은 넓은 곳이 22km, 좁은 곳이 11km이니 큰 것도 아닙니다. 그런데도 왜 이곳을 바다라고 부르는 걸까요? 히브리어로는 바다와 호수가 구분이 안 됩니다. 그냥 많은 물은 모두 다 '바다'라고 부르는 히브리어의 한계 때문입니다.

갈릴리 바다는 사람의 심장 모양으로 생긴 담수호입니다. 그런데 이 갈릴리 호수는 양쪽에 단층이 있습니다. 유다 산지와 요단 산지 사이의 푹 들어간 해저 212m부터 시작되는 굉장한 단층이라 여름에는 참 덥습니다. 그런데 그 건조한 땅에 이 갈릴리 바다가 있기 때문에 그 주변이 푸른 것입니다. 수심이 60m로 비교적 깊은 이 호수는 성경에서 4개의 다른 이름으로 불려 왔습니다.

- **긴네렛(긴네롯)** – 모양이 하프처럼 생겨 붙은 이름입니다(수 11:2, 19:35).
- **갈릴리** – 갈릴리 지방에 있기 때문에 붙은 이름입니다.

- **게네사렛** – 이런 이름이 붙은 것에 대해, 긴네렛이라는 말을 아람어식으로 발음한 것이 아니냐는 학설이 있습니다. 하지만 또 다른 학설에 따르면 '게네사렛'은 '왕자의 정원'이라는 뜻으로 경관이 너무 아름다워 붙은 이름이라고도 합니다. 누가복음 5장 1절에 보면 예수님은 베드로를 게네사렛에서 처음 만나셨습니다.

- **디베랴** – 헤롯 왕이 로마 황제 디베리우스에게 아부하기 위해 세운 거대 도시인 '디베랴'가 이 호수 주변에 있었습니다. 그래서 이 큰 도시 전체를 '디베랴 바닷가'라고 불렀습니다(요 6:1).

이 갈릴리는 이스라엘 전체의 수원지로서의 역할을 톡톡히 했습니다. 지금은 갈릴리 호수의 물을 퍼다가 이스라엘 전역의 관개시설로 보내기 때문에 수심이 많이 낮아졌습니다.

### 3. 요단 강

요단 강은 단에서 시작합니다. 이스라엘 지도를 보면 단은 위쪽에 있는데, 이 단에서 시작해서 내려오던 물은 갈릴리에 모였다가 본격적으로 흐릅니다. 헐몬의 눈이 녹아서 시작된 이 작은 강(솔직히 말하면 개천)은 요단 계곡을 따라 100km를 흘러 사해로 들어갑니다. 이것이 중요한 이유는 팔레스타인 지역에서 요단 강은 여름 건기에도 마르지 않고 흐르는 유일한 강이기 때문입니다. 이 요단의 서편이 약속의 땅입니다.

### 4. 사해

거대한 핫도그 모양의 이 바다는 지금은 2개로 나누어져 있는데, 지구상에서 가장 낮은 바다 가운데 하나입니다. 요단 강이 해저 212m

인데 이보다 더 내려간 해저 399m이므로, 물이 들어오기만 하지 나가지를 않습니다. 다만 증발할 뿐이며, 유황 등이 포함된 굉장히 많은 중금속 광물질이 녹아 있는 탓에 물 농도가 너무 짙다 보니 생물이 전혀 살지 못합니다. 그래서 죽은 바다, 사해(死海)라고 불립니다. 제가 거기서 수영을 해봤는데, 세상에 사해처럼 은혜로운 바다가 없습니다. 가만히 누워만 있으면 누구나 다 뜰 수 있습니다. 그리고 사해 진흙에는 미네랄이 풍부해서 관광객들은 마사지하느라 바쁩니다. 지금은 사해 자체가 각광받는 산업지가 되었습니다. 사해에서 비누도 나오고 소금도 나옵니다.

성경에는 이 사해라는 이름이 아닌 3가지 다른 이름으로 나옵니다.

- **염해**(鹽海) – 소금 바다라는 의미에서 붙은 이름입니다(창 14:3).
- **아라바 바다** – 염해의 또 다른 이름입니다(신 3:17).
- **동해** – 동해가 사해이면, 서해는 지중해입니다(겔 47:18, 욜 2:20).

그런데 재미있게도, 갈릴리와 사해는 일종의 인간 유형으로서 비교될 때가 많습니다. 갈릴리에 늘 물이 들어오고 나가듯이, 갈릴리형 인간은 늘 은혜를 받고 나누는 삶을 살아갑니다. 반면, 물이 들어오기만 하고 나가지는 않는 사해처럼 사해형 인간은 은혜를 받기만 하지 내놓지를 않습니다.

또 갈릴리 바다 속에서는 늘 샘이 솟아서 물이 맑습니다. 끝없이 샘물이 솟아오르기 때문에 갈릴리는 웬만해서는 물이 더러워지지 않습니다. 이처럼 은혜 받은 사람들도 속에서 기쁨의 샘이 터져 나오기에, 환경이 어려워도 앞으로 나아갈 수 있습니다. 그런데 사해 바다 속에는 중금속 광산이 있어서 이 광산이 끊임없이 녹습니다. 저 깊은 곳의 쓴 뿌리가 녹아나는 것입니다. 사해는 이런 특징 때문에 물이 맑아질 수가 없습니다. 늘 자신의 쓴 뿌리를 두고두고 우려먹는 사람들의 모습이 바로 이렇습니다.

그리고 갈릴리는 주변이 정말 푸릅니다. 나무가 많습니다. 그런데 사해는 주변이 삭막합니다. 저는 사해에 가 보고 많이 실망했습니다. 그렇게 삭막한 곳은 처음 봤습니다. 은혜 받은 사람들은 주변이 늘 푸릅니다. 노는 물이 좋습니다. 반면, 항상 주변 사람들까지 어둡게 만드는 사해형 사람들이 있습니다.

결국 갈릴리는 살아 있는 바다이고, 사해는 말 그대로 죽은 바다입니다. 우리의 신앙과 그 양상이 너무나 똑같습니다.

### 5. 나일 강

애굽의 젖줄인 나일 강은 쇠스랑 같은 모양으로 삼각지를 이루며 지중해로 흘러 들어갑니다. 나일 강은 꽹장히 큰 강입니다. 나일 강은 애굽의 자존심입니다. 그래서 이 강 자체가 애굽의 교만을 상징합니다. 예레미야 46장 7-8절을 보십시오.

"강의 물이 출렁임 같고 나일 강이 불어남 같은 자가 누구냐 애굽은 나일 강이 불어남 같고 강물이 출렁임 같도다 그가 이르되 내가 일어나 땅을 덮어 성읍들과 그 주민을 멸할 것이라."

사실 애굽 지역은 삭막한 곳인지라, 비행기를 타고 내려다보면 나일 강 옆에만 파랗게 보입니다. 그러한 만큼, 애굽인들은 나일 강만 붙들면 먹고 산다는 생각을 가질 수밖에 없었습니다.

스가랴 10장 11절에서는 "내가 그들이 고난의 바다를 지나갈 때에 바다 물결을 치리니 나일의 깊은 곳이 다 마르겠고 앗수르의 교만이 낮아지겠고 애굽의 규가 없어지리라."고 했습니다. 여기서 '애굽의 규'는 나일 강을 가리킵니다. 애굽의 지팡이 같은 것이 나일 강입니다. 그런데 하나님께서 그 나일 강을 치셨을 때 강물이 피가 되었습니다. 저들이 철석같이 믿고 의지하는 나일 강까지 치신 것입니다. 애굽에 내려졌던 재앙은 단순한 재앙이 아니라 하나님께서 애굽의 자존심을 치신 것이었습니다.

### 6. 티그리스 강 / 7. 유프라테스 강

이 두 강은 코브라의 혀처럼 갈라져 보이는데, 사실 각각 다른 곳에서 발원하여 페르시아 만 앞에서 합해져 그리로 흘러 들어가는 것입니다. 이 티그리스 강과 유프라테스 강 사이에 있는 땅이 바로 메소포타미아입니다. '포타무스'(Potamus)는 라틴어로 '강'을, '메소'(Meso)는 '중간'을 뜻합니다. 소프라노와 엘토 중간이 메조소프라노이듯이, 메소포타미아는 '강 사이의 땅'을 말합니다. 메소포타미아는 굉장히 비옥하고 좋은 땅입니다. 거기에 유명한 지구라트가 있는데, 그것이 성경에 나오는 바벨탑입니다. 지금도 지구라트의 흔적이 남아 있습니다. 이곳은 인류 문명이 발생했던 지역입니다.

**〈성경의 수역과 지역〉**

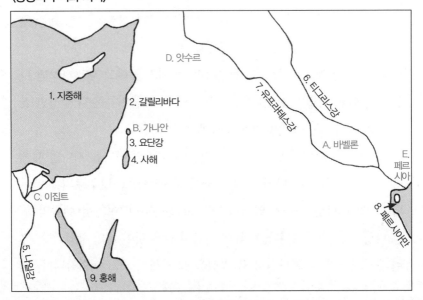

## 8. 페르시아 만

티그리스 강과 유프라테스 강이 흘러 들어가는 바다로 인도양과 연결되어 있습니다.

## 9. 홍해

돼지 족발처럼 생긴 이 바다는 시내 반도를 둘러싸고 있습니다. 홍해 끝 갈라진 부분의 삼각형 땅이 시나이 반도입니다. 모세와 이스라엘 백성이 건넌 곳은 바로 이 바다의 좌측 윗부분이었습니다.

**〈고대 근동의 지도 그리기〉**

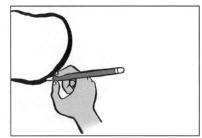

지도 그리는 방법은 성경 탐구의 노하우 중 하나입니다. 일단 지도를 그리기 위해서 박스를 잘 그려야 합니다. 이 지도는 고대 근동의 지도입니다. 창세기나 출애굽기의 지명까지 다 나오는 지도입니다.

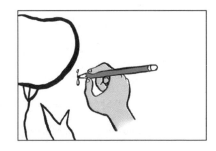

제일 먼저 큼직한 빵 덩어리를 하나 그립니다. 다음에 이 빵 덩어리를 사정 없이 찍어 들어가고 있는 삼지창을 그립니다. 그리고 이 삼지창 밑에 살며시 다가가고 있는 돼지 족발을 그립니다. 이 때 중요한 것은 왼쪽 발톱이 오른쪽 발톱보다 길어야 한다는 것입니다. 그 다음에 이 돼지 족발 위로 떨어지고 있는 빵 부스러기를 그립니다. 그런데 빵 부스러기

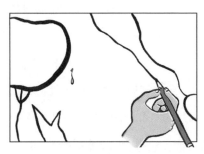

는 떨어질 때 오른쪽 발톱 위로 떨어져야 합니다. 그 다음에 이 끝에서 살짝 머리를 내밀고 있는 코브라를 그립니다. 그리고 코브라 입에서 갈라지고 있는 혓바닥을 그립니다.

이렇게 해서 고대 근동 지도가 완성됐습니다. 너무도 쉽지 않습니까? 잊어버릴 수가 없을 겁니다. 빵 덩어리, 삼지창, 돼지 족발, 빵 부스러기, 코브라 머리의 혓바닥입니다. 여기에 지중해, 갈릴리, 요단 강, 사해, 나일 강, 유프라테스 강, 티그리스 강, 페르시아 만, 홍해, 이 9개의 수역을 표시하면 지도가 완성됩니다.

## 지역

수역들을 통해서 큰 그림을 그렸으면 이제 각 지역을 알아봅시다.

### A. 바벨론(메소포타미아/ 갈대아 우르)

바벨론은 메소포타미아 혹은 갈대아 우르라고 부르는 지역으로서, 두 강 사이에 위치한 '비옥한 초생달'의 하단 부분입니다. 일찍부터 문명이 발달했고, 바벨탑이 여기 어디쯤 세워진 것으로 추정됩니다. 아브라함의 고향 '갈대아 우르'가 이곳에 속해 있습니다.

바벨론 지역의 특징은 달에 있습니다. 애굽이 태양의 나라인 반면, 바벨론은 달의 나라입니다. 지금도 바벨론 문화 하면 달로 대표되는 밤의 문화입니다. 아주 분위기가 음산합니다. 모슬렘들의 표시에 보면 반달 모양이 있는 것도 그 지역이 달 문화권이기 때문입니다.

바벨론은 너무 더운 지역이라, 낮에는 더워서 아무것도 못하고 해진 뒤 밤에 선선할 때 사람들이 활동했습니다. 사막 기후 때문에 밤의 문화가 발달되었습니다. 그래서 나온 것이 천일야화(千一夜話), 곧 아라비안나이트입니다.

그런데 우연히도 바벨론을 그 지형의 특성상 '비옥한 초생달' 지역이라고 부릅니다. 달하고 이래저래 연관이 있습니다. 문화도 그렇고, 지형도 그렇습니다.

바벨론은 굉장히 문명이 발달되었습니다. 이 문명의 특징은 천계(天階)라고 해서 하늘에 올라가는 계단을 많이 만들었다는 것입니다. 그들은 하늘을 향해 올라가는 계단을 계속 쌓아 올렸습니다. 바벨론의 유적인 지구라트를 보면, 그 모양은 애굽에 있는 피라미드와 같지만 계단이 있다는 점이 다릅니다. 학자들은 결국 그 계단 쌓은 것이 바로 바벨탑이 아니었겠냐고 보고 있습니다.

지도상에서 생각해 보면, 이스라엘 역사는 비옥한 초생달 지역인 바벨론(갈대아 우르)에서 시작해서 가나안으로 갔다가 그 후 애굽을 거쳐 다시 가나안으로 돌아오고, 바벨론의 포로로 잡혀갔다가 다시 가나안으로 귀환하여 돌아오는 역사입니다.


### B. 가나안(이스라엘/ 팔레스타인)

가나안은 지중해와 '갈릴리-요단 강-사해' 사이에 있는 땅을 말합니다. 북쪽은 단까지요, 남쪽은 브엘세바까지입니다.

이 땅은 애초에 '가나안'(가나안 원주민의 땅)에서 여호수아 시대에는 '이스라엘'(언약의 민족의 땅)로, 그리고 로마제국 때는 '팔레스타인'(블레셋의 땅)으로 이름이 변해 온 땅입니다.

원래 이 땅은 가나안 사람이 살았기에 '가나안'이라 불렸습니다. 성경에 나오는 가나안 일곱 부족(여부스 족속, 헷 족속 등)을 총칭하여 가나안이라고 했습니다. 이 가나안 땅이 이스라엘 백성이 출애굽하여 정복한 다음에는 '이스라엘'이 되었습니다. 그러다가 이스라엘 백성이 범죄하여 하나님께 심판 받은 후, 로마제국 시대에는 '팔레스타인'이라는 이름을 갖게 됩니다.

팔레스타인은 '블레셋의 땅'이라는 뜻입니다. 오늘날 팔레스타인 사람들이 블레셋의 후손들입니다. 초대 왕 사울이 블레셋과 싸우다 죽은 후 이스라엘 백성들에게 이 블레셋이라는 민족은 지속적인 경쟁과 싸움의 대상이었습니다. 하지만 이스라엘이 범죄했기에, 하나님께서는 이 땅의 이름을 원수요 대적자인 이들의 이름으로 바뀌게 하셨습니다. 비록 로마 황제가 자기도 모르게 우연히 팔레스타인이라는 이름을 붙인 것 같지만, 여기에는 영적인 통찰이 들어가 있습니다.

결국 땅은 사람에게 속해 있습니다. 소유자가 바르게 서 있으면 하나님께서 그것을 유지하게 하시지만, 바르게 서 있지 못하면 아무리 축복의 땅이라도 대적한테 넘어가게 하십니다. 이것이 이 땅 자체가 보여 주는 영적 비밀입니다. 하여간 이스라엘이 범죄하기만 하면 여지 없이 대적이 쳐들어와서 이 땅의 주도권을 빼앗았습니다. 이것이 하나님의 역사요, 이 땅의 이름이 가나안-이스라엘-팔레스타인으로 바뀐 내막입니다.

### C. 이집트(애굽)

나일 강 주변의 아주 오래된 문명국가입니다. 애굽은 정말 이스라엘에게 굉장히 많은 악영향을 끼쳤습니다. 우선, 애굽에서 400년간 노예살이를 했기에 이들의 사고 속에는 애굽의 사고가 스며들어 있습니다. 모세가 시내 산에 올라가 있는 동안 이스라엘은 금 송아지를 만들어 하나님으로 섬겼는데, 원래 금 송아지는 애굽의 아톤 신입니다. 그만큼 이스라엘 사람들의 뼛속 깊숙이 애굽 문명이 자리잡고 있었습니다. 오죽하면 건수만 생기면 애굽으로 돌아가려고 했겠습니까? 성경에서 말하는 애굽의 내용은 하나님 나라의 반대편 쪽이었습니다.

그런데 절묘하게 이 애굽 땅의 문화는 죽음의 문화입니다. 죽은 자가 산 자를 지배하는 땅입니다. 살아서 신을 섬기다가 누구나 죽으면 다 신이 된다고 믿었습니다. 그래서 파라오가 즉위하면 통치 기간 내내 하는 일이 자기 무덤 만드는 것이었습니다. 무덤을 만들어서 들어가면 그만인 것입니다. 애굽에서 투탕카멘 왕의 무덤이 발견된 적이 있는데 그 왕은 애굽 왕 중에서 제일 약한 왕이었습니다. 그런데 이처럼 아주 이름 없는 왕의 무덤에서 나온 그 유품마저도 카이로 박물관을 다 채우고도 남아서 2년인가 3년에 한 번씩 돌려야 한다니, 죽은 자에 대한 애굽 사람의 숭배가 어느 정도였는지 겨우 짐작할 따름입니다. 투탕카멘 왕의 관만 순금으로 6톤이라고 합니다.

그런데 신기하게도 애굽에서 말 타고 빨리 가면 6시간이면 달려갈 거리에 있는 이스라엘은 생명의 문화입니다. 이스라엘에는 무덤이 없습니다. 그 유명하다는 다윗에게도 무덤이 없습니다. 왜냐하면 이스라엘에서는 죽은 자는 하나님께 버림받은 자이고 산 자만이 하나님의 사람이기 때문입니다. '생명 신학'입니다. 이스라엘에는 말씀이 있기 때문입니다. 하나님의 법이 있기 때문입니다.


### D. 앗수르

티그리스 강과 유프라테스 강의 상류에 위치한 땅으로 북 이스라엘을 멸망시킨 강대국이 있던 곳입니다. 앗수르는 티그리스 강과 유프라테스 강 상류에 위치한 나라로서 북 이스라엘을 멸망시킨 강대국입니다. 앗수르는 지금의 이라크이고, 그 수도는 니느웨입니다. 앗수르 하면 생각나는 사람이 산헤립과 히스기야입니다. 산헤립이 앗수르 왕이었을 때 북 이스라엘에 쳐들어왔습니다. 그 당시 모든 나라가 앗수르의 침략으로 망했지만 히스기야는 기도함으로 버텨 냈습니다.

### E. 페르시아

구약성경에 나오는 마지막 초강대국으로 바벨론을 멸망시킨 나라가 있던 곳입니다. 페르시아 만 동쪽에 위치하는데, 지금의 이란 땅입니다. 바로 에스더, 느헤미야가 있었던 지역입니다.

## 이스라엘의 지리

이스라엘의 지도를 그릴 때 중요한 것은 사선을 잘 치는 것입니다. 한중간에서 왼쪽에 점을 하나 찍고 밑에서 1/4 지점에 또 점을 찍어 이 두 점을 연결하되 약간 자전거살, 혹은 코끼리 상아처럼 비스듬하게 연결합니다. 이것을 연결할 때 중간에 한 번 떠는 것이 포인트입니다. 그 다음에 떤 지점에서 동그라미를 하나 그리고 조르륵 내려간 후 다시 길쭉한 동그라미를 그리면 됩니다. 이것은 아래가 위보다 작아야 합니다.

### A. 예루살렘

다윗 때부터 이스라엘의 수도가 되었습니다. '평화의 도시'라는 뜻입니다. 몸의 중심이 배꼽이듯 이스라엘 전체 지도의 중심은 예루살렘입니다. 그래서 예루살렘은 사해 왼쪽으로 가서 사해 어깨를 짚는다는 느낌으로 그리면 됩니다.

## B. 사마리아

북 이스라엘의 수도로 아합의 아버지 오므리에 의해 수도가 되었습니다. 성경에 보면 예루살렘과 항상 맞붙는 데가 사마리아입니다. 사마리아는 예루살렘에서 위쪽으로 올라가서 요단강 옆에 있습니다.

## C. 가버나움

예수님이 주로 사역을 하던 갈릴리 북부의 어업도시입니다. 가버나움은 갈릴리 호수에 붙어 있는 점이라고 보면 됩니다.

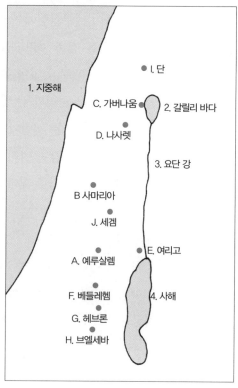

〈이스라엘의 지리〉

1. 지중해
I. 단
C. 가버나움
2. 갈릴리 바다
D. 나사렛
3. 요단 강
B 사마리아
J. 세겜
E. 여리고
A. 예루살렘
F. 베들레헴
4. 사해
G. 헤브론
H. 브엘세바

## D. 나사렛

예수님이 성장하신 곳으로 갈릴리 남서쪽에 위치한 농촌 지역입니다. 가버나움과 사마리아 사이에 나사렛이 있습니다.

## E. 여리고

세계에서 가장 오래된 도시 중 하나로 종려나무 도시이며, 요단 강 변에 위치한 곳입니다. 여리고는 예루살렘에서 요단 강 쪽으로 코너에 가서 붙으면 됩니다. 원래 여리고는 사해가 시작되는 입구쯤 됩니다. 그래서 가버나움에서 예루살렘으로 갈 때 나사렛과 사마리아를 거쳐서 가는 방법도 있지만, 보통은 돌아서 여리고를 지나 올라갑니다. 여리고는 해저(海底)이고 예루살렘은 해발 500m이기 때문에, 가버나움에 사는 사람들이 예루살렘에 오려면 산길보다 요단 동쪽을 많이 택했습니다. 요단 강을 건너 여리고를 통과해서 올라갔습니다. 그런데 이 길은 저 밑에서 저 위로 끝없이 올라가는 길입니다. 그래서 성경에 "내가 산을 향하여 눈을 들리라"는 말씀이 나올 수 있는 것입니다. 성전에 올라가는 노래가 나오는 것입니다. 반대로, 여리고로 갈 때는 내려갑니다. 그래서 "어떤 사람이 여리고로 내려가는데"라는 말씀이 나오는 것입니다. 지형적으로 아주 재미있는 특징입니다.

### F. 베들레헴

다윗의 고향이며 동시에 예수님의 탄생지입니다. 예루살렘 남단에 위치합니다. 베들레헴은 예루살렘 바로 밑에 있습니다. 오래 갈 것도 없이 지금은 차로 20분밖에 안 걸립니다.

### G. 헤브론

유다 지파의 중심지로 조상의 무덤(막벨라 굴)이 있습니다. 베들레헴 밑에는 헤브론이 있는데 여기에는 아브라함과 이삭, 야곱의 무덤이 있습니다. 아브라함과 사라, 이삭과 리브가, 야곱과 레아가 누웠습니다.

### H. 브엘세바

이스라엘 지역의 최남단에 있습니다. 브엘세바를 지나서는 더 이상 사람이 살 수 없습니다.

### I. 단

이스라엘 지역의 최북단입니다. 단에서 요단 강이 출발한다고 합니다.

그리심 산과 에발 산 사이에 위치한, 여호수아 시대와 사사 시대의
정치, 군사적 중심지이며 므낫세 지파의 중심지입니다. 세겜이 처음
에 가나안 땅에 편입되었을 때는 예루살렘이 있기 전에 거의 수도로서
의 위치를 차지했습니다. 이 세겜에는 유명한 산이 2개가 있는데 하나
는 그리심 산이고 또 하나는 에발 산입니다. 그 양쪽 사이에 세겜이 있
습니다. 이 세겜에서 해마다 그리심 산과 에발 산에 사람들이 나눠 섰
습니다. 세겜 골짜기에서 제사장이 축복하면 그리심 산 사람들이 화답
하고, 저주하면 에발 산 쪽에서 화답했습니다. 축복과 저주의 길이 분
명히 따로 있다는 것을 알려 주는 의식이 행해지던 곳이 세겜입니다.
그리고 이곳은 므낫세 지파의 중심지였습니다.


## 이스라엘의 기후

이스라엘은 애굽과 달리 아주 작은 나라이면서도 복잡한 기후를 가
지고 있습니다. 사실 성지의 기후는 제가 아무리 가르쳐도 한국 땅에
서는 이해하기가 어렵습니다. 그 기후 자체가 하나님의 은혜로 살아가
는 땅이라는 메시지를 전해 줍니다. 신명기 11장 11-12절 말씀을 보
십시오.

"너희가 건너가서 차지할 땅은 산과 골짜기가 있어서 하늘에서 내
리는 비를 흡수하는 땅이요 네 하나님 여호와께서 돌보아 주시는
땅이라 연초부터 연말까지 네 하나님 여호와의 눈이 항상 그 위에

있느니라."

바로 그 땅은 하나님께서 권고하시는(take care) 땅입니다. 이스라엘은 정말 은혜로운 땅입니다. 아무것도 안 해도 하나님께서 비를 적당히 내려 주시는 살기 좋은 땅입니다. 실제로 고대 근동에서 가나안 땅만큼 비옥한 땅이 없었습니다. 물이 넉넉한 기가 막힌 땅입니다.

그런데 놀랍게도 이스라엘 사람이 범죄한 후에 그 땅은 황무케 됩니다. 그래서 학자들은 고대 이스라엘의 땅이 지금과 같지 않았을 것으로 봅니다. 젖과 꿀이 흐르는 땅이라는 것이 거짓말이 아니었을 것입니다. 그런데 나중에 이스라엘이 범죄하고 타락하면서 나무를 모두 베어 버리고, 저 위의 샤론 평야는 늪지가 되는 등 황폐해져 버렸습니다.

반면 애굽 땅은 나일 강에 의지하여 물레방아질만 하면 물을 끌어 올려서 먹고 살 수 있는 땅입니다. 그야말로 풀무질하는 것처럼 나일 강에서 끊임없이 물 대기를 해야 합니다. 그러면 먹고는 살겠지만 수고스럽지 않겠습니까? 결국 애굽은 인간의 노력으로 사는 땅입니다.

하지만 가나안 땅은 하나님의 은혜로 살아가는 땅입니다. 하나님하고 관계가 좋으면 백성들이 애써서 할 일이 하나도 없습니다. 때가 되면 비가 내려 주니 말입니다. 그런데 하나님하고 관계가 나쁘면 이 땅은 죽은 땅이 됩니다.

그러니 이스라엘이 은혜로 살아간다는 것이 말은 좋지만, 또 이것 같이 피곤한 일이 없습니다. 하나님을 의지하고 산다면야 좋겠지만, 자아가 살기 시작하면 은혜가 떠나니 그것처럼 불안한 일도 없습니다.

### 우기(雨期)와 건기(乾期)
이스라엘에는 아주 뚜렷하게 '우기'가 있고 '건기'가 있습니다.

- **우기**: 11월부터 3월까지가 우기입니다. 비교적 비가 자주 내리고, 먹구름이 하늘을 뒤덮습니다. 이 우기에 파종하고 농사를 짓습니다.
- **건기**: 5월부터 9월까지는 건기입니다. 이때는 모든 수목이 거의 타 죽습니다. 완전히 말라 버립니다. 이것이 지중해성 기후의 특징입니다. 4월과 10월은 환절기로 봄과 가을이라고 보면 됩니다.

가을이 지나고 오는 비를 이른 비라고 하며, 이른 비는 11-12월에 오는데 이것을 한국 사람들이 이해를 못합니다. 왜 2-3월에 오는 비가 늦은 비이고 11월에 오는 비가 이른 비냐는 것입니다. 이는 이 지역의 기후 사이클을 모르기 때문입니다.

### 한서(寒暑)의 차(差)

이스라엘은 낮에 기온이 섭씨 40도까지 올라갑니다. 그러나 밤에는 스웨터를 입어도 추울 만큼 한기가 느껴집니다. 낮에는 뜨거운데 밤이 되어 식으면 얼마나 추운지 모릅니다. 이것을 모르고 성지순례를 갔는데, 다들 이스라엘 여행을 하니 더울 것 같아 짧은 옷만 챙겨 갔다가 밤에 추워서 정말 혼났습니다. 특히 추웠을 때가 시내 산 갔을 때였습니다. 시내 산에서 밤을 새는데 한밤중에 얼어 죽는 줄 알았습니다. 낮에는 구름기둥, 밤에는 불기둥으로 하나님이 이스라엘을 돌보셨다는 게 생생하게 느껴졌습니다. 낮에는 너무 더우니까 시원하게 가려주는 구름기둥이 필요한 것이고, 밤에는 추우니까 불기둥이 필요했던 것입니다.

하나님이 구름기둥과 불기둥으로 인도하신 것은 그 기후 속에서는 아주 정확한 돌보심이었습니다(출 13:21-22). 또한 "낮의 해가 너를 상하게 하지 아니하며 밤의 달도 너를 해치지 아니하리로다"(시 121:6)라고 한 시편의 노래도 그 기온차를 잘 보여 줍니다. 그냥 시적 표현인 것이 아니라 정말 낮에는 해가 상하게 하고 밤에는 달이 해합니다.

그래서 출애굽기 22장 25-27절은, 만일 이웃의 옷을 전당 잡거든 해가 지기 전에 돌려주라고 한 것입니다. 이스라엘 사람들에게는 겉옷이 값나가는 품목이었기에, 먹을 것이 없으면 그것으로 저당을 잡았습니다. 예수님이 십자가에서 죽으실 때도 병정들이 오죽하면 겉옷을 가지고 제비를 뽑았겠습니까? 어쨌든 겉옷을 저당 잡았다면, 돈을 못 갚아도 해가 지기 전에 돌려주라는 겁니다. 만약 안 돌려주면 이 사람이 밤에 잘 때 걸칠 것이 없어 얼마나 춥겠습니까? 이 사람이 하나님께 춥다고 호소하면 하나님이 가만있으시겠습니까? 한서의 기온차를 알면 성경 본문이 훨씬 더 잘 이해될 것입니다.

### 비

- **이른 비**: 우기의 초반에 오는 비를 '이른 비'라고 하며, 대개 이른 비는 땅을 적셔서 부드럽게 만듭니다. 이 비가 내리지 않고는 파종이 불가능합니다. 건기 동안 돌같이 굳어진 땅에 이른 비가 내리면 비로소 땅을 갈아엎어 파종하는 것입니다.
- **늦은 비**: 우기 말미에 오는 비인데 집중적으로 굉장히 많이 내립니다. 결실할 때 비가 집중적으로 오면 곡식이 생장합니다. 이 비는 곡식을 증산시키는 비입니다(신 11:14). 만일 이 비가 제때에 오지 않으면 이것은 엄청난 재앙입니다(암 4:7).
- **비가 내리는 유형**: 이슬비, 소낙비, 폭우, 장마비 등 여러 유형의 비가 내리며, 때로는 엄청난 폭우가 와서 순간적으로 홍수가 나기도 합니다(마 7:25, 왕상 18:45). 이스라엘에는 특히 그 땅 자체에 나무가 없어서 한 번 비가 많이 오면 순식간에 홍수가 납니다. 마

태복음에 나오는 반석 위의 집과 모래 위에 지은 집 이야기가 가능한 이유입니다. 이것은 예수님이 꾸미신 이야기가 아닙니다. 멀쩡하게 있다가도 비가 오고 창수가 나면 모래 위에 지은 집은 다 무너집니다.

- **비의 이용:** 비를 농사에 그대로 이용하기도 하지만 웅덩이를 파서 빗물을 저축하기도 했습니다(렘 2:13). 빗물을 저축하느라 판 웅덩이를 시스턴(Cistern)이라고 합니다. 1년 중 우기에만 비가 오니까 건기를 대비해서 물을 저축해 두는 겁니다. 우물물만 가지고는 버틸 수가 없기 때문입니다.

제가 세겜에 가서 야곱의 우물, 즉 사마리아 수가 성에 있는 우물물을 떠먹어 보았습니다. 물론 배탈 날까 봐 조금밖에 안 먹었습니다. 그런데 그 우물이 학자들의 견해에 따르면 수가 성 여인이 예수님을 만났던 우물이 맞다는 것입니다. 그 지역에 지하수가 그것밖에는 없기 때문이라고 합니다. 물 있는 주변에 사람들이 모여 살게 되다 보니 주거 지역도 한정되고, 따라서 사람들은 점차 물을 저축하는 법을 배우기 시작했습니다. 그래서 비가 올 때, 수로를 파거나 시스턴을 만들어 흘러내리는 물을 전부 다 받아 저축해 놓고 건기 때에는 이 물을 떠다 먹었습니다. 그런데 신기한 것이, 고인 물은 썩지만 시스턴의 물은 썩지 않는다는 것입니다. 그 안에 석회를 발라 놓으면 석회에 희한한 성분이 있어서 물이 변질되지 않습니다.

성경에 '웅덩이'라는 말이 나오면 대개가 시스턴을 가리키는 것입니다. 예를 들면, 예레미야가 갇혔던 마른 웅덩이도 시스턴이었습니다. 예레미야는 시스턴을 가지고 이렇게 말한 적이 있습니다.

"내 백성이 두 가지 악을 행하였나니 곧 그들이 생수의 근원 되는 나를 버린 것과 스스로 웅덩이를 판 것인데 그것은 그 물을 가두지 못할 터진 웅덩이들이니라"(렘 2:13).

여기 두 가지 종류의 물이 나옵니다. 하나는 생수의 근원인데 이것은 우물을 말합니다. 그런데 사람들이 생수의 근원을 버리고 시스턴을 팠다고 했습니다. 결국 이것은, 우물을 주신 하나님의 은혜를 버리고 인간 스스로의 노력으로 살아 보겠다며 자아를 내세웠다는 얘기입니다. 그런데 하나님을 버리고 스스로 살아 보겠다며 판 웅덩이가 물을 저축지도 못할 터진 웅덩이였으니 하나님의 마음이 어떠셨을까요? 하나님을 떠나면 결국 이 터진 웅덩이밖에는 못 팝니다. 하나님을 떠나면 혼자서도 잘 살 것 같더니 결국 그렇지도 못하단 말입니다. 사업 잘 되고 돈 좀 번다고 "바빠서 요새 교회 갈 시간 없다"고 둘러대는 사람들을 보면 저는 이 터진 웅덩이가 생각납니다.

이스라엘에 가 보면 시스턴이 굉장히 많습니다. 그 가운데 맛사다에 있는 시스턴이 굉장히 큽니다. 맛사다는 이스라엘 최후의 항전이 있었던 사막의 요새입니다. 그런데 이 맛사다에 올라가는 길은 '뱀길' 하나밖에 없습니다. 이 길로 사람들이 기어 올라가야 하는데 위에서 공격하면 아무도 접근을 할 수 없었습니다. 그래서 천연의 요새였는데, 문제는 이 맛사다 위에서 어떻게 사람들이 물 없이 생존해 내냐는 것이었습니다. 그 비결은 어마어마하게 큰 시스턴에 있었습니다. 맛사다에 거했던 사람들은 우기 때 내리는 비를 한 방울도 안 버리고 다 저축해 두었다가 건기 때 그 물로 생활했습니다. 그래서 최후의 항전 때도 오랜 기간 버틸 수 있었습니다.

이 시스턴의 빗물을 이용해서 사우나를 만든 사람이 당시에 있었습니다. 시스턴 물을 이용해서 열탕, 냉탕, 온탕을 만들었는데 그가 헤롯입니다. 헤롯은 건축의 왕이었습니다.

### 이슬

이스라엘은 비가 적은 대신에 이슬로 농사를 지을 수 있을 정도로 이슬이 많이 내리는 땅입니다. 성경에 보면 이슬이 내려 축복을 받는 경우가 참 많이 나옵니다. 시편 133편 3절에 "헐몬의 이슬이 시온의 산들에 내림 같도다 거기서 여호와께서 복을 명령하셨나니 곧 영생이로다"라고 했습니다. 신명기 33장 28절에서도 "이스라엘이 안전히 거하며 야곱의 샘은 곡식과 새 포도주의 땅에 홀로 있나니 곧 그의 하늘이 이슬을 내리는 곳에로다"라고 했습니다. 하늘이 이슬을 내린다는 것은 아직도 농사가 된다는 뜻입니다. 이슬이 내리는 지역은 주로 평야 지역이었습니다.

그런데 이슬이 내리지 않는 것은 저주를 의미했습니다(삼하 1:21). 열왕기상 17장 1절을 보면 엘리야가 아합에게 "수년 동안 비도 이슬도 있지 아니하리라"고 했습니다. 이스라엘에서 비뿐만 아니라 이슬까지 없다는 것은 재앙 중 재앙이었습니다. 그러니 엘리야 시대 아합 때 3년 반 동안 우로가 내리지 않았다는 것은 정말 사람이 살 수 없을 정도였다는 얘기입니다.

### 바람

• **동풍**: 건기에 불어오는 바람으로서 아주 뜨거운 열풍입니다. 초목을 마르게 하며(창 41:6, 욘 4:8), 우물을 마르게 할 정도의 바람입니다(호 13:15). 홍해가 갈라졌을 때 하나님께서는 물을 가르셨을 뿐 아니라 큰 동풍이 일게 하셨습니다. 출애굽기 14장 21절을 보면, "모세가 바다 위로 손을 내밀매 여호와께서 큰 동풍이 밤새도록 바닷물을 물러가게 하시니 물이 갈라져 바다가 마른 땅이 된지라"고 했습니다. 이 바람이 얼마나 뜨겁고 거세었으면 바닷물

이 다 말랐을까요? 이스라엘에서는 이 바람을 '아라비아 열풍'이라고 부릅니다. 어려운 말로는 '씨로크'라고 합니다. 산불이 나게 하는 바람입니다. 사막을 건너온 바람이라 뜨겁고 건조해서 우물을 다 말려 버립니다. 요나는 이 동풍 때문에 "죽는 게 낫사오니"라는 말까지 한 적이 있습니다.

- **대해**(지중해)**에서 부는 바람**: 동쪽에서 부는 바람은 뜨거운 열풍인 반면, 서쪽에서 부는 바람은 지중해를 건너오니까 습기를 머금고 있습니다. 그래서 이 바람은 큰 비를 몰고 올 가능성이 큽니다. 열왕기상 18장 41-46절을 보십시오.

"엘리야가 아합에게 이르되 올라가서 먹고 마시소서 큰 비 소리가 있나이다 아합이 먹고 마시러 올라가니라 엘리야가 갈멜 산 꼭대기로 올라가서 땅에 꿇어 엎드려 그의 얼굴을 무릎 사이에 넣고 그의 사환에게 이르되 올라가 바다 쪽을 바라보라 그가 올라가 바라보고 말하되 아무것도 없나이다 이르되 일곱 번까지 다시 가라 일곱 번째 이르러서는 그가 말하되 바다에서 사람의 손만한 작은 구름이 일어나나이다 이르되 올라가 아합에게 말하기를 비에 막히지 아니하도록 마차를 갖추고 내려가소서 하라 하니라 조금 후에 구름과 바람이 일어나서 하늘이 캄캄해지며 큰 비가 내리는지라 아합이 마차를 타고 이스르엘로 가니 여호와의 능력이 엘리야에게 임하매 그가 허리를 동이고 이스르엘로 들어가는 곳까지 아합 앞에서 달려갔더라."

바알과 아세라를 섬기는 사람들과 하나님을 섬기는 엘리야 사이에 벌어졌던 갈멜 산 대결의 궁극적 목적은 비가 내리게 하는 것이었습니다. 3년 반 동안 비가 한 방울도 내리지 않았기 때문에 일종의 기우제를 지낸 것입니다. 그랬기 때문에 엘리야가 바친 제물에 여호와의 불

〈세계 지도에서 보는 성경 주요 나라들의 위치〉

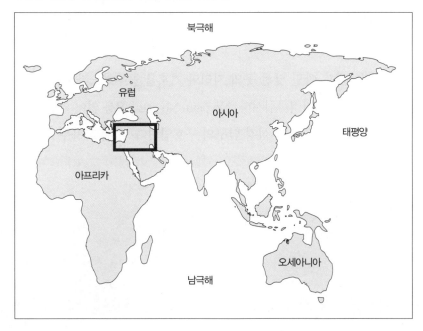

이 내려왔던 일보다 더 중요한 일은 비가 정말 내리는 것이었습니다. 그때 엘리야는 너무도 자신 있게 "비의 소리가 있다"고 아합에게 얘기합니다. 실제는 비 올 징조가 전혀 없었음에도 순전히 믿음만으로 그렇게 큰소리를 친 것입니다.

이제 엘리야는 머리를 무릎 사이에 넣고 기도합니다. 하지만 일곱 번 할 때까지 아무 징조도 없었습니다. 그러다가 일곱 번째 기도를 마쳤을 때 사환이 저 바다 먼 곳에서 손바닥만한 구름이 일어난다고 소리쳤습니다. 그 징조를 보고 그는 아합에게 비에 길이 막히지 않도록 빨리 내려가라고 했습니다. 아합이 그 말을 듣고는 마차를 타고 갈멜산을 한참 내려가는데, 구름과 바람이 일어나더니 큰 비가 내리기 시작합니다. 그때 엘리야는 너무 신나고 기쁜 나머지 옷을 걷어 붙인 채 빗속을 뚫고 달렸습니다. 그러다가 아합이 탄 마차를 앞서갈 때 얼마나 통쾌했겠습니까? 바로 그때 왔던 비가 대해에서 바람을 타고 불어온 비였습니다.

우리나라도 아닌 낯선 곳의 지리와 기후를 공부하느라 수고가 많습니다. 그러나 기억하십시다. No pain, No gain! 고통 없이 얻는 것은 없습니다. 이것이 우리 성경 탐구의 구호입니다. 바위도 자주 두드리면 금이 가는 법입니다.

지도를 알고 지리와 기후를 알게
되면 성경을 보는 눈이 확 열리기
시작합니다. 성경의 내용이 신화
가 아니라 누구도 부인할 수 없는
역사적 사실이라는 확신을 갖게
됩니다.

즐거운 성경 66권 탐구

# Part 2

# 구약 이야기

구약에서 중요한 10개의 시대가 있다는 것을 앞에서 강조했습니다. 창조 시대, 족장 시대, 출애굽과 광야 시대, 정복 시대, 사사 시대, 통일 왕국 시대, 분열 왕국 시대, 포로 시대, 포로 귀환 시대, 침묵 시대, 이 10가지만 외우면 구약이 끝납니다.

# 1장

# 역사 속에 나타나신 하나님

결국 역사란 '구속사'다. 성경은 이 구속사를 아담부터 예수 그리스도에 이르기
까지의 과정으로 보여 주고 있다.

역사란 무엇일까요? 이 질문에 대해 수없이 많은 역사학자들이 나
름대로 답하려고 애를 써 왔습니다.

"아(我)와 비아(非我)의 투쟁이다." – 신채호

"도전과 응전이다." – 아놀드 토인비

"절대정신의 자기실현 과정이다." – 헤겔

이처럼 많은 정의(定義)들이 있었습니다만, 성경은 한마디로 역사를
이렇게 봅니다.

"하나님께서 그 자신이 지으신 이 세계를 회복하시는 과정."

결국 역사란 '구속사'(救贖史)라는 것입니다. 구속사란 잡아다가 가
두는 역사가 아니라, 구원하기 위하여 속량하는 역사라는 말입니다.

성경은 이 구속사를 아담부터 예수 그리스도에 이르기까지의 과정
으로 보여 주고 있습니다. 구약성경은 이스라엘의 역사가 아니라, 하
나님께서 유대인이라는 몸을 입고 이 땅에 오시기까지의 언약과 그 성

취의 역사입니다. 결국 이스라엘은 도구였을 뿐이며, 성경은 이스라엘 역사가 아니라는 것을 분명히 알아야 합니다.

역사에 '만일'이라는 말은 있으면 안 되겠지만, 만일 예수님이 한국 사람으로 이 땅에 오셨다면 한국 역사가 구약이 되었을 것입니다. 단에서 브엘세바까지는 함경도에서 제주도까지가 되었을 것입니다. 이스라엘 역사 그 자체가 중요한 것이 아닙니다. 그런데 사람들은 구원의 역사를 이스라엘 역사로 보는 실수를 저지릅니다. 예수님이 유대인이라는 육신을 입고 오셨기 때문에 생긴 오해라고 여겨집니다.

자, 이제 구속사적인 관점을 가지고 구약 역사의 뼈대부터 살펴봅시다.

## 구약의 중요한 10개의 시대

구약에서 중요한 10개의 시대가 있다는 것을 앞에서 강조했습니다. 창조 시대, 족장 시대, 출애굽과 광야 시대, 정복 시대, 사사 시대, 통일 왕국 시대, 분열 왕국 시대, 포로 시대, 포로 귀환 시대, 침묵 시대, 이 10가지만 외우면 구약이 끝납니다. 성경을 이해하기 위해 시대를 건너뛰면서 가는 것입니다.

### 창조 시대(원 역사)

창조로부터 아브라함 이전까지의 시대입니다. 창조 시대에서는 "왜 하나님께서 아브라함을 택하시게 되었나?", 바꾸어 말하면 "왜 하나님이 이스라엘을 선택하게 되었나?"를 설명하는 부분이 포인트입니다. 이스라엘의 역사 이전의 역사(창조부터 주전 2,000년까지)라 해서,

창조 시대를 일컬어 '원 역사'(Ur-geschichte)라고 합니다. 이 말을 독일 사람이 처음 썼기 때문에 이 용어를 쓰는 것입니다.

### 족장 시대

이스라엘 민족이 형성되기까지 4대에 걸친 족장들의 이야기로 일명 '믿음의 조상들의 시대'라고 할 수 있습니다(약 300년간). 이 역사는 정확하지 않으니 대충 넘어가십시오. 아우트라인만 알면 됩니다.

### 출애굽과 광야 시대

400년간의 애굽 노예 생활에서 해방되어 약속의 땅으로 들어가기까지의 기간입니다. 이 기간은 한마디로 훈련받는 기간입니다. 하나님을 예배하는 민족으로서의 준비 기간이라 할 수 있습니다(40년간). 출애굽과 광야 시대를 거쳐 본격적으로 이스라엘 백성이 탄생합니다. 물론 노예 생활까지 합치면 430년간인데 노예 생활에 대해서는 별다른 기록이 없습니다.

재미있게도 성경은 1년을 가지고 10장에 걸쳐 쓰기도 하고, 400년을 한마디로 끝내기도 합니다. "요셉을 알지 못하는 새 왕이 일어나니," 이것이 400년 동안의 이야기입니다. 한 구절로 몇 백 년을 건너뛰는 것입니다. 성경은 압축에 능합니다. 그렇기 때문에 성경을 읽으면서 너무 사실적으로 보려고 하면 올무에 빠지기 쉽습니다. 이 점을 잘 이해해야만 성경을 빨리 이해할 수 있습니다.

예를 들어 성경에 나오는 족보는 '세월이 흐르고 흘러서'라는 의미로 이해하면 충분합니다.

### 정복 시대

약속의 땅을 정복해 가는 과정으로서 각 지파별 '기업'이 형성되던 시기입니다. 기업이 중요한 것은, 단순히 땅을 배분받았다는 차원을 넘어서 바로 이 기업이 하나님께서 우리에게 주신 그분의 기본적인 권리를 의미하기 때문입니다. 기업을 빼앗기면 하나님이 주신 것을 빼앗기는 것입니다. 기업을 빼앗기는 것은 죄 때문입니다. 기근, 게으름, 술 취함, 전쟁 등 죄가 들어오지 않고는 기업을 빼앗기지 않습니다. 죄가 들어와 기업을 빼앗기면 사람들은 고통에 빠집니다. 그래서 하나님이 기업을 되찾아 주시는 것이 회복의 역사입니다. 죄를 해결하지 않고는 기업을 되찾을 수 없음을 꼭 기억해야 합니다.

### 사사 시대

왕 없이 각각 지파 공동체와 같은 형태로 나라를 이루었던 시기로서, 하나님께서 사사를 통해 직접 통치하시던 시대입니다(약 400년간). 통치라기보다는 하나님이 통치권을 맡겨 주셨던 시대입니다.

### 통일 왕국 시대

왕정국가로 출발하여 영토나 국력에서 전성기를 이루었던 시대입니다(약 120년간). 통일 왕국 시대의 최전성기는 다윗 시대일까요, 솔로몬 시대일까요? 물론 땅 크기나 국력으로 볼 때는 솔로몬이 더 대단했지만, 이스라엘 사람들의 마음속에 있는 가장 아름다운 나라는 다윗의 왕국입니다. 영적인 면에서 말입니다. 그래서 이 다윗의 왕국이 결국에는 메시아 왕국으로 연결됩니다.

### 분열 왕국 시대

북 이스라엘과 남 유다로 나뉘어 각각의 길을 가던 시대로 점점 하나님을 떠나가다가 멸망한 시기입니다. 북 이스라엘은 약 200년간 존재하다가 주전 722년에 망했고, 남 유다는 약 350년간 지속되다가 주전 587년에 망했습니다.

### 포로 시대

바벨론에 포로로 잡혀가 있던 시기로 고난 가운데 하나님을 생각하던 시기입니다(약 70년간). 70년이라고 확실히 말할 수 있는 이유는, 포로로 잡혀갔다가 70년이 지나면 돌아오리라던 선지자 예레미야의 예언이 있기 때문입니다.

### 포로 귀환 시대

페르시아 고레스 왕의 칙령에 따라 3차에 걸쳐서 다시 돌아오던 시기입니다.

### 침묵 시대(신·구약 중간 시대)

세례 요한이 나오기까지 일체의 선지자가 나타나지 않았던 침묵의 시대입니다(400년간). 말라기가 끝난 다음에 책장을 넘기면 400년을 건너뛰는 것입니다.

# 1.
# 창조 시대

하나님께서 지으신 이 아름다운 세상을 관리하도록 위임받은 인간은 하나님처럼 되려는 교만 속에서 범죄하고, 그로 인해 인간과 세상은 타락한다.

주일학교에 열심히 다니는 한 어린이가 학교에서 과학 시간에 진화론을 배웠습니다. 선생님이 원숭이가 바뀌어서 오스트랄로피테쿠스가 되고 점차 호모사피엔스, 크로마뇽인, 네안데르탈인이 되었다고 가르칩니다. 그런데 이 아이가 듣고 있다가 참지 못하고 갑자기 혼자서 이렇게 중얼거렸습니다. "나는 아무리 그래도 하나님이 하신 이야기를 믿지, 원숭이의 이야기는 믿지 않을 테야."

그런데 아이가 흥분한 나머지 이 말을 크게 해서 선생님이 들었습니다. 얼핏 이 소리를 들은 선생님은 화가 나서 "너 지금 뭐라고 그랬니? 너 원숭이 이야기를 안 듣겠다니? 그러면 내가 원숭이란 말이냐?"라고 따졌습니다.

그때 아이는 당황하지 않고 선생님을 똑바로 쳐다보면서 말했습니다. "선생님, 저는 선생님을 원숭이라고 생각한 적이 없습니다. 저는 선생님이 하나님의 형상을 가진 사람이라고 믿고 있는데 선생님 본인이 자꾸 자기를 원숭이가 변해서 된 원숭이의 후예라고 자백하시니 저도 참 어쩔 수가 없네요. 그러고 보니 좀 닮으신 것 같기도 하네요. 저는 자신이 원숭이의 후손이라고 생각하는 사람이 만든 이론보다는 하나님의 형상대로 지음 받았다고 믿는 사람이 말하는 이야기가 훨씬 좋아요."

이것은 한경직 목사님이 극동방송에서 인용했던 얘기입니다. 진화론은 자기가 원숭이의 후예라고 생각하는 사람들이 만든 이론이고, 창조론은 하나님의 형상대로 지음 받았다는 사람들이 만든 이론인데 어떤 것을 믿을지 택하라는 것입니다. 결국 세상적으로 볼 때는 둘 다 '론'(論)입니다. 진화론은 진리, 창조론은 가설인 것이 아니라 진화론도 론, 창조론도 론입니다. 그런데 이 세상은 이상하게도 진화론은 과학적이고 창조론은 비이성적인 것같이 취급합니다. 하지만 간단한 논리로 봐도, 진화론 자체가 의미하는 것은 사람의 근본이 원숭이라는 것입니다.

이 얘기를 들으면서 그 아이가 대단히 훌륭하다고 생각할지 모르겠지만, 제가 볼 때는 그 아이한테 그런 해답을 미리 예상해서 가르쳐 준 주일학교 선생님이 정말 훌륭합니다. 주일학교에서 아이들한테 무엇을 어떻게 심어 주느냐가 정말 중요합니다.

저는 어릴 때부터 교회에 다녔지만 진화론을 학교에서 아무 비판 없이 배운 탓에, 지금 목사가 되어 창세기를 가르치면서도 어느 순간 나도 모르게 진화론적 사고를 합니다. 어릴 때 배운 것의 위력이 이렇습니다. 믿음의 사람들이 연합해서 하루빨리 초등학교에서부터 창조론을 가르칠 선택권을 확보해야 합니다. 왜 학교에서는 당연히 진화론을 가르쳐야 한다고 생각합니까?

진화론, 그것이 이 인류에게 끼친 피해는 이루 말할 수 없습니다.

그중에서도 가장 심각한 것은 인간의 존엄성이 파괴된 것입니다. 하나님의 형상에서 원숭이의 후예로….

1995년에 워싱턴 스미스소니언 박물관에 가 보았는데, 거기서는 진화론에 입각해서 전시를 해 놓고 있었습니다. 전에는 연도별로 짜 맞추어 오스트랄로피테쿠스, 네안데르탈인, 크로마뇽인 순서로 진열 되어 있었는데, 이제는 오스트랄로피테쿠스의 연도를 조정해서 크로마뇽인과 같은 연도라고 써 붙여 놓았습니다. 덜 진화된 것은 오래된 것이고 더 진화된 것은 나중 것이라고 했다가, 뭔가 과학적으로 맞지 않는 것이 생기니까 급하게 손을 쓴 것입니다.

그런데 사실 진화론이 과학적으로 맞고 틀리는 것이 중요한 게 아닙니다. 이 세상에 객관적인 학문, 가치중립적인 학문이 어디 있습니까? 세상에 그런 학문은 존재하지 않습니다. 어떤 학문이든 '인간에게 어떤 삶을 가져다주는가?' 하는 문제가 중요할 따름입니다. 아무리 객관적 진리라고 해도 인간 자체를 파괴시키는 것이라면 그것은 학문으로서 가치가 없습니다. 진화론이 진리냐 아니냐를 떠나 그 이론을 받아들였을 때 사람에게 어떤 영향을 주느냐가 중요한 것입니다.

진화론은 공산주의의 이론적 기초가 되기도 했습니다. 또한 진화론이 있기에 자유 성관계, 동성연애가 다 합리화될 수 있었습니다. 이렇게 되면서 인간의 가치가 무너졌습니다. 성경적 관점에서 보자면, 인간은 하나님과 세상, 자연의 중간에 있는 존재입니다. 하나님에 의해 만들어지고 하나님의 지시를 받아 세상을 다스리도록 지음 받은 존재입니다. 그런데 진화론 때문에 이 본래의 모습에서 벗어나, 적자생존이라는 동물세계의 법칙에 따라 서로 물고 뜯고 싸우는 존재가 되어 버렸습니다. 저는 이 창조 시대만 보면 진화론이 마귀의 학문이라는 것을 인정하지 않을 수가 없습니다.

하나님이 창조하신 세상은 아주 완벽하게 아름다운 세상이었습니다. 꽃이 있고 나비가 날아다니는 아름다운 세상이었습니다. 하나님은 그 아름다운 세상을 우리에게 넘겨주셨는데 그만 우리 인간이 죄를 범하면서 모든 것이 틀어져 버렸겠습니다.

인간이 선악과를 취하자 세상은 아주 더럽혀지게 되어 버렸습니다. 원래 아름다운 세상이었는데 더럽혀진 것입니다. 따라서 더러워진 세상에서 다시 아름다운 세상으로 돌아갈 일이 남게 되었습니다. 이것이 구속사의 시작이며, 이것이 창조 시대의 이야기입니다.

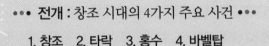

••• 전개 : 창조 시대의 4가지 주요 사건 •••
1. 창조   2. 타락   3. 홍수   4. 바벨탑

## 창조
아름다운 세상과 하나님의 형상대로 지음 받은 인간(창 1–2장)

창세기 1장 1절은 "태초에 하나님이 천지를 창조하시니라"고 하는 하나의 선언입니다. 그런데 바로 이어지는 2절에서는 창조 이전 상태가 혼돈이었다고 말하고 있습니다. 하나님이 천지를 창조했다고 해 놓고는 다시 땅이 혼돈하고 공허하게 되었다고 하다니 뭔가 잘못 말한 것일까요? 아니지요. 창세기 1장 1절은 이 모든 세상은 하나님이 만드셨다는 대명제를 선포하는 것으로 보아야 합니다. 그리고 1장 2절은 그 전이 어떠했는가를 말하는 것입니다.

"땅이 혼돈하고 공허하며 흑암이 깊음 위에 있고 하나님의 영은 수면 위에 운행하시니라."

여기서 "하나님의 영은 수면 위에 운행하신다"는 것은 무엇을 말하는 것일까요? 온 세상에 흑암과 혼돈과 깊음이 있고 하나님의 영만 혼자 수면 위를 이리저리 왔다 갔다 하는 것일까요? 그런 해석도 가능하지만 저는 조금 다르게 봐야 한다고 생각합니다. 제가 이런 말을 하는 것은 성경이 우리가 생각하는 것보다 훨씬 깊기 때문입니다. 제가 지금 얘기하는 것도 성경의 참 진리의 1/10000밖에 모르는 것입니다. 성경의 깊이는 어마어마합니다.

여기서 '영'에 해당하는 원어 '루아흐'는 '영'으로 번역되기도 하지만 '바람'으로 번역되기도 합니다. 예수님이 "바람이 임의로 불매 네가 그 소리는 들어도 어디서 와서 어디로 가는지 알지 못하나니 성령으로 난 사람도 다 그러하니라"(요 3:8)고 하셨을 때도 이 단어가 쓰였습니다. 이것은 절묘한 비유입니다. 왜 갑자기 바람이 나왔는가 하면 성령도 '루아흐'이기 때문입니다. '루아흐'가 임의로 부는 것처럼 성령도 그렇게 너희가 모르지만 분명히 있다는 것입니다. 이처럼 히브리어는 한 단어가 2-3가지를 의미하는 경우가 굉장히 많습니다. 어쨌든 '루아흐'는 바람이니까 여기서는 결국 "여호와의 바람이 수면에 불더라"는 뜻이 됩니다.

그러면 '여호와의 바람'은 무엇일까요? 항상 성경에서 '여호와의~'로 시작하면 이것은 형용사적 용법입니다. 그럴 때 이 뜻은 '위대한'(great)입니다. 산 중에 큰 산은 여호와의 산입니다. 불 중에 센 불은 여호와의 불입니다. 날 중에 큰 날은 여호와의 날입니다. 그렇다면 '하나님의 아들들'이라는 표현은 하나님으로부터 난 아들이 아니라 굉장한 용사를 말하는 것입니다.

'하나님의~'가 나오면 이것은 전부 다 형용사로 봐야 합니다. 따라서 "하나님의 영은 수면 위에 운행하시니라"는 말씀은 '굉장한 바람이 물 위에 불고 있었다'로 볼 수 있습니다. 즉, 원시 대기와 같은 창조 이전의 혼돈한 상태를 묘사한 것입니다.

성경에는 이런 비밀이 수도 없이 깔려 있습니다. 따라서 표면적인 것을 가지고 성경이 맞네 틀리네 왈가왈부하는 것은 아무런 의미가 없는 것입니다. 저는 성경을 연구하면 연구할수록, 성경에는 말이 안 되는 부분이 없다고 인정하게 됩니다. 정말 다 말이 됩니다. 우리가 몰라서 말이 안 되는 것 같을 뿐입니다. 성경에는 우리가 아는 것보다 훨씬 더 큰 비밀이 들어 있습니다.

창조 이전에 물 위로 어마어마한 바람이 불고 있었습니다. 그러면 이때 수면은 어디를 말하는 걸까요? 창조 역사에서 물은 '맙불'(mabbul)을 말하는데, 이는 창조된 물이 아닌 어떤 혼돈의 세상을 의미합니다. 그리고 궁창은 물과 물 사이의 공간입니다. 이 궁창 위의 물과 아래의 물이 맙불입니다. 재미있는 구조입니다.

창조 이전 상태는 혼돈이었으나, 창조된 세계는 완벽한 아름다움과 질서 그 자체였습니다. 창조 세계가 얼마나 질서 있었는지 한번 보실까요?

첫째 날에는 빛을 만드셨습니다.

둘째 날에는 궁창(space)을 만드셨습니다.

셋째 날에는 땅과 바다를 만드셨습니다.

넷째 날에는 해와 달과 별을 만드셨습니다.

다섯째 날에는 새와 물고기를 만드셨습니다.

여섯째 날에는 짐승들과 채소와 인간을 만드셨습니다.

그런데 가만히 보면 첫째 날과 넷째 날이 연결되고, 둘째 날과 다섯째 날이 연결되며, 셋째 날과 여섯째 날이 연결되어 있습니다. 즉, 첫째 날에 빛을 만드셨기 때문에 넷째 날에는 그 빛과 관계된 해와 달과 별 같은 발광체(發光體)를 만드셨습니다. 둘째 날에는 궁창으로 궁창 위의 물과 궁창 아래의 물로 나뉘니까, 다섯째 날에는 그 공간을 날아다니는 새와 그 물속을 다니는 물고기를 만드신 것입니다. 셋째 날에는 땅과 바다를 나누셨기에, 여섯째 날에는 땅에 사는 짐승과 거기서 나오는 채소와 그것을 돌볼 인간을 만드신 겁니다.

정말 얼마나 완벽한 질서인지 모릅니다. 이것이 하나님이 행하신 창조 역사입니다.

하나님의 이 모든 창조 역사는 결국 인간에게 집중되어 있습니다. 하나님은 이 세상을 창조할 때 사실 인간을 위해 만반의 준비를 다 해놓으신 것입니다. 즉, 인간이 잘 살게 하기 위해 빛을 만드시고, 궁창을 만드시고, 땅과 바다를 나누시고, 해와 달과 별을 통해 빛을 비추시고, 새와 물고기를 만드시고, 먹을 수 있는 채소와 짐승까지 만드셨습니다. 인간을 위해 이 모든 걸 다 만드신 것입니다. 그리고 인간에게 이 전체를 다스리며 지키라고 하셨습니다.

그런데 창세기 1장 1절부터 2장 3절까지 창조 얘기를 다 하고 나서, 갑자기 2장 4절에서 "이것이 천지가 창조될 때에 하늘과 땅의 내력이니 여호와 하나님이 땅과 하늘을 만드시던 날에"라는 말씀이 또 나옵니다. 이것을 놓고 사람들이 헷갈려 하는데, 이런 것은 만화책을 많이 본 사람은 무엇을 말하는지 금방 압니다. 만화책을 보다 보면 롱샷으로 전체 컷들이 진행되다가 클로즈업되는 부분이 나옵니다. 이처럼 세상 창조를 다 기술해 놓고, 2장 4절부터는 인간 창조가 이루어진 여섯째 날만 줌(zoom)으로 당겨서 보여 줍니다. 구체적으로 인간을 어떻게 만들었는가를 보는 것입니다.

성경은 단층구조가 아니라 복합구조로 되어 있습니다. 이것을 이해하지 못하고 단층으로 이해하려고 하니까 어렵게 느껴지는 것입니다. 성경은 롱샷과 클로즈업을 왔다 갔다 합니다. 그 구조를 파악하는 것이 필요합니다.

인간은 세상의 관리자로 창조되었습니다(창 1:26-28). 인간이 '하나님의 형상대로 지어졌다'는 것은 왕 같은 존재로 지어졌음을 의미하는 것으로서, 모든 인간은 왕처럼 존귀하고 이 자연을 다스리는 자로서의 역할을 하도록 지어졌다는 말입니다.

이 '하나님의 형상'을 놓고서 굉장히 많은 이론이 있습니다. 아마 지금까지 하나님의 형상이라는 말로 논문 써서 먹고사는 사람들이 한둘이 아닐 것입니다. 심지어 독일의 진화론적 신학자는 "하나님의 형상은 직립보행을 말한다"고까지 했습니다. 다들 짐승처럼 걷다가 하나님의 형상을 닮아서 직립보행을 했다는 것입니다. 윤리학자들은 "하나님의 형상은 양심을 말한다"고도 했습니다. 그러나 성경신학적으로 볼 때 하나님의 형상은 '왕'을 의미합니다. 고대 근동에서는 왕에게만 '신의 형상'이라는 말을 붙였습니다. 파라오도 그렇고 왕들은 전부 다 신의 형상입니다.

하나님의 형상대로 지어진 인간에게 어떤 명령이 내려졌습니까?

"생육하고 번성하여 땅에 충만하라, 땅을 정복하라, 바다의 물고기와 하늘의 새와 땅에 움직이는 모든 생물을 다스리라"(창 1:28).

이 일들을 누가 한다는 것입니까? 왕이 한다는 것입니다. 이것이 중요합니다.

왕은 아무리 작은 나라 왕이라도 절대로 남의 밑에 있지 않습니다. 왕 위에는 아무도 없다는 뜻입니다. 왕 위에는 오직 하나님밖에 없습니다. 이것이 신의 형상입니다.

신의 형상을 가졌기에 인간은 왕입니다. 그러므로 어떤 인간도 다른 인간 아래에 있을 수 없습니다. 또 어떤 인간도 남의 위에 올라설수 없습니다. 이것이 인간평등과 인간 존엄성의 기초가 됩니다. 이런 배경이 있기에 성경은 근본적으로 노예제도를 부정하는 것입니다. 창세기를 공부하면 인간이 얼마나 평등한지, 얼마나 존엄한지 금방 알게됩니다.

인간에게 주어진 책임은 하나님의 뜻대로 피조 세계를 전부 다스리는 것인데, 그것은 군림이 아니라 돌보는 것입니다. 창세기 2장 15절을 봅니다.

"여호와 하나님이 그 사람을 이끌어 에덴동산에 두어 그것을 경작하며 지키게 하시고."

여기서 '경작하며 지키게 하시고'는 잘 돌보라는 것입니다. 인간은 세상을 파괴하는 자가 아니라 돌보는 자입니다. 그리고 세상을 책임지는 자입니다.

여기까지 보면 하나님이 만드신 이 세상에는 완벽한 조화가 있었다는 것을 알 수 있습니다(사 11:6-9). 그런데 그만 인간이 타락함으로써 이제 슬픈 얘기가 시작됩니다.


## 타락
죄와 고통이 세상에 들어옴(창 3-4장)


뱀이 사단입니까? 그러면 사단이 뱀입니까? 순진하게 '뱀은 사단이다'라고 이해하면 성경을 이해하지 못합니다. 사단이 뱀의 모양으로 나타난 것이지 결코 뱀이 사단인 것은 아닙니다.

뱀의 모양으로 나타난 사단의 꾀임은 선악과를 따 먹으라는 것이 아니라 '하나님처럼 되라'는 것입니다(창 3:5). 이것이 아주 중요합니다. '하나님처럼 된다'는 것은 곧 교만(hybris)입니다. 결국 이것이 타락의 첫걸음입니다. 인간은 하나님처럼 되고 싶은 끝없는 욕망을 가지고 있습니다. 자기 삶의 주인은 '나'라고 믿고 내가 내 삶을 독점하는 것이 교만입니다.

결국 이렇게 범죄함으로 인간과 하나님과의 관계가 파괴되었고 인간과 인간 사이의 관계도 파괴되기 시작합니다(창 3:12, 16). 그래서 하와와 아담은 서로 벌거벗었음을 인식하게 됩니다. 또한 하와가 아담을 섬길 수밖에 없는 깨진 질서가 나오기 시작합니다.

이 관계의 파괴는 자연과의 관계 파괴로 이어져(창 3:17-18) 자연이 더 이상 소산을 내지 않고 가시덤불과 엉겅퀴를 내기 시작합니다. 그래서 교만 다음에 반드시 따라오는 것이 관계 파괴입니다. 교회도 마찬가지입니다. 교만한 사람이 있으면 반드시 관계 파괴가 일어납니다. 100퍼센트입니다. 공동체에 싸움이 일어나면 그 배후에는 반드시 교만한 자가 있습니다.

관계 파괴는 고통을 가져다줍니다. 관계가 파괴되면 반드시 죄가 증폭되기 시작합니다. 절대로 죄는 가만히 있지 않습니다. 계속 굴러가면서 커집니다. 죄는 점점 자라나 살인과 복수, 전쟁으로 확대되어가고(창 4:14, 23), 땅은 황폐해 갑니다.

3장에서 선악과를 따 먹고 범죄한 이야기가 나온 후, 4장이 시작되면서 가인과 아벨의 얘기가 나옵니다. 교만으로 시작된 죄가 이제는 살인으로 발전하고, 살인은 결국 복수를 부릅니다.

"주께서 오늘 이 지면에서 나를 쫓아내시온즉 내가 주의 낯을 뵈옵지 못하리니 내가 땅에서 피하며 유리하는 자가 될지라 무릇 나를 만나는 자마다 나를 죽이겠나이다"(창 4:14).

이어서 나오는 '라멕의 노래'에서는 복수의 강도가 더 심해집니다. "라멕이 아내들에게 이르되 아다와 씰라여 내 목소리를 들으라 라멕의 아내들이여 내 말을 들으라 나의 상처로 말미암아 내가 사람을 죽였고 나의 상함으로 말미암아 소년을 죽였도다 가인을 위하여는 벌이 칠 배일진대 라멕을 위하여는 벌이 칠십칠 배이리로다 하였더라"(23절).

이것이 무슨 뜻인지는 모르겠으나, 한 가지 분명한 것은 복수가 11배나 커졌다는 것입니다. 복수가 점점 심해지는 것입니다. 서로를 끝없이 죽이고 죽이며 죄가 증폭되어 가는 것이 바로 타락입니다. 결국 사망이 엄청난 위력을 가지고 인간을 짓누르기 시작한 세상이 된 것입니다. 이런 세상을 보고 견딜 수 없으셨던 하나님은 홍수로 이 세상을 심판하십니다.


## 홍수
### 점점 심해지는 인간의 죄악에 대한 하나님의 심판(창 6-10장)

인간은 죄악 가운데 점점 악해지고, 하나님은 이 땅에 인간을 창조하신 것을 후회하시는 데까지 이르렀습니다(창 6:5-6). 홍수 심판의 배경은 하나님의 후회입니다. 하나님께서 물로 심판을 하셨다는 데는 단순히 비가 많이 왔다는 것 이상의 의미가 있습니다. 그것은 곧 창조의 역행, 창조의 포기였습니다. 이것을 이해해야 합니다. 그때 비가 위에서만 내렸습니까? 그렇지 않습니다. 위에서만이 아니라 밑에서도 물이 올라왔습니다. 히브리 세계관에 따르면 궁창 위에도 물이 있고 아래에도 물이 있습니다. 이것을 '맙블'이라고 했습니다. 이 물(맙블)이라는 것은 끝없이 밀고 들어오려는 성질을 가지고 있습니다. 그래서 위의 물도 밀고 들어오려고 하고, 아랫물도 밀고 들어오려고 하는데, 이 밀고 들어오려고 하는 창문을 하나님이 막고 계시는 것입니다.

그런데 인간이 범죄하자, 하나님께서는 "내가 후회한다"고 하시면서 이 문을 놔 버린 것입니다. 그래서 하늘의 창이 열리고 깊음의 샘이 터져, 물이 그냥 밀고 들어와서 완전히 창조 전의 상황으로 가 버리게 되었습니다. "땅이 혼돈하고 공허하며 흑암이 깊음 위에 있고 하나님의 영은 수면 위에 운행하신다"는 말씀처럼 큰 바람의 물결이 이는 상황이 그대로 일어난 것입니다. 완전히 창조 이전으로 돌아가는 상황입니다. 이것이 홍수입니다. 흑암이 깊음 위에 있고 온통 물뿐인 가운데 하나님이 남겨 놓으신 공간인 노아의 방주만 떠다니고, 그 속에만 생명이 있었을 따름입니다.

그런데 노아의 방주에서 그 문은 누가 닫았을까요? 바로 하나님이 닫으셨습니다. 그래서 방주 안에만 하나님의 궁창이 남아 있고 나머지는 전부 다 창세기 1장 2절 상태로 가는 것입니다.

하나님이 방주에 집어넣으신 것은 코로 숨 쉬는 것들, 곧 노아의 가족과 동물들이었습니다. 인간을 심판하기 위한 이 홍수에서 인간처럼 코로 숨 쉬는 것은 다 죽을 것이기 때문이었습니다.

방주의 크기는 길이 300규빗, 폭 50규빗, 높이 30규빗입니다. 규빗은 손끝에서 팔꿈치까지의 길이입니다. 이 길이를 평균 50cm으로 본다면 방주의 크기는 길이 150m, 폭 25m, 높이 15m가 됩니다. 굉장한 크기입니다.

하나님께서 인간의 수명이 120년이 되리라고 했는데, 그것은 앞으로 120년 뒤에 심판한다는 뜻이었습니다. 그래서 노아가 120년간 방주를 만든 것입니다.

40일 홍수가 끝나고 1년 이상 물이 걷히고 땅이 마른 후, 다들 방주에서 내렸습니다. 하나님께서는 이제 노아의 가족들로부터 새로운 일을 시작하십니다.

"내가 다시는 홍수로 세상을 심판하지 않을 것이다. 왜냐하면 인간이 그 생각하는 것이 어려서부터 악하기 때문이다"라며 하나님께서는 그 약속으로 '구름 속의 무지개'를 보여 주셨습니다. 우리가 생각할 때는 "내가 다시는 물로 심판하지 않으리라. 왜냐하면 인간이 이제는 죄를 회개했으니까"라고 하셨을 것 같습니다. 그런데 하나님은 인간이 그리 쉽게 변하는 존재가 아님을 아셨습니다. 인간은 그 생각하는 것이 어려서부터 악하기 때문입니다. 그 인간을 벌하려면 아예 다 죽여야 하니까 심판이 끝이 없는 것입니다. 그래서 이렇게 물로 심판하지 않겠다고 하셨는데, 그렇다면 다음에는 무엇으로 심판하신다는 것입니까? 불이요? 하나님이 우리에게 공갈 협박을 하시겠습니까? 그게 아닙니다. 이제는 예수 그리스도를 보내어 구원시키겠다는 것입니다. 더 이상 심판으로는 안 된다는 것을 아셨기 때문입니다. 불 심판이 있지만 하나님은 회복이라는 방법으로 바꾸실 것입니다. 악을 심판하고 잘라 버리는 것으로만은 세상이 달라지지 않기에, 이제는 세상을 구원하기 위해 하나님의 아들이 직접 와서 대속 제물이 되는 구속의 역사밖에 없다는 것을 말씀하시는 것입니다. 그것이 물로 심판하지 않는다는 말 속에 들어 있는 약속입니다.

그런데 하나님이 인간의 구제 불능함을 보신 것이 정확하다는 것을 어떻게 알 수 있습니까? 노아 홍수 다음에 노아와 그 가족들이 한 짓을 보면 됩니다. 노아와 그 가족 8명만 남겨 두신 것은 그들로부터 죄 없는 새로운 역사를 시작하겠다는 의도였는데, 홍수 후에 하나님께서 확인하신 것은 역시 그들도 죄에 감염되어 있다는 사실이었습니다(창 8:21).

그 경건하신 노아 장로께서 한 일이 뭡니까? 저는 노아가 그 많고 많은 나무 중에 왜 포도나무를 심었는지 알 수가 없습니다. 포도나무를 심은 뜻은 포도를 따겠다는 것이고, 포도를 따겠다는 것은 포도주를 마시겠다는 것입니다. 결국 노아는 포도즙을 먹고 취해 잤습니다. 버릇도 고약하게 다 벗고 말입니다.

마침 세 아들 셈과 함과 야벳 중에서 함이 장막에 먼저 들어갔다가 아버지가 벗은 것을 보고 나왔습니다. 그것을 얘기하자 셈과 야벳이 뒤로 들어가서 가려 주었습니다.

다음 날 노아가 이 사실을 알고 화가 나서 함을 저주했습니다. 그런데 여기서 함이 아버지의 벗은 것을 보았기 때문에 저주받았다고 얘기한다면 이것은 성경을 잘못 본 것입니다. 제가 제 아들하고 목욕탕에 가끔 가는데, 목욕하고 나오자마자 갑자기 제 아들보고 "너는 아비의 하체를 보았으니 저주를 받아라"고 해야겠습니까? 레위기 18장에서 "네 이모의 하체를 범하지 말라 이는 네 어미의 하체임이니라"고 했는데, 여기서 하체라는 말은 성적 범죄를 뜻합니다.

생각해 보십시오. 하나님께서는 죄 때문에 세상을 쓸어버리셨습니다. 그리고 인간 8명을 남겨 놓았더니 그들이 한 짓이 성적 타락이었다는 말입니다. 결국 죄는 하나도 없어지지 않았던 것입니다. 하나님께서 다시는 물로 쓸어버리지 않겠다고 하신 것은 그것으로는 죄가 사라지지 않기 때문입니다. 그렇다고 역사를 끝내시겠습니까? 이때부터 하나님은 십자가를 보고 계셨습니다. 이것이 성경의 역사입니다.

# 바벨탑

하나님처럼 되려는 인간의 죄성이 실체로 드러난 사건(창 11장)

홍수 후에 다시 늘어난 인간은 그들의 유치한 문명과 기술을 사용하여 하늘에 이르는 탑을 쌓아 스스로 하나님이 되려는 죄성을 유감없이 발휘합니다. 인간의 끝없는 교만 때문이었습니다. 결국은 선악과가 그대로 바벨탑으로 이어진 것이고, 그 근본이 된 것이 hybris, 곧 교만이었습니다. 교만 때문에 "우리 인생을 만들어 보자"고 한 것입니다. 결국 탑을 쌓았던 것은 '우리 이름을 내기' 위해서였습니다. 이 바벨탑은 교만의 극치인 동시에 대체문화입니다. 흙 대신 역청을 쓰고 돌 대신 벽돌을 썼습니다. 이처럼 역청으로 흙을 대신하고 벽돌로 돌을 대신하는 것이 문화입니다. 인간의 문화가 자연을 대신한 것입니다.

여기서 끝났으면 얼마나 좋았겠습니까? 이제 인간은 하나님 자리에 올라가려고 합니다. "성읍과 탑을 건설하여 그 탑 꼭대기를 하늘에 닿게 하여 우리 이름을 내고"(창 11:4)에서 '우리 이름을 내고'는 원어로 '우리 이름을 짓고'라는 뜻입니다. 자기가 자기의 이름을 짓는다는 것입니다. 즉, 스스로가 삶의 주인이 되고 흩어짐을 면하자는 것입니다. 인간이 하나님을 대신하겠다는 것, 이것이 교만입니다.

그런데 이때 재미있게도 하나님께서 이것을 그대로 흉내 내어 "서로 말하되…자, 우리가 내려가서"(창 11:3, 7)라고 하셨습니다. 4절에서 인간들이 "그 탑 꼭대기를 하늘에 닿게 하여 … 온 지면에 흩어짐을 면하자"라고 말하자, 7절에서는 "자, 우리가 내려가서 거기서 그들의 언어를 혼잡하게 하여 그들이 서로 알아듣지 못하게 하자"고 하십니다. 인간들이 "흩어짐을 면하자" 할 때 하나님은 "그래, 흩어 버리자"고 하시는 것입니다.

또 "성읍과 탑을 건설하여 그 탑 꼭대기를 하늘에 닿게 하자"(4절)고 했더니, 하나님은 "사람들이 건설하는 그 성읍과 탑을 보려고 내려오셨더라"(5절)고 했습니다. 여기서 인간들은 끝없이 올라가면 자기들이 하나님의 엉덩이를 찌를 만큼 올라갈 거라고 생각한 것입니다. 하지만 하나님이 그것을 보려면 하늘에서 근두운을 타고 한참 내려오셔야 한다는 것입니다. 인간이 교만해서 자기가 하나님만큼 올라간 줄 알지만, 하나님이 보실 때는 거기서 거기란 말입니다. 보다 못한 하나님께서는 인간의 교만을 완전히 꺾어 버리십니다. 하여간 바벨탑 사건은 인간 교만의 극치입니다. 탑을 쌓아 자신들이 스스로 역사의 주인이 되고 그 탑을 중심으로 흩어지지 말자고 한 교만의 결과는, 흩어짐과 분열이었고 언어의 혼잡이었습니다. 원래 죄의 본성은 분열과 나눔 아니었습니까?

그런데 여기서 우리가 충격 받아야 할 것이 있습니다. 바벨탑이 바로 문명이라는 것입니다. 이것이 문명의 문제점이요 문명의 위기입니다. 인간 문명의 상징이 바벨탑인데 결국 우리는 이 문명 때문에 힘들어졌습니다. 문명세계에서 살아가기가 얼마나 힘이 듭니까? 문명세계의 배후에는 바벨탑이 있습니다. 그래서 다윗이 광야에 있을 때에는 아름다운 신앙인이었지만, 문명의 세계인 왕궁에 들어가고 나서는 사람이 달라져 버린 것입니다.

지금 우리가 문명 속에서 살면서도 광야적 영성을 유지하는 것은 너무나 중요합니다. 그렇지 않으면 이 문명의 독에 물들게 됩니다. 문명의 배경에는 교만이 있기 때문에, 그 속에 사는 우리로서는 정말로 기도하고 하나님께 매달리는 것이 중요합니다.

한편, 하나님께서는 바벨탑의 혼란 속에서도 '한 사람'을 불러내어 온 인류를 구원할 놀라운 계획을 가지고 실행하고 계셨습니다. 바벨탑 얘기가 나온 후에 10절부터 족보가 나오는 것을 보십시오. 족보가 나온다는 것은 세월이 흐르고 흘렀다는 의미입니다. 그런데 그 족보는 27절에 집중되고 있습니다.

"데라의 족보는 이러하니라 데라는 아브람과 나홀과 하란을 낳고 하란은 롯을 낳았으며."

여기서 이제 아브라함이 나오기 시작합니다. 하나님께서 아브라함을 부르실 수밖에 없었던 것은, 홍수로 심판해도 인간이 여전히 범죄했기 때문입니다. 결국 바벨탑까지 쌓는 것을 보십시오. 하나님은 이 땅을 멸망치 않게 하려면 이제 한 민족을 택해 약속을 주고 복의 근원으로 삼을 수밖에 없었다는 결론을 내리고자 여기까지 성경의 이야기를 끌고 오신 것입니다.

# 2.
# 족장 시대

큰 민족을 이루어 복의 근원이 되게 하시겠다는 하나님의 약속을 믿고 믿음의
조상들은 역경을 헤치며 살아간다.

제가 〈샘터〉라는 잡지에서 읽은 글인데 재미있어서 소개하려고 합
니다. 6.25전쟁 당시에 있었던 일입니다. 전쟁이 벌어진 통에 어느 날
전방에 있는 병영 의병소에서 소란이 일어났습니다. 한 노모가 웬 수
줍어하는 처녀 하나를 데리고 오더니, 보초의 제지에도 불구하고 끈덕
지게 면회를 신청하는 바람에 부대장까지 나서게 되었습니다.

자초지종을 들어 보니, 그 부대 내에 있는 한 병사의 어머니가 찾아
온 것인데, 4대 독자인 아들이 전쟁터에 나가 있어 잘못하면 대가 끊
어지게 생겨서 이 노모가 생각다 못해, 정혼한 처녀를 데리고 전방까
지 찾아온 것이었습니다. "씨라도 받아 놓아야 할 것 아니냐?"고 하는
데 그냥 돌려보내기도 곤란한 사정이었습니다. 왜냐하면 사실 이것도
국가를 지키는 일만큼이나 신성한 의무였기 때문입니다. 전쟁도 이 민
족을 위해 하는 것인데 4대 독자가 대를 잇겠다는 그 뜻도 무시하면 안
되잖습니까? 그렇다고 허락하자니 그것도 문제인 게, 다른 병사들은

다 생사를 걸고 싸우고 있는데 그 병사만 신방을 차려 줄 수는 없었던 것입니다. 부대장 입장에서 난감한 상황이었습니다. 하지만 안 해 줄 수가 없어서 결국은 허락했습니다.

하지만 특혜가 되어 부대에 문제가 생기니까, "이것은 대를 이어 가기 위한 작전이다. 민족의 흐름을 이어 가기 위한 작전이다"라고 하며, 일명 '씨받이 작전'이 선포되고, 임시로 텐트를 쳐서 신방이 차려졌습니다. 그리고 그 병사는 작전에 투입되는 것이었습니다. 개인적으로 결혼하고 색시하고 하룻밤 자는 것이 아니라 작전에 투입되는 것입니다. 여기까지는 좋았습니다만, 이제 작전에 투입되는 병사에게 부대장이 훈시해야 하는데 신방에 들어가는 병사를 전 부대원 앞에 불러 놓고 훈시할 말이 생각이 안 났습니다. 보통 "제군들 준비됐나?"고 얘기하는데, 궁리 끝에 부대장 입에서 갑자기 나온 근엄한 한마디는 "초전박살이다. 알겠나?"였다는 것입니다.

족장 시대는 한마디로 말하면, 대를 이어 가는 절박한 싸움의 시기였습니다. 어떻게 하든 하나의 민족을 이루어야만 했던 때였습니다. 창세기 12장부터 시작되어 50장까지 이어지는 족장 시대의 치열한 삶의 이야기는 본질적으로 대를 이어 가는 싸움이었습니다.

그런데 단순히 대를 이어 가는 것만이 문제인 것은 아니었습니다. 환경 자체가 굉장히 열악했습니다. 생존 자체가 위협받는 환경이었으니 말입니다. 그래서 첫째로 중요한 것이 살아남는 것이었습니다. 그것도 아주 힘든 과업이었는데, 살아남는 것만이 중요한 것이 아니라 정말 그 살아남는 과정 속에서 계속 자녀를 이어 가야 한다는 또 하나의 어려움이 있었습니다. 그래서 족장 시대를 보면 족장들의 생존을 위한 치열한 모습이 정말 눈물겹습니다. 오죽하면 아브라함은 두 번이나 부인을 누이동생으로 속여서 내주었겠습니까? 아브라함을 비겁하다고 무조건 욕할 수만도 없는 것이, 그 당시는 법이 없어서 강자가 무조건 약자를 죽이는 시대였습니다. 특히 여자들은 전부 다 노획물이어서 부인을 누이동생으로 속이지 않으면 살아남을 수 없는 환경이었습니다. 그것이 아브라함이 처한 현실이었습니다.

또, 이삭은 우물을 파 놓는 족족 달라는 사람들에게 계속 양보만 합니다. 이삭이 성격이 좋아서 양보한 줄 아세요? 천만의 말씀입니다. 당시에는 법이 없었기 때문에, 내놓으라고 할 때 안 주면 그냥 죽음을 당해야 했습니다. 그러니까 계속 줄 수밖에 없었고, 결국엔 브엘세바까지 밀렸던 것입니다. 사람이 살 수 없는 데까지 말입니다. 그것이 생존 환경이었습니다. 오죽하면 거기까지 갔겠습니까? 제가 브엘세바에 한 번 가 보았는데 정말 사람 살 곳이 못 됩니다. 사람이 살 수 없는 사막에 우물 하나만이 덩그러니 있을 뿐입니다.

야곱도 오죽하면 벧엘에서 결단하고 얍복 강에서 환도뼈가 부러질 만큼 그렇게 기도했겠습니까? 기도해서 환도뼈가 부러졌다는 얘기는 소나무 뽑는 것보다 2배 더 힘들었다는 뜻입니다.

그렇게 살아남아야 하는 환경에서 그들은 대까지 이어 가야 했습니다. 그것은 그냥 자식 낳아서 대를 이어 나가는 게 목표는 아니었습니다. 그들은 오직 하나님을 경외하는 약속의 자손들만으로 대를 잇고 가문을 키워 나가야 했던 것입니다. 신앙을 지켜 가면서, 동시에 약속의 자손을 이어 가야 했습니다.

오직 그 목적을 위해, 사방을 에워싼 결코 우호적이지만은 않은 부족들 틈바구니에서, 척박한 생활 환경과 영적으로 타락하기 쉬운 환경들을 헤쳐 나가기 위해 몸부림치며 보낸 시기가 바로 족장 시대일 것입니다. 족장 시대는 치열한 싸움의 현장이었습니다. 신앙의 대를 이어 가는 절박한 싸움터 말입니다. 척박하고 낯선 환경 속에서도 생존을 위해 몸부림치면서 살아나간 믿음의 조상들의 이야기가 족장 시대에 펼쳐집니다.

족장 시대에는 족장들이 끝없이 대를 이어 나가면서 하나의 민족으로 형성될 수 있도록 기초를 쌓아 갔습니다. 족장 시대는 약속의 자손으로 대를 이어 가는 절박한 싸움의 시간이었습니다.

족장 시대에서 중요한 단어는 '하나님의 약속'입니다. 오직 하나님의 약속만이 우리의 개런티입니다.

••• 전개: 족장 시대의 4명의 주요 족장들 •••
1. 아브라함   2. 이삭   3. 야곱   4. 요셉

## 아브라함
하나님께 언약을 받은 믿음과 선택된 백성의 조상(창 12-23장)

아브라함은 인간의 죄가 실체로 드러났던 바벨탑의 현장인 갈대아 우르에서 불러내어져, 인간의 어떤 것도 의지하지 않고 하나님만 의지하며 살아가는 훈련을 받기 시작했습니다.

아브라함이 출생한 곳은 갈대아 우르, 즉 메소포타미아, 시날 평지쪽입니다. 여기서 출생한 아브라함은 하나님이 부르셔서 하란까지 갑니다. 하란은 '교차로'라는 뜻입니다. 아브라함은 이 하란을 거쳐 가나안으로 내려오고 여기서 최후를 맞이합니다. 이것이 아브라함의 여정입니다. 물론 중간에 기근 때문에 애굽에 가서 바로를 만났다가 다시

돌아오기도 합니다.

이 아브라함의 여정을 두고 학자들은 보통 '대상들의 길'(Donkey Caravan)이라고 합니다. 당나귀에 짐 싣고 팔러 다니는 장사꾼들의 길이라고 봅니다. 실제로 이집트의 벽화를 보면, 아브라함 당시 것으로 보이는 당나귀에 히브리인 같은 사람들이 무엇을 싣고 오는 모습이 나오는데 그것이 대상(隊商)이었을 것입니다. 그래서 아브라함의 직업은 상업이었을 것으로 보는 것이 지배적입니다.

그런데 그 당시 대상들의 길에는 아무런 보호 장치가 없었습니다. 경찰도 정찰대도 없는 길을 무서워도 가야 했습니다. 결국 하나님만 의지할 수밖에 없는 상황이었습니다. 그랬기에 당시 본토 친척 아비 집을 떠난다고 하는 것은 죽을 각오를 한다는 의미였습니다. 당시에는 본토 사람들이나 자기 편이지, 다른 지역 사람들은 누구도 안 도와주었습니다.

그런데 그때 하나님께서 본토, 친척, 아비 집을 떠나는 아브라함에게 3개의 언약을 주셨습니다.

첫째, '셀 수 없이 많은 자손을 주겠다'는 자손의 약속입니다.

둘째, '가나안 땅을 주겠다'는 땅의 약속입니다.

셋째, '복의 근원이 되게 해 주겠다'는 복의 근원에 대한 약속입니다.

이 언약들은 결국 다 이루어졌습니다.

우선, 자손이 하늘의 별처럼 땅의 티끌처럼 많게 하겠다고 했는데, 나중에 이스라엘 백성들이 얼마나 많아졌습니까? 솔로몬이 고백하기를 셀 수 없이 많다고 했습니다. 보이는 땅은 다 주겠다고 하셨는데 여호수아 때에 가나안을 다 정복하지 않았습니까? 땅의 약속도 이루어졌습니다. 복의 근원이 되겠다는 약속은 예수 그리스도가 오심으로 이

루어집니다. "아브라함과 다윗의 자손 예수 그리스도의 계보라"(마 1:1)
는 말씀이 성립되었습니다. 찬송가 '복의 근원 강림하사'도 같은 맥락
입니다.

주어진 언약은 반드시 성취됩니다. 이루어지지 않는 언약은 결코
없습니다. 그런데 문제는 이 언약과 성취 사이에 공백이 있다는 것입
니다. 당장 언약은 주어졌는데 그 언약이 이루어질 기미가 보이질 않
는 것입니다. 성경은 오히려 그 부분을 강조합니다. 약속은 아름다웠
으나 현실은 정반대로 아무것도 없었습니다.

하나님께서 아브라함에게 땅의 티끌처럼 하늘의 별처럼 자손을 많
이 주겠다고 하셨는데, 현실적으로 그에게는 자손이 아예 없었습니
다. 성경은 바로 그 점을 강조하고 있습니다.

"사래는 임신하지 못하므로 자식이 없었더라"(창 11:30).

사라는 임신하지 못한다고 했는데 하나님은 자손을 주겠다고 약속
하셨습니다. 바로, 그 임신하지 못하는 사라를 통해서 말입니다. 이 가
슴 아픈 얘기를 한 번만 해도 되는데 16장 1절에서 또 합니다.

"아브람의 아내 사래는 출산하지 못하였고 그에게 한 여종이 있으
니 애굽 사람이요 이름은 하갈이라."

그 다음에 창세기 18장 11절에서는 한술 더 떠서 이렇게 말합니다.

"아브라함과 사라는 나이가 많아 늙었고 사라에게는 여성의 생리
가 끊어졌는지라."

성경이 할 얘기가 없어서 한 여인에게 폐경기가 온 것까지 언급하
겠습니까? 이 점을 성경이 밝힌 것은 사라가 아이 낳을 확률이 없다고
못 박기 위함입니다. 자손에 대한 약속을 그렇게 많이 주어 놓고는 이
것이 성취되기 전에, 현실적으로 볼 때는 불가능 100퍼센트인 환경이
었음을 거듭거듭 강조하는 것입니다.

게다가 성경을 보면 아브라함이 나이 먹어 가는 것을 계속 세고 있습니다. 창세기 12장 4절에서 아브라함의 나이가 75세라고 했습니다. 75세만 되도 적지 않은 나이입니다. 아무리 그 당시라 할지라도 말입니다. 16장 3절에서는 가나안 땅에 거한 지 10년 후라고 했으니까 85세인 것입니다. 16장 16절에서 이스마엘이 태어날 때 아브라함은 86세였습니다. 그런데 이스마엘은 그의 대를 이을 아들이 아니라고 하나님이 말씀하십니다. 86세에 아이를 낳은 것도 기적이었지만 그는 아니라는 것이었습니다. 17장 1절에서 아브라함은 99세였고, 17절에 가서는 100세였습니다. 하여간 나이는 자꾸 먹어 가는데 자식은 없었습니다. 자손을 많이 주시겠다는 거듭되는 약속과는 완전 정반대로, 배우자 사라는 점점 늙어 가고 생리까지 끊어지고 상황은 자손 얻는 것과는 점점 멀어져 갔습니다.

하지만 아브라함은 여호와를 믿었고 여호와께서 이를 그의 의로 여기셨습니다. 이것이 아브라함이 믿음의 조상이라는 사인이었습니다. 하나님의 언약은 처음부터 우리가 믿을 만한 모습으로 오는 경우가 거의 없습니다. 언약은 반드시 성취되지만 그 사이의 갭은 항상 존재하며, 그 간격을 메우는 것이 바로 믿음입니다. 믿음은 보이지 않는 것의 실상입니다. 당장 눈에 보이는 상황이 아닌 가운데도 믿는 것입니다.

두 번째는, 눈에 보이는 땅을 다 주겠다는 약속을 주셨는데, 현실적으로 아브라함에게는 죽은 부인 묻을 땅조차 없었습니다. 세상에 마누라가 죽었는데 묻을 땅이 없다니 얼마나 한심합니까? 그래서 막벨라 굴을 은 400세겔에 사들입니다. 제가 막벨라 굴에 가 봤는데 절대로 돈이 많이 들어갈 땅이 아닙니다. 그런데도 가나안인들이 선심 쓰듯이 팔아먹었지 않습니까? 사무엘하 24장 24절을 보면 성전 지을 정도의 땅값이 은 50세겔인데, 부인 묻을 굴 하나 파려고 은 400세겔을 주었다는 것은 바가지를 써도 왕창 쓴 것입니다. 결국 막벨라 굴 무덤은 조상들의 무덤이 되어 아브라함과 사라, 이삭과 리브가, 야곱과 레아 세 커플이 여기에 나란히 묻히게 됩니다.

이렇게 부인 묻을 땅도 없는 사람한테 하나님께서는 뭐라고 약속합니까? 동서남북 보이는 모든 땅을 다 주시겠다니, 이것이 말이나 됩니까? 그런데 그것을 믿어야 하는 것이 믿음입니다. 누가 말씀하셨기 때문입니까? 하나님이 말씀하셨기 때문입니다. 믿음의 조상들의 싸움은 정말 치열했습니다. 아무 믿을 백 없이 말씀만 붙들고 나갔으니 말입니다.

이번에는 복의 근원이 되게 하시겠다는 약속을 봅시다. 아브라함은 복의 근원은커녕 부인을 팔아먹지 않으면 안 될 만큼 어려운 신세가 되었습니다. 이처럼 생명의 위협을 느낄 수밖에 없는 현실을 아브라함은 믿음으로 극복하면서 나아갔습니다. 그리고 이 약속들이 이루어질 것을 전부 다 믿었습니다.

그렇게 아브라함이 믿음을 보이자 하나님께서는 어마어마한 약속을 주셨습니다.

"하늘의 별처럼 땅의 티끌처럼 많은 자손을 주겠다. 동서남북을 바라봐라. 다 네 땅이 될 것이다. 너는 복의 근원이 되어 너를 축복하는 자를 내가 축복하고 너를 저주하는 자를 내가 저주하겠다."

결국 그가 평생을 기다려 얻은 것이 아들 이삭이었습니다. 그런데 거기서 그치지 않고 하나님께서는 또 테스트를 하십니다. "이삭을 바치라"고 말입니다. 도대체 하나님은 왜 그러셨을까요? 그것은 믿음을 보시기 위함이었습니다. 어떤 믿음 말입니까?

아브라함이 이삭을 너무 사랑하니까 하나님과 이삭 중에 누구를 더 사랑하는지 보시기 위해서였습니까? 하지만 100살에 얻어 눈에 넣어도 안 아플 아들을 사랑하는 것이 인지상정인 판에, 그걸 놓고 하나님이 시험을 하셨을까요? 그런 하나님이라면 믿을 이유가 없지 않겠습니까?

왜 하나님께서 이삭을 바치라고 하셨을까요? 그것을 사실 모리아 산 사건만 가지고 얘기하기란 어렵습니다. 성경 시대로 돌아가 보면 굉장히 다양한 이야기가 있을 텐데, 우리가 보는 창문이 작기 때문에 이해를 못하는 것입니다. 그러나 한 가지 메시지만은 분명합니다. 우리는 이삭 사건을 통해 '약속을 누가 끌고 나가는가?'를 보아야 한다는 것입니다.

이삭을 바치라고 함으로써 사실 하나님은 자기모순에 빠지셨습니다. 자손을 땅의 티끌같이 주겠다고 약속하고 기다리게 하시어 100살에 사라를 통해 이삭을 주셔 놓고, 이제 와서 그 이삭을 죽이라니 정말 모순 아닙니까? 그럼에도 그런 명령을 하신 것은, 하나님이 주신 약속을 이루는 주체가 이삭이 아니었기 때문입니다.

너무나 많은 사람들의 문제가 바로 이것입니다. 아무것도 안 보일 때는 열심히 믿고 기도하다가도, 뭔가 이루어진 것 같으면 그때부터는 자기 주도적이 되어 버립니다. 아브라함도 막막할 때는 하나님을 믿었지만, 이삭이 태어나자 그때부터는 머릿속에 이삭에 대한 마스터플랜이 세워지고 어떻게 키워 보겠다는 생각만 하느라 하나님은 안 보이게 된 것입니다. 매일 이삭이 얼마나 잘 크나만 확인하고 하나님은 보지 않았던 것입니다. 처음부터 하나님을 보고 시작했으면 마지막까지 하나님을 바라보는 것이 바로 믿음입니다.

그런데 성경은 모든 사실을 합리적으로 설명하지는 않습니다. 성경은 중요한 포인트만 짚어 줄 뿐, 전달 과정 속에 우리가 이해하지 못하는 부분이 있다는 것을 인정하고 들어가야 합니다. 단, 메시지는 명료합니다.

이처럼 아무것도 보이지 않았으나 아브라함은 하나님의 기대대로 약속과 현실 사이의 간격을 믿음으로 메꾸면서 나아갔고, 그 약속들이 이루어지는 징후로 태어난 아들 이삭을 보는 것으로 만족하며 그에게 역사의 바통을 넘겨주었습니다.

〈아브라함의 이동 경로〉

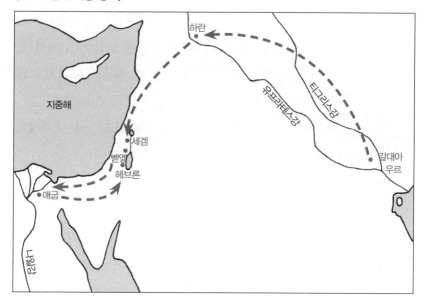

## 이삭
조용하게 순종의 삶을 살아간 언약의 징검다리(창 24-26장)


사실 이삭은 성경에 별로 나오지 않습니다. 창세기 24장에서 26장까지 나오는데, 한마디로 징검다리 역할을 하는 인물입니다. 아버지 아브라함이 받은 언약과 그의 믿음의 결과로 태어나서 축복의 약속을 아들에게 넘겨주기까지 특별한 일 없이 조용히 살다 간 사람이었습니다. 행동반경도 좁아 브엘세바와 헤브론 사이를 왔다 갔다 하면서 살았습니다.

그래도 굳이 그가 한 일을 찾는다면 2가지가 있었습니다. 첫째로, 우물을 열심히 팠습니다(이것은 직업을 목축으로 전환했음을 의미합니다). 처음에 판 우물에 에섹이라는 이름을 지었는데 빼앗기고 맙니다. 그래서 자리를 옮겨 또 우물을 팠는데 그것 역시 빼앗깁니다. 하지만 또다시 우물을 팠고, 넓다는 뜻의 '르호봇'이라는 이름을 붙입니다. 제가 볼 때 이삭의 캐릭터는 '소심 그 자체'입니다. 이삭은 달라면 주고 없으면 마는, 소심하고 별로 적극적으로 결정하는 것도 없는 캐릭터입니다.

또 한 가지 그가 한 일을 찾는다면, 쌍둥이를 낳고 그중 하나에게 축복한 것입니다. 이삭은 에서와 야곱이라는 쌍둥이를 낳았는데, 하여간 그 들은 태중에서부터 싸워서 그때부터도 볼 만했습니다. 이때 "큰 자가 어린 자를 섬기리라"(창 25:23)면서 야곱이 선택된다는 예언이 주어졌습니다. 그리고 결국 그 예언대로 되었습니다. 그런데 이 예언 때문에 그런 결론이 나온 것인지, 아니면 반대로 그런 결론이 나왔기 때문에 예언이 성립된 것인지는 아무도 모릅니다. 그가 그렇게 되었다는 사실만이 분명할 뿐입니다. 이삭은 쌍둥이 중 장자가 아닌 둘째 아들 야곱에게 속아서 축복의 안수를 해 줍니다. 그 당시 둘째 아들은 약자인 신세라서, 당연히 얻을 권리가 아닌 하나님의 은혜로 받은 권리가 그들에게는 중요했습니다.

# 야곱

생존과 번성을 위해 치열하고 고달픈 삶을 산 끈질긴 신앙인(창 27-36장)

야곱은 태어날 때부터 그 삶이 치열했습니다. 그리고 축복받기 위한 끈질긴 투쟁이 그의 삶의 내용 전부였습니다.

'야곱'이란 '발꿈치를 잡았다'는 뜻입니다. 그런데 '발꿈치를 잡았다'는 게 무슨 뜻일까요? 창세기 3장을 보면 "여자의 후손은 뱀의 머리를 밟을 것이요 뱀은 여자의 후손의 발꿈치를 물 것이다"라는 말씀이 나옵니다. 야곱은 한마디로 이 뱀과 같은 사람입니다. 야비하고 비열한 인간입니다. 성경을 보면, 이름을 설마 이렇게 지었나 싶을 정도로 의외의 뜻을 가진 이름이 많은데 그중 하나가 야곱입니다. 결국 하나님께서 그의 이름을 바꿔 주십니다.

그는 태어날 때부터 형의 발꿈치를 잡고 나왔다고 해서 '야곱'이었습니다. 축복을 받기 위한 끈질긴 투쟁이 그의 삶의 전부였습니다. 팥죽 사건을 보십시오. 사실 그 사건은 비극입니다. 오죽했으면 팥죽을 쒀 가면서까지 형에게 장자권을 달라고 했겠습니까? 그들 사이에 오고 간 얘기는 형제지간에 나눌 대화가 아닙니다. 그만큼 그는 한 맺힌 것이 많은 사람이었습니다. 뿐만 아니라 그 축복을 가로채기 위해 아버지를 속였고, 그 결과 형을 피해 집을 떠나 도망자가 되었습니다. 도망 중 지칠 대로 지친 상태에서 루스 땅에 엎드러져 자다가 꿈을 꾸는데, 거기서 그 유명한 야곱의 사닥다리가 나옵니다.

거기서 하나님을 만났기 때문에 그곳에 그는 '하나님의 집', 곧 '벧엘'이라는 이름을 붙입니다. 그리고는 거기서 하란까지 갑니다. 할아버지인 아브라함이 나왔던 하란까지 도망간 것입니다. 그 후 하란에서 20년을 살면서 얼마나 많은 일들이 있었습니까? 거기서 장인과 속고

속이는 갈등의 시간들을 보낸 후, 야반도주해서 가나안 땅에 들어오려고 하다 보니 거기에는 또 에서가 기다리고 있었습니다. 원수가 된 형을 만나야 하니 얼마나 힘들었겠습니까? 그때 그는 얍복 강에서 기도합니다. 그리고 극적으로 에서와 만나 화해하게 되고, 그 후 몰래 도망나와 벧엘을 거쳐 결국 헤브론과 브엘세바까지 갑니다. 그러니까 그는 계속 움직여 나갔던 것입니다. 나중에는 흉년, 기근이 들어 요셉을 통해 결국 애굽에까지 흘러 들어갑니다. 그리고 거기서 그 고단한 삶을 마치고 눈을 감습니다.

야곱의 이동경로는 아브라함과도 맞먹을 만큼 복잡하고 깁니다. 사람이 여러 지역에서 산다는 것은 삶이 복잡하다는 뜻입니다. 문화를 바꾸어 가면서 살기 때문입니다. 삶의 여정이 복잡다단했던 것만큼이나 이동지역도 넓었던 야곱이었습니다.

그뿐만 아니라 야곱은 이스라엘 사람들 중에서 제일 폼 나게 죽은 사람입니다. 야곱이 죽었을 때 향 재료를 넣는 데만 40일이 걸렸습니다. 거의 황제 수준의 대접을 받고 죽은 사람입니다. 다른 사람들은 어디서 죽었는지 뼈도 못 추리는데, 야곱은 자식 잘 둔 덕에 그런 영광을 죽어서나마 누렸습니다.

하여간 야곱은 굉장히 복잡한 삶을 산 사람입니다. 파란만장하고 치열한 인생 역정의 소유자입니다. '야곱'이라는 이름처럼 비열한 면도 있었지만, 그는 '이스라엘'(하나님과 겨루어 이김)이라는 이름을 얻을 만큼 하나님께 매달리는 기도의 사람이기도 했습니다. 그래서 그의 벧엘의 체험, 얍복 강의 체험은 중요합니다.

야곱의 삶을 정리해 본다면 약속의 세 번째 주자로서, 제법 규모가 큰 가족을 이루는 데 온 힘을 다한 인생이었습니다. 마침내 그의 이름은 선택된 민족 이름인 '이스라엘'이 되었고, 그의 아들 12명이 이스라엘 12지파의 시조가 되었습니다. 야곱은 약속의 세 번째 주자로서 굉장히 많은 것을 이루었습니다. 그리고 개인적으로도 많은 부를 얻었습니다. 고향을 떠날 때는 빈손이었지만 올 때는 가축이 두 떼를 이룰 정도로 아주 성공적인 삶을 살았습니다. 하지만 개인적으로 험악한 세월을 보냈던 믿음의 조상이었습니다. 애굽 왕 바로 앞에서 고백했듯이 말입니다. 창세기 47장 9절을 보십시오.

"야곱이 바로에게 아뢰되 내 나그네 길의 세월이 백삼십 년이니이다 내 나이가 얼마 못 되니 우리 조상의 나그네 길의 연조에 미치지 못하나 험악한 세월을 보내었나이다 하고."

야곱이 이렇게 험악한 세월을 보냈다고 말한 데에는 몇 가지 이유가 있습니다.

첫째, 고달프고 험난한 삶의 여정 때문입니다. 그는 고향을 떠나 오랜 세월 타향살이를 했습니다. 비록 죽은 다음에 향 재료를 넣는 데 40일이 걸리고 애곡하는 데 70일이 걸릴 정도의 대우를 받았지만, 결국 타향에서 죽었습니다. 우리나라 사람들 가운데도 격동의 20세기 초반을 거치며 고향을 떠나 여기저기 떠돌다 결국 머나먼 타향에서 생을 마감한 분들이 있지 않았습니까? 정말 험악한 세월 그 자체를 살아 낸 경우인데, 야곱의 인생도 그런 식이었습니다.

둘째, 인간관계가 고달픈 삶의 여정 때문입니다. 도처에 깔린 고달픈 인간관계가 그를 힘들게 했습니다. 쉽게 해결될 것 같지 않고 신경 쓰지 않으면 안 되는 고달픈 인간관계가 평생 따라다녔습니다. 예를 들면 형 에서와의 관계가 그랬습니다. 아버지 이삭하고의 관계는 또 말해 무엇합니까? 외삼촌이자 이중(二重) 장인인 라반과의 관계는 먹고 먹히는 고통 그 자체였습니다.

그런데 에서와 라반과의 관계는 차라리 약과입니다. 부인인 레아와 라헬과의 관계도 힘겨웠습니다. 하여간 여자를 둘 데리고 살면 얼마나 피곤한지 그를 보면 알 수 있습니다. 거기다가 첩까지 둘이니까 4명의 여자에게 들볶임을 당했습니다. 첩을 둔 사람이 안 그런 사람보다 간암에 걸려 죽을 확률이 배가 넘는다는 연구결과도 나와 있습니다. 신경을 많이 쓰기 때문입니다. 야곱이 사실은 자기 할아버지처럼 적어도 200세는 살 건데 빨리 죽은 것도 다 이유가 있는 것 같습니다. 여자들끼리 싸우면 여간 골치 아픈 게 아닙니다. 레아와 라헬이 야곱을 두고 싸우는 모습을 보면 야곱은 거의 숙종 임금입니다. 오늘은 어느 방에 들어가느냐를 놓고 갈등했습니다. 또 서로 아들 많이 낳으려고 자기 시녀들을 야곱에게 들이미는 경쟁까지 벌였습니다. 그러니까 인간관계 중에서도 부인과의 관계가 야곱에게는 특히 골치 아픈 부분이었습니다. 이처럼 아주 인간관계가 피곤한 인생을 살았기 때문에 그는 험악한 인생을 살았다고 자기 입으로 고백한 것입니다.

셋째, 사랑하는 사람들이 다 자기를 떠나는 이별의 아픔을 많이 맛보았기 때문입니다. 예를 들면, 라헬을 지극히 사랑했는데 에브랏길에서 먼저 떠나보내야 했습니다. 그때 라헬이 출산하다가 죽으면서 오죽했으면 아이 이름을 '베노니'라고 불렀겠습니까? 베노니는 '슬픔의 아들'이란 뜻입니다. 그때 야곱은 그렇게 하면 되겠느냐 해서 '베냐민', 즉 '오른손의 아들'로 그 이름을 바꿨습니다.

그 다음에는 자기가 정말 총애하는 아들 요셉이 죽었다는 비보를 들었습니다. 나중에 그렇지 않음을 알게 되었지만 말입니다. 그리고 하나 남은 아들, 제일 사랑하는 아들 베냐민을 애굽에 보내야 하는 고통을 맛보았습니다.

이런 이유들 말고도 야곱은 생존을 위해, 비참할 정도로 처절했던 상황들과도 맞닥뜨려야 했습니다. 그래서 야곱의 생존본능은 무섭습니다. 지금 유대인들의 성격이 사실 야곱의 성격입니다. 살아남는 데에는 자존심도 없는 사람들입니다. 야곱은 장남 르우벤이 서모(庶母) 빌하와 통간했다는 것을 알면서도 아들이 무서워 말을 못했습니다. 임종 자리에서야 "르우벤은 아비의 침상을 더럽혔으며"라고 한마디 해 주었을 따름입니다.

그뿐만 아니라 가지 많은 나무에 바람 잘 날 없다고, 세겜 지역에 갔을 때 딸 디나가 강간을 당합니다. 당시에 법이 없으니, 하몰의 아들 세겜이 마음대로 강간을 하고는 디나를 좋아하는 마음이 있어서 결혼하겠다고 저 혼자 결정해 버렸습니다. 그러나 그것은 이쪽 가족으로 볼 때는 치욕이었습니다. 왜냐하면 그냥 결혼하겠다는 것이 아니라, 이미 강제로 저질러 놓고 결혼하겠다고 했기 때문입니다. 그래도 야곱은 살아남기 위해 아무 말도 못했습니다.

그런데 분노로 끓던 시므온과 레위가 작전을 펴서, 할례를 구실로 세겜 일족을 몰살했습니다. 세겜 지역에서 제일 높은 사람의 아들을 죽였으니 이제 거기 사람들과는 다 원수가 된 것입니다. 생명이 왔다 갔다 하는 위기에 처했습니다. 그런데도 아들들이 "우리 누이가 창기처럼 대접받는 것이 맞습니까?" 하고 대드니까 아무 말도 못했습니다. 그때 야곱의 심정은 얼마나 비참했을까요? 하여간 생존을 위해 볼 것 못 볼 것 다 경험하면서도 억누르고 살았기에 그는 자신이 험악한 세월을 살았다고 한 것입니다. 하지만 그럼에도 그가 끝까지 붙잡은 것은 하나님이었습니다. 그랬기 때문에 그는 믿음의 조상의 반열에 들어 갔습니다. 곧, 이스라엘이 되었습니다.

# 요셉

이스라엘이 큰 민족을 이룰 수 있도록 애굽이라는 인큐베이터 속으로 인도해 간 흠 없는 지도자(창 37-50장)

여기서 꼭 기억해야 할 단어가 '인큐베이터'입니다. 결국 하나님이 이스라엘 백성을 애굽으로 집어넣으신 것은 바로 이 인큐베이터의 기능 때문입니다. 너무 적은 70명의 가족을 가지고는 이스라엘 민족을 이룰 수 없기 때문에, 애굽에서 60만 명이 넘는 큰 민족으로 키워서 나오게 하시려는 것이 하나님의 뜻이었습니다. 이스라엘이 한 민족으로서의 구실을 할 때까지 애굽은 인큐베이터 역할을 해 준 것입니다.

요셉은 야곱의 열두 아들 가운데 11번째 아들이었으나 야곱에게서 장자권을 부여받았습니다. 채색 옷을 입었다는 것 자체가 장자권을 받았다는 뜻입니다. 그러니 형들이 가만히 있었겠습니까? "어떻게 그럴 수 있느냐?"며 난리가 날 수밖에요.

이리하여 어린 시절 형들의 시기로 고난을 받아 애굽으로 팔려가지만, 그의 조상들처럼 요셉은 하나님만 바라보는 삶을 살아가는 가운데 그분의 섭리로 애굽의 총리까지 오릅니다. 사실 제가 볼 때 그의 고난 스토리에는 여러 가지 의미가 있습니다.

첫째, 요셉 자신에게도 굉장히 중요한 의미가 있습니다. 솔직히 말하면, 애굽으로 팔려가기 전의 요셉은 한 대 때려 주고 싶을 만큼 얄밉지 않습니까? 꿈꾸었으면 꾸었지 "형들, 내가 꿈꾸었는데 들어 보실래요?" 하면서 염장 지르지 않습니까? 입을 쥐어박으며 "그래, 너 잘났다"고 해 주고 싶잖아요? 오죽하면 아버지까지도 그러지 말라고 했겠습니까? 하여간 그때의 요셉은 인격이 아직 미성숙한 상태였습니다. 그런데 고난을 겪더니 달라졌습니다. 고난을 겪지 않으면 사람은 안 달라집니다. 요셉을 위해 고난은 필요했습니다.

둘째, 정말 중요한 것은 이스라엘 백성들을 위해 고난이 필요했다는 것입니다. 요셉이 자신이 고난당해야 했던 이유를 깨닫게 된 것이 창세기 45장 5-8절에 나옵니다. 요셉이 형들을 만났을 때 한 얘기입니다.

"당신들이 나를 이곳에 팔았다고 해서 근심하지 마소서 한탄하지 마소서 하나님이 생명을 구원하시려고 나를 당신들보다 먼저 보내셨나이다 이 땅에 이 년 동안 흉년이 들었으나 아직 오 년은 밭갈이도 못하고 추수도 못할지라 하나님이 큰 구원으로 당신들의 생명을 보존하고 당신들의 후손을 세상에 두시려고 나를 당신들보다 먼저 보내셨나니 그런즉 나를 이리로 보낸 이는 당신들이 아니요 하나님이시라 하나님이 나를 바로에게 아버지로 삼으시고 그 온 집의 주로 삼으시며 애굽 온 땅의 통치자로 삼으셨나이다."

이런 고백을 볼 때 요셉은 믿음의 사람입니다. 애굽까지 팔려 와 고난 겪은 이야기이지만 삶을 어떻게 보느냐에 따라 해석이 다르잖습니까? 신앙은 해석입니다. "너희들이 나를 팔았지? 내가 얼마나 고생을 한 줄 알아" 하는 차원이 아니었습니다. 똑같은 사실을 놓고도 이렇게 다르게 해석할 수 있는 것이 신앙입니다. "하나님이 하셨다"고 해석되는 순간 이야기는 달라집니다. 다시 한 번 그는 자신의 고난의 의미를 형들에게 이야기해 줍니다.

"요셉이 그들에게 이르되 두려워하지 마소서 내가 하나님을 대신하리이까 당신들은 나를 해하려 하였으나 하나님은 그것을 선으로 바꾸사 오늘과 같이 많은 백성의 생명을 구원하게 하시려 하셨나니 당신들은 두려워하지 마소서 내가 당신들과 당신들의 자녀를 기르리이다 하고 그들을 간곡한 말로 위로하였더라"(창 50:19-21).

이것은 야곱이 죽자 형들이 겁을 집어먹고 다시 왔을 때 요셉이 한 말입니다. 이 모든 일은 철저하게 하나님께로부터 시작된 것이라고 해석하니까 완전히 이야기가 달라지는 것입니다. 이것이 요셉의 훌륭한 점입니다. 그는 자기를 고난 가운데 애굽으로 보내신 하나님의 뜻을 깨닫고, 아버지와 형들의 온 가족을 애굽으로 초청하여 기근과 열악한 환경을 떠나 좋은 곳에서 번성할 수 있도록 돌보아 주는, 자신에게 주어진 역할을 훌륭히 감당합니다. 마지막으로 그는 애굽이 이스라엘이 큰 민족을 이룰 때까지 있을 인큐베이터에 불과하며, 언젠가 하나님이 정하신 때가 되면 이 땅을 떠나 조상들에게 약속하신 땅으로 돌아갈 것을 예언하면서 눈을 감습니다.

결국 요셉을 통해 하나님은 이스라엘 백성들을 애굽이라는 인큐베이터 속으로 끌고 들어가서 한 민족으로 키워 내셨습니다.

참으로 흠 없는 사람이었던 요셉은 구약에 나타난 그리스도의 예표였습니다. 이것이 중요합니다. 그렇다면 무엇이 그리스도의 예표였습니까?

첫째, 동족에게 고난 받음입니다. 요셉은 형들에게 팔려서 애굽에 보내졌습니다. 예수님도 동족들한테 팔려서 로마법에 따라 십자가형을 당하셨습니다. 동족의 손에 고난 받으셨습니다.

둘째, 구덩이에 내려감입니다. 예수님이 아리마대 요셉의 무덤에 들어가셨듯이, 요셉도 구덩이에 내려갔던 것입니다. 이것은 죽음을 의미합니다. 이런 비슷한 경우를 대비시킨 것을 유비(類比, analogy)라고 합니다.

셋째, 예수님은 은 30개에 팔리셨습니다. 요셉은 은 20개에 팔렸습니다. 이것도 비슷하다는 겁니다. 다만 차이는 예수님이 은 10개가 많다는 것인데, 그것은 인플레 때문이 아닌가 합니다.

넷째, 유혹을 이겼다는 것입니다. 예수님도 광야에서 사단의 유혹을 이기셨고 요셉도 보디발 부인의 유혹을 이겼습니다. 정말 제가 볼 때 요셉은 인간이 아닙니다. 그 당시에 그런 끈질긴 유혹을 이겼다는 것은 그 속에 하나님이 계시지 않고는 불가능한 얘기입니다. 엄청난 행동이었습니다. 당시 애굽의 풍속상 남자 노예는 다 여주인의 노리개가 되는 것이 당연시되었기 때문입니다. 그러니 남자 노예가 여주인의 요구에 따라 주지 않고 거부한다는 것은 다른 법에 속해 있음을 의미하는 것입니다. 그것은 곧 하나님의 법이었습니다.

다섯째, 고난이 하나님의 뜻인 것을 알았다는 것입니다. "아, 내가 고난당한 것이 내 뜻이 아니라 하나님의 뜻이었구나"라는 것을 깨달았다는 점에서 예수님과 비슷합니다.

여섯째, 하나님께서 높이셨다는 것입니다. 예수님이 사망의 구덩이에 들어가셨지만 하나님께서 지극히 높은 곳으로 올리셨듯이, 요셉도 하나님께서 그를 저 감옥에서 꺼내어 애굽의 총리 대신 자리까지 올리셨습니다.

이런 여섯 가지를 통해서 요셉이 예수님과 비슷하다고 볼 수 있습니다. 요셉처럼 살기 바랍니다. 충분히 그렇게 살 수 있습니다. 우리는 다 예수 그리스도를 닮아야 하는 사람들이기 때문입니다.

# 3.
# 출애굽과 광야 시대

하나님은 조상들과의 언약을 기억하시고 이스라엘을 애굽의 노예 생활에서 해방시킨 후 약속의 땅으로 인도해 가면서 예배하는 공동체가 되도록 철저하게 훈련시킨다.

저는 대학 다닐 때 철학과 학생이었지만 신학과 강의도 많이 들었습니다. 그때가 신학 공부가 가장 재미있던 시기였습니다. 철학과 학생이면서 신학과 강의를 들으니까 너무너무 은혜를 많이 받았습니다. 무척이나 말씀을 사모하고 좋아할 때라서, 상당히 자유주의적인 신학 강의였음에도 불구하고 예수님 얘기가 나오고 하나님 얘기가 나오는 것이 좋아 맨 앞에 앉아서 들었습니다.

한번은 구약학을 가르치던 교수님이 "구약성경 가운데 가장 중요한 부분이 어디냐?"는 질문을 던졌습니다. 그리고는 대답할 시간도 안 주고 바로 "출애굽 사건이다"라고 하시는 것이었습니다. 그러면서 그 이유를 몇 가지로 말씀하셨습니다.

"우선, 성경의 시작은 창세기이지만 이야기의 순서상 창세기가 먼저 나온 것뿐이지 핵심 사건은 출애굽 사건이다. 창조가 제일 먼저 있어서 중요할 거라고 생각하지만 사실 구약성경 전체에서 첫 출발점은 출애굽 사건이다. 즉, 출애굽을 말하려다 보니 어떻게 애굽에 들어가게 되었느냐를 이야기해야 했고, 그러다 보니 요셉을 말하지 않을 수 없었으며, 요셉 이야기를 하려니까 그 위에 야곱이 나와야 했고, 또 그 조상 이삭, 또 그 위에 아브라함을 거론할 수밖에 없었다. 그런데 아브라함을 말하려면 하나님께서 왜 아브라함을 부르시게 되었나 하는 배경을 알아야 하는데, 그것이 바로 창조부터 바벨탑 사건까지의 이야기, 곧 창조부터 11장까지의 역사이다.”

그렇게 죽 설명을 한 후 교수님은 이번엔 “출애굽 사건을 구약의 핵심 사건이라고 주장하는 근거는 무엇인가?”라는 질문을 던졌습니다. 그리고 앞의 질문과 마찬가지로 즉시로 답을 말씀하셨습니다.

첫째, 신화나 전설 같은 개인의 이야기가 아닌 민족다운 민족으로서의 이스라엘의 출발은 출애굽 사건이기 때문입니다. 그 전 단계는 개인의 스토리였습니다. 아브라함의 이야기, 이삭의 이야기, 야곱의 이야기, 요셉의 이야기 등 전부 다 개인의 이야기입니다. 하지만 출애굽 때부터는 한 민족의 역사가 시작됩니다.

둘째, 창세기부터 신명기까지를 ‘모세오경’ 혹은 ‘율법서’라고 하면서 그 책들을 모두 모세가 썼을 것으로 보는데, 그가 왜 이렇게 긴 책을 지루하게 썼겠냐는 말입니다. 바로 출애굽이라는 엄청난 경험 때문이라는 것입니다. 모세가 담당했던 가장 중요한 사건이 출애굽 사건인데 그 사건을 쓰려다 보니 창세기부터 쓰기 시작한 것이 분명하다는 것입니다. 창세기부터 신명기까지 소위 모세오경은, 모세가 경험한 사건을 중심으로 쓴 책이므로 그 사건 중에서 핵심은 당연히 출애굽 사건인 것입니다.

이 외에도, 교수님은 십계명의 서두가 출애굽 사건에 대한 언급이며(“나는 너희를 애굽 땅 종 되었던 곳에서 인도해 낸 여호와로라”), 이스라엘을 향한 예언자들의 메시지도 모두 이렇게 애굽에 버려졌던 이스라엘을 구원해서 민족다운 민족으로 만들어 준 하나님께로 돌아가자, 즉 "출애굽의 은혜를 잊지 말자"였다는 말씀도 하셨습니다.

또한, 예수 그리스도의 사건이 결국은 구원의 이야기인데 그 구원의 모델이 출애굽 사건, 그중에서도 유월절 사건이라고 강조하셨습니다. 그래서 예수 그리스도의 이야기를 하려면 출애굽 사건, 유월절 사건, 홍해 사건을 말하지 않고는 설명이 안 된다는 것입니다. 저도 그분의 말씀에 동의합니다.

출애굽은 굉장히 중요한 사건입니다. 성경을 조금이라도 공부한 사람이라면 종종 출애굽 모델을 볼 것입니다. 그래서 출애굽 모델을 아는 것이 중요합니다.

이제 함께 출애굽과 광야 시대로 여행을 떠나도록 하겠습니다. 이 출애굽 사건을 단순히 이스라엘 백성들이 애굽에서 나와서 가나안까지 가는 이야기라고 알고 있다면, 성경을 잘못 보고 있는 것입니다. 만약 그렇다면 출애굽기는 1장부터 십 몇 장까지만으로도 충분할 것입니다.

그런데 출애굽기에는 어떤 내용이 많습니까? 전체 40장 중에서 20장 이후부터 나오는 얘기의 핵심은 성막입니다. 적어도 25장 이후부터는 성막 얘기가 전부 다입니다. 왜 이처럼 출애굽 사건은 얼마 안 나오고 성막 얘기가 많이 나오는 걸까요?

그것은 출애굽의 핵심 사건이 '예배'이기 때문입니다. 단지 애굽에서 나온 것만이 아니라 예배 공동체를 이룬 것이 큰 의미를 갖습니다.

우선 제일 중요한 것은 '조상들과의 언약'입니다. "왜 출애굽을 시키셨느냐?"라고 묻는다면 물론 그들이 부르짖었기 때문이라고도 할 수 있습니다. 하지만 이스라엘 백성이 부르짖었다는 것보다 더 중요한 이유는 하나님과 조상들과의 약속이었습니다. 그래서 기도하는 사람들이 하나님 앞에 쌓아 놓은 기도의 이야기들은 결코 헛된 법이 없습니다. 아브라함, 이삭, 야곱 등 이스라엘 조상들이 받은 그 언약이 하나님 앞에서 그 자손들을 축복하는 강력한 근거가 됩니다. 우리도 삶 가운데 자녀들에게 언약의 기초를 놓을 수 있어야겠습니다. 그것은 너무너무 중요합니다. 하나님께서는 조상들의 언약을 기억하고 이스라엘을 출애굽시키신 것입니다.

출애굽은 애굽에서 나와 가나안 땅으로 가는 장소 이동보다, 노예가 예배하는 공동체로 바뀌었다는 점이 더 중요합니다. 이스라엘 민족은 일하다가 죽어 가는 이 세상의 노예였습니다. 출애굽은 온통 본능으로 살 수밖에 없는 노예가 하나님께 예배드리고 영광 돌리는 공동체가 되었다고 하는 데 더 큰 의미가 있는 사건입니다. 이에 비한다면 장소를 옮긴 일은 아무것도 아닙니다. 이스라엘 사람이 언제는 애굽에 왔다 갔다 안 했나요?

하나님은 이스라엘을 예배하는 공동체가 되도록 훈련시키셨습니다. 광야 40년은 훈련 기간입니다. 이 민족을 훈련시키려고 하나님께서 일부러 광야를 뺑뺑 돌리셨습니다. 이런 개념만 알고 있으면 출애굽기, 민수기, 신명기까지 다 꿰는 것입니다.

••• 전개: 출애굽과 광야 시대의 4개의 주요 사건 •••
1. 출애굽  2. 시내 산 훈련  3. 불신앙  4. 40년간의 재훈련

# 출애굽

총리의 가족으로서 유복한 환경을 누리며 폭발적으로 번성하던 이스라엘 자손은 애굽의 왕조가 바뀌면서 하루아침에 노예로 전락하고 고역에 시달리게 되었습니다. 창세기 마지막을 보면 이스라엘 백성들은 애굽에서 굉장히 잘나가던 사람들이었습니다. 그것을 어떻게 알 수 있을까요? 야곱이 죽었을 때의 상황을 볼까요? 창세기 50장 1-3절을 보십시오.

"요셉이 그의 아버지 얼굴에 구푸려 울며 입 맞추고 그 수종 드는 의원에게 명하여 아버지의 몸을 향으로 처리하게 하매 의원이 이스라엘에게 그대로 하되 사십 일이 걸렸으니 향으로 처리하는 데는 이 날수가 걸림이며 애굽 사람들은 칠십 일 동안 그를 위하여 곡하였더라."

그 당시 애굽 사람들은 사람들이 죽으면 신이 된다고 해서 미라를 만들었습니다. 그런데 미라를 만들 때도 등급이 있었습니다. 서민들의 경우 죽은 다음에 내장을 다 **빼내고** 북어 말리듯이 말렸습니다. 그런데 등급이 올라갈수록 기술이 더 추가되어 향 재료를 집어넣어서 썩지 않게 만들었습니다. 심지어 모든 세포를 그대로 유지시키면서 미라를 만들었습니다. 그 기술은 가히 세계적이라 할 수 있습니다. 그래서 북한의 김일성 주석이 죽었을 때도 이집트에 자문을 구했다고 합니다. 어떤 때는 몸의 혈액을 다 **빼내고** 거기에 약품을 집어넣었습니다. 여기서 향 재료를 넣었다는 것은 미라를 만들면서 약품을 집어넣는다는 말입니다. 보통 바로가 죽었을 때는 42일 동안 약품을 넣었는데, 야곱이 죽었을 때 40일간 넣었다는 것은 그가 바로에 버금가는 위치였음을 의미합니다. 이스라엘 족장들 가운데 죽어서 제일 폼난 사람은 야곱밖에 없었던 것입니다.

또한 전 애굽이 야곱의 죽음에 대한 애곡을 70일간 했습니다. 바로가 죽으면 72일간 애곡했으니 이 역시 거의 바로 수준이었습니다. 그런데 그 정도로 고위층이었던 요셉과 야곱의 가족들이 갑자기 출애굽기에 들어오면서 노예가 되다니 이상하지 않습니까? 아니, 왜 그 좋은 가문이었던 백성들이 갑자기 공사판 노동자로 전락하여 벽돌 굽고 그 고생을 했냐 말입니다. 그런 것을 물어보지 않고는 밤낮 성경을 공부해도 헛수고입니다. 성경을 공부하면서 "나는 믿음으로 다 받아들인다" 하는 자세도 꼭 좋은 것만은 아닙니다. 아니, 무식한 자의 변명일 수 있습니다.

믿지 않기 위해 시비 거느라 질문하는 것은 나쁩니다. 그러나 믿기 위해 질문하는 것은 바람직합니다. 묻다 묻다 대답이 안 나오면 '나중에 하나님께 여쭤 봐야지' 하는 한이 있더라도 자꾸 물어봐야 합니다. 그렇게 물어보면 대개 답이 나옵니다. 성경을 공부할 때는 질문하는 자세가 필요합니다.

그 잘나가던 이스라엘이 왜 노예로 전락했는지 그 이유를 출애굽기 1장 8절은 이렇게 답해 줍니다. 이것은 너무너무 중요한 구절입니다. 사실 우리는 그냥 지나치지만 이 한마디 속에 성경은 정확하게 그 이유를 설명하고 있습니다.

"요셉을 알지 못하는 새 왕이 일어나 애굽을 다스리더니."

'요셉을 알지 못하는 왕'이라는 것은 옛날 요셉이 있었다는 것을 잊어버린 왕이라는 의미가 아닙니다. 성경에서 제일 어려운 단어 중 하나가 '안다'는 말입니다. 이는 단순히 머리로 안다는 개념이 아니라, 경험하여 체험적으로 아는 것을 의미하는 단어입니다. 때문에 '요셉을 알지 못하는 새 왕'이라는 말은 단순히 요셉에 대한 기억이 없다는 뜻이 아닌 것입니다.

애굽을 아는 사람들이 절대로 이해 못하는 것 중 하나가 요셉이 총리가 되었다는 사실입니다. 애굽 사람들의 자존심은 중국 사람보다 더 셉니다. 애굽인이 세계 최고라는 이 자존심 때문에, 아무리 똑똑해도 히브리, 즉 입브루(Ibru) 출신 요셉을 자기 나라 총리로 삼았다는 것에 대해 절대로 동의 못합니다. 입브루는 '천한 것들, 야만인 같은'이란 뜻인데, '히브리'는 여기서 나온 말입니다.

애굽은 전쟁에서 져 본 적이 한 번도 없는 나라였습니다. 애굽의 역사를 보면 패전 기록이 없습니다. 혹 패전을 했어도, 자존심 때문에 기록은 안 했습니다. 반면 승전에 대해서는 부풀려서 기록했습니다. 만약 포로가 3명이면 30만 명 잡아왔다고 하는 식입니다. 그래서 애굽 기록에 따르면 적군은 다 죽고 하나도 안 남아 있습니다. 그런 사람들이 었으니 요셉을 애굽의 총리로 삼는 일은 있을 수 없는 일이었습니다.

그리고 또 하나, 애굽의 그 수많은 기록을 아무리 찾아봐도 요셉에 대해서는 단 한 줄의 기록도 없습니다. 겨우겨우 찾아낸 것이 애굽 운하 이름이 요셉과 같은 어원인 '이시프스'라는 것뿐입니다. 이것도 맞는지 안 맞는지 알 수가 없습니다. 당시 흉년 든 세상을 구원할 만큼 훌륭한 총리였다면 어떤 식으로든 기록이 남아 있어야 하는 것 아닙니까? 이렇게 기록이 없다 보니 내리게 된 결론이, "요셉의 이야기는 꾸민 이야기다. 애굽 변방 시골에서 '이방'쯤 했는데, 시골 사람들이 그것도 대단해 보이니까 총리라고 한 것이 아니냐?"는 것이었습니다. 그런 눈으로 보게 되면 성경이 거짓말이 되는 것입니다.

그런데 그 말을 확 뒤집는 기막힌 주장이 주전 3세기에 메네토라는 학자에게서 나왔습니다. 애굽의 역사학자인 이 사람의 역사 기록이 묻혀 있다가 나중에 나온 것입니다. 그 글을 보면 메네토가 '힉소스' (Hyksos) 얘기를 했는데, 문제는 이 말 자체를 애굽인들이 모른다는 것입니다. 그래서 메네토가 거기다가 설명을 붙였습니다. 'Hyk'은 왕이라는 뜻이고 'sos'는 목자를 뜻하므로, 힉소스는 '목축하는 자의 왕이다'라고 번역했습니다. 그런데 사실은 메네토도 착각한 것입니다. 그가 보았던 원래의 말은 '헤카 크세웨트'였고 그 뜻은 '외국인 통치자'였던 것입니다. 이것을 그가 '힉소스'로 그렇게 소개한 것입니다. 그런데 절묘하게도 이 두 가지가 다 맞습니다.

애굽의 역사 가운데 주전 17세기부터 150년간은 암흑시대입니다. 17대 왕조가 끝나고 18대 왕조가 시작된 사이에 150년간의 공백이 있는데 그 사이에 아무런 기록이 없습니다. 모든 것을 다 종합해서 나온 결론이, 그 당시 애굽에 힉소스 민족이 침입했다는 것입니다. 힉소스 민족은 유목민이었습니다. 그 유목민들이 주로 아리안 계통, 곧 셈족이었을 것으로 보는 것입니다.

그런데 셈족인 이 유목민들이 쳐들어와 애굽 전체를 150년간 지배합니다. 그들은 애굽 사람들에게는 외국인 통치자입니다. 하지만 자존심 강한 애굽 사람들은 이에 대한 기록을 안 남겼고, 따라서 암흑시대가 된 것입니다. 요셉이 그때 총리가 아니었겠는가 생각한다면 그 150년의 비밀이 풀립니다. 그 유목민들이 셈족이니까 셈족 사람을 세워 총리로 삼을 수 있다고 보면 의문점들이 풀리기 시작합니다.

첫째, 힉소스 민족은 중앙아시아 쪽에서 말 타던 기마 민족입니다. 그 당시 애굽은 농경문화여서 말이 없었지만, 힉소스 사람들이 말 타고 애굽으로 밀고 들어왔기 때문에 순식간에 전 애굽이 속수무책으로 정복당했습니다. 그들은 왕을 세우고, 이제 애굽에도 말을 기르게 했습니다.

여기서 잠깐 요셉을 총리 삼는 모습을 보십시오.

"자기의 인장 반지를 빼어 요셉의 손에 끼우고 그에게 세마포 옷을 입히고 금사슬을 목에 걸고 자기에게 있는 버금 수레에 그를 태우매 무리가 그의 앞에서 소리 지르기를 엎드리라 하더라 바로가 그에게 애굽 전국을 총리로 다스리게 하였더라"(창 41:42-43).

여기에 '버금 수레'(second chariot)가 나오는데 이것은 말이 앞에 끌고 가는 수레입니다. 애굽에는 그 당시까지 말이 끄는 수레를 타는 일이 없었습니다. 버금 수레가 등장했다는 것은 말을 길들여서 타기 시작했다는 얘기이고, 그것은 곧 기마 민족의 특징입니다. 요셉이 총리가 되었을 때, 왕들이 말을 탔던 것입니다.

둘째, 애굽 사람들은 원래 목축을 가증히 여겼습니다.

"당신들은 이르기를 주의 종들은 어렸을 때부터 지금까지 목축하는 자들이온데 우리와 우리 선조가 다 그러하니이다 하소서 애굽 사람은 다 목축을 가증히 여기나니 당신들이 고센 땅에 살게 되리이다"(창 46:34).

그런데 47장 6절을 보면 "애굽 땅이 네 앞에 있으니 땅의 좋은 곳에 네 아버지와 네 형들이 거주하게 하되 그들이 고센 땅에 거주하고 그들 중에 능력 있는 자가 있거든 그들로 내 가축을 관리하게 하라"고 했습니다. 애굽 사람들은 목축을 가증히 여겼지만 이스라엘 사람들은 유목민으로서 목축을 할 줄 아니까, 이 힉소스 왕들의 말들을 돌봐 달라고 부탁한 것입니다.

그런데 요셉은 총리가 된 다음에 어떤 일을 합니까? 처음에 온 땅에 풍년이 들었을 때는 곡식을 다 모아서 창고에 저장시켰습니다. 그러다가 7년 동안 엄청난 기근이 들었을 때 백성들에게서 땅을 받고 곡식을 팔았습니다. 이것이 창세기 47장 19-21절에 나온 얘기입니다.

"우리가 어찌 우리의 토지와 함께 주의 목전에 죽으리이까 우리 몸과 우리 토지를 먹을 것을 주고 사소서 우리가 토지와 함께 바로의 종이 되리니 우리에게 종자를 주시면 우리가 살고 죽지 아니하며 토지도 황폐하게 되지 아니하리이다"(19절).

여기서 좀 이상하지 않습니까? 이미 바로가 온 애굽의 왕인데, 백성들이 바로한테 이제서야 종이 되겠다 하며 땅을 팔려고 하니 말입니다. 그런 것을 이상하다고 생각하지 않고 성경을 읽으면 믿음이 좋은 건가요?

힉소스가 전 애굽을 다스리고 있었지만, 아직 지방에 있는 지주 계급들은 안 넘어오고 버티고 있었던 것입니다. 통치가 안 되었던 것입니다. 그때 요셉이 총리가 되어 풍년 동안에 엄청난 곡식을 모았다가 흉년 때 팔면서 땅을 다 사들임으로써 지주계급을 파괴시킨 것입니다.

"그러므로 요셉이 애굽의 모든 토지를 다 사서 바로에게 바치니 애굽의 모든 사람들이 기근에 시달려 각기 토지를 팔았음이라 땅이 바로의 소유가 되니라 요셉이 애굽 땅 이 끝에서 저 끝까지의 백성을 성읍들에 옮겼으나"(창 47:20-21).

지방 토호 계급들을 전부 다 재배치한 것입니다. 경상도 김 부자는 황해도에, 황해도 아무개는 충청도에 하는 식으로 다 바꾼 것입니다. 이렇게 하여 지방 지주 세력들을 붕괴시켜 바로의 통치권을 확립해 주었습니다. 그랬으니 바로가 요셉을 총애할 수밖에 없었을 것입니다.

요셉은 보통 인물이 아니었습니다. 머리가 너무나 잘 돌아갔습니다. 성경에 나오는 신앙인물들 중에 머리가 나쁜 사람은 한 명도 없습니다.

지금까지의 이야기를 통해 요셉이 힉소스 왕조의 통치권을 확립시켜 준 사람임을 알 수 있습니다. 그런데 150년 만에 힉소스 왕조가 망하고 18대 왕조가 일어나면서 힉소스가 쫓겨 나갑니다. 힉소스 왕조가 추방되고 나니까 이제 이스라엘은 낙동강 오리알 신세가 되었습니다. 요셉이 힉소스 왕조에서 총리까지 지냈지만, 순식간에 이스라엘은 노예가 되어 버립니다.

결국, 요셉을 알지 못하는 새 왕이 일어났다는 것은 왕조가 바뀌었음을 의미합니다. 힉소스에서 다시 애굽 사람으로 바뀌는 바람에 이스라엘 사람들은 노예로 전락해 버렸습니다.

그런데 그전 좋은 시절에는 한 번도 기도했다는 말이 안 나오는데, 이제 힘드니까 그때부터 비로소 이스라엘의 기도가 시작됩니다. 제가 하나님이라면 이런 인간들 얄미워서 안 봐줍니다. 그러나 하나님은 그들이 비로소 부르짖기 시작하자 그 부르짖음을 들으사 모세를 통해 구원의 역사를 시작하셨습니다.

하나님께서는 이스라엘 조상의 약속을 기억하셨습니다. 이제 그 기도에 응답하셔서 모세를 통해 구원의 역사를 시작하십니다. 그런데 그 구원의 과정이 결코 쉽지 않았습니다. 교만함으로 가득 찬 강퍅한 심령의 애굽 왕 바로가 계속 버텼기 때문이었습니다. 그래서 이스라엘은 전대미문의 재앙을 10가지나 목도하고 나서야 애굽에서 나오게 됩니다. 하나님의 강한 손이 상상을 초월하는 두려움으로 애굽에 임하셨습니다. 결국 장자를 포함한 애굽의 모든 초태생이 하루아침에 죽는 재앙을 보고서야 바로는 항복했습니다. 우리 생각에는 왜 하나님이 바로의 마음을 강퍅하게 만드셨는지 이상할 것입니다. 쉽게 가지 왜 어렵게 가는지 이해를 못합니다. 그러나 하나님은 절대 실수가 없는 분이십니다. 바로가 버텨서 10가지 재앙이 내려진 데에는 굉장히 큰 의미가 있습니다.

첫째, 애굽과의 확실한 결별을 하게 하심입니다. 그냥 순조롭게 나왔으면 애굽 사람들이 계속 이스라엘을 건드릴 수도 있었습니다. 그런데 10가지 재앙으로 장자까지 죽고 홍해에서도 군사들이 수장당하자, 애굽 사람들은 더 이상 이스라엘을 건드릴 생각을 안 했습니다.

하나님이 일이 안 되게 만드실 때는 뜸들이고 계신 줄 알면 됩니다. 하나님의 역사를 감당하는 데는 '뜸들인다'는 말이 중요합니다. 이는 숙성시킨다는 개념과는 또 다릅니다. 이것은 밥을 해본 민족만 아는 얘기입니다. 하여간 하나님은 밥이 다 됐는데도 불을 낮추고 기다리십니다. 하나님이 생각하시기에 그 시간이 필요하기 때문입니다.

둘째, 이스라엘이 하나님의 선택된 백성인 것을 확신하게 하기 위해서입니다. 그렇게 힘들게 나오지 않았다면 선택된 백성임을 몰랐을 텐데, 10가지 재앙을 통해 하나님을 확실하게 경험했습니다. 하나님이 파리를 보내셨을 때 파리들에게 센서가 달렸는지 애굽에는 바글바글한데 이스라엘 지역에는 얼씬도 하지 않았습니다. 온역이나 독종도 마찬가지였습니다. 마지막 장자의 재앙까지 "너희들은 내가 특별히 선택했다"는 것을 반복해서 보여 주심으로써, 하나님은 이스라엘 백성들이 확실히 선택된 백성이라는 것을 가르쳐 주셨습니다.

셋째, 'If'와 'If not'의 본보기를 제시하기 위함입니다. 성경을 공부하려면 'If'와 'If not'에 주의를 기울여야 합니다. 출애굽 이후 소위 그 유명한 신명기 사관(史觀)이 등장합니다. 이는 신명기의 관점인데, "만약 너희가 하나님 앞에서 잘 순종한다면(If) 복이 있겠지만, 만일 너희가 하나님의 말씀에 순종하지 않는다면(If not) 재앙이 있을 것이다"라는 가르침입니다. 하나님에게 버티는 것은 'If not'에 해당하고, 순종하는 것은 'If'에 해당한다는 것입니다. 애굽의 10가지 재앙은 기막힌 샘플이었습니다. 가나안 땅에 들어가서도 하나님께 순종한다면 애굽의 모든 재앙이 하나도 내리지 않을 것이지만, 만일 순종하지 않는다면 이 모든 재앙이 다 내려온다는 것을 아주 생생하게 보여 준 것이 출애굽 사건입니다. 이것이 레위기 26장에 잘 나타나 있습니다. 출애굽기 15장 26절도 마찬가지입니다.

"이르시되 너희가 너희 하나님 나 여호와의 말을 들어 순종하고 내가 보기에 의를 행하며 내 계명에 귀를 기울이며 내 모든 규례를 지키면 내가 애굽 사람에게 내린 모든 질병 중 하나도 너희에게 내리지 아니하리니 나는 너희를 치료하는 여호와임이라."

이것이 'If'의 본보기입니다. '만일 너희가 그렇게 한다면' 애굽 사람에게 내린 모든 질병을 하나도 내리지 않겠다는 겁니다.

하나님께서 각종 재앙을 내렸는데도 바로는 버틸 만큼 버티다가 결국 장자가 죽는 열 번째 재앙을 맞이했습니다. 여기서 10가지 재앙을 외우는 방법은 재앙의 첫 글자만 따서 '피개이파 온독우메 암장'이라고 하면 됩니다. 피, 개구리, 이, 파리, 온역, 독종, 우박, 메뚜기, 암흑, 장자입니다.

하나님께서 재앙을 내리실 때 그저 생각나는 대로 이것저것 갖다 쓴 것이라고 생각하면 오산입니다. 이들은 다 애굽의 다양한 주요 신들이었습니다. '세티'라는 신은 '먼지 신'이라고 해서 이 재앙을 막아 주는 신이었습니다. 그런데 이가 들끓으니까 세티가 힘을 못 썼습니다. 또, 처음에 나일 강 물이 피가 됐는데 그것은 나일 강의 신을 치신 것이었습니다. 개구리는 개구리 형상을 한 풍년의 신 '헥토르'에 대한 재앙이었습니다. 하여간 하나님께서는 애굽의 신들을 차례대로 박살 내다가 마지막에는 장자 재앙으로 바로까지 치시고 결국 애굽을 초토화시키셨습니다. 10가지 재앙은 단순한 재앙이 아니라 애굽의 신들에 대한 징벌이었습니다. 마침내 바로가 항복해서 이스라엘 백성은 이제 출애굽을 합니다.

고센 땅은 나일 삼각지대에 있습니다. 가나안 땅과는 직선거리입니다. 그 사이에 있는 길은 흙 자체가 특수한 흙으로 된, 라틴어로 '비아 마리스'(Via Maris)라고 부르는 해변길입니다. 이 길은 군대가 다닐 만한 길입니다. 흙 자체가 다져진 흙이어서 거의 도로 같았습니다. 비아 마리스를 따라 6시간을 달리면 가나안까지 닿게 됩니다. 만약 출애굽시키는 것만이 목적이면 그 길로 가야 하는데, 하나님은 이스라엘 백성들을 시내 광야로 끌고 가십니다.

왜 그러셨을까요? 물론 성경을 보면 애굽 국경 수비대가 있었습니다. 애굽이 힉소스한테 당할 때 공격받았던 부분이라 최강의 정예 국경 수비대를 두었던 것입니다. 하지만 솔직히 말해 하나님의 권능 앞에 국경 수비대가 무슨 힘을 쓸 수 있었겠습니까? 하나님께서 이스라엘을 시내 광야로 돌렸던 것은 고센 땅에서 가나안으로 가는 것만이 목적이 아니었기 때문입니다. 애굽의 노예가 가나안에 가서 뭘 하겠습니까? 노예 짓밖에 더 하겠습니까? 그들은 변화되어야 했습니다. 그래서 훈련이 필요했던 것입니다.

하지만 사단의 세력은 그렇게 쉽게 포기하지 않습니다. 히브리 백성, 즉 이스라엘 자손은 홍해 앞에서 변심한 바로의 추격을 받게 됩니다. 하나님께서는 하필이면 그들을 홍해 바닷가 앞에 갖다 놓으셨습니다. 이제 바로가 변심해서 군대를 이끌고 쫓아옵니다. 앞에는 홍해, 좌우로는 광야, 뒤에는 바로의 군대가 있으니 도대체 어디로 가라는 것입니까? 도망칠 구석도 없이 이제 여기서 몰살당하게 되었다며 완전히 절망하는 순간, 바다가 갈라지고, 그 사이를 마른 땅 걷듯 건너고, 뒤따르던 바로의 군대는 그 물 가운데 빠져 죽는 인류 역사 최대의 기적을 백성들은 생생하게 목격하게 됩니다.

하나님이 홍해를 건너게 한 데에는 다 까닭이 있었습니다. 갈대 바다, 즉 죽음의 바다를 통과시킴으로써 영적으로 죽은 상태에서 건져 내는 것을 보여 주고자 하신 것입니다. 노예라는 이전 정체성(identity)을 근절시키고 이제 하나님의 백성으로 거듭나게 하시기 위함이었습니다. 죽지 않고는 절대로 정체성이 안 바뀝니다. 죽어야 바뀝니다. 그냥 자기가 슬며시 바꿀 수는 없습니다. 갈대 바다, 죽음의 바다를 건너야 합니다. 하나님께서는 일부러 그 백성들을 거기로 통과시키신 것입니다. 마치 아이가 태어날 때 자궁을 통과하듯이 말입니다.

이제 그들은 하나님께서 조상들에게 약속하신 '젖과 꿀이 흐르는 땅'으로 향합니다. 그런데 단순히 가나안까지 가는 것이 목적이 아니라 훈련시키는 것이 목적이었기 때문에 하나님께서는 그들로 광야를 걷게 하십니다.

## 시내 산 훈련
예배하는 공동체가 되기 위해 십계명을 받고 성막을 세움(출 19~40장, 레위기 전체, 민 1~9장)

이스라엘은 가나안 땅에 가기만 하면 되는 것이 아니라, 열방 가운데서 모범적으로 하나님을 섬기는 민족이 되어 그 땅에 들어가야 했습니다. 그래서 처음 모세를 부르셨던 그 산에서 하나님은 1년 이상 백성들을 훈련시키셨는데, 이 장면에서 제일 중요한 구절이 출애굽기 19장 5-6절입니다. 이것은 반드시 외워야 하는 구절입니다.

"세계가 다 내게 속하였나니 너희가 내 말을 잘 듣고 내 언약을 지키면 너희는 모든 민족 중에서 내 소유가 되겠고 너희가 내게 대하여 제사장 나라가 되며 거룩한 백성이 되리라 너는 이 말을 이스라엘 자손에게 전할지니라."

세계가 다 하나님에게 속했다고 했습니다. 하나님은 절대 이스라엘의 하나님만은 아니십니다. 하나님의 제사장 나라가 된다는 것이 이스라엘의 정체성입니다. 예배의 모범이 되어 온 나라를 하나님께로 이끌고 오는, 세계를 다 구원하기 위한 모델이 되어야 했습니다.

하나님께서 노아 홍수를 통해 온 세계를 한꺼번에 바꾸려고 해보았지만 결국 인간은 변하지 않았습니다. 그래서 그 노아 홍수가 일어난 사건 현장에서 한 사람 아브라함을 부르셨습니다. 하나님은 그 한 사람뿐만 아니라 그를 통해 모든 민족이 복을 받게 하는 복의 근원으로 아브라함을 부르셨습니다. 그 복의 근원 개념이 그대로 발전해서 제사장 나라 개념이 된 것이고, 결국 예수 그리스도가 영원한 대제사장이 된 것입니다. 이처럼 다 연결된 개념으로 이해하지 않고 성경을 본다는 것은 무리입니다.

하나님의 구속 범위가 온 세계에서 이스라엘 백성으로 줄어들었지만, 결국엔 이들만이 아니라 이들을 통해 세계를 다 구원하겠다는 것이 하나님의 뜻이기 때문에 선교의 개념이 이때부터 이미 들어가 있는 것입니다. 그렇기에, 이스라엘 사람들이 자기들만 선택받았다고 하는 것은 잘못된 생각입니다.

하나님께서는 모세를 부르셨던 시내 산에서 1년 이상 백성들을 훈련시키셨는데, 교육 내용은 십계명의 수여와 언약의 체결, 성막 제작과 제사법, 거룩한 백성으로서의 삶의 규범 등이었습니다. 십계명의 수여와 언약의 체결에 대해서는 출애굽기 20장부터 24장에서 다루어지고 있습니다. 그리고 성막 제작부터 제사법, 거룩한 백성으로서의 삶의 규범 등이 그 뒤에 이어집니다. 이 훈련을 통해 이스라엘 백성이 하나님을 신뢰하는 법을 배우고, 그들에게서 '노예근성'이라는 독소가

다 빠져나가기를 하나님은 기대하셨습니다.

하나님이 제일 중요하게 여기셨던 것은 노예근성이라는 독소를 빼내는 것이었습니다. 그런데 그렇게 되기가 참 어려웠습니다. 그들은 툭하면 애굽에서의 생활을 그리워했습니다. 제가 하나님이었다면 벌써 다 죽였을 것입니다. 도대체 자기들이 언제 고기 가마 곁에서 고기를 먹었다고, 무슨 건수만 생기면 '애굽의 고기 가마' 운운했습니다. 주인 몰래 훔쳐 먹은 것 외에는 없었을 텐데, 매일 지지리 고생하면서 풀무 불 지나가듯 고생했던 그 옛날을 왜 지금 와서 그리워하는지 이해가 안 됩니다.

요즘에도 보면, 교회에서 예수 믿는 사람들과 갈등하느니 차라리 안 믿던 옛날 술친구와 어울리던 때가 더 좋았다고 하는 사람들이 있습니다. 사실 술친구가 뭐가 더 좋습니까? 그런데 괜히 그런단 말입니다. 하여간 사람들은 과거가 아름답다고 하는데, 사실 알고 보면 아름다운 과거란 없습니다. 돌아가 보면 다 비참하고 입에서 단내 나는 시절입니다.

조그만 이익에 헤헤거리고 조그만 손해에 불평하는 것이 노예근성입니다. 노예근성을 근절하려면 정말 힘듭니다. 노예근성을 뿌리 뽑는 과정이 시내 산 훈련입니다. 시내 산은 단순히 머무는 장소가 아니라 십계명을 받고 1년 동안 훈련받는 공간이었습니다.

그런데 이런 훈련이 성공을 거두었으면 얼마나 좋겠습니까? 그러면 바로 가나안 땅에 들어갔을 텐데 그들은 불신앙을 보입니다.

# 불신앙
하나님의 약속보다는 현실을 바라본 자들의 실패(민 10–14장)

이스라엘 백성은 훈련 후 봉착한 첫 번째 사건에서 하나님을 여지 없이 실망시켰습니다. 그들이 첫 번째 도착한 곳은 가데스 바네아라는 오아시스입니다. 그곳에서 이스라엘은 하나님께서 주겠다고 약속하신 가나안 땅을 정탐하기 위해 각 지파에서 하나씩, 12명의 정탐꾼을 뽑아 보냈습니다. 그런데 그중 10명은 부정적 보고를 했고 둘만 긍정적인 보고를 했습니다. 그런데 그 부정적 보고가 사실이었다는 점이 중요합니다. 그들은 "그 땅에 가 보니까 과연 젖과 꿀이 흐르는 땅이었다"고 했습니다. 그 땅은 정말 젖과 꿀이 흐르는 풍요로운 땅이었습니다. 그런데 그 땅에 "아낙 자손이 있다"고 했습니다. '아낙'은 장대하다, 거인족같이 크다는 뜻입니다.

사실 이스라엘 백성들은 키가 크지 않습니다. 요즘 이스라엘 사람들은 전부 개량종입니다. 원래 토종은 얼굴이 길고 빨갛고 매부리코에 검은 수염이 나 있으며, 머리는 뾰족하고 165cm가량의 체형입니다. 그런데 팔레스타인(가나안) 사람들은 원래 크레타 섬에서 온 평균 신장 180cm의 민족이었으니, 이스라엘 민족이 볼 때 정말 얼마나 커 보였겠습니까?

그러니 장대한 자가 있다는 보고는 정확했습니다. 여호수아와 갈렙도 "그 땅은 젖과 꿀이 흐르는 땅이다"라고 말했습니다. 또한 "그 땅에 아낙 자손이 없다"고 말한 것이 아니라 "있다"고 인정했습니다. 여기까지는 10명의 정탐꾼과 똑같이 보고했습니다. 그런데 포인트가 달랐습니다. 10명의 정탐꾼은 말하기를 "우리는 그 앞에 메뚜기 같다. 그러니까 우리는 못 간다"고 했지만, 여호수아와 갈렙은 "과연 그 땅은 좋고 장대한 자가 있지만 그들은 우리의 밥이다"라고 한 것입니다. 밥이니까 클수록 좋은 거 아닙니까? "거 양 푸짐하던데" 하면서 말입니다. 그러니까 신앙은 관점의 차이입니다. 해석하기 나름입니다.

정탐 갔던 사람들 중 10명은 결국 불신앙적인 보고를 했고, 나머지 2명은 신앙적 보고를 한 것입니다. 그런데 이 불신앙적 보고가 10대 2로 이겨서 결국은 리더를 다시 뽑아 애굽으로 돌아가자고 아우성치게 됩니다. 백성들은 장대한 아낙 자손이라는 현실만을 바라본 불신앙적 보고를 따랐고, "그들은 우리의 밥이다"라고 목이 터지도록 외치는 여호수아와 갈렙의 신앙적 보고는 묵살했습니다. 하여간 하나님이 제일 싫어하시는 말이 뭔지 아십니까? "애굽으로 돌아가자"입니다.

"애굽으로 돌아가자"는 그 한마디로 하나님이 그동안 베푸셨던 모든 은혜를 다 제로로 만들어 버릴 수 있습니다. 애굽의 10가지 재앙, 홍해 사건이 다 쓸데없는 일들이 되어 버립니다. 그러니 하나님을 섭섭하게 하려면, 그냥 과거로 돌아가겠다는 말 한마디만 하면 됩니다. 하여간 이들이 애굽으로 돌아가자고 할 때, 하나님께서 그들에게 분노하셨습니다. 그 결과 40년간의 재훈련이 시작됩니다.


## 40년간의 재훈련
불신의 세대는 다 죽고 새로운 세대만 남음(민 20-36장, 신명기 전체)


40년간 이스라엘은 광야에서 방랑생활을 합니다. 학자들의 견해에 따르면 40년간의 광야생활은 단순한 방랑도, 감정적 징벌도 아니었습니다. 그런데 왜 하필 광야생활 기간이 40년이어야 했을까요?

첫째, 정탐 기간이 40일이니까 하루를 1년으로 쳐서 40년으로 보는 사람도 있지만, 더 큰 이유는 보통 한 세대가 40년이니, 애굽 생활을 경험한 제1세대가 완전히 죽어 없어지는 데는 40년이란 기간이 필요했던 것입니다. "애굽에서 걸어 나온 자는 다 죽는다"는 말씀대로, 실제로 애굽에서 걸어 나온 자 중에 가나안 땅에 들어간 사람은 여호수아와 갈렙밖에 없었습니다. 심지어 모세까지도 가나안에 못 들어가고 광야에서 죽었습니다. 거듭나지 않고는 죄의 문제를 해결할 수 없기 때문이었습니다.

모세는 40년 기간 동안 첫 번째 가나안 진입을 시도했던 남쪽 경로를 떠나 요단 동편의 동쪽 경로로 백성을 인도했으며, 여리고 맞은편 모압 평지에 이르러 율법을 반복해서 백성들에게 들려준 후 이 세상을 떠났습니다.

그런데 모세가 가나안을 목전에 두고 죽은 것에는 상징적인 의미가 있습니다. 대개 성경에서 30세와 40세를 언급할 때, 30세는 신령한 계통, 영적인 계통을 의미합니다. 왜냐하면 3이 하나님의 숫자이기 때문입니다. 예를 들면 요셉이 총리에 오른 나이가 30세입니다(창 41:46). 다윗이 왕이 된 나이도 30세입니다(삼하 5:4). 예수님이 공생애를 시작하신 나이도 30세입니다.

반면 40은 인간적인 계통을 의미합니다. 모세의 일생은 40으로 세 번 나누어집니다. 40살 때 도망 나갔다가 80살 때 부름 받고 120살에 죽습니다. 갈렙이 정탐하러 갈 때도 40세였으며, 사울이 왕 될 때도 40이었습니다. 어쨌든 40은 인간적인 세대를 말합니다. 하나님께서 이스라엘을 40년간 광야에 두셨다는 것은 한 세대를 다 죽이시겠다는 뜻이었습니다.

이제 모세는 동편 광야에서 아직 눈이 밝을 때, 비스가 산상에서 율법을 반복해서 백성들에게 들려준 후 죽습니다. 그때 그가 반복해 준 율법이 바로 신명기입니다. '신명기'란 '모세가 다시 일러 가라사대'라는 뜻입니다. 그래서 신명기는 '두 번째 계명'이 되는 것입니다. 이 신명기를 주고 모세가 세상을 떠납니다. 그러면서 출애굽과 광야 시대는 막을 내리고, 이제 여호수아의 지도로 요단 강을 건너 가나안 땅으로 들어가게 됩니다.

# 4.
# 정복 시대

모세의 뒤를 이어 지도자가 된 여호수아는 하나님께서 주신 권위를 가지고 가나안 정복을 위한 거룩한 전쟁을 수행해 간다.

1337년 영국 왕 에드워드 3세는 자기가 영국 왕일 뿐만 아니라 법적으로는 프랑스의 왕도 된다는 배짱 좋은 선포를 했습니다. 당시 영국과 프랑스 가문끼리 혼인관계로 엮이다 보니 프랑스 왕족이 영국에 와 있게도 되고 서로 피도 섞이고 하니까, 따지고 보면 그런 과감한 주장을 할 만도 했습니다. 어쨌든 그가 이제 프랑스 영토를 자기 영토라고 주장하자 곧 두 나라 간에 전쟁이 붙었습니다. 그들은 무섭도록 오래 싸웠는데, 그래서 이 전쟁을 일컬어 '백년전쟁'이라고 합니다. 백년전쟁은 프랑스 내전, 프랑스와 영국의 농민전쟁, 그리고 임파선종이라는 무서운 전염병으로 얼룩진 전쟁과 전쟁의 연속이었습니다.

1380년 프랑스는 영국에게 완전히 멸망할 상황까지 갔고, 나라 형편이 말이 아니었습니다. 약간 모자라는 왕 샤를 6세는 있으나 마나한 존재였습니다. 이 무력한 샤를 6세가 죽은 뒤 큰아들은 왕위에 오르지도 못하는 신세가 되고 말았습니다.

당시에는 왕이 되려면 랭스라는 도시에 가서 대관식을 하는 것이 관례였는데, 그것은 가톨릭의 승인이 반드시 있어야 했기 때문입니다. 그런데 문제는 랭스까지 가는 길을 영국 군대가 다 장악하고 있다는 것이었습니다. 그래서 프랑스 왕 샤를 7세가 될 왕자는 자기의 왕관을 받지도 못한 채 멀리서 발만 동동 구르고 있었습니다.

이러한 와중에 프랑스 상파뉴 지역에 있는 '동레미'라는 작은 마을에 잔 다르크라는 여자아이가 태어났습니다. 이 아이가 훗날 하나님의 도구가 되어 백년전쟁을 끝내리라고는 아무도 생각지 못했습니다. 아이는 아주 평범하게 자랐지만 어느 날 하나님의 택하심으로 하늘의 빛을 보고 음성을 들은 후 하나님의 리더십을 받게 되었습니다. 하나님의 기름 부음을 받은 것입니다. 잔 다르크는 왕자를 랭스까지 가게 하여 즉위시키는 일을 하라는 계시를 받습니다.

그리하여 잔 다르크가 먼저 앞장서서 군대를 이끌었습니다. 여자가 싸워 봤자 얼마나 싸우겠냐 하겠지만, 잔 다르크가 깃발만 들고 앞으로 나가자 그리도 오합지졸이고 지리멸렬하던 프랑스 군대는 그 리더십을 보고 힘을 얻어서 마침내 랭스로 가는 길을 뚫었습니다. 1429년 7월 17일, 비로소 샤를 7세는 대관식을 거행함으로 왕의 자리에 즉위할 수 있었습니다.

이 이야기를 여기서 하는 이유가 있습니다. 정복 시대로 들어가는 시점, 즉 지도자로 세워지는 그 시점에서의 여호수아와 잔 다르크 사이에는 공통점이 하나 있습니다. 바로 지도자 리더십입니다. 잔 다르크는 결코 싸움을 잘해서 훌륭한 것이 아니었습니다. 잔 다르크가 싸워서 몇 명이나 이겼겠습니까? 잔 다르크는 싸움을 잘해서 영웅인 게 아니었습니다. 리더십은 형언할 수 없는 힘입니다. 그 리더십 때문에 사람들이 모여서 나갔습니다. 당시 프랑스의 문제는 군대가 아닌 리더십 부재였습니다. 그런데 그 리더십을 하나님께서 잔 다르크를 통해 세우신 것입니다. 하나님의 리더십이 나라를 구한 것입니다.

이스라엘 백성이 가나안에 들어가는 데도 가장 화두가 되는 것이 리더십이었습니다. 그런데 그 리더십이 어디서 옵니까? 잔 다르크의 리더십은 하나님께로부터 온 것입니다. 그는 고백하기를 "저는 비천한 농사꾼의 딸입니다. 전혀 싸울 줄 모릅니다. 싸우기는커녕 말도 못 탑니다"라고 했습니다. 그러나 하나님께서는 이 연약한 잔 다르크와 함께하셨습니다. 자그마한 소녀의 "전진!" 명령에, 1만 2천 명이나 되는 용감한 남성 군사들이 마치 한 무리의 순한 양처럼 창피한 줄도 모르고 그녀를 따라 전쟁터로 나아갔습니다. 잔 다르크는 어깨에 큰 부상을 입었지만 하나님의 음성에 순종하여 승리에 승리를 거둘 수 있었습니다. 결국 진정한 리더십은 하나님께로부터 오는 것입니다. 연약하기만 한 소녀의 순종과 하나님의 역사하심의 승리였습니다.

지금 이스라엘의 상황 역시 그때의 프랑스와 비슷한 면이 있었습니다. 그들은 가데스 바네아에서의 반역과 불신 때문에 40년간이나 광야에서 방황했습니다. 이제 구세대는 다 죽었으며 새로운 세대가 약속의 땅 초입에 있는 여리고를 앞에 두고 다시 한 번 40년 전과 같은 상황에 직면하고 있었습니다. 그들은 과연 그들의 아버지처럼 그렇게 실패하지 않을 수 있을까요? 지난 40년간 백성을 인도했던 위대한 지도자 모세는 죽고, 이제 여호수아가 백성들을 일치시키고 인도하는 임무를 맡았습니다. 이 상황에서 성패의 열쇠는 새로운 지도자 여호수아의 리더십이었습니다. 프랑스가 어려움에 처해 있을 때 잔 다르크가 등장하여 리더십을 발휘하여 나라를 구했듯이, 이스라엘 민족이 가나안 땅을 정복할 수 있는가 없는가는 여호수아에게 달려 있었습니다.

정복 시대의 그림을 잠깐 살펴보겠습니다.

지금 여호수아를 상징하는 성탐이가 굉장히 신나 있습니다. 한 손에는 칼을 들고 있는데 이것은 승리를 의미합니다. 정복 시대는 승리를 맛보는 시간입니다. 그러니 여기 무너진 성은 여리고라고 보면 됩니다. 성탐이 밑에 사단이 깔려 있는데 이것은 영적 전쟁임을 보여 줍니다. 이 싸움은 민족과 민족 간의 싸움이 아니라 영적 전쟁인 것입니다. 거기서 이겨 하나님이 주신 땅을 정복한 것입니다.

••• **전개: 정복 시대의 4가지 주요 사건** •••
1. 여리고 점령  2. 아이 성 사건  3. 가나안 전역 정복  4. 기업 분배

왜 여호수아서 1장은 온통 리더십을 세우는 데 분량을 할애하고 있을까요? 그것은 여호수아가 모세의 뒤를 이어 지도자가 되었기 때문입니다. 40년 동안 광야를 걸어오면서 이스라엘이 하나님을 믿지 않을 때, 이 불신앙은 리더십에 대한 공격, 리더십에 대한 의심, 리더십에 대한 불평으로 나타났습니다. 그러니까 리더십은 굉장히 중요한 테마일 수밖에 없었습니다. 출애굽기를 보면 알 수 있지만 이스라엘 백성들이 불신앙을 표현할 때 보면 꼭 리더십에 대한 불평을 했습니다. 절대로 이 사람들이 하나님에 대해서는 공격을 안 합니다. 신기하지요. 여기서 사단이 머리가 좋다는 것을 알 수가 있습니다. 하나님을 원망하고 공격하면 그것은 결국 전면적으로 신앙이 없다는 것으로, 곧 문제가 있는 것으로 드러나지 않겠습니까? 그러니까 하나님을 공격하는 것이 아니라 하나님께서 세운 리더십을 공격하는 척하면서 이간질을 시키는 것입니다.

예를 들면 마라에 갔을 때, 물을 먹고 싶었는데 갑자기 물이 쓰니까 다들 모세에게 원망합니다. 그것이 출애굽기 15장에 나옵니다. 그 다음 16장에서 신 광야에 갔을 때는 먹을 것이 없어서 하나님을 원망했습니다. 그래서 하나님이 그들에게 만나와 메추라기를 내려 주신 것 아닙니까? 그때도 리더십을 공격했습니다. 또 17장에서 르비딤에 갔을 때에는 물이 없다고 백성들이 모세를 돌로 칠 뻔하기도 했습니다.

"거기서 백성이 목이 말라 물을 찾으매 그들이 모세에게 대하여 원망하여 이르되 당신이 어찌하여 우리를 애굽에서 인도해 내어서 우리와 우리 자녀와 우리 가축이 목말라 죽게 하느냐 모세가 여호와께 부르짖어 이르되 내가 이 백성에게 어떻게 하리이까 그들이 조금 있으면 내게 돌을 던지겠나이다"(출 17:3-4).

결국 모세가 아니라 하나님께 원망하는 것이긴 했지만, 어쨌든 사람들은 문제만 있으면 리더십을 공격하는데 이 패턴이 끝까지 가서 '므리바 사건'으로까지 이어졌고, 그때 모세가 결국 반석을 치면서 "내가 물을 내랴" 하면서 분노를 표출했습니다. 그때 그 장면을 생생하게 본 사람이 바로 여호수아입니다.

여호수아는 모세가 죽고 난 후 지도자가 되는데, 이 백성들로 말할 것 같으면 건수만 생기면 리더십을 공격하는 불신앙의 사람들 아니겠습니까? 하나님께서 여호수아뿐만 아니라 그의 리더십 부분을 세워주시지 않으면 거룩한 전쟁을 수행할 수 없을 지경이었습니다. 가나안 땅에 들어간다는 것은 영적 전쟁을 하러 가는 것이었습니다. 이처럼 거룩한 전쟁을 수행하러 가는데 리더십에 대한 부분이 확실하게 서 있지 않으면 전쟁을 할 수 없다는 것을 하나님은 아셨습니다. 때문에 여호수아 1장 전체를 통틀어 그 부분에 힘을 실어 주고 또 실어 주셨던 겁니다.

여호수아 1장 5-9절에는 하나님이 리더십을 세워 주시는 장면이 나옵니다. 여호수아가 자신 없어 하기도 했지만, 동시에 온 백성들을 향해 리더십이 세워져야 했기에 하신 말씀입니다.

"네 평생에 너를 능히 대적할 자가 없으리니 내가 모세와 함께 있었던 것같이 너와 함께 있을 것임이니라 내가 너를 떠나지 아니하며 버리지 아니하리니 강하고 담대하라 너는 내가 그들의 조상에게 맹세하여 그들에게 주리라 한 땅을 이 백성에게 차지하게 하리라 오직 강하고 극히 담대하여 나의 종 모세가 네게 명령한 그 율법을 다 지켜 행하고 우로나 좌로나 치우치지 말라 그리하면 어디로 가든지 형통하리니 이 율법책을 네 입에서 떠나지 말게 하며 주야로 그것을 묵상하여 그 안에 기록된 대로 다 지켜 행하라 그리하면 네 길이 평탄하게 될 것이며 네가 형통하리라 내가 네게 명령한 것이 아니

냐 강하고 담대하라 두려워하지 말며 놀라지 말라 네가 어디로 가
든지 네 하나님 여호와가 너와 함께하느니라 하시니라.”

이 짧은 말씀 속에 “강하고 담대하라”는 말이 3번이나 나옵니다. 하
나님께서 굉장히 강조하시고 또 강조하신 것입니다. 그것은 여호수아
를 위해서, 백성들을 위해서 강조하신 것입니다. 하나님이 세우신 리
더십에 대해 불평하고 인정하지 않는다면 이는 신앙 자체가 흔들린다
는 뜻이었습니다. 그래서 하나님께서 이렇게 격려하며 여호수아의 리
더십을 세워 주신 것입니다. 이제 여호수아는 힘을 얻고 여리고를 점
령하러 떠납니다.

## 여리고 점령
기적으로 요단 강을 건너고 여리고를 무너뜨린 거룩한 전쟁(수 1–6장)

모세가 죽고 난 후 하나님은 그 계승자로 여호수아를 직접 뽑으셨
습니다. 이제 여호수아가 모세의 후계자가 되고 리더십을 하나님께 받
은 다음에 첫 번째 부딪친 과제는 “어떻게 요단 강을 건널 것인가?”였
습니다. 재미있게도, 모세가 백성들 앞에서 처음 부딪쳤던 리더십의
위기 중 하나가 “어떻게 홍해를 건널 것인가?”였는데, 똑같은 상황이
여호수아에게도 발생한 것입니다. 이제 여호수아는 어떻게 요단을 건
널까요?

게다가 요단을 건너는 것으로 끝나는 것이 아니라 여리고가 또 기
다리고 있었습니다. 여리고 성을 함락시켜야 했습니다.

여리고는 지구상에 있었던 도시 중에 가장 오래된 도시입니다. 아
주 보수적인 학자들까지도 주전 8,000년 전부터 도시가 있었지 않았

겠냐고 볼 정도입니다. 여리고는 성(城)이었습니다. 당시에 성이 있었다는 얘기는 굉장히 강력했음을 의미입니다. 이스라엘 사람들은 천막을 치고 살았는데 여리고는 성이고 도시국가였습니다. 왕이 있고 상업이 발달하고 도시문화가 발달했습니다. 그래서 술집이 있었다고 추정해 볼 수 있는데, 기생 라합의 존재가 그 사실을 뒷받침해 줍니다. 그런데 술집이 성벽에 있었습니다. 그래서 정탐꾼을 술집 창문으로 내려보낼 수 있었습니다. 그만큼 상가, 소위 말하면 쇼핑몰이 발달되어 있었던 것입니다.

그런데 그런 강력한 도시국가 여리고 성을 이 유목민 출신들이 가서 점령해야 하는데, 언제 이들이 전쟁을 해봤나요? 그랬기에 요단 강을 건너는 것이 첫 번째 과제요, 그 다음에는 여리고를 어떻게 함락시킬 것이냐 하는 것이 문제였습니다.

길은 두 가지가 있었습니다. 이스라엘의 머리 숫자와 가지고 있는 모든 방법을 동원해서 작전을 짜는 것입니다. 그래서 요단 강을 건너는 것도 뗏목을 만든다든가 다리를 만든다든가, 아니면 수영 잘하는 사람이 건너간다든지 하는 여러 가지 도하 작전을 펼치는 것입니다. 그리고 여리고를 점령할 때도 작전을 펴서 땅굴을 판다든가 혹은 공성법을 사용해서 성을 무너뜨리는 등 여러 가지 방법을 쓸 수 있었습니다. 이스라엘 백성이 대충 60만 명이 넘고 여리고 성에는 많아 봤자 몇만 명이 사람들이 살았기 때문에 그들을 쓸어버리는 것은 문제가 아니었습니다. 그러니까 도하작전을 짜고 여리고 함락작전을 펴는 것이야말로 제일 쉬워 보이고 확률이 높은 방법이었습니다.

그런데 여호수아는 세상의 전쟁을 하듯이 하지 않고 하나님의 방법을 택합니다. 그가 만일 백성들의 힘과 숫자를 믿고 도하작전을 폈으면, 표면적으로는 성공했어도 사실은 성공한 것이 아니었을 것입니다. 자기들 힘으로 한 거니까 영적으로 보면 실패한 것이었습니다. 그냥 한 민족이 다른 민족을 점령한 것일 따름이었겠지요. 하지만 여호수아는 이 전쟁이 영적 전쟁이고 거룩한 전쟁인 줄 알기에 오로지 하나님만을 의지했습니다. 그는 하나님께서 요단 강도 건너게 하시고 여리고 성도 무너뜨리게 하실 것을 믿고 바라보며 나아갔을 뿐입니다.

영적 전쟁은 삼각형 전쟁입니다. 하나님과 나와 사단 혹은 마귀, 이렇게 셋 사이의 전쟁입니다. 그런데 사단은 절대로 하나님을 공격하지 않습니다. 사단도 하나님을 공격하면 어떻게 된다는 것을 알기에 절대로 하나님을 공격하지 않습니다. 대신 하나님을 대적하기 위해서 하나님의 백성인 '나'를 공격합니다. 그런데 '나'는 사단하고 싸워서 결코 이길 수가 없습니다. 제가 미리 말씀드리지만, 귀신하고 싸우지 마십시오. 그들은 귀신같이 싸우니까 우리가 이길 수가 없습니다. 건방지게 자기가 해보겠다고 나섰다가 귀신에게 완전히 당하는 경우가 너무나 많습니다. 스게와의 일곱 아들(행 19:14)처럼 말입니다.

'나'는 절대로 사단을 못 이깁니다. 대신 하나님이 사단을 이기실 수가 있습니다. 하나님의 능력으로는 사단을 이기고도 남습니다. 그러니까 이제 하나의 관계밖에 안 남습니다. 사단이 나를 공격하고 혹은 나하고 사단이 싸울 때, 나는 직접 싸우는 것이 아니고 하나님을 통해서 하나님이 치시도록 해야 하는 것입니다. 사단이 우리를 공격하는 이 부분에는 절대로 변수가 없습니다. 왜냐하면 사단이 봐준 적도 없으며, 사단이 약해진 적도 없기 때문입니다. 기대할 수가 없습니다. 어차피 사단은 기회를 노렸다가 우리가 약해지면 공격합니다. 영적 전쟁은 무자비한 전쟁입니다. 사단이 요즘 바빠서 공격 안 하는 것은 있을 수도 없는 일입니다. 자기편이 아닌 한 안 봐줍니다.

하나님이 사단을 공격하는 데에도 역시 변수가 없습니다. 하나님이 옛날에는 이기셨는데 요즘은 나이가 들어 기력이 쇠한 관계로 못 이기신다든가 하는 일도 없습니다. 하나님은 넉넉히 사단을 이기실 수가 있습니다. 그러면 남는 변수는 '나하고 하나님하고 어떤 관계인가?' 하는 것뿐입니다.

여리고 전쟁을 파고들어가 보면, 요단 강을 건너는 것이나 여리고 성을 공격하는 것이나 모두 영적 전쟁임을 알 수 있습니다. 이스라엘과 사단 마귀의 앞잡이인 여리고 성과 하나님과의 사이에서 일어난 영적 전쟁임을 알았기 때문에 여호수아는 자기가 직접 여리고를 공격하는 길을 택하지 않고, 하나님과의 관계에 올인해 버렸습니다.

그런데 하나님과 나 사이의 관계를 가장 굳건하게 하는 단 하나의 단어는 무엇일까요? 물론 믿음도 중요합니다. 하지만 말씀대로 순종하는 것이 더 중요합니다. 바로 그때 믿음이 필요한 것입니다. 이해가 안 되어도 믿어야 하기 때문입니다. 순종이 중요한 요소입니다.

요단 강을 건너갈 때 이스라엘은 순종함으로 도하작전을 펴지 않고 법궤를 멘 제사장들이 맨 먼저 나갔습니다. 법궤를 멘 제사장이 먼저 나가는 그 순간, 여호수아는 굉장히 긴장했을 것입니다. 법궤를 멘 제사장들이 앞으로 나가면 강물이 갈라진다는 말씀을 받았지만, 백성들이 다 보는 가운데 안 갈라지면 얼마나 창피하겠습니까? 리더십은 거기서 끝나는 것입니다. 그래서 리더십은 올인입니다. 반씩 나누는 일 없이 한꺼번에 다 집어넣는 것입니다. 무너지든가 서든가 말입니다. 여호수아는 믿음과 순종에 모든 것을 다 걸었습니다.

이제 법궤를 멘 사람들이 요단 강에 들어서자 홍해가 갈라지듯이 강이 갈라졌습니다. 이에 대해 어떤 학자들은 저 위에서 지진이 나서 갑자기 요단 강이 막혔다고도 주장합니다. 그러나 성경대로라면 위에서부터 흘러내리던 물이 그쳐서 쌓여 서 있었습니다(수 3:14-16). 정말 지진이 났는지 어땠는지는 나중에 알 일입니다.

그때 법궤를 멘 제사장들은 요단 강을 건너다가 물이 막히자 한가운데 그대로 서 있었습니다. 그러자 백성들이 요단 강을 따라 건너갔습니다. 자기들이 먼저 다 건너가고 백성들더러 따라오라고 하면 누가 건너가겠습니까? 제사장들이 건너간 다음에 다시 물이 흐를 수도 있지 않겠습니까? 강 한복판에 서서 버티고 있을 때 얼마나 두려웠겠습니까? 진짜 "나 떨고 있니?"라는 말이 절로 나올 상황이었습니다. 물이 쌓였는데 저게 언제 내려올지 누가 알겠습니까? 법궤를 메고 서 있으면서 두렵지 않은 척하려니 정말 힘들었을 것입니다. 이처럼 지도자는 리더십에 생명을 거는 존재입니다.

이들은 백성들이 다 지나갔는데도 안 움직이다가, 건너오라는 말을 듣고 비로소 움직이기 시작합니다. 그때 그 두려움을 못 견디고 만일 거기서 지도자 가운데 한 사람이라도 당황한 나머지 법궤를 놓고 뛰었다가는 작품 망가지는 것입니다. 하지만 죽을 각오하고 끝까지 참다가 이제 올라가게 되었을 때, 백성들 앞에서 그 기분이 어떠했겠습니까? 그것을 보는 백성들의 마음은 또 얼마나 감동스러웠겠습니까? 이것이 리더십입니다.

그리하여 이스라엘은 하나님의 방법으로 요단 강을 건넜습니다. 이는 오히려 세상적인 방법보다 더 어려운 방법이었습니다. 요단 강에 가 보면 알겠지만 사실 건너기 어려운 강도 아닙니다. 그냥 건널 수 있을 정도입니다. 그런데도 하나님께서 그런 식으로 요단 강을 건너게 하신 데에는 다 이유가 있었습니다.

첫째, 여호수아의 카리스마를 위해서였습니다. 하나님께서는 모세와 여호수아에게 똑같이 리더십의 권위를 주려고 애쓰셨습니다. 그렇게 해야만 영적 전쟁을 수행할 수 있었기 때문입니다. 그래서 모세와 여호수아를 부르실 때 모두 "네가 선 곳은 거룩한 곳이니 네 발의 신을 벗으라"는 말씀을 하셨습니다. 하나는 출애굽기 3장에, 하나는 여호수아 5장에 나옵니다. 똑같은 부르심의 기사가 있는데, 여호수아가 모세와 동등하지 않으면 리더십이 인정되지 않기 때문이었습니다. 또 모세는 홍해를 갈랐고, 여호수아는 요단 강을 갈랐습니다. 규모가 작기는 하지만 어쨌든 가른 것은 가른 것입니다.

모세는 10가지 재앙을 목도했고, 그 재앙의 하이라이트는 유월절이었습니다. 여호수아의 경우에는 여리고 점령이었습니다. 여리고를 점령했을 때 기생 라합이 집의 창문으로 붉은 줄을 늘어뜨린 것은 유월절에 문설주와 인방에 붉은 피를 바른 것과 너무나 유사합니다. 이렇게 모세와 너무도 비슷하게 역사하신 것은, 여호수아가 흔들리지 말아야 하나님의 공동체가 서기 때문이었습니다.

둘째, 열방 앞에 증거하기 위해서였습니다. 하나님은 가나안 땅에 있는 부족들이 여호수아의 소식을 듣고 두려워 떨도록 하셨습니다. 가나안에 그 당시 일곱 부족이 있었는데 이들은 여호수아의 소식을 듣고는 두려워 떨게 되었습니다. 그래서 "이 백성들은 상대할 백성들이 아니구나!"라고 판단하게 되었으니, 이것만으로도 이스라엘은 이미 먹고 들어가는 셈이었습니다.

셋째, 선택된 백성을 향한 하나님의 사랑과 보호를 확인시켜 주기 위함이었습니다. "우리는 정말 하나님의 특별한 백성이구나!" 하며 백성들이 얼마나 감동했겠습니까?

여리고를 점령하는 데는 정식 공격법이 아닌 완전히 영적 전쟁의 방법을 사용되었습니다. 여기서 하이라이트는 하루에 한 바퀴씩 성 주변을 도는 것이었습니다. 법궤를 멘 제사장들이 선두에 서고 군대가 그 뒤를 따라 성을 하루에 한 바퀴씩 6일 동안 돌았습니다. 마지막 제

7일에는 일곱 바퀴를 돈 후 제사장들의 신호에 따라 백성이 일제히 소리치자 성이 무너져 내렸습니다.

"소리 질러 외치니 성벽이 무너져 내린지라." 사람의 소리는 정확한 시간에 같이 나가면 어마어마한 파장을 일으킨다고 합니다. 그래서 어떤 절대치에 올라가면 건물도 무너뜨릴 수 있다고 하는데, 이는 그다지 말이 안 되는 설명입니다. 여리고 점령은 달리 무엇이라고 설명할 방법이 없는 사건입니다. 이처럼, 설명할 방법이 없다는 것은 결국 하나님이 하셨음을 의미합니다. 소리 지르는 동시에 지진이 나서 무너졌든지 아니면 안에서 무슨 일이 일어났는지 모르지만, 하여간 성은 무너졌고 박살 났습니다. 하나님이 하신 일이었습니다.

하나님이 그 순간에 그런 일을 하실 수 있었던 것은 이스라엘의 순종이 있었기 때문입니다. 하나님은 그냥 움직이시는 분이 아니잖습니까? 어차피 영적 전쟁이므로 여기에는 순종이 요구되었습니다. 순종도 없는데 하나님께서 일방적으로 그렇게 행하셨다면 그분은 공의의 하나님이 아니십니다. 사단도 "하나님, 왜 편드십니까?"라고 따질 수 있고, 그러면 하나님도 할 말이 없는 것입니다. 하나님께서 이렇게 성을 무너뜨리셨던 근거는 순종이었습니다.

그렇다면 그 순종은 어떤 순종이 있었습니까?

첫째, 이스라엘은 전쟁을 앞두고 할례를 행합니다. 여호수아 5장 2절을 보면 여리고 성 바로 앞 길갈에서 할례가 행해집니다.

"그때에 여호와께서 여호수아에게 이르시되 너는 부싯돌로 칼을 만들어 이스라엘 자손들에게 다시 할례를 행하라 하시매."

부싯돌로 할례를 했다고 하는데, 그 당시에 무슨 소독약이 있었겠습니까? 그러니까 적어도 며칠 동안은 움직이지를 못하는 것입니다. 할례는 남자들, 특히 성인들이 하는 거니까 전투력이 있는 사람들은 다 누워 있었던 것입니다. 생각해 보십시오. 창세기에도 나오지만, 디나 사건 때 시므온과 레위가 하몰의 아들 세겜이 할례받고 누워 있을 때 얼른 가서 쳤습니다. 그러니까 이 상황은 전투력을 다 잃어버린 상황인 것입니다. 대적이 버티고 있어 지금 전투력을 배양해도 부족할 판에 남자들이 다 할례 받고 누워 있으니, 적군이 오면 무조건 몰살당하는 것입니다. 어디 도망이나 가겠습니까? 이것은 완전히 있을 수 없는 명령이 내려진 상황인 것입니다. 순종은 사실 행하기가 정말 힘든 일입니다. 그래서 영적 전쟁이 쉽지 않은 것입니다. 하지만 길은 그것밖에 없습니다. 하나님을 따라가겠다고 했으면 끝까지 따라가는 것입니다. 있을 수 없는 명령이었지만, 그들은 할례를 행하는 것이 순종이었기에 그대로 했습니다. 할례란 순종일 뿐만 아니라 동시에 하나님의 선택된 백성을 상징하는 행위입니다. 하나님과의 관계를 위해서 모든 것을 희생하는 것입니다.

둘째, 유월절을 지킵니다.

"또 이스라엘 자손들이 길갈에 진 쳤고 그 달 십사일 저녁에는 여리고 평지에서 유월절을 지켰으며"(수 5:10).

유월절을 지킨다는 것은 일종의 축제였습니다. 그때는 아무 일도 못합니다. 특히 전쟁은 생각도 못합니다. 그러니까 그때 적이 들어오면 다 죽는 것입니다.

쿰란에 있었던 에세네파가 왜 죽었을까요? 그때가 안식일이었기 때문입니다. 적군이 안식일에 쳐들어오니까 한 명도 빠짐없이 다 전멸당했습니다.

7일 전쟁 당시 시리아가 쳐들어왔을 때 이스라엘 군대는 욤키프(속죄일)에 걸려서 전 군대가 계속 퇴각만 했습니다. 시리아가 공격해 왔지만 욤키프 기간이어서 전쟁을 할 수가 없었던 것입니다. 시리아가 그때 조금만 더 독한 마음을 먹고 밀어붙였으면 이스라엘은 망했을 것입니다. 그런데 너무 물러나기만 하니까 오히려 시리아 쪽에서 "이놈들이 무슨 작전이 있나 보다" 해서 지레 겁먹고는 중간에 공격을 멈추고 기다렸습니다. 그 사이에 욤키프 기간이 지나 다시 이스라엘 군대가 반격을 시작했고, 마침내 시리아는 대패하여 골란 고원도 **빼앗기고** 말았습니다.

하여간 절기를 지킨다는 것은 평화시에는 모르겠지만 전시에는 정말 말도 안 되는 일이었습니다. 우리 식으로 말하면 "지금이 예배 드릴 때야? 교회만 간다고 문제가 해결돼?" 하는 상황 속에서 순종한 것입니다.

셋째, 여리고에 대한 공격법이 순종이었습니다. 성을 매일 한 바퀴씩 돌라고 하면 다들 하나님께 한마디씩 했을 법도 한데, 그들은 그대로 행했습니다. 그리고 마지막 일곱 번째 돌고 소리를 지른 것입니다. 이 방법은 전혀 아니올시다 같았지만 그들은 이의 없이 순종했습니다.

이 3가지의 순종이 있었기에 여리고 성이 와르르 무너진 것입니다. 우리 삶 가운데에도 그런 일이 일어나길 바랍니다.

## 아이 성 사건
아간의 범죄로 인한 어이없는 패배와 회개한 후의 승리(수 7-8장)

여리고 정복으로 여호수아와 이스라엘의 명성이 자자해지자 온 가나안 땅이 난리가 났습니다. 이제 여호수아의 두 번째 목표는 아이 성이 되었습니다. 그런데 아이 성은 아이만큼이나 작은 성이어서 군사들이 다 가서 싸울 것도 없었습니다. 그냥 3,000명 정도 보내 쉽게 주워

오려고 했는데, 결과는 대패였습니다. 대패라고 했지만 많이 죽은 것은 아니고 36명이 죽었습니다.

아이 성에서의 패배가 문제인 이유는 36명이 죽어서가 아니라 여호수아의 리더십이 무너졌기 때문이었습니다. 요단 강을 건너고 여리고 성을 점령하면서 우뚝 세워졌던 그의 리더십이 그만 이 사건 하나로 무너진 것입니다. 그러니 백성들의 마음도 흔들렸습니다. 하나님의 리더십 카리스마의 문제는 오히려 그것이 완벽한 리더십이라는 데 있습니다. 그러니까 조금만 금이 가도 깨지는 것입니다. 세상의 리더십은 좀 흠이 나도 인간적으로 어느 정도 이해를 받습니다. 그러나 하나님이 주신 리더십은 어떤 기준에 미치지 못하면 한번에 금이 가 버립니다. 그것은 하나님이 전능하시기 때문입니다. 전능하신 하나님께 기도하고 받은 것은 틀릴 수가 없다는 생각 때문입니다. 그래서 지금 아이 성에서 비록 36명밖에 안 죽었지만, 백성들은 패배했다는 것 그 자체 때문에 여호수아의 리더십에 의문을 갖게 됩니다. 그래서 여호수아는 하나님 앞에 앉아 절망하며 부르짖습니다. 패배한 이유를 여쭙습니다.

"여호수아가 옷을 찢고 이스라엘 장로들과 함께 여호와의 궤 앞에서 땅에 엎드려 머리에 티끌을 뒤집어쓰고 저물도록 있다가 이르되 슬프도소이다 주 여호와여 어찌하여 이 백성을 인도하여 요단을 건너게 하시고 우리를 아모리 사람의 손에 넘겨 멸망시키려 하셨나이까 우리가 요단 저쪽을 만족하게 여겨 거주하였더면 좋을 뻔하였나이다 주여 이스라엘이 그의 원수들 앞에서 돌아섰으니 내가 무슨 말을 하오리이까 가나안 사람과 이 땅의 모든 사람들이 듣고 우리를 둘러싸고 우리 이름을 세상에서 끊으리니 주의 크신 이름을 위하여 어떻게 하시려 하나이까 하니"(수 7:6-9).

여호수아는 하나님의 리더십이 깨졌으니 이제는 우리도 무너졌을 뿐더러, 가나안의 대적들이 공격해 들어오면 어떻게 막느냐며 절망합니다. 부르짖는 여호수아의 기도에 대한 하나님의 응답은 '이스라엘의 범죄', 즉 아간의 범죄였습니다.

언제든 도식은 똑같습니다. 사단과 나와의 관계에서 패배가 왔다면, 그것은 100퍼센트 하나님과 나와의 관계에 문제가 있는 것입니다. 그러니까 따져 볼 것도 없습니다. 여호수아는 하나님과 이스라엘의 관계에 문제가 있음을 깨달았습니다.

하나님께서는 "이스라엘 가운데 범죄가 있다"고 말씀하셨습니다. 범죄는 절대로 하나님 앞에서 끝까지 숨길 수 없습니다. 죄를 숨겨 놓으면 숨겨 놓을수록 그것은 점점 더 큰 문제가 되어 우리의 발목을 잡게 됩니다. 그런데 사람들은 꿩처럼 자기 머리만 박으면 하나님도 못 보신다고 생각합니다. 하나님을 우습게 보지 마십시오.

이제 여호수아는 죄를 발견해 내기 위해 제비를 뽑게 했습니다. 그 당시에는 죄를 찾을 때 제비를 뽑았습니다. 그러면 오래 안 걸리고 죄를 찾아낼 수 있었습니다. 예를 들어, 한 명이 빵을 몰래 훔쳐 먹었다고 한다면 네 그룹으로 나누어 한 명씩 나와서 제비를 뽑습니다. 그러면 한 그룹이 걸리게 되고, 그 그룹에서 줄 별로 하나씩 나와서 제비를 뽑습니다. 그러면 한 줄이 걸립니다. 이처럼 세 번만 뽑으면 범인을 밝혀 내게 됩니다.

이스라엘 12지파가 나와 제비를 뽑고, 걸린 지파 내에서 가족별로 뽑게 했더니 결국 누가 걸렸습니까? 아간이었습니다. 아간은 소위 거룩한 전쟁(Holy War)에서의 진멸법(헤렘)을 어겼습니다. 모든 정복전쟁은 '거룩한 전쟁'으로서, 반드시 대적의 모든 것을 완전히 파괴해야 했습니다. 악은 모양이라도 버려야 하는데, 아간은 전리품을 챙겼던 것입니다.

"너는 마땅히 그 성읍 주민을 칼날로 죽이고 그 성읍과 그 가운데에 거주하는 모든 것과 그 가축을 칼날로 진멸하고 또 그 속에서 빼앗아 차지한 물건을 다 거리에 모아 놓고 그 성읍과 그 탈취물 전부를 불살라 네 하나님 여호와께 드릴지니 그 성읍은 영구히 폐허가 되어 다시는 건축되지 아니할 것이라 너는 이 진멸할 물건을 조금도 네 손에 대지 말라 그리하면 여호와께서 그의 진노를 그치시고 너를 긍휼히 여기시고 자비를 더하사 네 조상들에게 맹세하심 같이 너를 번성하게 하실 것이라"(신 13:15-17).

여기에 그 유명한 '삼중살'(三重殺)이 나옵니다. 거룩한 전쟁을 수행할 때, 성읍은 무너뜨리고, 가축과 육축 그리고 사람들은 칼로 죽이고, 물건과 가옥과 모든 것은 불살라 버리는 것입니다. 그러니까 이때 대적의 모든 물건들에는 손을 대면 안 됩니다. 전부 다 하나님께 드리면서 태워 없애야 합니다. 이처럼 진멸법을 따라야 하는데 아간은 거기서 은과 금과 시날 산 외투를 훔쳐다가 자기 텐트에 숨긴 것입니다. 너무 좋아 보이니까 입어 보지도 못하고 숨겼다가 걸렸습니다.

한 사람이 범죄하면 나머지도 고통당합니다. 공동체라는 건 이렇게 무섭습니다. 죄가 드러나자 아간은 돌로 쳐 죽임을 당합니다. 이 아간을 돌로 쳐서 묻었던 골짜기가 '아골 골짜기'입니다. 고통의 골짜기입니다. 이렇게 아간을 돌로 쳐 죽이고 죄를 회개하고 난 후에야, 이스라엘은 아이 성을 점령할 수 있었습니다. 여호수아는 이제 다시 싸워서 아이 성을 완전히 박살 냅니다.

# 가나안 전역 정복
하나님께서 가나안의 모든 왕들을 여호수아의 손에 붙이셨다(수 9-12장)

가나안 족속 가운데 기브온 거민들은 이스라엘 편에 붙지 않으면 안 되겠다 싶으니까, 마치 멀리서 온 것처럼 낡은 옷을 입고 신발도 낡아 보이게 하고 곰팡이 난 빵과 가죽부대를 가지고 왔는데, 여호수아는 하나님께 묻지도 않고 평화조약을 허락했습니다. 그런데 하나님께서 이들을 인정해 주셨습니다. 그래서 기브온 거민들은 처리되지 않고 오히려 이스라엘 백성들을 위해 물 긷고 나무하는 일을 도우며 남게 됩니다. 그 나머지 가나안의 모든 부족들은 이제 동맹해서 이스라엘 자손과 여호수아를 대항하여 싸웁니다.

그런데 하나님께서 이스라엘과 함께하시기 때문에 그 연합군은 이스라엘을 당할 수가 없었습니다(수 10:42). 사실 군사력으로 볼 때 이스라엘이 절대 이길 수 없는 상황이었는데도 말입니다. 그 당시 하솔 같은 성은 대단히 큰 성이었는데도 패배했습니다. 그때 여호수아가 어떻게 싸워 이겼는지가 여호수아 10장 42절에 나옵니다. 이것은 여호수아 정복전쟁에서 승리의 열쇠와도 같은 말씀입니다.

"이스라엘의 하나님 여호와께서 이스라엘을 위하여 싸우셨으므로 여호수아가 이 모든 왕들과 그들의 땅을 단번에 빼앗으니라."

하나님이 싸우시기 때문에 승리했던 것입니다. 그때 여호수아는 맨 먼저 중앙을 치고, 그 다음에 남부를 쳐 내려가고, 또 북부를 쳐 올라감으로써 한쪽을 다 점령해 버립니다. 이것이 여호수아서 9장부터 12장까지의 내용입니다. 이것을 보고 힌트를 얻은 사람이 바로 맥아더입니다. 그는 성경을 보고 작전을 짠 것입니다. 여호수아서는 인천 상륙작전의 모태가 된 성경 본문입니다.

# 기업 분배

각 지파에게 정복한 땅을 분배했고 이것이 그들의 기업이 되었다(수 13~24장)

여호수아서 24장 28절, 그러니까 여호수아서의 마지막 부분은 이렇게 끝나고 있습니다.

"백성을 보내어 각기 기업으로 돌아가게 하였더라."

가나안 정복전쟁의 결론은 하나님께서 기업을 주시고 그 기업으로 돌아가게 하는 것입니다. 이 전쟁은 기업을 주기 위한 전쟁입니다. 기업은 자기 것이 아니라 하나님이 나에게 주신 땅입니다. 빼앗기지도 못하고 팔아먹을 수도 없습니다. 하나님과의 관계가 좋은 한 기업은 유지가 되지만, 하나님과의 관계가 망가지면 그 기업을 떠나야 합니다. 기업은 굉장히 중요합니다.

하나님께서는 각 지파별로 제비를 뽑게 하여 땅을 분배해 주셨습니다. 그리하여 요단 동편에 2지파 반, 그리고 서편에 9지파 반이 거하게 되었고, 레위 지파는 전국에 흩어져서 거하게 되었습니다. 모든 12지파는 각자의 구역에 자치적으로 거주하면서 다른 지파들과 자유로

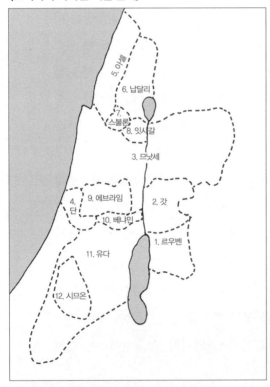

〈12지파의 가나안 기업 분배〉

운 연맹 관계를 맺으면서 지내도록 했습니다.

사실 정확히 어디가 어디인지 모르지만 학자들이 정리한 대로라면, 다음이 정설일 것입니다. 일단 요단 강을 중심으로 해서 요단 동편에 2지파 반이 남습니다. 그 한 지파가 므낫세 반 지파인데 이 므낫세반 지파를 보통 '길르앗 지파'라고도 합니다. 다음에 갓 지파, 르우벤 지파가 있습니다. 그래서 므낫세 반 지파, 갓 지파, 르우벤 지파가 동쪽에 남아 있고 요단 서쪽에 나머지가 있게 됩니다.

시므온 지파는 유다 지파 안에 속해서 나중에 흡수되어 없어져서 어떻게 되었는지 모릅니다.

유다 지파의 중심은 헤브론인데 거기서 그 유명한 갈렙이 나왔습니다.

갈릴리 지역은 스불론과 납달리 땅입니다. 그래서 성경에 가끔 스불론과 납달리 땅이 나오는 것입니다.

단 지파는 자신의 영토에서 적응을 못했습니다. 그들의 땅이 해변쪽인데 여기에 해변의 사람들이라고 하는 블레셋이 있었기 때문입니다. 블레셋이 너무 강력하기 때문에 블레셋과 싸우다가 번번이 졌습니다. 이 단 지파의 유명한 사사가 삼손이었는데, 삼손도 결국 블레셋을 이기지 못하고 당했습니다. 왜냐하면 블레셋은 그 당시 철기를 가지고 있었고 이스라엘에는 철기가 없었기 때문입니다. 그래서 농기구를 빌리러 블레셋까지 내려가야 할 정도였습니다. 그러니 상대가 안 되었습니다. 블레셋 사람들한테 패배한 단은 결국 자신들의 기업을 떠나서 저 위로 올라갑니다. 사사기에도 언급되지만, 단은 올라가면서 에브라임 산지 미가 집에 가서 제사장을 데리고 갑니다. 그래서 이 단이 굉장히 골칫거리였습니다. 창세기 49장 16–17절에서 야곱이 유언했듯이, "단은 길섶의 뱀이요 샛길의 독사로다"라고 할 만했습니다. 이렇게 저주를 해서 그렇게 되었는지, 그렇게 될 것이기 때문에 저주한 것인지, 아니면 그렇게 했기 때문에 나중에 저주가 붙은 것인지 모르겠지만, 아무튼 단은 결국 그 예언대로 되었습니다.

땅을 배분하는 모든 일을 끝낸 다음 여호수아는 고별사를 합니다. 이 땅 자체가 그냥 살기 위한 땅이 아니라 하나님께서 기업으로 주신 것이라고 말합니다. 기업은 하나님과의 관계가 바르면 그대로 있지만, 하나님과의 관계가 깨지면 없어지는 것입니다. 가정이라는 기업도 하나님과의 관계가 바르면 잘 유지되지만, 하나님과의 관계가 어긋나면 깨집니다. 내가 살아가는 모든 것이 기업이라면 절대적인 기업의 모든 안전성은 하나님과의 관계에 있는 것입니다. 그래서 여호수아가 마지막에 뭐라고 합니까?

"…너희가 섬길 자를 오늘 택하라 오직 나와 내 집은 여호와를 섬기
겠노라"(수 24:15).

왜 이런 신앙적인 선포가 나왔는지 알겠지요. 하나님과의 관계가 올바로 유지되어야 기업도 있는 것입니다. 가나안 땅을 기업으로 받았지만 그들이 범죄할 때 어려움을 당했고, 그래도 돌이키지 않을 때는 대적이 쳐들어왔습니다. 결국에는 포로로 잡혀가게까지 되었습니다. 죄가 들어오고 하나님과의 관계에 문제가 생기면 기업에서 떠나게 되어 있습니다. 여호수아가 마지막에 "오직 나와 내 집은 여호와만을 섬기겠노라"고 선포한 이유가 바로 그것입니다.

# 5.
# 사사 시대

하나님은 이스라엘이 자율적으로 살아가기를 바라셨으나 그들은 반복적으로 범
죄한다. 그래서 그 주변의 압제자를 통해 징벌하시면, 고통 중에 그들이 부르짖
고, 하나님은 사사를 통해 구원하신다.

제가 고등학교에 다닐 때 1년쯤 자취를 한 적이 있었는데, 그때 친
구하고 같이 있었습니다. 그 친구는 저와 자취하기 전에 자취를 혼자
서도 한 적이 있어서 자기 경험담을 잘 들려주었습니다. 저희 고등학
교에는 타지에서 온 학생들이 많다 보니 자취생들도 많았습니다. 그의
부모님은 그를 믿고 한 달치 생활비를 한꺼번에 주셨습니다. 아마 재
정관리하는 훈련을 시키려는 의도이셨겠지요. 그러면 일주일 단위로
쓴다든지 하는 식으로 규모 있게 생활해야 하는데 그는 그렇게 하지
못했습니다.

생활비를 받아 가지고 오는 처음 한 주간은 너무나 행복한 시간이
었답니다. "잘 써 봐야지, 규모 있게 나누어서" 하면서 사실 이 친구도
하루에 얼마씩을 써야 하는지 계산도 하고, 지출 계획서도 만들어 보
고, 어떤 때는 돈을 다 나눠서 봉투별로 넣어 놓기도 하는 등 처음엔
잘 해보려고 나름 노력했다는 것입니다. 하지만 천성적으로 규모 있는

생활과는 거리가 먼 사람인지라 그 다음 주부터는 자기도 모르게 막 쓰게 되더라는 것입니다. 잘 정리하던 방도 나중에는 청소도 안 한 상태의 쓰레기 소굴이 되기 시작했답니다. 먹을 것도 다 떨어지고요.

그렇게 엉망진창 상태로 한 두 주쯤 지나면 꼭 그 어머니가 불시에 다녀가셨습니다. 그러면 이제 난리가 나는 것입니다. 와서 보시고는 경악을 금치 못하면서 무섭게 추궁하는데, "이게 뭐냐. 이게 돼지우리지 사람 사는 집이냐? 왜 먹을 것은 하나도 없느냐? 돈은 다 어디 있냐?"며 다그치셨습니다. 다혈질인 친구 어머니는 분노가 치밀어 올라 닥치는 대로 물건들을 집어 들고 친구를 때리셨습니다. 옆에 있는 빗자루, 쓰레받기는 물론 물든 양동이까지 던져 물까지 덮어쓰게 했습니다. 그러고는 마지막엔 "난 책임 없다. 이 달 말까지는 굶어 죽든지 살든지 네가 알아서 해" 하고는 휑하니 가 버리셨다고 합니다. 이 친구는 이렇게 일방적으로 당하고 나서는 며칠 있다가 다시 어머니한테 전화해서 "죄송합니다, 어머니. 잘못했어요. 잘 해보려고 했는데 친구 생일도 있고, 학교 시험도 있어서 그랬어요" 하면서 매번 같은 말로 용서를 빌고 도움을 요청했습니다.

그렇게 하고 학교에 가면 그 사이에 어머니가 다시 와서, 청소도 해 놓고 빨래도 해 놓고 반찬도 만들어 놓고 생활비까지 놓고 가셨다고 합니다. 결국 그렇게 한 달에 두 번씩 생활비를 받아가면서, 그 친구는 매달 똑같은 일을 반복해 가며 1년이나 자취생활을 했습니다. 한두 번도 아니고 1년 내내 똑같은 스토리가 매달 반복되었습니다. 참 그 어머니도 질기고, 그 애도 질긴 스타일입니다. 대단한 아들에, 더 대단한 어머니의 이야기입니다. 그런데 제가 나중에 가만히 보니까 이 친구의 자취생활이 바로 성경에 나오는 사사 시대의 모습이었습니다. 자유를 주었으나 자유를 관리하지 못하는 백성들, 그에 대한 하나님의 징벌(블레셋이라는 빗자루, 가나안이라는 쓰레받기, 미디안이라는 양동이 등등으로 내려치심), 그리고 회개하며 부르짖는 기도에 대한 하나님의 응답. 그 응답은 바로 사사를 통해 이루어집니다.

이 사사 시대에는 그야말로 이런 악순환이 반복됩니다.

하나님은 이스라엘이 자율적으로 살아가길 바라셨습니다. 그런데 그들은 반복적으로 범죄했습니다. 그래서 주변 압제자를 통해 징벌하셨는데, 그 압제자에 해당하는 것이 바로 방금 한 얘기에 등장한 쓰레받기니 빗자루니 양동이니 하는 것들입니다. 주변 압제자들은 이처럼 하나님이 그 자녀를 징계하시는 데 쓰인 도구에 불과하기 때문에 절대로 교만하거나 거들먹거릴 이유가 없었습니다. 앗수르나 가나안이나 블레셋이나 하여간 다 마찬가지였습니다. 이렇게 징벌하시면 고통 중에 이스라엘은 부르짖고, 하나님은 사사를 통해 구원하셨습니다. 이것이 바로 사사 시대의 얘기입니다.

> ●●● **전개**: 사사 시대의 3가지 주요 개념 ●●●
> **1. 악순환   2. 사사   3. 죄인의 실상**

사사는 사사기의 어느 특별한 부분에만 나오는 것이 아니고 전체에 다 나옵니다. 그러나 제대로 봐야 하는 개념이라 따로 분류했습니다.

징벌

부르짖음

구원

범죄

## 악순환

범죄, 징벌, 부르짖음, 구원이 반복됨(삿 1–16장)

범죄, 징벌, 부르짖음, 구원, 이 4가지가 반복된다는 것이 중요합니다. 구원받아 행복해지면 그 다음에 또 범죄하고, 그 다음은 징벌, 다시 부르짖음, 구원이 계속 반복됩니다. 이 그림을 눈여겨볼 필요가 있습니다. 여기 보면 하나의 사이클이 있는데 이 사이클이 사사 시대 내내 계속 반복됩니다. 맨 처음에는 상당히 행복한 상태입니다. 그 상태가 계속되면 얼마나 좋겠습니까만, 사람들은 이 상태에서 조금 더 나가다 보면 완전히 나사가 풀려 버려서 범죄의 길로 들어섭니다. 자율적으로 살아가라고 했더니, 방종하기 시작하고 그러다 범죄까지 갑니다. 헤벌레해서 혀까지 빠진 것을 보십시오. 그러면 하나님이 징벌하십니다. 눈에 불이 번쩍 나게 얻어맞습니다. 징벌 받아 눈에 불이 번쩍 나면 고통에 눈물이 쏙 빠집니다. 이렇게 징벌당하고 고통 가운데 있으면 부르짖게 됩니다.

그런데 참 희한하게도 사람들은 좋을 땐 기도 안 하다가 꼭 고통당해야 기도하는 못된 습관이 있습니다. 꼭 뭔가 어려워야 하나님께 회개하고 울부짖습니다. 그러면 갑자기 사사를 통해서 구원이 임합니다. 우리 하나님에게서 못 말리는 것 중 하나가, 아무리 죄를 반복해도 제 친구 어머니처럼 우리가 부르짖으면 또 와서 도와주시는 것입니다. 저는 그 어머니가 이해가 안 되는 것이, 그렇게 다시 안 볼 것처럼 혼내고 가시고는 매달 와서 또 챙겨 주고 가신다는 것이었습니다. 마찬가지로 하나님도 이스라엘이 회개하고 부르짖으면 "이것이 몇 번째냐?" 묻지 않고 또 오셔서 사사를 통해서 구원하십니다. 그러면 사람들은 감사하고 행복한 그 상태를 계속 유지해야 하는데 금방 다시 또 죄에 빠집니다. 무려 12번이나 이 사이클이 반복됩니다. 사사 시대 400년 동안 12번을 반복했습니다. 사사기에 나온 것만 7번입니다.

사사 시대에는 각기 자신의 기업인 땅에서 지파별로 자기 소견에 옳은 대로 살아가던 시대였습니다(삿 17:6, 21:25). 사사 시대의 주요 테마가 "각기 자기의 소견에 옳은 대로 행하였더라"였습니다.

어떤 왕을 두더라도 하나님이 진정한 통치자시므로 우리 마음에는 하나님의 법이 있게 됩니다. 마음에 있는 하나님의 법은 참 중요합니다. 어떤 제도가 아니라 마음에 있는 하나님의 법에 따라 옳은 것은 행하고 그렇지 않은 것은 피하는 것입니다. 저는 교회가 그래야 한다고 생각합니다. 교회에 법이 너무 많으면 교회 생활이 재미가 없습니다. 그냥 각자 알아서 자기가 하나님께 은혜 받은 대로 하면 다 맞아 들어가야 합니다. 그것은 성령이 하나이시기 때문입니다. 사사 시대를 통해 하나님께서는 바로 그런 상태를 꿈꾸신 것입니다. 그래서 각자의 소견에 옳은 대로 행하도록 자유를 주셨습니다.

주변 나라엔 다 왕이 있었는데 사사 시대 이스라엘에는 왕이 없었습니다. 그러다 보니 자유가 방종이 되고, 그것이 이방 신을 섬기는 범죄에까지 이르게 되었습니다(이스라엘의 범죄). 하여간 자유를 주면 자유를 지키는 인간이 많이 없다는 것이 큰 문제입니다. 그러면 하나님께서는 절대로 가만둘 수 없으니까 주변 다른 민족들을 통해 이스라엘을 침략, 정복, 압제하게 하는 징벌을 가하십니다(하나님의 징벌). 그래서 사사 시대에 수없이 많은 민족들이 등장합니다. 미디안이 왔다가, 블레셋이 왔다가, 가나안 하솔이 왔다가 갑니다. 모두 다 하나님이 징벌의 도구로 들어 쓰신 예입니다. 이때 이스라엘을 압제한 민족들은 결코 교만할 이유가 없었습니다. 그들은 하나님께서 그 자녀 이스라엘을 징계하기 위해 집어 든 회초리나 빗자루에 불과하지 자기가 잘난 것이 아니기 때문입니다.

이제 이방의 압제 가운데 정신을 차린 이스라엘은 하나님께 다시 부르짖습니다(백성의 부르짖음). 그러면 하나님께서 그 고통의 소리를 듣고 이스라엘을 구원하시는데 사사를 통해 그 일을 하십니다(하나님의 구원). 사사가 세워지고 나면 한동안은 얌전하게 잘 살다가 사사가 죽고 나면 또다시 방종하기 시작하고, 그러면 또 징벌을 받고 부르짖고, 하나님이 사사를 통해 구원하시고 하는 악순환이 반복되었던 때가 바로 사사 시대입니다. 자, 그러면 사사는 어떤 사람이었는가 하는 것이 중요합니다.

# 사사
왕과 제사장, 선지자 역할을 함께 하던 하나님의 일꾼

왕과 제사장과 선지자, 이 셋은 소위 '기름 부음 받은 자'입니다. 성경에 기름 부음 받아 세워지는 하나님의 종이 셋 나오는데 그들이 바로 왕, 제사장, 선지자입니다. 그 셋의 기능을 한꺼번에 다 감당한 사람이 바로 사사였습니다.

**사사** ┬ **왕** – 재판을 하며(평시), 전쟁을 지휘함(전시)
├ **제사장** – 백성들의 문제를 가지고 하나님께 나아감.
└ **선지자** – 하나님의 음성을 백성에게 들려줌.

왕은 성경에서 보면, 평화시에는 재판을 하고 전시에는 전쟁을 수행했습니다. 그래서 솔로몬의 재판이 유명하지 않습니까? 솔로몬이란 말은 '샬롬'이라는 뜻입니다. 곧 평화의 왕이라는 말입니다. 다윗은 성전을 건축하지 못했는데 그것은 전쟁을 많이 했기 때문입니다. 그는 평화를 유지하기보다는 전쟁하는 왕이었습니다. 하여간 왕의 역할은 재판을 해 주고 전쟁 때는 전쟁을 수행하는 것이었습니다.

제사장의 역할은 백성들의 문제를 모아서 하나님께 나가는 것입니다. 온 백성을 대표해서 하나님께 나가는 사람이었습니다. 반대로 선지자는 하나님으로부터 백성에게 나가는 사람이었습니다. 사사는 이 2가지 역할을 다 했습니다. 재판도 하고 전쟁도 치르고 온 백성을 모아 하나님께 제사를 드렸습니다. 또 하나님의 음성을 백성들한테 전달하기도 했습니다. 그러니 정말 막강한 절대 권력을 가지고 있다고 할 수 있습니다.

하지만 왕이나 제사장과는 달리 사사에게는 가장 중요한 제한 조건이 있었는데, 그것은 세습이 안 된다는 것이었습니다. 아무리 훌륭한 사사라 하더라도 사사는 도구일 뿐이요 그를 사용하는 분은 하나님이시기 때문에, 개인의 권좌처럼 세습을 할 수는 없었습니다. 그런 권력이 세습까지 되면 민족의 태양 수준까지 가는 겁니다.

목사나 사사나 똑같이 하나님께서 쓰시는 존재이므로, 그 사역은 하나님의 영이 있을 때에만 의미가 있습니다. 하나님의 영이 떠나가면 그런 자리도 없는 것입니다. 아버지가 사사라고 해서 아들도 사사를 한다면, 사사는 하나님의 영이 부어져야 하는 조건이 없는 인간적인 자리가 되고 맙니다. 신앙은 절대로 세습이 안 됩니다. 그러니 자녀들을 키울 때 내가 믿으니까 얘가 믿겠거니 생각하지 말고, 자녀가 정말 믿음을 가질 수 있도록 기도 많이 하고 기회를 줘야 합니다.

그림을 다시 한 번 보십시오. 사사를 보면 여기에서 왕권을 상징하는 것은 칼하고 망치입니다. 칼은 전쟁을 수행하는 것이고, 망치는 재판을 상징합니다. 제사장권을 상징하는 것은 향입니다. 제사장이 제사드릴 때 향이 필요하기 때문입니다. 그 다음에, 선지자권을 상징하는 것은 말씀입니다. 하나님의 말씀을 전하니까 말입니다. 모자하고 액세서리는 긴급구조반을 의미합니다. 일이 터지면 바로 투입되기 때문입니다.

이러한 모든 권력은 사실 사사가 가지고 있는 것이 아니라 하나님이 가지고 계신 것이며, 그러므로 사사 시대의 진정한 왕은 하나님이신 것입니다(삿 8:22-23). 하나님이 그분의 모든 권리를 사사를 통해 행하신 것이고, 사사는 쓰임 받는 존재였을 따름입니다. 사사 시대에는 이 사실이 참 중요합니다.

12명의 사사 가운데 가장 탁월했던 사사를 뽑으라고 한다면 누굴

〈사사기에 나오는 사사 프로필〉

| 순서 | 이름 | 소속지파 | 싸운 상대 |
|---|---|---|---|
| 1 | 옷니엘 | 유다 | 메소보다미아의 구산 리사다임 *갈렙의 사위 |
| 2 | 에훗 | 베냐민 | 모압 왕 에그론 *왼손잡이 |
| 3 | 삼갈 | | 블레셋 |
| 4 | 드보라 | 에브라임 | 가나안 왕 야빈, 시스라(군대장관) |
| | 바락 | 납달리 | |
| 5 | 기드온 | 므낫세 | 미디안과 아말렉 |
| 6 | 돌라 | 잇사갈 | |
| 7 | 야일 | 길르앗 | |
| 8 | 입다 | 길르앗 | 암몬 |
| 9 | 입산 | 베들레헴(유다) | |
| 10 | 엘론 | 스불론 | |
| 11 | 압돈 | 에브라임 | |
| 12 | 삼손 | 단 | 블레셋 |

뽑을 수 있을까요? 사실 사사 중에서 왕이 될 만큼 올라간 사람은 기드온밖에 없었습니다. 그만큼 훌륭했다는 얘기입니다. 다른 사사들과는 달리 기드온의 경우에는 왕 얘기가 나옵니다. 사사기 8장 22-23절을 보십시오. 기드온이 미디안을 이기고 왔을 때, 이스라엘 백성이 왕이 되어 달라고 요청합니다. 그때 기드온의 반응이 어땠습니까?

"그때에 이스라엘 사람들이 기드온에게 이르되 당신이 우리를 미디안의 손에서 구원하셨으니 당신과 당신의 아들과 당신의 손자가 우리를 다스리소서 하는지라 기드온이 그들에게 이르되 내가 너희를 다스리지 아니하겠고 나의 아들도 너희를 다스리지 아니할 것이요 여호와께서 너희를 다스리시리라 하니라."

이때 기드온이 정말 잘한 것입니다. 사실은 백성들의 칭송이 유혹이기 때문입니다. 칭찬해서 싫어할 사람이 어디 있겠으며, 높은 자리에 올라가는데 싫어할 사람이 어디 있겠습니까? 저라도 흔들릴 것 같습니다. 그런데 기드온은 그때 정신을 차리고 "아니다. 내가 다스리는 것이 아니고 하나님이 다스리신다"라며 고사한 것입니다. 사사의 직분에 한계의 못을 박아 두는 모습입니다. 사사기 8장 22-23절 말씀은 너무도 중요합니다.

그런데 여기까지만 하고 끝났으면 얼마나 좋았겠습니까? 인간은 왜 이런지 알 수가 없습니다. 그래서 사람은 한 번 잘했을 때가 문제입니다. 베드로도 "주는 그리스도시요 살아 계신 하나님의 아들입니다"라고 주님 원하시는 정답을 말한 그 직후에 넘어지는 경험을 합니다. 그러므로 "선 줄로 생각하거든 넘어질까 조심하라"는 말씀이 참으로 정답입니다.

기드온은 정답을 맞추었기는 했지만, 사실은 하나님이 다스린다는 점에 대해 내심 섭섭했던 것입니다. 그러다 보니 다른 것이 눈에 들어오기 시작하여, 아쉬운 나머지 이런 말을 합니다.

"기드온이 또 그들에게 이르되 내가 너희에게 요청할 일이 있으니 너희는 각기 탈취한 귀고리를 내게 줄지니라 하였으니 이는 그들이 이스마엘 사람들이므로 금 귀고리가 있었음이라"(삿 8:24).

그는 사람들에게 금 귀고리를 달라고 합니다. '이 정도는 되겠지'라고 생각한 것입니다. 항상 '이 정도는 되겠지'가 문제입니다. 여호수아도 가나안을 정복했을 때 다 쓸어버리고 가사와 가드와 아스돗에만 약간 남겼다고 했습니다(수 11:22). '요 정도는 되겠지' 하는 마음에 남겨 됐는데 이게 나중에 문젯거리가 됩니다. 가사에서 삼손이 여자 문제로 넘어집니다. 가드에서는 골리앗이 나옵니다. 아스돗에서는 법궤를 빼앗깁니다. 모두 화근이 되었습니다. 그러므로 '이 정도면 되겠지'만큼 위험한 생각도 없는 것입니다.

하여간 기드온이 이 정도는 되겠지 하고 금귀고리를 달라고 하자 이 사람들은 한 술 더 떠, 못 줘서 한이었습니다. 왜냐하면 너무 감동을 먹었기 때문입니다. 그런데 금을 다 갖다 줬더니 그것을 가지고 기드온이 무엇을 만들었습니까?

"기드온이 그 금으로 에봇 하나를 만들어 자기의 성읍 오브라에 두었더니 온 이스라엘이 그것을 음란하게 위하므로 그것이 기드온과 그의 집에 올무가 되니라"(삿 8:27).

이 에봇이 결국 올무가 되었다고 했습니다. 그 올무 때문에 어떤 일이 벌어집니까? 기드온이 세겜에서 어떤 여인을 통해 아비멜렉이라는 아들을 낳습니다. 그런데 이 아비멜렉이 기드온의 70명 아들을 다 죽입니다. 기드온에게 아들이 이렇게 많았던 것은 그 당시에는 자녀가 많다는 것이 굉장한 축복과 부의 상징이었기 때문입니다. 그런데 70명의 아들을 아비멜렉이 한 번에 다 죽입니다. 요담이라는 아이만 겨우 도망쳐서 살아남습니다. '이 정도쯤이야' 하는 방심이 이런 엄청난 비극을 부른 것입니다.

아비멜렉은 나중에 세겜에서 왕으로 자처하고 나와서는 권력을 휘두릅니다. 사사 시대에 유일하게 왕이 된 사람입니다. 권력욕의 화신이었던 그는 결국 데베스라는 곳 성벽 밑에서 공격하다 어떤 여인이 위에서 던진 맷돌에 맞아 비참한 최후를 맞이합니다.

여하튼 그렇게 해서 기드온의 집안은 거의 멸절됩니다. 이것이 다 그 올무 때문입니다. 올무는 사단의 손잡이입니다. 뒷문도 열고 앞문도 여는 마스터키와 같아 그 집에 마음 놓고 들어옵니다. 그러니 올무는 어떤 경우에도 절대로 만들지 맙시다.

## 죄인의 실상
각자의 소견에 옳은 대로 행하던 때에 나타난 타락의 실상(삿 17-21장)

인간이 각자의 소견에 옳은 대로 행했더니 그 결과 어떻게 되었습니까?

"하나님의 진노가 불의로 진리를 막는 사람들의 모든 경건하지 않음과 불의에 대하여 하늘로부터 나타나나니"(롬 1:18).

"하나님을 알되 하나님을 영화롭게도 아니하며 감사하지도 아니하고 오히려 그 생각이 허망하여지며 미련한 마음이 어두워졌나니 스스로 지혜 있다 하나 어리석게 되어 썩어지지 아니하는 하나님의 영광을 썩어질 사람과 새와 짐승과 기어 다니는 동물 모양의 우상으로 바꾸었느니라"(롬 1:21-23).

이러한 영적 타락은 반드시 육체적 타락으로 이어집니다.

"그러므로 하나님께서 그들을 마음의 정욕대로 더러움에 내버려 두사 그들의 몸을 서로 욕되게 하게 하셨으니 이는 그들이 하나님의 진리를 거짓 것으로 바꾸어 피조물을 조물주보다 더 경배하고 섬김이라 주는 곧 영원히 찬송할 이시로다 아멘 이 때문에 하나님께서 그들을 부끄러운 욕심에 내버려 두셨으니 곧 그들의 여자들도 순리대로 쓸 것을 바꾸어 역리로 쓰며 그와 같이 남자들도 순리대로 여자 쓰기를 버리고 서로 향하여 음욕이 불 일듯 하매 남자가 남자와 더불어 부끄러운 일을 행하여 그들의 그릇됨에 상당한 보응을 그들 자신이 받았느니라"(롬 1:24-27).

동성연애의 결과 에이즈에 걸리게 되는 이야기입니다. 그런데 이렇게 타락하게 된 출발점은 하나님 대신에 우상을 섬긴 일이었습니다. 영적인 일에 서 있지 않으면 결국엔 육체적으로 넘어지게 되어 있습니다. 로마서에서 말하고 있는 패턴이 사사기에서 그대로 나타납니다. 하나님 앞에서 관계가 바르지 않게 되자 이제 타락으로 이어지는 것입니다.

각자의 소견에 옳은 대로 행하던 이 시대에 나타난 타락의 실상을 보여 주는 이야기가 2가지 있습니다.

우선, 영적 타락의 이야기입니다. 미가라는 개인이 자기 멋대로 신상과 신당을 만들었는데 그의 어머니가 어느 날 은 1,100개를 잃어버렸습니다. 그런데 이 어머니는 두말하지 않고 아들이 훔쳐 갔다고 생각하고는 아들한테 욕을 바가지로 했습니다. 아들은 대꾸도 안 하고 결국 찾아내었고, 미안해진 어머니는 미안하다며 돈을 주었습니다. 아들은 그것으로 드라빔을 만들었습니다. 이 드라빔이라는 것은 우상인 가신 상을 말합니다. 그래서 신당을 만들었고 신당이 있으니 제사장이 필요했습니다.

그런데 그 당시에는 집 없는 제사장이 너무나 많았습니다. 저한테는 가슴 아픈 얘기입니다. 남 얘기 같지가 않습니다. 왜냐하면 레위 지파는 기업이 없었기 때문입니다. 그 사람들은 각 지파 속에 있으면서 그들의 도피성이나 영적인 중심지를 관리했습니다. 그런데 사람들이 영적으로 다 둔감해지다 보니까 이 레위 지파를 관리하지 않게 되어, 결국 갈 곳 없는 레위 지파들은 다 노숙자가 되어 전국을 떠돌아다녔습니다. 그렇게 다니다가 빌어먹으러 갔던 집에서 눌러앉아 돈 받아 가며 개인 제사장 노릇을 하기도 했습니다. 먹고살기 위해 개인 집 제사장 노릇을 한 것입니다.

그런데 놀라운 사실은 그 월급쟁이 했던 제사장이 바로 모세의 손자였다는 것입니다. 게르솜의 아들이었습니다. 사사기 18장 30절에 정확히 나옵니다.

"단 자손이 자기들을 위하여 그 새긴 신상을 세웠고 모세의 손자요 게르솜의 아들인 요나단과."

모세의 손자인 게르솜의 아들 요나단이 미가의 집에서 개인 제사장을 하게 됩니다. 그런데 그때 단 지파 정탐꾼들이 왔다가 그 집에 들러, "이 집에 신상이 있다"고 하면서 미가가 없는 사이에 그 신상(드라빔)과 제사장을 빼앗아 갔습니다. 그러면서 "너 한 가족의 제사장 될래? 한 민족의 제사장 될래?"라고 하며 더 좋은 조건으로 요나단을 스카우트했습니다. 당연히 더 영향력 있는 쪽으로 간 요나단을 붙잡으려던 미가는 단 지파 사람들에게 꼼짝없이 모든 것을 다 내주고 돌아서야 했습니다.

제사장이 어찌하여 이런 지경에까지 이르게 된 것입니까? 사람들은 자기 편리에 따라 제사장을 세웠고, 제사장들 역시 사람들의 구미에만 맞추어 주었습니다. 그랬으니 그런 제사장이 하나님의 말씀을 가지고 누구를 정죄하겠습니까? 월급 받는 주인을 정죄할 수는 없는 노릇이니, 사람들의 밑이나 닦아 주는 그런 식의 말씀, 그런 식의 제사를 드릴 따름이었습니다. 영적 타락의 극치였습니다. 하나님의 법은 사람보다 항상 위에 있어야 합니다. 그래서 이스라엘에서는 선지자들과 제사장들을 왕이 건드리지 못했습니다. 아무리 권력이 있어도 손댈 수 없었습니다. 그런데 그들이 사람 밑으로 와서 아부하기 시작하면 이미 하나님의 법은 물 건너가게 됩니다.

이렇게 영적으로 엉망이 되자 19장부터는 도덕적인 타락의 이야기가 나오기 시작합니다. 에브라임 산지에 거하는 레위인에게 첩이 있었습니다. 일단 레위인에게 첩이 있었다는 것부터가 뉘앙스가 안 좋습니다. 하나님이 허락하신 일이 아닐 것입니다. 그런데 그 당시 풍조에서는 레위인에게 첩이 있는 것도 별 문제가 안 되었습니다.

그런데 그 첩이 바람이 나서 자기 친정 베들레헴으로 도망가 숨었습니다. 그러자 레위인이 첩을 찾으러 나섭니다. 호세아처럼 집 나간 음탕한 고멜을 안타까움에 찾아 나선 것이 아니라 자기가 아쉬워서 찾으러 갑니다. 마침내 첩을 찾아 며칠 묵고 올라오는데, 중간에 잘 데가 없어서 기브아로 갔습니다. 그런데 기브아 거민인 베냐민 지파의 건달들이 그가 묵는 집을 덮쳤습니다.

처음에는 레위인더러 나오라면서 "우리가 너와 관계하리라"고 했습니다. 완전히 동성연애가 판을 치는 세상이었던 것입니다. "새로 물건 들어왔어? 맛 좀 보자" 하는 식이었습니다. 제가 지금 심하게 말하는 게 아니라 성경대로 말하는 것입니다. 그러자 집주인이 "이러지 말라" 하면서 그 방면에 나름대로 전문가인 첩을 내보냅니다. 그러자 베냐민 건달들은 첩을 데려다가 밤새도록 윤간을 했습니다. 그래서 이 첩이 밤새도록 시달리다가 아침에 문 앞에서 엎드려져 죽었습니다. 그것도 모르고 레위인은 잠을 잘 잤습니다. 그러고는 아침에 일어나 첩이 죽어 있는 것을 보고는 그 첩을 싣고 자기 고향으로 가서 시체를 토막 냅니다. 그래서 11지파에게 소포 배달하듯 다 보냈습니다. 이런 일이 있었다는 것을 보이기 위함이었습니다.

11지파 사람들은 흥분해서 이럴 수 없다며 베냐민 지파한테 한꺼번에 몰려갔는데, 베냐민 지파는 항복하기는커녕 한 수 더 나갔습니다. "너희 중에 이런 악이 있었으니 그 건달들을 내놓으라"고 하자 베냐민 지파는 "못 내놓는다. 우리 사람들을 왜 내놓느냐"고 맞섰고 결국 집단 싸움이 붙었습니다. 그러니까 한 번 판단이 흐려지면 무엇이 옳은지를 모르는 것입니다.

결국 베냐민 지파와 11지파 사이에 싸움이 붙었습니다. 몇 번 싸움이 붙었는데, 만만하게 봤던 베냐민 지파에게 처음에는 11지파가 집니다. 그러다가 결국에는 이스라엘 나머지 지파가 베냐민 지파를 정신없이 죽이다 보니까 도망간 사람 몇 명 빼놓고는 베냐민 지파가 멸종 위기에 처하게 되었습니다. 그나마 광야에 숨어 있던 남자들만은 무사할 수 있었습니다. 결국 한 지파의 씨를 말린 것입니다. 이제 대를 이어서 한 지파를 살려야 하는 문제가 생겼습니다.

그런데 11지파가 총회로 모일 때 "베냐민 지파한테는 딸도 주지 말자"고 맹세를 했기 때문에 거기에 걸려서 아무도 딸을 못 주었습니다. 이제 한 지파가 없어지게 되니까 이것 때문에 이스라엘이 골머리하다가 생각해 낸 것이, 그때 그 총회에 참석하지 않았던 야베스 길르앗을 치고 거기에서 처녀 400명을 공출해 오는 것이었습니다.

그리고 그 400명으로는 부족하니까, 실로에 해마다 한 번씩 여자들이 올라와서 탑돌이하는 식으로 춤추는 절기 때 숨어 있다가 춤추러 온 여자들을 보쌈하라고 베냐민 지파에게 일러주었습니다. 그렇게 함으로써, 자기네가 딸들을 준 것이 아니라 여자들이 보쌈당한 거라고 짜고 쳤던 것입니다. 이렇게 하여 한 지파의 명맥을 겨우 유지해 나가게 되었습니다.

이런 얘기는 성경이 아니라 형편없는 주간지에 나와야 제격이지 않습니까? 이런 얘기가 어떻게 성경에 나옵니까? 이것은 주간지에 나와도 정말 수준 이하의 이야기입니다. 그런데 이것이 성경에 버젓이 나온 이유가 무엇일까요? 바로 이런 것들이, 죄인인 인간에게 자유가 주어졌을 때 나타난 실상이라는 의미인 것입니다. 우리에게는 하나님의 법이 절실하게 필요합니다. 하나님의 법 없이는 짐승보다도 못한 존재가 되는 것이 인간입니다. 이것이 사사기의 내용입니다.

그래서 "그 때에 이스라엘에 왕이 없으므로 사람이 각기 자기의 소견에 옳은 대로 행하였더라"(삿 21:25)고 한 사사 시대에 이제 왕에 대한 욕구가 나타나기 시작합니다.

# 6.
# 단일 왕국 시대

하나님의 마지못한 허락하에 주변 국가처럼 이스라엘도 왕정 체제로 넘어갔는데, 하나님의 마음에 합한 왕 다윗에 의해 국가가 번성하나 솔로몬의 우상숭배로 분열의 위기에 봉착한다.

　　젊은 사람들 사이에 유행하는 스포츠 가운데 행글라이딩이 있습니다. 저도 실제로 보았는데, 새처럼 하늘을 나는 것이 정말 멋있었습니다. 그런데 문제는 나는 것은 멋있는데 산 위에까지 그 무거운 행글라이딩을 메고 올라가야 하는 것입니다. 모든 사람들은 무엇인가의 도움 없이는 하늘 근처에도 갈 수 없는 제한성을 갖습니다. 우리가 기억할 것은 한 가지의 자유나 기쁨을 위해 또 다른 대가를 지불하지 않으면 안 되는 것이 세상 일이라는 것입니다. 무조건 다 좋기만 한 것은 없습니다. 반드시 무엇을 하나 얻으려면 또 다른 대가를 지불해야 합니다.

　　결국 인간은 하나님에 의해 완벽하게 지어졌지만, 그것이 모든 것으로부터의 완전한 자유를 의미하지는 않습니다. 자유를 누리려면 그에 따른 최소한의 속박을 인정해야 합니다. 하늘을 날아 볼 수 있는 자유를 누리기 위해서는 무겁고 거추장스러운 행글라이더를 짊어져야 합니다.

예를 들어, 식사의 절제로부터 자유한다면 반드시 비만과 성인병의 속박에 매이게 되어 있습니다. 물만 먹어도 살찐다는 말을 거짓말입니다. 그럴 수가 없습니다. 반드시 먹은 만큼 찌게 되어 있습니다. 비만과 성인병에서 자유로우려면 먹는 것을 절제해야 합니다. 마음껏 먹고도 괜찮기를 바라서는 안 됩니다. 물론 체질상 먹어도 많이 안 찌는 사람이 있지만, 하여튼 많이 안 먹어야 비만에 안 걸립니다. 항상 긴장 가운데 절제의 노예가 되면 성인병과 비만으로부터는 자유롭게 됩니다. 많은 음식을 즐기는 것과 성인병 모두로부터 자유로워질 수는 없는 것입니다. 아마도 하나님께서 이런 완전한(?) 자유는 허락하지 않으신 것 같습니다.

그래서 오죽하면 어떤 비만한 사람이 "하나님께서 맛있는 초콜릿 파이를 주셨는데 사단이 거기다가 칼로리를 넣었다"라는 얘기까지 했습니다. 이 칼로리는 사단의 작품입니다. 기막히게 맛있는 초콜릿 파이를 먹어야 하는데 칼로리 때문에 문제란 말입니다. 다 하나님이 만드신 거지만 결국 절제하지 않으면 은혜를 누릴 수 없습니다.

예를 들어, 이빨 닦는 것이 얼마나 귀찮습니까? 아침에도 닦아야 하고 저녁에도 닦아야 합니다. 그런데 귀찮다고 안 닦으면 결국은 충치로부터 자유로워질 수 없단 말입니다. 모택동의 주치의였던 사람이 모택동 전기를 썼는데, 모택동은 평생 이빨을 안 닦았다고 합니다. 대신 특별한 차가 있어서 그것을 마시고 가글하면 안 닦아도 된다고 우겼다는 것입니다. 그러면 모택동의 이빨은 어떠했겠습니까? 저자는 "당연히 엉망이었다"고 쓰고 있습니다. 열심히 관리하지 않으면 방법이 없는 것입니다. 무엇인가 하나를 잘 해보려면 다른 하나의 대가를 지불해야 하는 것이 인생사입니다.

한평생 사는 동안 우리는 많은 순간들을 만나게 되고, 그때마다 가장 지혜롭다고 판단되는 선택을 하게 되는데, 그 선택에는 피할 수 없는 대가가 따르기 마련입니다. 이스라엘 민족은 완전한 자유를 기대하며 하나님께 왕을 요구했습니다. 자기들을 잘살 수 있도록 인도해 주면서 절대로 억압하지 않는 그런 꿈속의 왕을 말입니다. 자기가 원하는 대로 살자니 절제가 안 되어 엉망이고, 그래서 누군가의 통치를 원하지만 그로부터 구속받기는 싫은 그런 상황이었습니다. 당시 사사들에게는 외적과의 싸움도 싸움이지만 내부적 분열이 더 골치 아팠습니다. 에브라임이 와서 늘 시비를 걸었습니다. 이것 때문에 고통스러우니까 이스라엘은 우리한테도 왕이 있었으면 좋겠다고 하나님께 요구합니다. 왕만 있으면 행복해진다고 생각한 것입니다.

그런데 하나님은 절대 그렇지 않다고 말씀하십니다. 그들이 원하는 왕으로부터 당할 속박을 자세히 이야기해 주셨습니다. "정말 왕이 있다고 해서 행복해지는 것이 아니다. 왕이라는 것이 무엇을 말하는지를 너희가 모르는가 본데 그건 아니다"라며 말씀해 주신 것이 사무엘상 8장 11-18절에 나옵니다.

"이르되 너희를 다스릴 왕의 제도는 이러하니라 그가 너희 아들들을 데려다가 그의 병거와 말을 어거하게 하리니 그들이 그 병거 앞에서 달릴 것이며 그가 또 너희의 아들들을 천부장과 오십부장을 삼을 것이며 자기 밭을 갈게 하고 자기 추수를 하게 할 것이며 자기 무기와 병거의 장비도 만들게 할 것이며 그가 또 너희의 딸들을 데려다가 향료 만드는 자와 요리하는 자와 떡 굽는 자로 삼을 것이며 그가 또 너희의 밭과 포도원과 감람원에서 제일 좋은 것을 가져다가 자기의 신하들에게 줄 것이며 그가 또 너희의 곡식과 포도원 소산의 십일조를 거두어 자기의 관리와 신하에게 줄 것이며 그가 또 너희의 노비와 가장 아름다운 소년과 나귀들을 끌어다가 자기 일

을 시킬 것이며 너희의 양 떼의 십분의 일을 거두어 가리니 너희가
그의 종이 될 것이라 그 날에 너희는 너희가 택한 왕으로 말미암아
부르짖되 그 날에 여호와께서 너희에게 응답하지 아니하시리라 하
니."

왕만 있으면 행복할 것 같다며 왕이 필요하다고 계속 난리 치니까
하나님께서 사무엘을 통해서 말씀하신 것입니다. "왕이 무엇인지 알
기는 아느냐" 하면서 얘기해 주십니다. 이렇게 소상히 가르쳐 주셨을
때 알아들을 수 있으면 얼마나 좋겠습니까? 그러나 그들은 막무가내
였습니다. 한번 뭔가에 쏠리면 이렇게 못 알아듣습니다. 왕이 필요하
다고 계속 우기자 하나님께서 어쩔 수 없이 허락하는 상황이 됩니다.

왕이 뭐 길래, 안 되는 줄 알면서도 하나님은 "그래, 그럼 해봐라"
하며 할 수 없이 허락하셨고, 드디어 왕정 시대가 시작됩니다.

왕정 시대는 수많은 일진일퇴를 반복하는 복잡한 시대였습니다.
의로운 왕의 치하에서는 그래도 나라가 번영했으나, 불의한 왕이 왕
권을 획득했을 때는 나라가 비틀거렸습니다. 결국 '어떤 왕이 서느냐?'
가 문제였습니다. 완전하신 하나님 대신 불완전한 인간을 왕으로 세운
데서 오는 당연한 현상입니다. 하나님은 정말 온전하신 왕이기 때문에
하나님을 모시고 살면 그런 일이 없습니다. 사실 왕정 시대는 정확히
말하면, 왕이신 하나님을 버리고 인간을 왕으로 취한 시간입니다. 하
나님은 멀리 계시다고 생각했기 때문이었습니다. 사무엘상 8장 7절을
보십시오.

"여호와께서 사무엘에게 이르시되 백성이 네게 한 말을 다 들으라
이는 그들이 너를 버림이 아니요 나를 버려 자기들의 왕이 되지 못
하게 함이니라."

사람들은 자기들이 직접 교통할 수 있는 왕을 세우고 싶어 했습니

다. 하나님은 영이셔서 멀지만 왕은 직접 대화가 되고 가깝잖습니까? 그리고 주변 나라에 다 왕이 있었습니다. 그런데 그 왕이 불완전했을 때 어떤 문제가 오는지는 생각지 못했습니다. 왕의 상태에 나라 전체가 같이 춤을 추었습니다. 왕들이 타락하면 나라도 타락하고 공동체도 타락했습니다. 그래서 리더가 참 중요합니다. 마침내 왕국은 왕들의 불의로 분열되고 왕들의 범죄로 망하는 데까지 가게 됩니다.

　이것이 왕정 시대의 그림입니다. 왕정 시대에 들어가면 좋을 줄 알았는데 오히려 그 왕한테 밟혔습니다. 발 좀 보세요. 발 자체가 탐욕스럽게 생겼잖아요. 그 발에 완전히 밟혀서 한쪽 눈이 깨지고 반창고를 붙였는데 발에는 착고인지 족쇄인지가 달려 있으니, 이것을 끌고 다니려면 얼마나 힘들겠습니까? 왕이 좋을 줄 알고 구했지만 오히려 왕한테 속박당하는 것입니다. 왕이 맛있는

것을 혼자 다 먹습니다. 그리고 손에 낀 반지 좀 보세요. 이 왕한테 깔려 있는 성탐이가 생각하는 것이 뭡니까? "이게 아닌데. 이게 아닌데"라고 하면 그 다음에 나오는 말은 뻔합니다. "때는 늦으리." 이것이 문제입니다. 하나님이 말씀하실 때 들었어야 했는데, 자기 생각에는 괜찮을 줄 알았거든

이게 아닌데…

요. 인간의 판단으로는 괜찮을 줄 알았는데 막상 닥쳐 보니 이런 결론이 나더라는 것입니다. 이것이 왕정 시대 도입 부분의 스토리입니다.

••• **전개:** 단일 왕국 시대의 세 왕 •••

1. 사울 왕  2. 다윗 왕  3. 솔로몬 왕

## 사울 왕
초대 왕이지만 왕권의 한계를 넘어선 월권으로 하나님께 버림받음(삼상 8~31장)

사울은 엄밀히 말하면 온전한 왕정체제인 다윗 시대로 넘어가기 위한 과도기적 인물입니다. 사사 시대에 사무엘이 있고 왕정 시대에 다윗 왕이 있다고 한다면, 그 중간에 사울이 있습니다. 사사 시대의 마지막 사사는 사무엘이었습니다. 사무엘이라는 사사 다음에 사울이 왕이 됐지만 이 사람은 온전한 왕이라기보다는 과도기적 인물인 것입니다. 왕은 왕이었으나 세습을 하지 못한 면에서 사사적인 요소를 가지고 있습니다. 그래서 왕이라기보다는 중간적인 인물로 봅니다. 실제 고고학자들이 사울 왕이 거했던 기브아를 발굴할 때 왕궁은 발굴하지 못했습니다. 거의 평민들하고 비슷한 수준이고 왕궁이라 할 것도 없었습니다. 그 정도로 왕으로서 왕권을 확립하지 못한 채 살다 간 사람이었습니다.

사울 왕이 그 많은 사람들 중에서 왕으로 세워진 이유는 두 가지였는데 하나는 외모(삼상 9:2), 또 하나는 겸손(삼상 9: 21, 10:22-23)이었습니다. 이 두 가지가 이 사람의 특징이었습니다.

우선, 외모 때문이라는 것은 어떻게 알 수 있을까요? 성경에 그것이 나와 있습니다. 성경에는 인물이 좋다는 것을 나타내는 말이 3가지가 있습니다.

하나는 눈이 빼어나다는 것입니다. '눈이 밝다', '눈이 빼어나다'는 표현은 얼굴이 잘생기고 총명스러운 것을 의미할 때 많이 쓰입니다. 반대로, 안목이 어두우면 인물이 없는 것입니다. 레아가 라헬보다 인물이 떨어진 것은 레아의 안목이 어두웠기 때문입니다. 이는 레아가 근시였다는 뜻이 아닙니다. 성경에서 대표적으로 눈이 빼어난 사람이 다윗입니다. 다윗은 얼굴이 붉고 눈이 빼어났다고 하니 참 잘생긴 사람이었던 것입니다.

또 꽃미남같이 생긴 사람을 일컬어 '머리카락이 풍성하다'고 했습니다. 물론 옛날 얘기지 요즘 얘기는 아닙니다. 이런 측면에서 대표적인 인물이 압살롬입니다.

또 잘생겼다고 할 때 '키가 크다'고 했습니다. 키가 크다는 것은 준수하다는 뜻입니다. 전반적으로 호남형이라는 것입니다. 종합적으로 잘생겼다고 할 때 키가 크다는 말을 씁니다. 다른 사람보다 어깨 하나는 더 있다, 머리 하나는 더 있다는 것은 인물이 잘생겼다는 뜻입니다.

이뿐만 아니라 사울은 굉장히 겸손한 사람이었습니다. 물론 그것이 열등감에서 온 것이기 때문에 문제가 되긴 했지만, 어쨌든 그는 겸손했습니다. 왕으로 뽑힐 때에도 행군 사이에 숨어서 안 나왔습니다.

그런데 이 사람이 왕이 된 다음에 문제가 생깁니다. 그는 이스라엘 왕이 절대로 월권할 수 없는 제사장의 영역(사무엘 대신 제사를 드림, 삼상 13:9)과 선지자의 영역(사무엘의 예언 무시, 삼상 15:1-9)을 침범하고 무시함으로써 하나님께 버림 받았습니다. 절대적으로 기름 부음 받은 세 사람이 왕과 제사장과 선지자였는데, 왕은 절대로 제사장권이나 선지자권을 넘보아서는 안 되었습니다. 만일 이스라엘 왕이 제사장권과 선지자권을 침범하기 시작하면 그는 신이 됩니다. 그러면 완전히 하나님을 떠나는 것입니다. 애굽의 바로나 바벨론의 왕같이 신격화됩니다.

이 규칙을 어기면 하나님께 버림받는 것입니다. 하나님께 도전하는 것입니다. 그런데 이 사람이 결국 제사장 영역을 침범해서 사무엘 대신 제사를 드렸습니다. 블레셋과 싸울 때 백성들이 떠나고 하니까 당황한 나머지, 사무엘 대신에 제사를 지냄으로써 하나님 앞에서 완전히 월권하기 시작했습니다.

또 선지자들의 영역인 사무엘의 예언을 무시하여 아말렉을 다 진멸하지 않고 살려 두는 우를 범합니다. 결국 이것 때문에 버림받지만, 동시에 사울 몰락의 가장 큰 이유는 열등감이었습니다. 그래서 평생 다윗을 잡으러 다닙니다. 다윗을 잡는 일에 몰두하다 보니, 아들 요나단의 마음도 떠나고 딸 미갈도 떠납니다. 주변 사람들이 다 떠날 정도로 사울은 다윗을 잡는 데 혈안이 되어 있었습니다.

"사울이 죽인 자는 천천이요 다윗이 죽인 자는 만만이니라"는 노래 때문에 그는 다윗에 대한 열등감을 품게 됩니다. 성경학적으로 '천천'이라는 말이나 '만만'이라는 말이나 모두 '많다'는 뜻입니다. 원래 그 당시 사람들은 그 이상 세지도 못했습니다. 그러니까 그것을 굳이 비교할 필요가 없는데 사울은 민감하게 반응하여 "나는 '천', 다윗은 '만'. 그러면 10배 아니냐" 하면서 다윗을 미워하여 잡으러 다녔고, 결국은 그 삶이 몰락해 버렸습니다.

하여간 그 과정 속에서 다윗이 얼마나 어려웠겠습니까? 사울이 눈이 벌개져서 잡으러 다니는 상황에서도 다윗은 사울을 죽일 기회가 두 번이나 있었지만 죽이지 않았습니다. 그런데도 사울은 포기하지 못했습니다. 결국 사울은 악신이 들려서 고생하다가 길보아 전투에서 블레셋과 싸우다가 죽습니다. 이처럼 평생의 대적 블레셋과의 싸움에서 이기지 못하고 전사함으로써 사울은 실패한 왕이 됩니다.

사울은 하나님이 축복을 많이 주셨는데도 그것을 누리지 못하고 몰락했습니다. 사울은 제가 개인적으로 성경에서 제일 가슴 아프게 생각하는 인물 중 하나입니다. 그 인물에, 그 조건에, 그 기회에 이게 뭡니까? 졸작 인생입니다. 마지막에 그렇게 죽다니요. 성경에서는 마지막에 죽을 때 모습이 중요합니다. 죽을 때 잘 죽는 것이 중요합니다. 그래야 성공한 삶입니다. 죽을 때 비참하게 죽는 것은 실패했다는 뜻입니다.

## 다윗 왕
영적인 부분과 정치적인 부분에서 균형을 갖춘 왕(삼상 15장~삼하 24장)

다윗에 대해서는 할 말이 너무나 많지만, 다윗의 가장 뛰어난 장점 중 하나는 그의 균형 감각입니다. 다윗은 그야말로 균형 잡힌 사람이었습니다. 우선 지(知), 정(情), 의(意), 이 세 가지 측면에서 균형이 있는 사람으로서, 골리앗을 죽인 장군이면서 정치가이고, 동시에 시를 노래할 수 있는 사람이었습니다. 영적인 부분과 정치적인 부분에서도 균형 감각이 있는 왕이었습니다. 대개 사람이 지적이면 감정이 메마르거나, 감정적이면 지적으로 떨어지거나, 의지가 굳으면 감정이 없거나 합니다. 셋을 다 갖춘 사람은 정말 아무리 찾아봐도 찾기가 힘듭니다. 하지만 다윗은 이 세 가지가 다 완벽한 사람이었습니다.

다윗은 지적으로 정말 대단한 머리를 가지고 있었습니다. 탁월한 지성의 사람이었습니다. 그러면서도 감정이 풍부하여 하프를 켜기만 하면 여심을 흔들어 놓았습니다.

그리고 그는 아주 정적이면서도 의지가 굳은 사람이었습니다. 하나님 앞에 지킬 것은 지키고, 할 건 하고 안 할 건 안 하는 사람이었습니다. 사울 왕을 죽이지 않을 때 보면 그 의지가 나타나지 않습니까? 대단한 사람입니다. 지정의의 균형을 잃지 않는 탁월한 사람이었습니다. 이것이 어떻게 가능할까 생각해 보면, 무엇보다도 하나님께서 함께하셨기에 그럴 수 있었다고 생각합니다.

그는 하나님과 늘 동행했습니다. 골리앗을 죽일 때 다윗이 물맷돌을 몇 개 들고 나아갔습니까? 5개였습니다. 1탄을 던지고 나서, 실패할 경우에 2탄을 던지고, 또 실패하면 3탄을 던지려고 예비 전력상 5개를 들었다고 한다면 그것은 불신앙입니다. 다윗이 들고 나가기는 5개였지만, 실제로 사용한 물맷돌은 하나였습니다. 그런데 왜 5개를 들고 나갔을까요? 그 놀라운 사실이 사무엘하 21장 22절에 나옵니다.

"이 네 사람 가드의 거인족의 소생이 다윗의 손과 그의 부하들의 손에 다 넘어졌더라."

사무엘하 21장 15절 이하를 보면 골리앗은 5형제였는데, 첫째는 다윗한테 죽었고, 나머지는 다윗의 신하들한테 죽었습니다. 결국 이 5개를 들 때부터 하나님은 저 가드의 거인족의 족속은 다 너한테 붙인다고 약속하신 것입니다. 그것을 성경은 은연중에 말하고 있는 것입니다. 이것을 그냥 "우연히 그렇겠지"라고 말할 수 없는 것이, 성경에는 우리가 이해 못하는 굉장히 더 깊은 의미들이 숨겨져 있기 때문입니다. 다만 우리가 찾아내지 못할 뿐입니다. 골리앗에게 나갈 때 어쩌다 열 받아서 나간 것이 아니었습니다. "너는 칼과 창과 단창으로 내게 나오지만 나는 만군의 여호와의 이름으로 나간다"고 하면서, 하나님이 그 모든 장대한 자들을 다 부수실 것을 먼저 믿었습니다.

때문에 다윗의 정말 뛰어난 점은 지정의의 균형뿐만 아니라 영적인 것과 정치적인 면의 균형이었습니다.

영적으로 충만하다는 사람이 세상에서는 엉망일 때가 있습니다. "주여, 믿습니다" 하는데 집안 살림이 엉망인 경우도 있습니다. 그러면서 "기도 많이 하다 보니까 빨래할 시간이 없어서"라고 변명합니다. 하여간 그런 식으로 영적인 사람들이 세상적인 면에서는 다소 뒤처질 때가 있는데, 다윗의 경우에는 정말 탁월한 영적인 감각과 뛰어난 정치적 감각을 겸비하고 있습니다.

하나님은 다윗에게 이스라엘의 왕이라는 자리를 허락하셨습니다. 하나님의 뜻을 알게 된 후 다윗은 "나는 이스라엘의 왕이 되어야 한다"는 데 초점을 맞추고 살았습니다. 이스라엘 왕이 되기 위해서는 무엇이든지 양보할 수 있고, 무엇이든지 할 수 있는 사람이었습니다. 그 이스라엘 왕이 되기 위해 다윗은 어떻게 했습니까?

첫째, 다윗은 전체를 보며 기다릴 줄 알았습니다.

그는 사울 왕을 자기 임의로 죽이지 않았습니다. 사울 왕이 하필 자기가 숨어 있던 동굴로 들어와서 급한 용무를 볼 때 다윗은 충분히 그를 제거할 수 있었습니다. 사울이 들어오는 것을 보고 다윗이 얼마나 놀랐겠습니까? 사울이 들어오더니 갑자기 옷 벗고 칼 다 빼놓고 앉아서 일을 보니 그 순간이 절호의 기회가 아니었겠습니까? 그 지긋지긋한 도망자의 생활을, 힘쓸 것도 없이 창 들고 그냥 찌르고 눌러 앉히면 끝낼 수 있었습니다. 그런데도 안 죽입니다. 하나님께서 세우신 왕이기 때문이었습니다. 이것은 영적인 이유입니다.

그런데 그런 이유만 있었다면 다윗은 영적인 인물로만 얘기될 것입니다. 거기에는 또 다른 기막힌 계산도 들어 있었습니다. 사울을 만약 그 자리에서 죽인다면, 왕이 신하의 손에 죽는다는 전통이 시작되는 것입니다. 그러면 차기 왕이 될 자신도 자기 신하 손에 죽게 될 것입니다. 그러니까 하극상의 전통을 만들지 않겠다는 것이었습니다. 이것은 중요한 것입니다. 이런 면에서 우리는 부모한테 잘해야 합니다. 특별히 자녀들 보는 앞에서 말입니다. 반드시 그대로 당하게 되어 있습니다. 다윗이 이런 전통을 세웠기 때문에, 다윗의 왕가인 남 유다에서는 반란이 일어나서 성공한 적이 없었습니다. 반란을 일으켜 모반을 해도 백성들이 오히려 반란자를 죽였습니다.

또한 다윗이 생각할 때 자기가 사울 왕을 죽이면, 아무리 애써도 사울에게 직접 속한 베냐민 지파와 나머지 11지파까지도 자기한테 안 들어올 것이었습니다. 그러면 자기가 왕이 되어도 유다 지파만의 왕이 되는 것입니다. 자기는 이스라엘의 왕이 되어야 하는데 사울을 죽이고 나면 사울에 속한 사람은 안 들어올 것이었기에 그는 참았습니다.

생각해 보면, 정말 얼마나 무서운 사람입니까? 절호의 순간에 '왕을 죽이면 나는 당장 편해질지 모르지만, 이스라엘의 왕이 될 수 없다. 그리고 왕이 되더라도 신하의 손에 죽는 전통이 시작된다'라는 생각을 할 정도였으니 말입니다.

베냐민 지파였던 시므리나 세바 같은 사람들에게도 같은 맥락으로 행했습니다. 다윗이 아들 압살롬에게 쫓겨서 갈 때 얼마나 이들이 다윗의 속을 긁습니까? "너 이새의 아들아, 꼴좋다" 해 가면서 말입니다. 열 받은 것을 생각하면 당장 제거할 수 있었지만 그는 절대 그들에게 직접 손을 대지 않았습니다. 그러고는 죽을 때에 아들에게 "절대 그들이 곱게 죽게 만들지 마라"는 유언을 남깁니다. 자신은 이스라엘의 왕이기 때문에, 아무리 분이 나도 분열의 씨앗을 안 만들었던 것입니다. 시므리와 세바가 그렇게 자기를 공격하고 상처를 주고 했어도 때를 기다렸을 뿐 바로 맞서지 않았습니다. 이 정도로 다윗은 무서운 인물이 었습니다.

아브넬 사건 때도 마찬가지였습니다. 이스보셋을 왕으로 세웠다고 할 때 다윗한테 찾아온 아브넬을 요압이 죽입니다. 자기 동생 아사헬을 죽였다는 개인적인 원한 때문이긴 했지만, 어찌되었든 다윗으로 볼 때 이것은 위기였습니다. 아브넬을 따르는 나머지 북 이스라엘 쪽 지파들이 다 자기 수하로 안 들어올 것이기 때문이었습니다. "왕한테 갔더니 죽이더라"고 하는 소문이 날 것 아닙니까? 그런 위기 상황에서 돌파구는 노래였습니다. 하프를 뜯으며 그는 "아브넬의 죽음이 어찌하여 미련한 자의 죽음 같은고"라고 하면서 애통하는 노래를 지어 불렀습니다. 그러니까 사람들이 노래를 들으면서 감동을 받아, "다윗이 죽인 것이 아니구나! 저렇게 슬퍼하는 것 보니까" 하면서 다들 마음의 벽을 허물었습니다. 하여간 다윗은 연기력도 끝내 줍니다. 이스라엘의 왕이 되기 위하여 그는 이렇게까지 치밀했습니다.

저도 조그만 교회에서 목회를 해보니까 그것을 알겠더라고요. 목회할 때는 밉고 싫은 존재라 할지라도 더 잘해 줘야 할 때가 있습니다. 안 그러면 분열이 일어납니다. 다윗은 전체를 보는 인물이었습니다.

개인적으로는 싫더라도 다윗은 그 개인적인 감정에 좌우되지 않았습니다. 이스라엘 왕위가 원래 사울에서 바로 다윗으로 이어진 것이 아니었습니다. 이스라엘의 2대 왕은 이스보셋이었습니다. 이스보셋이 왕이 되었을 때, 다윗은 헤브론에서 왕이 됩니다. 그리고 7년 반 동안 기다립니다. 절대 서두르지 않습니다. 그 당시 남 유다의 군사력 같으면 당장 전쟁해서 이길 수 있었지만 서두르지 않고 기다렸습니다. 생각해 보십시오. 자기가 이스보셋과 싸워 그 군대를 파하고 나면 거기에 속한 지파를 어떻게 품습니까? 그러니까 기다렸던 것이고, 그 결과 그들은 자기들끼리 싸우다 망해서 제 발로 다윗을 찾아옵니다. 그러니까 못 이기는 척하고 다 품어 줍니다. 정말 그 기다림과 균형 감각은 우리의 상상을 초월합니다. 10년간 광야를 헤매고 다니다가 헤브론의 왕이 되었으면 급하지 않았겠습니까? 그쯤 되면 군사력으로 봐도 꿀릴 게 없으니까 바로 전쟁해서 이길 수 있는데도 또 기다렸던 것입니다.

둘째, 예루살렘을 수도로 세웠습니다.

예루살렘을 수도로 세웠다는 것은 기막힌 정치적 감각입니다. 유다 지파의 중심지 헤브론은 너무 남쪽에 있었습니다. 수도를 헤브론에 세우면 안전하기는 하지만, 전체를 다스리기에는 너무 치우쳐 있잖습니까? 그렇다고 해서 중앙으로 올라가 세겜으로 가게 되면 자기 근거지가 없어집니다. 그러니까 어디를 수도로 정해도 힘든 건 마찬가지였습니다. 이때 아직 비어 있던 땅, 여부스 사람의 땅 예루살렘, 그때는 시온 성이었던 그 성을 빼앗아서 수도를 삼은 것입니다. 이 예루살렘은 천연의 요새입니다. 그때까지 여부스를 점령하기 어려웠을 정도로 말입니다. 예루살렘에는 감람 산과 동쪽에 기드론 골짜기, 서남쪽에 힌놈 골짜기가 있는데, 뒤의 북쪽은 산이기 때문에 이곳에 성을 쌓으면 천연의 요새가 되어 누구도 공격할 수 없습니다.

그런데 이 예루살렘이 수도가 될 수 있었던 것은 그 밑에 기혼 샘이 있었기 때문입니다. 기혼 샘은 굉장히 물이 많은 샘입니다. 간헐천이라 한 번씩 물이 팍팍 솟구치는데 그때마다 4톤 정도의 물이 쏟아졌습니다. 이 물은 이 성 사람들을 다 먹이고도 남을 정도였습니다. 그래서 이 샘물 때문에 예루살렘 성은 그 메마른 지역에서도 버틸 수 있었습니다.

하지만 기혼 샘을 포함해서 성을 쌓자니 성이 너무 낮아지고, 그렇다고 포함시키지 않고 성을 쌓자니 우물이 성 밖에 있어 전쟁시에 문제가 생길 판이었습니다. 그래서 성 안에서 계단을 따라 내려가 물을 길어 가지고 오는 수로를 팠습니다. 그 수로에 물이 있는 것을 수구라고 합니다. 사무엘하 5장에 보면 다윗이 여부스 사람 성을 빼앗을 때 수구로 들어가서 정복했습니다. 나중에는 기혼 샘에서 이 수로를 연장해서 히스기야가 터널을 팠습니다. 그리고 이 샘의 물을 끌어다가 연못을 만들었는데 그것이 유명한 실로암입니다. 그래서 실로암과 기혼 샘은 통해 있습니다.

여하튼 간에 예루살렘을 수도로 삼은 것은 다윗의 탁월한 정치 감각이었습니다. 전체를 다 품는 눈이 있어야 택할 수 있는 땅이었습니다. 그래서 예루살렘을 '다윗 성'이라고도 하는 것입니다.

그런데 다윗이 예루살렘을 수도로 삼아 놓았는데도 사람들은 인정하지 않았습니다. 신도시 만들어 놓았다고 누가 인정을 하겠어요? 그래서 온 이스라엘 사람들을 끌어모을 수 있는 것은 법궤밖에 없다고 생각하게 되었습니다. 법궤가 예루살렘에 들어와 있으면 더 이상 다른 데로 갈 수가 없기 때문이었습니다. 그래서 법궤가 들어올 때 다윗이 그렇게 좋아서 춤을 춘 것입니다.

물론 하나님 앞에서 좋은 것도 있었지만, 법궤가 있음으로써 온 이스라엘의 영적 파워가 다 자기에게 임하게 되었기 때문입니다. 다윗은 순진한 것 같으면서도 머릿속에서는 계산기가 팍팍 돌아가는 사람입니다. 법궤를 들여옴으로 이스라엘 사람들을 끌어들이는 것 좀 보십시오. 이런 식으로 왕으로서 탁월한 감각을 가지고 있는 사람이 다윗입니다. 이것이 영적 감각과 정치적 감각의 균형입니다.

이 사람의 삶이 상승일로로 올라가며 최절정에 이르렀던 때가 성전 건축을 하겠다고 들떠 있던 때입니다. 물론 허락하지는 않으셨지만 하나님은 다윗의 모습을 보고 너무나 기뻐하시면서 그에게 언약을 주십니다. 이것은 '편무언약'입니다. 즉, 너와 네 자손이 혹시 범죄할지라도 나는 너와의 언약을 깨지 않고 계속 지켜 나가겠다고 하는 하나님의 일방적인 언약입니다. 이 다윗 언약과 같은 성격의 언약이 아브라함 언약입니다. 아브라함 언약과 다윗 언약은 복음이고 은혜입니다. 그래서 다윗의 왕국은 은혜의 왕국입니다.

그런데 이렇게 상승일로에 있던 사람이 사무엘하 11장에서 결정적으로 무너지는 사건이 벌어집니다. 그것이 바로 그 유명한 밧세바(Bathshebah) 사건입니다. 참 재미있게도 밧세바의 영어 철자가 bath she bah입니다. 엉터리 영어로 하면 '그 여자가 목욕하는 것을 봐' 아닌가요? 다윗은 그 여자가 목욕하는 것을 보다가 죄를 범했는데, 물론 하나님은 그를 용서하셨습니다.

하나님께는 용서를 받았지만 죄의 여파는 엄청났습니다. 다윗은 자신의 범죄에 대해 하나님하고는 풀었지만, 왕으로서 신하를 죽였으므로 그에 대한 대가는 따로 지불해야 했습니다. 죄는 용서받지만 흔적은 남습니다. 그 바람에 압살롬의 반역이 일어납니다. 만일 그런 불미스런 일이 없었으면 압살롬이 반역을 안 일으켰을 것입니다. 압살롬은 자기 아버지의 후궁들을 데리고 아예 정자를 지어 놓고 공개 섹스를 합니다. 하나님이 나단을 통해 "너는 은밀한 곳에 행했거니와 나는 백주 대낮에 행하리라"고 하신 말씀 그대로였습니다.

하여간 무너진 권위 때문에 다윗의 삶은 사무엘하 11장부터 계속 하향곡선을 그립니다. 하지만 회개한 사람이기 때문에 마지막까지 하나님과 함께 있는 축복은 계속되었습니다. 또한 다윗 언약이 있었기에 그를 버리지 않으셨습니다.

밧세바 사건 등 몇 가지 흠이 있기는 했으나, 하나님과의 관계를 마지막까지 흐트리지 않고 나아갔던 다윗은 하나님 마음에 합한 사람이었습니다(행 13:22).


## 솔로몬 왕

전제 군주제를 확립하고 최고의 번영을 누렸으나 자기 꾀에 자기가 빠진 왕
(왕상 1–11장)


솔로몬은 지혜의 왕입니다. 이때의 지혜는 백성을 잘 다스리고 재판을 잘하기 위해 그가 하나님께 간구한 것이요, 하나님으로부터 받은 것이었습니다(왕상 3:9). 왕은 평화시에는 재판을 하고 전시에는 전쟁을 이끄는데, 아버지 다윗은 전쟁하는 왕이었지만 자기는 평화의 왕이 되기를 원했습니다. 하나님은 그것을 기쁘게 보고 지혜를 주셨고, 그는 왕으로서 백성들을 잘 다스리며 엄청난 부를 쌓습니다.

솔로몬이 탁월하게 부를 쌓게 된 주된 경로는 무역입니다. 그는 중개무역을 한 사람이었습니다. 이스라엘 왕국은 애굽과 바벨론, 앗수르, 이 모든 나라의 중앙에 있어서 나라가 강할 때에는 중간에서 중개무역을 할 수가 있었습니다. 약할 때는 침략만 당했지만 말입니다. 에시온게벨 쪽에 항구가 있어서 홍해를 타고 올라온 물품들을 애굽으로 보냈습니다.

특히 솔로몬이 제일 많이 갖다 판 것이 향료였습니다. 향료는 남쪽에 있는 시바라는 나라에서 받아다 팔았는데 이윤이 엄청 남았습니다. 완전히 독점무역이다 보니, 어마어마한 부를 쌓을 수 있었습니다. 그의 통치하에서 나라는 부강해지고 국제 무역으로 엄청난 부를 쌓게 되었습니다. 그는 아버지 다윗의 뜻을 받들어 성전을 지었는데, 이때부터 예루살렘은 명실공히 이스라엘의 영적 중심지가 되었습니다.

그 당시에 왕이 훌륭하다고 할 때 그것을 측정하는 몇 가지 카테고리가 있었습니다.

첫째, 벽돌을 얼마나 많이 구웠느냐는 것입니다. 즉, 건축을 말합니다. 그런데 솔로몬은 얼만큼 구웠습니까? 성전 짓는 데 7년, 자기 집 짓는 데 13년이 걸렸고 각종 성들을 쌓았다고 했으니 얼마나 벽돌을 많이 구웠겠습니까?

둘째, 세금을 얼마만큼 많이 거두어들였느냐입니다. 솔로몬은 금 666달란트를 거두었습니다.

셋째, 책을 얼마나 많이 지었느냐가 중요합니다. 왜냐하면 왕은 지적이어야 했기 때문입니다. 솔로몬은 잠언 3,000편, 노래 1,500편을 짓고 식물도감, 동물도감까지 펴냈습니다.

넷째, 말이 얼마나 많냐는 것입니다. 솔로몬은 마병이 12,000명, 병거가 4,000이나 있었습니다. 말이 엄청나게 많았습니다.

다섯째, 부인이 몇 명이냐는 것입니다. 솔로몬은 1,000명이나 되었습니다. 후궁이 700명에, 첩이 300명이었습니다. 물론 성경이 이것을 본받으라고 하는 것은 아닙니다. 다만 이것은 그 당시 왕권을 상징하는 것입니다. 그런데 이 엄청난 모든 부와 축복이 결국 그를 타락시킵니다. 특별히 이방 여인들 때문에 망하고 맙니다. 결국 솔로몬의 인생은 실패한 인생이었습니다.

솔로몬이 어마어마한 부를 쌓으니까 시기하는 사람이 너무나 많았습니다. 애굽 왕 바로 시삭을 비롯하여 앗수르나 바벨론에서, 솔로몬 때문에 자기들이 이익을 못 보니까 시기하는 사람들이 속출했습니다. 그래서 결국 솔로몬을 무너뜨릴 때, 여로보암이라든가 하사엘 같은 사람을 애굽 왕이 봐주었습니다.

시바 여왕은 솔로몬을 직접 찾아와서 그가 얼마나 훌륭한지를 자기

눈으로 확인합니다. 시바라는 나라가 그 당시에 향료를 팔았는데, 솔로몬이 중간에서 전부 다 독점하니까 한번 맞서 보려다가 오히려 그의 훌륭한 점들에 은혜를 받고 돌아갑니다. 그래서 솔로몬의 나라에 있는 모든 종류의 제도와 문물을 받아들이겠다고 합니다.

그런데 열왕기상 10장 13절을 보면, "그 모든 것을 준 후에 또 그가 원하는 것을 준 것이 있다"고 했습니다. 그것이 과연 무엇일까요? 성경은 왜 자세하게 그것이 무엇인지 밝히지 않았을까요? 학자들이 연구한 결과에 따르면 시바 여왕은 "당신의 씨를 받고 싶다"고 해서 솔로몬의 아이를 임신합니다. 그리하여 지금의 에티오피아인 시바라는 나라는 솔로몬의 아들이 왕이 되는 전통이 세워졌다고 합니다. 믿거나 말거나지만 이것은 학자들이 일반적으로 인정하는 사실입니다.

솔로몬은 이처럼 나라가 번성하고 시바에서 구경꾼이 올 만큼 소문이 나자, 지혜의 근본이 누구인 줄을 잊어버리기 시작했습니다. 그래서 주변의 전제군주처럼 정치적으로 외국의 공주들과 정략결혼을 하게 됐는데, 그것이 그에게 올무가 되었습니다. 즉, 그 공주들이 가지고 온 우상을 함께 섬기게 된 것입니다. 솔로몬은 결국 범죄하기 시작합니다. 주변 나라 왕들처럼 전제군주가 되면서 스스로 타락하기 시작했습니다. 그래서 이 많은 부인들이 가지고 온 우상단지에 같이 넘어가기 시작합니다. 결국 그의 범죄로 인해 나라가 분열되는 결과를 낳게 되었습니다. 사람은 영적인 것을 이기지 못합니다.

다윗 왕은 사무엘하 11장에서 하향곡선을 그리기 시작하고, 그 아들 솔로몬은 열왕기상 11장에서 하향곡선을 그리기 시작합니다. 물론 두 사람 모두 여자가 그 원인이었습니다. 피는 물보다 진하다더니, 우연의 일치라고 할 수 없는 것입니다.

# 7.
# 분열 왕국 시대

북 이스라엘 왕국은 줄기차게 멸망의 길로 가고, 남 유다 왕국은 갈팡질팡하며
멸망을 향해 갔다.

분열 왕국 시대는 이스라엘이 남 유다와 북 이스라엘로 분열되었
던 때입니다. 정확히 말하자면 북쪽의 11지파와 남쪽의 한 지파로 나
누어진 것입니다. 남쪽의 그 한 지파는 유다 지파였습니다. 그런데 이
분열 왕국 시대를 보면 이스라엘과 우리나라 사이에는 유사한 점이 몇
가지 있습니다. 가장 두드러진 점은 이스라엘이 남 유다와 북 이스라
엘로 나누어졌듯이 우리나라도 남한과 북한으로 나누어졌다는 것입
니다. 더구나 그 분열의 이유가 또 비슷합니다. 내부적 계층 간 갈등이
라는 요인, 주변 국가들의 정략, 그리고 영적인 이유 3가지 면에서입
니다.

첫째, 내부 계층 간 갈등은 참 중요한 요인입니다. 이스라엘은 유
다 지파가 기득권 계층이었습니다. 왕이 나온 지파이기 때문입니다.
다윗 왕, 솔로몬 왕이 다 유다 사람들이었습니다.  기득권 계층인 유다
지파는 우리나라로 따지면 영남인지도 모르겠습니다. 이들 유다 지파

를 제외한 나머지 지파는 노동 계층, 어떤 면에서는 소외 계층이었습니다. 그 지파들과 유다 지파 간에 갈등이 누적되고 있었던 것입니다.

우리나라도 단순히 공산주의 이데올로기 때문만이 아니라, 전통적 지주 및 기득권 계층과 소외되었던 노동 계층 간의 갈등에 의해 남한과 북한으로 나누어졌다고 보는 것이 사회학자들이나 역사학자들의 일반적인 견해입니다. 물론 그것만이 유일한 원인이었던 것은 아니지만 말입니다.

둘째, 주변 국가의 정략이 있었습니다. 애굽의 바로 시삭이 이스라엘의 세력을 꺾으려고 공작을 폈습니다. 중개무역을 하는 이스라엘이 강한 상태로는 자기들 뜻대로 할 수 없었기 때문에 그 세력을 꺾기 위해 분열 공작에 열을 올렸던 것입니다.

"여호와께서 에돔 사람 하닷을 일으켜 솔로몬의 대적이 되게 하시니 그는 왕의 자손으로서 에돔에 거하였더라"(왕상 11:14).

당시 이스라엘에 속했던 에돔이 일종의 독립운동을 했는데, 에돔 사람 하닷이 핍박을 받다가 애굽으로 가게 됩니다. 열왕기상 11장 17-18절을 보십시오.

"그 때에 하닷은 작은 아이라 그의 아버지 신하 중 에돔 사람 몇몇과 함께 도망하여 애굽으로 가려 하여 미디안을 떠나 바란에 이르고 거기서 사람을 데리고 애굽으로 가서 애굽 왕 바로에게 나아가매 바로가 그에게 집과 먹을 양식을 주며 또 토지를 주었더라."

결국 바로가 하닷을 키웠는데 그 이유는 솔로몬을 견제하기 위해서였습니다. 이런 식으로 주변 나라들은 특히 북 이스라엘의 여로보암 때까지도 계속 방해공작을 폈습니다.

우리나라의 경우에도 남북한이 나누어진 이유 중 하나가 소련과 미국이라는 강대국의 힘의 논리였음을 부정할 수 없습니다.

〈이스라엘과 한국의 상황 비교〉

|  | 이스라엘 | 한국 |
|---|---|---|
| 내부적 계층간 갈등 | 유대 지파(기득권 계층)와 그 나머지 지파(노동계층)사이의 갈등 | 전통적인 지주 및 기득권 계층과 소외되어 왔던 계층간의 갈등 |
| 주변 국가의 정략 | 애굽 바로가 이스라엘의 세력을 꺾으려고 공작을 폄(왕상 11:14-25) | 소련, 미국의 이해 관계가 분단의 주요 요인이 됨 |
| 영적인 이유 | 솔로몬의 범죄(우상숭배)가 왕국 분열의 원인 (왕상 11:31-33) | 해방 직후 벌어진 교계 내부의 분열(신사 참배 처리 문제) |

셋째, 영적인 이유가 있었습니다. 이스라엘이 분열된 결정적인 이유는 솔로몬의 범죄, 곧 우상숭배였습니다(왕상 11:31-33). 이렇게 보는 관점을 신명기 사관이라고 합니다. 신명기 사관이란 신명기에 따른 역사적 관점입니다. 역사적 사건에 대한 신명기 사관의 입장은 단호합니다. 하나님께 순종하면 축복이고, 범죄하면 징벌이라는 것입니다. 누군가에게 살아가면서 어떤 고통스러운 일이 일어났으면 그 뒤에는 반드시 범죄가 있다고 보는 것입니다. 이 신명기 사관으로 볼 때 이스라엘의 분열이라는 기막힌 일이 벌어진 배후에는 누군가의 범죄가 반드시 있었던 것이고, 그 범죄란 솔로몬이 우상을 섬긴 것이었습니다.

우리나라의 경우 남북한의 분열에 대해 제가 목사 입장에서 인정할 수밖에 없는 사실이 하나 있습니다. 해방 이후에 한국 교계가 분열하기 시작했던 것이 특별히 신사참배 처리 문제 때문이었다는 것입니다. 그 당시 출옥 성도와 신사참배한 사람들과의 갈등이 있었습니다. 출옥 성도들은 신사참배했던 사람들을 정죄하고, 신사참배했던 사람들은 방어하면서 결국에는 교단이 나누어졌습니다. 이러한 교단 분열이 하나님 앞에서 얼마나 큰 범죄인지 모릅니다. 그래서 결국 교단 분열이 나라의 분열로까지 이어지지 않았냐고 보는 것입니다.

이렇게 분열된 나라를 보면 북 이스라엘이 북한과 여러 가지 면에서 유사하고, 남 유다와 남한이 유사합니다. 북 이스라엘과 북한은 둘 다 북쪽에 위치했고 영토가 남쪽보다 넓으며, 남 유다와 남한은 둘 다 남쪽에 있고 영토가 작습니다.

그리고 영적으로 북 이스라엘과 북한이 더 타락했고, 남 유다와 남한은 영적인 정통성을 유지했습니다. 그래서 북한이 공산화되면서 북한에 있던 영적 거장들이 다 내려오게 되었습니다. 그 영향으로 한때 남한에서는 강단에서 이북 사투리를 쓰는 사람이 많았습니다. 왜냐하

면 그것이 영적 권위를 상징했기 때문이었습니다.

반대로 남한이 북 이스라엘과 비슷한 점이 있는데, 그것은 인구가 많다는 것과, 사치와 향락이 더 심하다는 것입니다. 이것은 안 닮아도 되는데 말입니다.

북 왕국은 시속 100마일로 처음부터 갈등 없이 줄기차게 멸망의 길로 치달았습니다. 그 유명한 여로보암의 금 송아지를 보십시오. 그때부터 멸망 길로 바로 접어들었던 것입니다.

남 왕국은 갈팡질팡해가면서 멸망의 길로 갔습니다. 결국 둘 다 멸망의 길로 가기는 마찬가지였지만, 조금 차이가 있다면 하나는 '줄기차게'였고, 하나는 '갈팡질팡'이었다는 것입니다.

••• **전개: 분열 왕국 시대의 3가지 주요 개념** •••

1. 왕국 분열의 이유  2. 북 이스라엘  3. 남 유다

## 왕국 분열의 이유
솔로몬의 범죄와 여러 가지 상황에 의해 분열(왕상 11-14장)

왕국이 분열한 이유에는 여러 가지가 있습니다. 앞에서도 얘기했지만, 좀 더 보충해서 정리해 보겠습니다.

첫째, 지파 공동체의 문제점이 드러났다는 것입니다. 12지파가 가운데 유다 지파 주도의 통치에 다른 지파가 반발하는 문제가 생겼습니다. 더 이상의 협력하는 관계를 거부하며 "이새의 집과 우리가 무슨 상

관이 있느냐"고 따졌습니다. 다윗처럼 끝없이 품으려고 하는 왕이 있을 때는 괜찮았는데, 다윗이 죽고 솔로몬이 자기 마음대로 하니까 결국 나머지 지파들이 들고 일어났던 것입니다. 그래서 리더가 중요한 것입니다.

둘째, 애굽의 바로 시삭이 이스라엘, 특히 중개무역을 독점하고 있는 솔로몬의 왕국을 약화시키기 위해서 정치적 공작을 폈습니다. 반(反) 솔로몬 체제 사람들을 후원했습니다. 그래서 두 사람을 품어 주는데 하나는 여로보암이었습니다. 여로보암은 이스라엘 내에 있었던 반 솔로몬 세력이었습니다(왕상 11:40 이하). 또 한 사람은 에돔의 하닷이었습니다(왕상 11:14 이하). 시삭은 이 두 사람을 이용하여 반란을 일으켜서 결국 분열이 일어나게 하는 치사한 전략을 펼쳤습니다.

셋째, 솔로몬의 아들 르호보암의 정치적 미숙함입니다. 아버지 솔로몬이 죽고 난 후에 르호보암이 왕이 되었을 때, 여로보암과 백성들이 와서 "제발 좀 고역을 감해 달라"고 호소했습니다. 솔로몬이 전제 군주가 되다 보니까 백성들한테 어마어마한 노동을 시켰던 것입니다. 건축 왕 아래에서 그 많은 건축을 감당하려면 백성들이 얼마나 심한 노동에 시달렸겠습니까? 그런데 그때 르호보암 곁에는 두 그룹의 조언자들이 있었습니다. 하나는 나이 많은 원로들로서 이 사람들은 노동량을 감해 주라고 조언해 주었습니다. "당신 아버지처럼 전제 왕조로 가지 말라. 이스라엘의 왕은 언제나 하나님의 대리자니까 절대 스스로 신처럼 백성들 위에 군림하지 말고 고역을 감해 주라"고 했습니다.

반면, 소장파 소년들은 그 반대로 조언했습니다. 미숙하고 패기만 있던 그들은 도리어 노역의 멍에를 더욱 무겁게 하라고 부추겼습니다.

"함께 자라난 소년들이 왕께 아뢰어 이르되 이 백성들이 왕께 아뢰기를 왕의 부친이 우리의 멍에를 무겁게 하였으나 왕은 우리를 위하여 가볍게 하라 하였은즉 왕은 대답하기를 내 새끼 손가락이 내 아버지의 허리보다 굵으니 내 아버지께서 너희에게 무거운 멍에를 메게 하였으나 이제 나는 너희의 멍에를 더욱 무겁게 할지라 내 아버지는 채찍으로 너희를 징계하였으나 나는 전갈 채찍으로 너희를 징계하리라 하소서"(왕상 12:10-11).

르호보암은 소장파의 말이 더 그럴듯해 보였는지 그들의 조언대로 행합니다. 나이 든 원로들의 지혜를 무시해 버렸습니다. 하지만 힘이 받쳐 줄 때는 그런 어리석음도 통했지만, 왕권이 쇠락해 가는 상황에서는 먹힐 턱이 없었던 것입니다. 결국 르호보암의 작태를 보다 못한 나머지 지파들의 반란으로 이스라엘은 분열되고 맙니다.

그러나 역시 이 모든 현상적인 이유의 저변에는 역사를 운행하시는 하나님의 섭리가 있었습니다. 결국 솔로몬의 우상숭배라는 범죄 때문에 하나님이 이스라엘을 분열시키신 것입니다.

그러면 솔로몬이 우상숭배해서 범죄했으면 아예 나라가 망해야 마땅한데, 왜 안 망하고 그냥 분열만 되었을까요? 그것은 다윗 때문이었습니다. 열왕기상 11장 34-36절을 보십시오.

"그러나 내가 택한 내 종 다윗이 내 명령과 내 법도를 지켰으므로 내가 그를 위하여 솔로몬의 생전에는 온 나라를 그의 손에서 빼앗지 아니하고 주관하게 하려니와 내가 그의 아들의 손에서 나라를 빼앗아 그 열 지파를 네게 줄 것이요 그의 아들에게는 내가 한 지파를 주어서 내가 거기에 내 이름을 두고자 하여 택한 성읍 예루살렘에서 내 종 다윗이 항상 내 앞에 등불을 가지고 있게 하리라."

여기서 10지파라고 한 이유는 시므온 지파가 사라져서 그런 것이고, 하여간 하나님께서는 한 지파는 다윗의 자손에게 놔두고 여로보암에게 10지파를 주겠다고 하셨습니다. 다윗에게 말한 등불이 항상 있게 하기 위해서, 이스라엘의 범죄에도 불구하고 그나마 분열만 시키겠다는 것입니다. 다윗을 향한 하나님의 이런 약속은 계속됩니다.

"그의 하나님 여호와께서 다윗을 위하여 예루살렘에서 그에게 등불을 주시되 그의 아들을 세워 뒤를 잇게 하사 예루살렘을 견고하게 하셨으니 이는 다윗이 헷 사람 우리아의 일 외에는 평생에 여호와 보시기에 정직하게 행하고 자기에게 명령하신 모든 일을 어기지 아니하였음이라"(왕상 15:4-5).

다윗의 경우에서처럼, 자녀들이 우리를 통해 이런 축복을 받을 수 있기 바랍니다. 이것은 결코 옛날 얘기가 아니라 바로 지금의 얘기이기도 하니 말입니다. 사무엘하 7장 11-16절에 나온 그 다윗 언약이 결국 지금 얘기한 모든 일을 이루게 되는 근거가 됩니다.


## 북 이스라엘
여로보암의 길을 따라갔던 불의한 왕국(왕상 15장–왕하 17장)


똑같이 역사를 다루고 있지만, 역대기는 분열 왕국 부분에서 남 유다만 다루고 북 이스라엘은 안 다룹니다. 하지만 열왕기서는 남쪽과 북쪽을 두루 다 다룹니다. 그래서 열왕기상 15장부터 열왕기하 17장 사이에는 남 유다는 물론 북 이스라엘의 이야기도 들어 있습니다.

북 이스라엘의 운명은 첫 왕인 여로보암에 의해 결정되고 말았습니다. 사실 이 여로보암이 북 이스라엘의 왕이 된 것은 하나님의 뜻에 따른 것이었습니다. 그는 솔로몬의 범죄 때문에 하나님의 뜻에 따라 왕으로 세워진 사람이었습니다. 그렇다면 여로보암은 하나님의 뜻대로 나라를 이끌어 가야 마땅했습니다.

하지만 그는 하나님의 뜻에 따라 왕이 되었음에도 그분의 뜻대로 가겠다는 마음이 없었습니다. 그래서 어떤 기가 막힌 일을 저지르게 됩니까? 디르사에서 왕이 되었던 여로보암은 여전히 절기 때만 되면 모든 이스라엘 사람들이 법궤와 솔로몬의 성전이 있는 예루살렘으로 가는 것이 못내 불안했습니다. 혹시라도 예루살렘으로 가서 변심하여 안 돌아올까 봐 말입니다. 어차피 하나님이 세워 주신 자리니, 리더답게 "갈 테면 가라지" 하는 배짱이 있어야 했는데 불안했습니다. 자기 기반이 없었기 때문입니다.

결국 그는 악수(惡手)를 둡니다. 벧엘과 단에 금 송아지를 세우고 백성들에게 그것을 섬기게 한 것입니다. 이 금 송아지, 성경 어디에서 본 적 있지 않습니까? 바로 출애굽할 때 시내 산 밑에서 아론이 새겼던 우상이 금 송아지였습니다. 원래 금 송아지는 아톤이라고 하는 애굽의 신이었습니다. 그러니까 이 애굽 시절의 우상단지를 가지고, 목축업을 하는 유목민의 후예답게 금 송아지를 만들어 이것이 하나님이라고 하면서 벧엘과 단에 세웠습니다. 그러고는 유월절, 오순절 없이 자기가 임의로 절기를 세우는 잘못을 범했습니다. 새로운 영적 전통을 만들겠다는 뜻에서였습니다. 그 다음에는, 제사장이 없으니까 아무나 마구 제사장을 시켰습니다. 이 모든 것이 하나님 앞에서 악한 짓이었습니다.

그때부터 첫 단추가 잘못 꿰어져 북 이스라엘은 잘못 나가기 시작했습니다. 바로 여기에서 나온 것이 '여로보암의 악한 길'입니다. 북 이스라엘의 왕들을 재는 척도가 '여로보암의 악한 길이냐 아니냐'였던 것입니다. 여로보암의 길이 악함의 기준이 된 것은 참으로 비극이었습니다. 자식 입장에서 볼 때 닮지 말아야 할 부모의 대명사 같은 존재가 되어 버렸습니다.

결국 여로보암의 길로 가게 된 북 이스라엘에서는 굉장히 많은 정변들이 일어났습니다. 정통성이 없던 탓에 예닐곱 차례의 정변이 잇달았습니다.

초대 왕 여로보암에 이어 나답이 왕이 되는데, 바사가 정변을 일으켜 나답을 죽이고 스스로 왕위에 오릅니다. 그 후 바사의 아들 엘라를 죽이고 또 정변이 일어나는데 그 주역이 시므리였습니다. 시므리는 7일 동안 왕을 하고 오므리의 손에 암살당합니다. 왕이 된 오므리는 굉장히 중요한 일을 합니다. 즉, 수도를 디르사에서 사마리아로 옮깁니다. 그것이 왜 중요한가 하면 왕권이 이제 확립되기 시작했기 때문입니다. 사마리아는 오므리 때 등장했고, 그전에는 사마리아가 없었습니다. 사마리아는 세멜이라는 사람의 땅이라는 뜻입니다.

오므리의 아들이 그 유명한 아합입니다. 아합은 북 이스라엘에서 최고의 번성기를 구가했던 왕 중 하나였습니다. 하지만 그는 나라를 부강하게 만들기는 했으나, 온 백성으로 하여금 이방의 우상을 섬기게 했고, 그랬기에 항상 하나님과 세속 사이에서 갈등했던 사람이었습니다. 아합은 결코 하나님을 무조건 모른다고 하지 않았습니다. 그도 어느 정도 여호와 하나님을 알았기에 하나님을 따라가려는 생각을 갖고 있었습니다. 하나님에 대한 마음이 있었습니다. 그래서 선지자들이 아합을 굉장히 많이 도와줍니다. 열왕기상 20장 28절을 보십시오.

"그 때에 하나님의 사람이 이스라엘 왕에게 나아와 말하여 이르되 여호와의 말씀에 아람 사람이 말하기를 여호와는 산의 신이요 골짜기의 신은 아니라 하는도다 그러므로 내가 이 큰 군대를 다 네 손에 넘기리니 너희는 내가 여호와인 줄을 알리라 하셨나이다 하니라."

북 이스라엘이 아람의 벤하닷 군대와 싸울 때 이길 수 있도록 도와주시겠다는 하나님의 예언입니다. 결국 아합 뒤에는 하나님의 사람도 있었다는 것입니다. 이처럼 하나님의 사람들이 도와주기도 했지만, 아합은 엘리야를 비롯한 선지자들에게 책망도 많이 들었습니다.

"그가 왕께 아뢰되 여호와의 말씀이 내가 멸하기로 작정한 사람을 네 손으로 놓았은즉 네 목숨은 그의 목숨을 대신하고 네 백성은 그의 백성을 대신하리라 하셨나이다"(왕상 20:42).

벤하닷을 하나님이 잡아 주셨는데, 아합은 자기 생각에 봐주면 멋있을 것 같아서 그를 놓아 주었습니다. 그래서 한 선지자를 통해 저주의 말씀을 듣게 됩니다. 그런데 그 말을 들을 때 아합의 반응이 중요합니다.

"이스라엘 왕이 근심하고 답답하여 그의 왕궁으로 돌아가려고 사마리아에 이르니라"(왕상 20: 43).

아합에게는 책망 받으면 근심하고 답답해 하는 그런 마음이 있었던 것입니다. 회개도 할 줄 알았습니다. 열왕기상 21장 27-29절을 보면, 그가 나봇의 포도원을 빼앗았을 때 엘리야의 매서운 책망을 듣고 어떤 반응을 보였는지가 나옵니다.

"아합이 이 모든 말씀을 들을 때에 그의 옷을 찢고 굵은 베로 몸을 동이고 금식하고 굵은 베에 누우며 또 풀이 죽어 다니더라 여호와의 말씀이 디셉 사람 엘리야에게 임하여 이르시되 아합이 내 앞에서 겸비함을 네가 보느냐 그가 내 앞에서 겸비하므로 내가 재앙을 저의 시대에는 내리지 아니하고 그 아들의 시대에야 그의 집에 재앙을 내리리라 하셨더라."

이처럼 아합은 영적인 면에서 도전받으면 반응도 하고 회개도 할 줄 아는 사람이었습니다. 하나님의 음성도 들을 줄 알고 나름대로 영적인 가능성이 있는 사람이었는데, 문제는 그가 열매를 맺지 못했다는 것입니다. 결정적으로 은혜 받았으면 뭐합니까? 열매가 없는데 말입니다. 이것이 바로 아합의 문제였습니다. 이는 마치 우리가 예배 시간에 "아멘"도 하고 설교 들으면서 새로이 결심도 하지만, 그걸로 끝일 때가 많은 것과 같은 모습입니다.

열매 없는 아합 뒤에는 '세속의 대표' 이세벨이 있었습니다. 이세벨과 바알, 아세라의 우상단지가 있었기에 그는 은혜 받았다가도 그 은혜를 다 쏟는 우를 범했습니다. 이세벨을 통해 들어온 두로와 시돈의 우상 바알과 아세라를 음란히 섬기도록 백성들을 오도했습니다. 이걸 보더라도 우리가 어떤 사람과 어울리는가는 참으로 중요함을 알 수 있습니다. 이세벨 때문에 아합은 엘리야의 도전을 받고서도 나봇의 포도원 사건을 저지르게 됩니다. 이세벨 때문에 범죄하고, 마지막에는 전쟁터에서도 잔머리 굴리다가 비극적인 최후를 맞이합니다(왕상 22장). 하나님 앞에 은혜를 받았으면 결단코 하나님만 따라가야 합니다. 엉거주춤해서는 안 됩니다. 오므리도 아합도 모두 죄가 큰 악한 왕들이었습니다.

아합의 뒤를 이어서 아하시야, 요람이 왕이 되었고 요람은 예후의 손에 죽습니다. 그리고 예후 다음에 여호아하스, 요아스, 여로보암이 왕위를 계승합니다. 그 다음이 스가랴인데 그는 6개월 동안 왕으로 있다가 살룸의 손에 죽습니다. 또 살룸은 1개월만 왕을 하고 므나헴에게 암살당했으며, 므나헴의 10년 통치 후 아들 브가히야가 왕이 됩니다. 브가히야는 베가에게 죽고, 베가는 호세아한테 죽고, 호세아는 주전 722년에 앗수르의 디글랏빌레셀에게 죽습니다. 결국 북 왕국은 250년 간 지속되다가 주전 722년 앗수르에 의해 멸망당합니다(왕하 17:22-23).

## 〈북 이스라엘과 남 유다의 왕조표〉

| 이스라엘(북왕국) | | 연대 | 유다(남왕국) | |
|---|---|---|---|---|
| 선지자 | 왕 | | 왕 | 선지자 |
| 아히야(931~906) | ★여로보암(931~910) | B.C. 930 | 르호보암(931~914) | 스마야(931~901) |
| 잇도(921~902) | | B.C. 920 | | |
| | 나답(910~909) | B.C. 910 | 아비얌(913~910) | |
| | ★바아사(909~886) | B.C. 900 | 아사(909~868) | 아사랴(900~875) |
| 예후(891~865) | | B.C. 890 | | 하나니(895~870) |
| | 엘라(886~885) | B.C. 880 | | |
| | ★시므리(885) | | | |
| | ★오므리(885~874) | | | |
| 엘리야(876~852) | 아합(874~853) | | 여호사밧(872~847)● | |
| | | B.C. 870 | | 아하시엘(865~835) |
| | | B.C. 860 | | 엘리에셀(860~?) |
| 엘리사(852~796) | 아하시야(853~852) | | 여호람(852~841)● | |
| | 요람(여호람)(852~841) | B.C. 850 | | |
| | ★예후(841~814) | | 아하시야(841) | 오바댜(841~825) |
| | | B.C. 840 | 아달랴(841~835) | |
| | | | 요아스(835~796) | |
| | | B.C. 830 | | 요엘(825~809) |
| | 여호아하스(814~798) | B.C. 820 | | |
| | 요아스(798~782) | B.C. 810 | 아마샤(796~767) | |
| | ●여로보암2세(793~753) | B.C. 790 | 웃시야(아사랴)● | |
| 요나(784~772) | | B.C. 780 | (791~739) | |
| 아모스(767~755) | | B.C. 760 | | |
| 호세아(755~714) | 스가랴(753~752) | B.C. 750 | 요담(752~736)● | |
| | ★살룸(752) | | | |
| | ★므나헴(752~742) | | | |
| | 브가히야(741~740) | B.C. 740 | | |
| | ★베가(740~732) | | | |
| | ★호세아(731~722) | B.C. 730 | 아하스(736~720) | 이사야(739~681) |
| | B.C. 722년 앗수르에 멸망 | | | 미가(733~701) |
| | | B.C. 720 | 히스기야(720~699)● | 오뎃(727~?) |
| | | B.C. 690 | 므낫세(698~643) | |
| | | B.C. 650 | | 나훔(650~620) |
| | | B.C. 640 | 아몬(642~640) | |
| | | | 요시야(640~609) | |
| | | B.C. 630 | | 스바냐(636~623) |
| | | B.C. 620 | | 훌다(622~?) |
| | | | | 예레미야(627~574) |
| | | | | 하박국(621~609) |
| | | B.C. 600 | 여호아하스(609) | 다니엘(605~536) |
| | | | 여호야김(609~598) | |
| | | B.C. 590 | 여호야긴(598) | 에스겔(593~559) |
| | | | 시드기야(597~586) | |
| | | B.C. 586 | B.C.586년 바벨론에 멸망 | |

●공동통치(섭정), ★ 모반으로 인한 왕권탈취 ___ 자료제공: 비전성경

# 남 유다

다윗의 의로운 길을 따르다가 벗어났다가 하던 변덕스러운 왕국(왕상 15장–
왕하 25장/대하 10–36장)

남 왕국의 관건은 왕들이 다윗의 길을 따라가는가 아닌가였습니다. 남 왕국의 왕들 가운데 대표적으로 다윗의 길을 따라갔던 왕을 꼽으라고 한다면 히스기야와 요시야입니다. 둘 다 종교개혁을 일으켰습니다.

히스기야는 종교개혁을 일으키면서 성전을 보수하고 우상숭배를 타파한 신실한 왕이었습니다. 그리고 앗수르의 산헤립이 북 이스라엘을 멸망시킨 다음에 쳐들어왔을 때 오직 하나님만 의지하여 물리치기도 했습니다.

산헤립이 쳐들어왔을 때 주변은 다 점령당하고 예루살렘만 남은 풍전등화의 상황이었습니다. 앗수르 왕이 "지금 여호와가 너희를 건질 것이라고 생각하고 버티고 있는가 본데 그동안 수없이 많은 나라의 신들이 앗수르의 군대 앞에 무너지지 않았느냐? 그러니 너희도 각오하라"며 거들먹거리는데도, 어떻게 손써 볼 수도 없는, 아무 소망도 없는 상황이었습니다.

그런데 앗수르가 떠드는 그 이야기를 하나님이 들으셨습니다. 하나님은 그분을 건드리는 꼴을 좌시하지 않으십니다. 하도 이스라엘이 범죄하니까 그것을 징벌하기 위해 앗수르를 몽둥이로 사용하신 것인데(사 10:5), 그 몽둥이가 제 주제를 모르고 잘난 척했던 것입니다. 이제 하나님이 징벌을 내리셔서 앗수르의 대부대는 갑자기 철수하게 됩니다. 앗수르의 수도에서 반란이 일어나 산헤립은 예루살렘을 한 번 제대로 쳐 보지도 못한 채 철군한 것입니다. 그리고 그 자신은 신전에서 암살당해 죽습니다. 하여간 히스기야가 앗수르의 공격을 이긴 것은 힘이 아니고 오직 하나님 때문이었습니다.

히스기야는 기도로 수명을 연장했던 이야기로도 유명합니다. 그는 종처(腫處)라고 하는 후두암 계통의 병에 걸려 이사야로부터 이제 곧 죽으리라는 예언을 듣게 됩니다. 그때 히스기야가 어떻게 했습니까? 하나님 앞에 엎드려 눈물로 매달리며 "하나님, 제가 행했던 일을 기억하옵소서"라고 기도했습니다. 그랬더니 하나님께서 "내가 네 눈물을 보았다"고 하시며 그의 생명을 15년 연장시켜 주셨습니다. 그리고 그 징조로 해시계를 뒤로 10도 물러가게 해 주셨습니다.

그런데 그런 놀라운 체험을 하고 난 후 히스기야는 도리어 영적인 감각이 무뎌지게 됩니다. "그런즉 선 줄로 생각하는 자는 넘어질까 조심하라"(고전 10:12)는 말씀이 딱 맞는 케이스입니다. 바벨론 사신들이 문병 차 방문하자 그들이 어떠한 사람인지 생각도 안 하고 하나님께 물어보지도 않고, 히스기야는 성전 문을 다 열어서 신나게 이것저것을 다 보여 주었습니다. 이 모습을 보고 하나님께서는 이사야를 통해 이렇게 말씀하셨습니다.

"여호와의 말씀이 날이 이르리니 왕궁의 모든 것과 왕의 조상들이 오늘까지 쌓아 두었던 것이 바벨론으로 옮긴 바 되고 하나도 남지 아니할 것이요 또 왕의 몸에서 날 아들 중에서 사로잡혀 바벨론 왕궁의 환관이 되리라 하셨나이다 하니"(왕하 20:17-18).

그러나 히스기야는 회개하기는커녕 자존심이 상해서 "내 자손 때에 그렇다면 아무 상관없다"며 이사야의 예언을 무시하고 맙니다. 결국 히스기야는 마지막에 엄청난 실수를 한 것입니다.

이번에는 어려서 왕이 되었던 요시야에 대해 알아보기로 합시다. 요시야 당시 대제사장 힐기야가 성전을 보수하다가, 잃었던 신명기 원본을 찾았습니다. 모세가 기록했던 그 신명기 원본 말입니다. 힐기야는 이것을 서기관 사반을 통해 요시야 왕한테 갖다 줍니다. 신하를 시켜 신명기 원본을 듣던 요시야는 옷을 찢습니다. 하나님께서 하지 말라고 한 일들을 백성들이 그동안 버젓이 다 하고 있었기 때문입니다. 신명기 원본에 따르면, 일월성신을 섬기지 말고 산당도 만들지 말라고 했는데, 어느 사이에 이스라엘은 일월성신을 섬기고 산당을 만들었던 것입니다. 성전 안에 해 신, 달 신, 해 신이 타고 다니는 병거가 들어와 있었습니다. 그래서 요시야는 옷을 다 찢으면서 회개하고 '이래서는 안 된다'며 영적 갱신 대회를 열었습니다. 열왕기하 23장 1-3절을 보십시오.

"왕이 보내 유다와 예루살렘의 모든 장로를 자기에게로 모으고 이에 왕이 여호와의 성전에 올라가매 유다 모든 사람과 예루살렘 주민과 제사장들과 선지자들과 모든 백성이 노소를 막론하고 다 왕과 함께한지라 왕이 여호와의 성전 안에서 발견한 언약책의 모든 말씀을 읽어 무리의 귀에 들리고 왕이 단 위에 서서 여호와 앞에서 언약을 세우되 마음을 다하고 뜻을 다하여 여호와께 순종하고 그의 계명과 법도와 율례를 지켜 이 책에 기록된 이 언약의 말씀을 이루게 하리라 하매 백성이 다 그 언약을 따르기로 하니라."

그리하여 이제 우상타파를 시작하는데 특히 산당을 타파합니다. 성전이 예루살렘에 있긴 하지만 사람들은 산에 산당을 만들어서 예배를 드렸습니다. 그런데 원래 산당은 바알과 아세라의 것이었습니다. 하나님께서 분명히 형상을 만들지 못하게 하셨는데도 어느 순간 그렇게 갖가지 우상의 전당인 산당을 만들어 백성들이 예배를 드렸던 것입니다. 이것은 이스라엘이 영적으로 타락했음을 단적으로 보여 주는 사건이었습니다. 자기들은 여호와한테 간다고 했지만 실제로는 바알 신을 섬기고 있었습니다. 그런데 그동안 산당 문화가 너무 뿌리 깊게 그들 가운데 자리 잡고 있어서 제대로 근절시키지 못했는데, 이것을 결정적으로 없앴던 사람이 바로 요시야였습니다. 히스기야도 완수하지 못했던 일이었습니다.

더 나아가 요시야는 유월절을 다시 지키게 합니다. 그때까지는 이스라엘이 유월절을 제대로 지킨 적이 없던 상태였습니다.

"왕이 뭇 백성에게 명령하여 이르되 이 언약책에 기록된 대로 너희의 하나님 여호와를 위하여 유월절을 지키라 하매 사사가 이스라엘을 다스리던 시대부터 이스라엘 여러 왕의 시대와 유다 여러 왕의 시대에 이렇게 유월절을 지킨 일이 없었더니 요시야 왕 열여덟째 해에 예루살렘에서 여호와 앞에 이 유월절을 지켰더라"(왕하 23:21-23).

사람들이 유월절을 그 오랜 세월 잊고 살았던 것은 말씀이 없었기 때문이었습니다. 우리의 신앙이 변질되지 않기 위해서는 말씀이 중요합니다. 말씀을 공부해야 합니다.

요시야는 나름대로 굉장히 훌륭하고 신실한 왕이었습니다. 하지만 국제 정세와 시대를 읽는 정치적 감각은 다윗보다 좀 부족했습니다.

그 당시 가장 큰 세력은 애굽과 앗수르, 그리고 신흥 세력인 바벨론이었습니다. 이 상황에서 애굽 왕 바로 느고는 바벨론이 앗수르를 친다고 하니까 그 위세를 꺾기 위해 앗수르를 도와 바벨론을 치려고 출정합니다. 그런데 그러기 위해 애굽은 반드시 므깃도를 통과해야 했습니다. 므깃도는 해변길에서 왕의 대로로 넘어가는 중간 지점이라 일종의 요새였던 것입니다. 요시야는 옛 원수 앗수르를 도우러 가는 애굽 왕을 상대로 그 므깃도에서 싸우다가 그만 전사하고 맙니다.

여기서 요시야는 2가지 실수를 했습니다.

첫째, 정세 판단을 못했습니다. 이제 두려워해야 할 세력은 바벨론이지 앗수르가 아니었는데도, 여전히 북 이스라엘을 멸망시켰던 앗수르만 생각하고 돕지 못하게 막으려다가 전투에 말려든 것입니다. 앗수르는 이미 늙어서 이빨 빠진 호랑이와도 같은 존재였습니다. 요시야는 믿음은 좋았지만 정치적 감각은 부족했습니다.

둘째, 주제 파악을 못했다는 것이 더 큰 실수였습니다. 자기가 애굽과 싸워서 이길 힘이 없었는데도, 하나님의 음성을 무시하고 주제넘게 싸움에 개입했다가 결국 므깃도에서 전사합니다. 이것은 유다 왕국의 실질적인 멸망을 의미했습니다. 공식적으로는 주전 586년 시드기야 왕 때 망했지만 실제로는 이미 이때 망한 것입니다. 왜냐하면 이때부터 애굽 왕이 유다의 왕을 세웠기 때문입니다. 그처럼 훌륭했던 왕이지만 바로 그 자신의 때에 유다 왕국의 멸망을 맞이하고 말았습니다. 열왕기하 23장 29절을 보십시오.

"요시야 당시에 애굽의 왕 바로 느고가 앗수르 왕을 치고자 하여 유브라데 강으로 올라가므로 요시야 왕이 맞서 나갔더니 애굽 왕이 요시야를 므깃도에서 만났을 때에 죽인지라."

여기서 "바로 느고가 앗수르 왕을 치고자 하여"라고 했는데, 원래는 '치고자'가 아니라 '돕고자'입니다. 영어성경 NIV에 보면 "to help the King of Assyria"라고 되어 있습니다.

애굽이 앗수르를 치려고 한 것이 아니라 돕고자 하여 바벨론과 싸웠던 이 싸움이 그 유명한 '갈그미스 전투'입니다. 이 갈그미스 전투에서 애굽이 완전히 패하면서 유다도 그 운명을 같이했습니다. 이 전투를 하러 가면서 애굽이 유다의 왕들을 직접 세웠는데, 갈그미스에서 애굽이 패배하자 유다 왕들은 바벨론에 대항했고, 그런 과정에서 남유다 왕조 자체는 아예 무너지고 맙니다.

요시야 이후에는 애굽에 의해 왕이 세워지게 되는데, 여호아하스, 여호야김, 여호야긴이 바로 그들입니다. 유다 최후의 왕인 시드기야 는 바벨론에 의해 세워졌으며, 후에 바벨론에 끌려갔다가 그곳에서 생 을 마감합니다.

남 유다에는 히스기야나 요시야같이 훌륭하고 신실한 왕들이 많았 으나 다윗처럼 그렇게 일관되게 신실하지 못하고 중간에 하나님을 떠 나는 왕들도 있었고, 혹은 처음부터 악한 왕들도 있었습니다.

남 왕국의 특징은 정변이 없었다는 것입니다. 혹 정변이 일어나도 성공하지 못했습니다. 두 번 정도의 시도가 있었으나 오히려 정변을 일으킨 자가 백성들에게 축출되었습니다. 이는 앞에서도 다루었던 바 로 그 다윗의 신실함 때문이었습니다.

요아스 왕을 죽였던 요사갈과 여호사바드(왕하 12:20-21), 그리고 아 몬 왕을 죽였던 사건이 성경에 언급되어 있습니다.

"그의 신복들이 그에게 반역하여 왕을 궁중에서 죽이매 그 국민이 아몬 왕을 반역한 사람들을 다 죽이고 그의 아들 요시야를 대신하 게 하여 왕을 삼았더라"(왕하 21:23-24).

다윗이 동굴에서 사울을 죽이지 않았기 때문에, 유다에는 왕에게 손대는 것은 안 된다는 전통이 설 수 있었습니다. 아몬의 경우 그가 아 주 형편없는 왕이기 때문에 마땅히 죽여야 할 것 같아 죽였는데도 백 성들이 그 반역을 용납하지 않았던 것입니다. 전통을 철저히 지킨 것 입니다.

이렇게 400년간 지속되던 남 왕국은 주전 586년에 바벨론에 의해 예루살렘 성전이 완전히 파괴되면서 끝이 났습니다. 하지만 그때 포로 로 잡혀간 사람들이 남은 자가 되어서 신앙을 지켜 나갔습니다.

남 유다의 멸망 원인에 대해 신명기 사관을 따르던 성경의 저자들은 고민에 빠졌습니다. 왜냐하면 남 왕국의 마지막 왕이 사실상 요시야인데 요시야는 종교개혁을 일으킨 왕이었지 않습니까? 그런 왕 때 나라가 망했다는 것을 어떻게 설명할 수 있느냐는 것이었습니다. 그때 그들이 내린 결론은 비록 요시야가 신실하긴 했지만, 므낫세가 하도 범죄를 많이 저질러서 손자인 요시야가 종교개혁을 했어도 이미 때가 늦었다는 것입니다. 열왕기하 23장 25-26절을 보십시오.

"요시야와 같이 마음을 다하며 뜻을 다하며 힘을 다하여 모세의 모든 율법을 따라 여호와께로 돌이킨 왕은 요시야 전에도 없었고 후에도 그와 같은 자가 없었더라 그러나 여호와께서 유다를 향하여 내리신 그 크게 타오르는 진노를 돌이키지 아니하셨으니 이는 므낫세가 여호와를 격노하게 한 그 모든 격노 때문이라."

# 8.

# 포로 시대

유다 백성들은 영적 타락의 결과 포로가 되었으나, 그 고통 속에서 신앙적 성숙을 이룬다.

포로 시대는 고통과 아픔이 있는 시대였습니다. 이스라엘 사람들에게 포로 시대는 가장 고통스러운 시간이었습니다. 그런데 언제나 우리 신앙생활에서 알 수 있는 것이지만, 믿는 사람이 겪는 고통이나 고난, 아픔이 과연 고통과 아픔뿐이겠는가 하면 그것은 아니라는 것입니다. 만일 우리가 겪는 고통이 그저 고통일 뿐이라면 그것은 진짜 고통당하는 것입니다. 어떤 종류의 고통이든 고통에는 뜻이 있습니다. 저는 이 사실을 믿습니다. 고통에는 의미가 있습니다. 하나님은 고통에 대해 절대로 무의미하게 처리하는 법이 없으십니다. 그래서 포로 시대라는 것이 고통의 때이기는 했지만 그 고통스러운 상황 가운데 굉장히 중요한 의미가 있었습니다.

어린 시절에 개구쟁이 짓 하다가 잘못해서 아버지한테 혼나고 골방에 갇혀 본 일이 혹시 있는지 모르겠습니다. 저희 아버님은 성격이 화끈하셔서 제가 잘못하면 아예 벌거벗겨 밖으로 내쫓아서 전봇대 밑에

손들고 서 있게 하셨습니다. 당연히 그런 시간이 되면 정말 힘들고, 어쩌다 상황이 그렇게 되었는지 골치가 아팠습니다. 그런데 그것이 고통 외에는 아무런 의미가 없는 경험이었는가 하면 그것은 아니었다는 것입니다. 저는 유행가 가사처럼 "아픈 만큼 성숙해질" 수 있었습니다. 그리고 바로 이 '아픈 만큼 성숙해지고'야말로 포로 시대를 제대로 요약한 기가 막힌 한마디 표현입니다.

하나님은 사랑하지 않는 자는 치시지도 않습니다. 사랑하지도 않는데 뭐 하러 치시겠습니까? 그래서 다른 이방 나라들은 엉망이 되도 그냥 내버려두십니다. 하나님은 사랑하는 자들을 훈련시키시는 분입니다. 여기 보면 '훈련생 성탐이'라는 명찰이 달려 있지 않습니까? 포로 시대는 훈련의 기간입니다. 이 그림 하나로 포로 시대를 다 설명할 수 있습니다.

## 포로 생활의 예언

영적 타락의 결과는 포로로 잡혀가는 것이라고 줄기차게 예언함(모든 예언서, 특별히 예레미야)

구약에 나오는 수많은 예언서들의 메시지는 한마디로 "너희가 영적으로 타락하면 그 결과는 포로로 잡혀가는 것이다"였습니다. 그런데 이 말씀은 어쩌다 나온 것이 아니라 이스라엘 백성이 출애굽해서 가나안 땅에 들어갈 때부터 계속되었던 말씀이었습니다. 신명기 4장 25-28절을 보십시오.

"네가 그 땅에서 아들을 낳고 손자를 얻으며 오래 살 때에 만일 스스로 부패하여 무슨 형상의 우상이든지 조각하여 네 하나님 여호와 앞에 악을 행함으로 그의 노를 일으키면 내가 오늘 천지를 불러 증거를 삼노니 너희가 요단을 건너가서 얻는 땅에서 속히 망할 것이라 너희가 거기서 너희의 날이 길지 못하고 전멸될 것이니라 여호와께서 너희를 여러 민족 중에 흩으실 것이요 여호와께서 너희를 쫓아 보내실 그 여러 민족 중에 너희의 남은 수가 많지 못할 것이며 너희는 거기서 사람의 손으로 만든 바 보지도 못하며 듣지도 못하며 먹지도 못하며 냄새도 맡지 못하는 목석의 신들을 섬기리라."

가나안 땅에 들어갈 때부터, 이제 시간이 지나다 보면 분명히 영적

위기가 온다는 경고의 말씀이 있었습니다. 만일 우상을 섬기고 타락하면 들어간 땅에서 쫓겨나와 열국 중에 흩어질 것이라는 것을 처음부터 말씀하셨습니다.

이 메시지를 레위기 26장에서 굉장히 생생하게 전하고 있습니다.

"그러나 너희가 내게 청종하지 아니하여 이 모든 명령을 준행하지 아니하며 내 규례를 멸시하며 마음에 내 법도를 싫어하여 내 모든 계명을 준행하지 아니하며 내 언약을 배반할진대 내가 이같이 너희에게 행하리니 곧 내가 너희에게 놀라운 재앙을 내려 폐병과 열병으로 눈이 어둡고 생명이 쇠약하게 할 것이요 너희가 파종한 것은 헛되리니 너희의 대적이 그것을 먹을 것임이며 내가 너희를 치리니 너희가 너희의 대적에게 패할 것이요 너희를 미워하는 자가 너희를 다스릴 것이며 너희는 쫓는 자가 없어도 도망하리라"(레 26:14-17).

그런데 그렇게 어려움을 당하면 회개해야 하는데 여전히 버틴다면 어떻게 되는지가 18-26절에도 나옵니다.

"이런 일을 당하여도 너희가 내게로 돌아오지 아니하고 내게 대항할진대 나 곧 나도 너희에게 대항하여 너희 죄로 말미암아 너희를 칠 배나 더 치리라 내가 칼을 너희에게로 가져다가 언약을 어긴 원수를 갚을 것이며 너희가 성읍에 모일지라도 너희 중에 염병을 보내고 너희를 대적의 손에 넘길 것이며 내가 너희가 의뢰하는 양식을 끊을 때에 열 여인이 한 화덕에서 너희 떡을 구워 저울에 달아 주리니 너희가 먹어도 배부르지 아니하리라"(레 26:23-26).

점점 정도가 심해져서 이제는 완전히 칼을 갖다가 원수를 갚고, 염병이 있고, 곡식이 떨어져 10명의 여인이 한 화덕에서 떡을 구워 저울에 달아 주는 비참한 일이 벌어지게 된다는 것입니다. 먹을 것이 그 정도로 없게 되는 어려움을 겪으리라는 것입니다.

이 정도로 혼났으면 이제 돌이켜야 하는데, 그런데도 완악하게 나온다면 어떻게 되는지 27-29절을 보겠습니다.

"너희가 이같이 될지라도 내게 청종하지 아니하고 내게 대항할진대 내가 진노로 너희에게 대항하되 너희의 죄로 말미암아 칠 배나 더 징벌하리니 너희가 아들의 살을 먹을 것이요 딸의 살을 먹을 것이며."

저는 여기서 북한의 실상을 보게 됩니다. 평양이 한때 동양의 예루살렘이라고 불렸던 것을 보더라도, 북한에서 지금 벌어지는 비참한 일들은 단순한 해프닝이 아님을 알 수 있습니다. 믿음의 백성들이 범죄하고 거역할 때 하나님이 계속 치시는데, 기근과 고통의 이야기는 정해진 수순입니다. 지금 북한에서는 먹을 것이 없어서 정말 10명의 여인이 한 화덕에서 떡을 구워야 하는 형편인 데다가, 심하면 "아들의 살을 먹고 딸의 살을 먹는" 일도 일어날 수 있는 상황입니다.

이제 하나님께서는 이스라엘이 끝까지 돌이키지 않으면 어디까지 가게 될 것인지 이렇게 말씀하십니다.

"내가 너희를 여러 민족 중에 흩을 것이요 내가 칼을 빼어 너희를 따르게 하리니 너희의 땅이 황무하며 너희의 성읍이 황폐하리라" (레 26:33).

처음부터 하나님은 결코 우리 인간들에 대해 환상을 갖지 않으셨습니다. 우리 인간이 어떤 존재인지를 너무도 정확히 알고 계셨습니다. 그래서 죄인이 갈 데까지 갈 수 있다는 가능성을 아시고, 모세로부터 모든 예언자들에 이르기까지 그들을 통해 영적 타락에 대해 계속 경고하고 충분히 얘기하게 하셨습니다. 하여간 예언자치고 이스라엘이 포로로 잡혀가서 이방에서 포로 생활할 것을 경고하지 않은 사람이 거의 없을 정도였습니다. 그런데 이 계속된 경고가 예레미야에 와서는 더욱 급박해지고 강도가 높아집니다.

예레미야는 요시야의 종교개혁이 일시 성공한 듯했으나 근본적인 영적 각성이 백성들의 마음으로부터 일어나지 않음을 보고 다가올 하나님의 심판을 예언했으며, 그 심판으로서의 포로 생활을 예언하기 시작했습니다.

보통 예레미야를 일컬어 '눈물의 선지자'라고 하는데 그것은 그가 많이 울어서가 아닙니다. 예레미야는 다른 예언자들과 캐릭터가 달랐습니다. 다른 예언자들은 'If' 혹은 'If not', 이 두 가지를 가지고 말씀을 전했습니다. 즉, "만약 너희가 하나님 말씀을 청종치 않는다면 심판 받을 것이다"(If not)라고 하거나 "만일 너희가 하나님 말씀에 순종한다면 하나님 앞에서 회복을 경험할 것이다"(If)라고 하며 항상 선택을 하게 했습니다. 그들은 절대 결정을 통보하지 않았습니다. "지금 이렇게 하다가는 망하는데, 지금이라도 돌이킨다면 하나님께서 그 모든 징벌할 것을 돌이켜서 너희를 회복시킬 것이다"라며 두 가지의 대안을 제시했습니다.

만일 예언자가 처음부터 "아니다"라고 말한다면 그것은 예언자의 전통에 어긋나는 것이었습니다. 그런데 예레미야의 경우가 바로 그랬던 것입니다. 제사장 집안 출신이었던(렘 1:1) 예레미야는 처음에 하나님 앞에서 말씀을 받을 때 2개의 환상을 보았습니다.

첫째, 살구나무(아몬드) 가지를 보았습니다.

"여호와의 말씀이 또 내게 임하니라 이르시되 예레미야야 네가 무엇을 보느냐 하시매 내가 대답하되 내가 살구나무 가지를 보나이다"(렘 1:11).

그런데 그 살구나무 가지를 보는 순간 예레미야의 가슴은 덜컹 내려앉았습니다. 왜 그랬을까요? 아니, 더 나아가서 하나님께서는 예레미야한테 왜 하필이면 살구나무를 보여 주셨을까요? 사실 이것은 우리나라 사람들이 아무리 봐도 이해를 못하는 내용으로서 히브리어를 알아야 하는 부분입니다.

살구나무는 히브리어로 '쇠케드'입니다. 히브리어에는 원래 자음만 있지 모음이 없기 때문에 쇠케드는 이를테면 'ㅅㅋㄷ'로 표기될 수 있습니다. 그렇게 자음만 써도 이 사람들은 "아, 그걸 말하는구나!" 하고 '쇠케드'라고 읽습니다. 그런데 문제는 전후 문맥 없이 단어만 달랑 나올 때입니다. 'ㅅㅋㄷ'는 '쇠케드'도 되지만 '쇼케드'가 될 수도 있었습니다.

그러니까 하나님이 "네가 무엇을 보느냐"라고 했을 때 예레미야는 '쇼케드'가 떠올라 가슴이 철렁했던 것입니다. '쇼케드'는 '지켜진다'는 말입니다. 다시 말하면, '이제 너한테 얘기하는 이 예언은 번복이 안 되는 것이다', '이미 결정된 것이다'라는 뜻이었습니다. 이것은 "너희가 범죄하면 하나님이 벌하실 것이지만, 그러나 지금이라도 돌이킨다면"으로 나가는 기존의 전통에서 벗어나는 예언이었습니다. 이번 예언은 한마디로 말해서, 때가 늦었다는 것이었습니다. 무조건 실행된다는 것입니다. 하나님께서는 이미 결정되었다는 의미의 '쇼케드'를 떠올리게 하기 위해서 '쇠케드'를 보여 주신 것입니다. 이것이 살구나무 환상의 뜻입니다. 12절이 그것을 확증합니다.

"여호와께서 내게 이르시되 네가 잘 보았도다 이는 내가 내 말을 지켜 그대로 이루려 함이라 하시니라."

성경은 이렇게 보아야 하는 것입니다. 그렇게 안 보니까 "살구나무를 보나이다? 네, 잘 보았습니다" 하는 식이 되는 것입니다.

둘째, 끓는 가마 환상을 봅니다. 이 환상을 통해서는, 무엇을 행하실지 보여 주시는 것입니다.

"여호와의 말씀이 다시 내게 임하니라 이르시되 네가 무엇을 보느냐 대답하되 끓는 가마를 보나이다 그 윗면이 북에서부터 기울어졌나이다 하니"(13절).

북쪽으로부터 끓는 가마가 엎어지듯이 엄청난 재앙과 징벌이 임하리라는 것입니다. 이 징벌은 이미 결정되어 번복의 여지가 없다는 것입니다.

그러니 희망이 아예 없는 이 상황에서 그가 할 수 있는 일이 무엇이었겠습니까? 이제 모든 게 결정 났으니 받아들이라고 예언할 수밖에요. 그래서 바벨론이 침략했을 때도 예레미야는 오히려 바벨론과 싸우지 말라고 했습니다. 너희가 지금 이런다고 해서 바뀔 문제가 아니라, 이미 유다는 바벨론이 쳐들어와서 망하게 되어 있다고 한 것입니다.

이런 식으로 예언을 하니 동족들이 얼마나 핍박을 많이 했겠습니까? 지금 한창 "바벨론과 싸우자! 결사항전!" 하는 분위기인데, 유독 예레미야만은 입만 열었다 하면 "그렇게 할 필요 없다. 이미 끝난 얘기를 왜 자꾸 하느냐. 빨리 항복하라"고 했던 것입니다. 그래서 '매국노' 예레미야는 계속 갇혀 있게 되었습니다. 시위대 뜰 안에 갇히고, 구덩이에 갇히고, 또 얻어맞았습니다. 그가 예언서를 편지로 써서 읽어 주어도 왕은 듣고 있다가 한 조각씩 잘라서 불에다 집어넣기까지 했습니다. 거의 무시했던 것입니다.

하지만 그렇게 당하면서도 예레미야는 포기하지 않았습니다. 그때 예레미야가 얼마나 힘들었겠습니까? 얼마나 안타깝고 슬펐을까요? 예레미야 32장 17절에는 그가 무엇을 보면서까지도 눈물을 흘렸는지가 나타나 있습니다.

"슬프도소이다 주 여호와여 주께서 큰 능력과 펴신 팔로 천지를 지으셨사오니 주에게는 할 수 없는 일이 없으시니이다."

이미 심판이 끝났기 때문에도 슬프고, 자기 자신이 그것을 전해야만 하는 그 사실 자체도 슬프고, 그런 말을 하면서 고난 받는 것도 슬펐던 것입니다. 그저 눈물을 흘릴 수밖에 없는 처지였습니다. 그가 정말 얼마나 힘들었는지 그 유명한 예레미야 20장 7-9절은 이렇게 전하고 있습니다.

"여호와여 주께서 나를 권유하시므로 내가 그 권유를 받았사오며 주께서 나보다 강하사 이기셨으므로 내가 조롱거리가 되니 사람마다 종일토록 나를 조롱하나이다 내가 말할 때마다 외치며 파멸과 멸망을 선포하므로 여호와의 말씀으로 말미암아 내가 종일토록 치욕과 모욕거리가 됨이니이다 내가 다시는 여호와를 선포하지 아니하며 그의 이름으로 말하지 아니하리라 하면 나의 마음이 불붙는 것 같아서 골수에 사무치니 답답하여 견딜 수 없나이다."

심판만 전해서 사람들이 조롱하고 핍박하니까 다시는 말을 안 하고 싶은데, 전하지 않고서는 이 속에서 불붙는 것 같아서 견딜 수가 없다는 것입니다. 이것이 예레미야의 갈등이었습니다. 메시지 자체도 자기한테 슬픈데 그걸 전해야 하고, 그래서 핍박받고, 하지만 전하지 않을 수는 없다는 이것이 바로 선지자 예레미야의 슬픈 운명이었습니다.

그런데 "심판이 왔다. 끝났다"고만 전한다면 이것은 예언자가 아니잖습니까? 예언자는 반드시 희망을 전해야 합니다. 'PJS'(Prophet's Judgement Speech), 즉 예언자 심판 메시지만 있어서는 안 되고 'PHS'(Prophet's Hope Speech), 즉 예언자 희망 메시지가 있어야 했습니다.

그렇다면 예레미야가 전한 '희망 메시지'는 무엇이었습니까? 예레미야 29장 5-10절을 보십시오.

"너희는 집을 짓고 거기에 살며 텃밭을 만들고 그 열매를 먹으라 아내를 맞이하여 자녀를 낳으며 너희 아들이 아내를 맞이하며 너희

딸이 남편을 맞아 그들로 자녀를 낳게 하여 너희가 거기에서 번성하고 줄어들지 아니하게 하라 너희는 내가 사로잡혀 가게 한 그 성읍의 평안을 구하고 그를 위하여 여호와께 기도하라 이는 그 성읍이 평안함으로 너희도 평안할 것임이라 만군의 여호와 이스라엘의 하나님께서 이와 같이 말하노라 너희 중에 있는 선지자들에게와 점쟁이에게 미혹되지 말며 너희가 꾼 꿈도 곧이 듣고 믿지 말라 내가 그들을 보내지 아니하였어도 그들이 내 이름으로 거짓을 예언함이라 여호와의 말씀이니라 여호와께서 이와 같이 말씀하시니라 바벨론에서 칠십 년이 차면 내가 너희를 돌보고 나의 선한 말을 너희에게 성취하여 너희를 이곳으로 돌아오게 하리라."

결국 예레미야의 전체 메시지를 요약하자면 "바벨론의 침략은 유다의 영적 타락에 대한 하나님의 심판이므로, 항복하고 받아들이고 포로 생활까지 감수하자. 다만 회개하는 마음으로 포로 생활을 하다 보면 70년 만에 다시 돌아오게 될 것이다"가 되는 것입니다.

예레미야는 바벨론에 가서 70년 동안 열심히 살라고 했습니다. 자식들 다 시집장가 보내고 그 성에 평안을 빌면서 열심히 살라는 것입니다. 그러다가 때가 되면 돌아오게 되는데, 그 사이에 선지자들이 와서 미혹하는 소리를 해도 듣지 말라는 것입니다.

그런데 사실 그의 예언은 가능성이 없는 얘기였습니다. 왜냐하면 바벨론이라는 강대국에 잡혀가서 70년을 살다가 어떻게 돌아온다는 것입니까? 하지만 나중에 이스라엘은 이 예언이 성취되는 기적을 목도하게 됩니다. 그 유명한 '고레스 칙령'을 통해서 말입니다. 하나님은 바로 그런 분이십니다.

마침내 예레미야의 예언대로 주전 597년에 여호야긴 왕과 지도자들이 1차로 포로가 되어 바벨론으로 갔으며, 주전 586년에는 시드기야와 지도자들이 2차로 잡혀갔습니다.

앞에서도 다루었지만, 남 유다의 실질적인 마지막 왕은 요시야였습니다. 요시야가 애굽의 바로와 붙었다가 므깃도에서 죽고 나서 남 유다는 애굽의 통치하에 들어감으로써 사실상 역사에서 사라졌습니다. 그때부터는 애굽 왕이 유다의 왕을 세웁니다. 요시야의 아들인 여호아김도, 그 다음 왕인 여호야긴도 다 그렇게 세워진 왕들이었습니다. 그런데 여호야긴이 왕일 때 애굽이 갈그미스 전투에서 바벨론에게 대패한 후 남 유다도 애굽과 함께 바벨론의 통치하에 들어가게 됩니다. 그때 여호야긴은 바벨론에게 저항했고, 그 결과 여호야긴과 그 지도자들은 주전 597년에 바벨론으로 끌려갔습니다

그리고 바벨론은 여호야긴 대신에 시드기야를 왕으로 세웁니다. 일단 왕이 된 다음에 시드기야는 가만히 있지 않고 다시 한 번 반란을 꾀합니다. 그래서 주전 586년에 바벨론이 다시 쳐들어와 성전마저 완전히 파괴되고, 시드기야는 도망가다가 잡혀서 두 눈이 다 뽑혀 바벨론으로 끌려가게 됩니다. 그렇게 되지 않도록 예레미야가 싸우지 말라고 수없이 예언했건만, 그의 말을 듣지 않고 저항하다가 결국 비참한 결말을 맞이하고 말았던 것입니다.


## 포로 생활의 현실
물질적 환경은 좋았으나 영적으로는 슬픈 생활이었다

바벨론에서의 포로 생활은 노예 생활이 아니었습니다. 시편 137편 1절에 "우리가 바벨론의 여러 강변 거기에 앉아서 시온을 기억하며 울었도다"라는 한탄이 나오기는 하지만, 이것은 바벨론에 가서 노역하

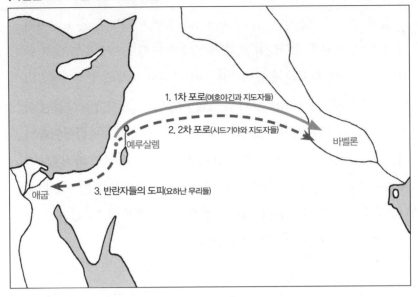

〈바벨론 포로로 끌려간 이스라엘〉

1. 1차 포로(여호야긴과 지도자들)
2. 2차 포로(시드기야와 지도자들)
3. 반란자들의 도피(요하난 무리들)

예루살렘

바벨론

애굽

다가 우는 상황은 아니었습니다. 바벨론 포로들은 노예로 끌려간 것이 아니라 반란을 막기 위해 볼모로 잡혀간 것이었습니다. 그래서 주로 똑똑하고 인물이 되는 지도자들이 잡혀갔습니다. 바벨론에 잡혀간 사람 중에 다니엘이나 에스더 같은 인물이 나온 것도 다 그런 연유에서였습니다.

1차 포로 때 잡혀온 여호야긴을 비롯한 모든 유다 포로들은 처음에는 감옥에 갇혔지만, 나중에는 거기서 상당한 대접을 받아 가며 편안하게 살았습니다. 오히려 유다에서보다 풍요로운 생활을 할 수 있었습니다(왕하 25:27-30). 대신 자유가 없었고 조종을 당했습니다. 그것이 바로 볼모 제도였습니다.

그러니까 현실적으로 볼 때는 굉장히 풍요로운 삶이었어도 그들은 행복하지 않았습니다. 성전이 파괴되었고, 하나님께 제사를 드릴 수도 없었고, 절기를 지켜서 성전에 갈 수도 없는 생활은 그들에게 지옥이었습니다.

> 우리가 바벨론의 여러 강변 거기에 앉아서
> 시온을 기억하며 울었도다
> 그중의 버드나무에
> 우리가 우리의 수금을 걸었나니
> 이는 우리를 사로잡은 자가 거기서 우리에게 노래를 청하며
> 우리를 황폐하게 한 자가 기쁨을 청하고
> 자기들을 위하여 시온의 노래 중 하나를 노래하라 함이로다
> 우리가 이방 땅에서 어찌 여호와의 노래를 부를까
> 예루살렘아 내가 너를 잊을진대 내 오른손이 그의 재주를 잊을지로다
> 내가 예루살렘을 기억하지 아니하거나
> 내가 가장 즐거워하는 것보다
> 더 즐거워하지 아니할진대
> 내 혀가 내 입천장에 붙을지로다(시 137: 1-6).

예루살렘이 파괴되고 없어졌는데 내가 여기서 노래 부르는 것이 말이 되겠는가 하고 한탄하는 시입니다. 결국, 물질적 환경은 좋았지만 영적 환경은 지옥이었다는 것이 포로 생활의 현실이었습니다.

# 포로 생활의 의미

### 하나님의 징벌은 동시에 깊은 영적 유익과 각성이다

포로 생활은 우선 하나님의 심판이기에, 큰 고통의 시간이었습니다. 하지만 하나님께서 하시는 모든 일이 그러하듯이 그 고통 속에 그분의 은혜가 있었습니다. 포로 생활을 통해 유다 백성은 아주 많은 신앙적 유익을 얻었습니다.

제가 보니까, 사람이 고난을 겪으면 유익이 있습니다. 그때 배우는 게 많습니다. 그런데 사람들이 고난을 겪는다고 그냥 배우는 것은 또 아닙니다. 고난을 겪는다고 저절로 배운다면 얼마나 똑똑하겠습니까? 고난을 통해서 배우려면 누군가가 도와줘야 합니다. 이 포로 시대에 그렇게 도와주는 역할을 했던 사람이 예언자였습니다.

포로 시대의 선지자가 둘이 있는데 하나는 에스겔이고, 또 하나는 다니엘입니다. 이들은 회복을 이야기했는데, 그 회복이란 것이 이스라엘에만 국한되지 않고 온 세상을 끌어안는 개념입니다. 에스겔서를 보면 예루살렘과 이스라엘의 회복이 나옵니다. 골짜기에서 마른 뼈 환상을 보여 주신 후, 하나님께서는 성전 문지방에서 물이 나와 온 세상으로 흘러가는 것을 통해 회복이 이스라엘에서 머물지 않고 세상 전체로 흘러간다고 가르쳐 주십니다. 이때부터 이스라엘 백성들에게 열방을 품는 꿈이 시작되었습니다. 이것이 바로 고난에 대한 대답이었습니다.

저는 성도들이 아프면 "아픈 데서 낫는 것으로 끝나지 말고 이것을 통해 영적으로 성장하게 하옵소서. 꿈이 커지게 하옵소서"라고 기도해 줍니다. 아팠으면 그 아픈 것을 통해 더 큰 것을 얻어야 합니다.

이스라엘 사람들한테 에스겔의 예언은 단순히 이스라엘의 회복만

이 아니라, 성전 문지방부터 나온 물이 열방까지 나아가 온 세상을 덮는 것을 의미했습니다. 이와 마찬가지로 저는 모든 고통스러운 사람들의 이야기는 그들이 그 고통에 무너지지만 않으면, 고통을 붙들고 하나님 앞에 의미를 구하기만 한다면, 그 고통이 더 큰 것을 가져다준다고 믿습니다. 그것이 하나님의 역사입니다. 사실 고통을 겪는다는 것은 힘든 일입니다. 하지만 그래서 의미가 있는 것입니다. 우리들 삶 가운데 고통이 하나도 없으면 간증할 거리가 어디 있겠습니까? 힘든 것이 있으니까 간증할 거리도 있는 것입니다.

다니엘의 경우도 고난을 통한 가르침을 줍니다. 다니엘서는 1장부터 6장까지는 하나님의 사람들의 승리를, 7장부터 12장까지는 온 세상을 통치하고 회복하시는 하나님의 승리를 다룹니다. 이제 열방을 보기 시작하는 것입니다.

이 포로 생활을 통해 얻은 신앙적 유익을 정리한다면 4가지가 있습니다.

첫째, 성전을 중심으로 해서 신앙 생활하는 것이 얼마나 좋은가를 깨닫게 됩니다.

예배의 부흥이 일어나고 하나님의 은혜를 회복하려면 국가에서 교회당 크게 지어 주고 할 것이 아니라, 전경들 풀어서 교회 문 다 닫고 주일날 예배드리러 오는 사람들 잡아다 가두면 됩니다. 그렇게 6개월만 가두었다가 풀어 주면 예배 시간이 온통 눈물바다일 것입니다. 저는 군대 가서 당해 봐서 아는데, 예배 못 드리는 순간이 오면 예배 드리는 감격이 새로워집니다. 이스라엘 사람들도 마지못해 절기를 지키느라 그 소중함을 몰랐던 성전이 막상 파괴되고 나자, 그 성전이 그들 삶에서 얼마나 중요했는지를 알게 됩니다.

둘째, 회당 중심의 생활이 시작됩니다.

신앙공동체를 이루기 위한 '시나고그'(synagogue), 즉 회당이 이때부터 시작되었습니다. 지금 유대인들의 회당은 성전이 아닙니다. 성전에는 제단이 있고 거기서 제사를 드리지만, 회당은 제단이 없고 말씀도 가르쳐 주고 결혼식도 하는 곳입니다. 바벨론에 끌려간 이스라엘 사람들은 그곳에 성전이 없으니까 자기들끼리 모여서 회당을 만들어 교육도 하고 훈련도 하고 공동생활도 했습니다. 매 안식일마다 회당에 가서 신앙적인 점검을 했던 것입니다. 오늘날의 교회는 회당과 성전을 함께 묶은 개념입니다. 제사(예배)를 지내니까 성전도 되고, 성경공부도 하고 교제도 나누니 회당의 역할도 하는 것입니다.

셋째, 아브라함 때부터 시작해서 자기들이 얼마나 하나님의 사랑을 많이 받아 왔는가를 깨닫고 성경을 정리하게 됩니다.

그때까지는 몰랐는데 아브라함부터 시작해서 자기 민족이 하나님의 사랑을 얼마나 많이 받았는지를 깨달았기 때문에 성경을 정리하기 시작했습니다. 우리가 지금 가지고 있는 구약성경의 대부분은 바벨론 포로 시대 때 정리된 것입니다. 계속 내려왔던 단편(斷篇)들이 정리되기 시작한 것이 바벨론 시대부터였습니다. 그래서 탈무드 중에 가장 유명한 탈무드가 바벨론 탈무드입니다.

넷째, 신앙적 안목을 가지고 역사를 다시 정리하게 되었습니다.

바벨론 포로 생활 가운데 역사를 정리하여 나온 책이 역대기입니다. 포로 생활은 내면적으로 성숙해지는 데 아주 중요하고 필요한 시간이었습니다. 그러나 그 성숙이란 것은 쉽게 이루어진 것이 아니라 예레미야, 에스겔, 다니엘 등 선지자들의 끝없는 노력 속에 이루어졌습니다.

예레미야는 사실 포로 시대에 바벨론까지 가지 못했습니다. 그가 정말 눈물로 예언을 했는데도 결국 남 유다는 망하고 예루살렘은 다 파괴되고 말았습니다. 그 파괴된 자리에 바벨론은 시드기야를 폐하고 그다랴라고 하는 총독을 세웠습니다. 그런데 사람들은 아직도 정신을 못 차리고 바벨론에 저항했고, 느다냐의 아들 이스마엘이 총독 그다랴를 죽이고 맙니다. 느부갓네살의 보복을 두려워한 남은 왕족들을 다 데리고 암몬으로 도망갔습니다. 그러면서 예레미야도 억지로 데리고 갔습니다. 하지만 요하난이라고 하는 군대장관이 가서 그 사람들을 다 구출하여 되찾아오고, 이스마엘은 8명의 사람과 함께 도망칩니다.

자기들이 세운 총독을 죽였기에 마침내 바벨론이 군대를 이끌고 쳐내려오려고 하자, 요하난은 어떻게 하면 좋을지 예레미야한테 물으러 갑니다. 예레미야는 열흘 동안 기도해 보고는 "절대 바벨론에 의해 죽지 않을 테니 그냥 당하라"고 말해 줍니다. 그러나 요하난은 그 말을 듣지 않고 남은 사람들을 몰아서 애굽 다바네스로 도망가서 거기서 나름대로 망명 공동체를 이루려고 했습니다. 그런데 갈 때 그냥 안 가고 또 예레미야를 잡아갔습니다.

그곳에서 이들은 예레미야의 외침에도 불구하고, 신앙생활을 하지 않았습니다. 아니, 오히려 한 술 더 떠서 여인들이 "우리가 옛날에 하늘 여신에게 분향할 때는 모든 게 다 잘되었는데 그것을 그친 다음부터 어려움이 온 것이 아니냐"며 하늘의 여신에게 분향하고 빌기 시작했습니다. 게다가 분향을 해도 응답이 안 오니까 남편들까지 분향에 동참시켰습니다. 그런 작태를 지켜보며 눈물을 흘리며 통곡하던 예레미야는 다바네스에서 마침내 눈물의 선지자로서의 일생을 마칩니다 (렘 40-44장).

# 9.
# 포로 귀환 시대

고레스의 칙령에 의해 귀환이 허락된 유대 백성은 3차에 걸쳐서 귀환하고, 돌아
와서 성전과 신앙과 예루살렘을 재건한다.

말도 안 되지만 실화인 이야기를 하나 하겠습니다.

한 자매가 차를 가지고 있었는데, 이상하게도 자기가 세차만 하면 꼭 비가 온다는 확신을 가지고 있었습니다. 자동차를 가지고 있는 사람 중에 이런 식의 확신, 그러니까 '내가 차만 닦으면 비가 온다', '내가 차선을 바꾸기만 하면 그 차선이 밀린다'고 하는 식의 머피의 법칙을 믿는 사람이 한둘이 아니긴 하지만, 이 자매는 그 정도가 좀 심했습니다. 그냥 그런가 보다 하는 차원을 넘어서서 너무나 큰 확신을 가지고 있었습니다. 그런데 그도 그럴 만한 일이 정말 있었긴 했습니다.

자기가 세차만 하면 비가 와서 한번은 세차를 안 한 상태로 계속 버티다가 하루는 앞 유리창이 하도 안 보여서 크리넥스 티슈로 좀 닦았더니, 기다렸다는 듯이 바로 소나기가 왔다는 것입니다. 그래서 그 다음에는 "올 테면 와 봐라" 하며 집 앞에서 양동이로 유감없이 물을 뿌려 가면서 마음껏 세차를 했답니다. 그랬더니 바로 그 해인 1984년 9

월 사상 최대의 집중 호우가 내렸다는 것입니다.

자기가 세차를 했기 때문에 사상 최대의 집중 호우가 왔다는 말은 누구나 들어도 그저 웃자고 하는 이야기인 줄 압니다. 그런데 이런 머피의 법칙과 비슷하면서도 전혀 다른, 사뭇 진지한 이야기가 하나 있습니다. 그것이 바로 고레스 칙령입니다.

바벨론은 침략당해서 망한 것이 아니라 그냥 무너져서 역사의 뒤편으로 사라지게 됩니다. 그렇게 바벨론이 무너지고 난 후 메대가 일어나고 또 바사가 일어나서 같이 하나의 나라를 이루어 메대 바사가 되었다가, 결국 바사로 권력이 넘어가게 됩니다.

그런데 그때 바사의 왕이었던 고레스가 "바벨론 시대에 잡혀온 모든 포로들은 다 자기 고향으로 돌아가서 자기들의 신을 섬기면서 사이좋게 살아라"는 발표를 했습니다. 그가 이런 발표를 한 것은 바벨론이 어떤 종교로 인해 망했기 때문이었습니다. 바벨론 왕들의 우상숭배는 누구나 알아줄 만큼 심했지만, 어떤 한 왕은 아예 광야에 나가서 신전을 짓고 거기서 살았습니다. 그러니 나라가 제대로 돌아갔겠습니까? 여러 나라의 포로들을 잡아오고 각 나라 신전들에서 온갖 물건을 다 가져오면서 갖가지 신앙들도 따라 들어오다 보니까, 별별 우상들 때문에 바벨론에 신앙적인 혼란이 오고 그러다가 결국 나라가 망했던 것입니다.

이 사실을 익히 잘 알았던 고레스는 "내가 새로 세운 나라는 그럴 수 없다"고 해서 신앙이나 문화에 대해서는 아주 개방적인 정치를 하고자 했고, 그래서 "각 민족들은 알아서 자기들의 신을 믿고 살라"는 칙령을 발표했던 것입니다. 자신은 정치적, 경제적 부분에 대해서만 통치하겠다는 의지를 천명한 셈이었습니다.

그런데 우연인지 필연인지, 고레스의 칙령이 내려진 때가 하필이

면 예레미야가 예언한 대로 이스라엘이 포로로 잡혀간 지 70년이 되던 시점이었습니다. 이제 유다 사람들은 바벨론에서 귀환할 수 있는 길이 열리게 되었습니다. 고레스의 칙령이 아니고는 달리 돌아갈 방법이 없었습니다. 그래서 바벨론에서 포로 생활을 하던 유대인들은 "하나님이 고레스를 쓰셔서 우리를 고향으로 돌아가도록 하셨다"고 믿었던 것입니다. 졸지에 하나님의 종이 된 고레스 자신이 이 말을 들으면 펄쩍 뛸지도 모릅니다. 그는 그저 바벨론 제국 전체를 자기의 세력하에 넣기 위해 이런 칙령을 발표했던 것뿐이었겠지요. 하지만 결과적으로 그는 하나님의 일을 수행한 사람이 되었습니다(대하 36:22-23, 스 1:1-4).

이는 자기가 세차해서 비가 왔다고 믿는 상황과 거의 비슷한 얘기입니다. 역사학자들이 볼 때는, 이스라엘을 향한 예언의 성취를 위해 고레스 칙령이 있었다는 게 도무지 말도 안 되는 소리일 것입니다. 하지만 영적인 역사로 볼 때, 유다 백성을 귀환시키려고 하나님께서 고레스를 사용하셨다는 것은 분명 맞는 사실입니다. 김기홍 목사님이 쓴 교회사에도 나오지만, 영적인 역사는 보이지 않게 세계사를 끌고 나가고 있습니다.

이제 이스라엘이 바벨론에서 돌아올 수 있는 길이 열렸습니다. 이런 일들을 통해서 그들은 하나님의 살아 계심과 신실하심을 확인받을 수 있었습니다. 이것이 포로 귀환 시대의 이야기입니다.

포로 귀환 시대에는 아주 중요한 3가지의 재건이 이루어졌습니다. 재건축 붐이 불던 때가 포로 귀환 시대였던 것입니다. 이 그림이 보여 주는 것은 성전 재건, 성벽 재건, 그리고 영적 재건입니다.

••• 전개: 포로 귀환 시대의 4가지 주요 개념 •••
1. 포로 귀환   2. 성전 재건   3. 영적 재건   4. 성벽 재건

## 포로 귀환
3차에 걸친 귀환 과정에서 하나님의 은혜를 체험함(스 1장–느 2장)

포로 귀환이 3차에 걸쳐 이루어졌느냐, 2차에 걸쳐 이루어졌느냐 하는 것은 학자마다 의견이 분분한 문제입니다. 성경에 정확히 1차, 2차, 3차라고 나오지 않기 때문입니다. 하지만 대략 성경 내용을 종합해 볼 때 3차 정도가 정확하다고 여겨집니다. 사실 자체에 대해서는

이 정도로 정리해 두고, 이제 우리가 주의 깊게 살펴야 할 것은 포로 귀환의 의미입니다.

고레스 칙령이 있고 나서도 유대인들은 금방 귀환하지 않았습니다. 우리 생각에는 고레스 칙령이 발표되고 나서 우르르 예루살렘으로 몰려갈 것 같았는데, 뚜껑을 열어 보니 그것이 아니었습니다. 이처럼 귀환이 쉽지 않았던 데에는 몇 가지 이유가 있었습니다.

첫째, 바벨론에 있는 안락한 삶의 터전을 버리기가 어려웠기 때문입니다. 특별히 유대인들은 바벨론에 가서 장사를 시작했는데 그때부터 천부적인 은사가 드러나게 되었습니다. 원래 유대인들은 농사를 짓거나 목축하던 사람들이었는데, 장사를 하면서 천부적인 비즈니스 감각이 나온 것입니다. 사실 그들 안에는 Donkey Caravan, 곧 당나귀에다 짐을 싣고 다니던 대상(隊商) 아브라함의 피가 흐르고 있었습니다. 바벨론의 토판 문서를 보면 거기에 시몬이라는 사람이 나오는데 그는 바벨론의 금융시장을 휘어잡았던 사람이었습니다. 오늘날 유대인들이 월가를 쥐락펴락하는 것도 결코 우연은 아닌 것입니다.

어쨌든 그동안 바벨론에 자리를 잡고 잘살다가 갑자기 그 터전을 버리고 떠난다는 것이 그들로서는 쉽지 않은 일이었습니다.

둘째, 예루살렘이 황폐하게 되어 환경이 나빴기 때문입니다. 사람들이 전부 다 쫓겨나가면서 예루살렘은 살기에 어려운 황폐한 땅이 되어 버렸습니다.

재미있는 얘기가 하나 있습니다. 원래 이스라엘의 샤론 평야가 너무나 좋은 땅이었는데, 1940년에 시오니즘이 시작되면서 유대인들이 들어가 보니 완전히 늪 지대와 황무지가 되어 있었습니다. 사람이 타락하니까 땅도 전부 엉망이 되어 버린 것입니다. 그것을 본 이스라엘 사람들은 팔을 걷어붙이고 말라리아와 싸우며 열심히 개간사업을 하여 오늘날의 기름진 샤론 평야를 재탄생시켰습니다. 그래서 지금 샤론 평야는 세계에서 최고의 꽃 재배 단지가 되었고, 거기서 재배된 꽃들은 유럽으로 바로바로 수출되고 있습니다.

샤론 평야의 경우처럼, 유대인들이 잡혀가고 나서 예루살렘은 극도로 황폐해져 버렸고, 그러니 돌아가려고 해도 집이 있었겠습니까, 밭이 있었겠습니까?

셋째, 돌아가는 길이 상당히 위험했기 때문입니다. 바벨론에서 예루살렘까지는 걸어서 가면 5개월 이상 걸립니다. 그런데 그 길이 정해진 길이 아닌지라, 걸어가다 보면 곳곳에 강도, 도적들, 지방의 토우들이 노리고 있어 어디서 당할지 모르는 상황이었습니다. 정말 위험한 길이었습니다.

이와 똑같은 3가지 이유, 즉 안락한 삶의 터전, 예루살렘의 황폐함, 가는 길의 험난함이 오늘날의 신앙인들이 헌신을 못하는 이유가 되고 있습니다. 선교를 나가라고 하면, 일단 안락한 환경을 버릴 수가 없습니다. 혹 안락함은 버린다 치더라도 가려는 곳의 환경이 걸립니다. 또 그것까지도 극복한다 해도, 선교사가 되어 나가려고 해보니까 그 과정이 복잡합니다. 내가 가고 싶다고 해서 갈 수 있는 것이 아니라, 절차를 밟아야 하고 훈련을 받아야 한단 말입니다. 그래서 다들 언젠가 선교하겠다고는 하는데, 그 언젠가가 언제인지는 아무도 모르게 된 것입니다.

그런데 바로 이러할 때 지도자들이 중요한 것입니다. 지도자란 부싯돌(라이터 돌) 같은 존재입니다. 작아도 그것 때문에 불이 붙는 그런 부싯돌 말입니다. 지도자는 자기가 나서서 온갖 일 다 하는 사람이 아니라 불 지르고 다니는 사람입니다. 가긴 가야 하는데 하면서 다들 우물쭈물하고 있을 때, 앞장서서 일어나 "가자!" 하고 나가는 사람입니다. 그럴 때 사람들이 움직이기 시작합니다.

바벨론에서 다들 멈칫거리고 있을 때, 스룹바벨이나 에스라, 느헤미야와 같은 지도자들이 일어나서 귀환을 인도함으로써, 3차에 걸쳐서 9만 5천 명 정도가 예루살렘으로 귀환을 했습니다. 이 숫자도 정확하지는 않습니다.

그런데 포로국에서 귀환한다는 것은 단순히 예루살렘에 돌아온다는 것이 아니라, 와서 무엇인가를 해야 하는 것을 의미했습니다. 황폐한 예루살렘의 재건이 바로 그 일이었습니다. 그리고 그 재건의 3가지 분야가 바로 성전 재건, 영적 재건, 성벽 재건이었습니다.

성경은 처음부터 말하기를, 이스라엘 사람들이 포로로 잡혀가면 땅이 쉰다고 했습니다. 땅이 황폐해져서 없어지는 것이 아니라, 쉬다가 백성들이 돌아오면 다시 원래대로 돌아온다는 것입니다. 이것이 포로 귀환의 의미입니다.

〈3차에 걸친 포로 귀환 경로〉

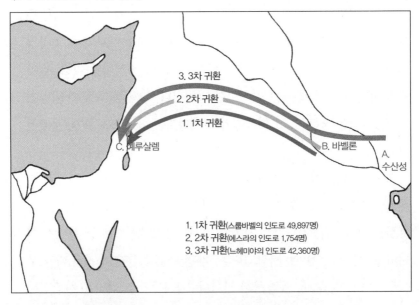

# 성전 재건
이스라엘이 무엇인가를 확인하기 위한 이스라엘 재건의 핵심(스 3–6장)

포로 생활에서 돌아왔으나 이스라엘에 남아 있는 것은 아무것도 없었습니다. 국가의 3요소인 영토, 주권, 국민, 이 가운데 하나도 제대로 남아 있는 것이 없었습니다. 이스라엘은 영토와 주권이 없었습니다. 왜냐하면 바사의 식민지였기 때문이었습니다. 국민이라도 남아 있으면 좋은데 백성들이 다 흩어져서 타민족과 피가 섞이다 보니 유대인으로서의 정체성을 상실한 상태였습니다. 이처럼 아무것도 없는 상태에서 무슨 수로 나라를 이루겠나 싶을 것입니다. 그런데 그 상황에서 그들은 신앙을 붙잡았습니다. 자신들의 정체성은 오직 하나, 여호와 하나님을 섬기는 신앙이라고 생각했습니다.

지금도 이스라엘에 가 보면 유대인들이 인종별로 다 있습니다. 빨간 유대인, 파란 유대인, 노란 유대인, 눈 찢어진 유대인 등등 말입니다. 러시아 계통의 유대인들은 완전히 슬라브 사람들입니다. 독일계 유대인은 독일인이고, 아프리카 유대인은 아프리카 사람이고, 이란계 유대인이나 시리아계 유대인은 중동 사람입니다. 미국에만 해도 유대인들의 종류가 다양합니다. 그런 별별 인종의 유대인들을 하나로 묶는 공통점이 바로 신앙입니다. 그들은 신앙 공동체인 것입니다.

포로 귀환 시대 때부터였는지 모르겠지만 유대인들은 부계가 아닌 모계 사회가 되었습니다. 즉, 어머니가 유대인이면 유대인으로 무조건 받아들이지만, 아버지가 유대인이면 소정의 절차를 거쳐야 했습니다. 왜냐하면 신앙을 어머니가 가르치기 때문입니다. 이것이 유대인들이 갖고 있는 하나의 특성이기도 합니다.

하여간 유대인들이 귀환했을 때 그들에게 남은 것은 신앙밖에 없었습니다. 그런데 바로 그 신앙을 상징하는 것이 성전이었기에, 1차로 귀환한 스룹바벨은 돌아오자마자 학개와 스가랴 선지자의 도움을 받으면서 다른 무엇보다도 성전 예배를 부활시키고 성전 재건을 시작했던 것입니다.

우리나라의 경우에도 6·25전쟁 이후에 월남하고 피란 내려온 사람들이 제일 먼저 지은 것이 교회였고, 그때 세워진 것이 영락교회였습니다. 금반지 뽑고, 없는 돈 모아서 지었습니다. 그런데 그때 지었는데도 건물을 얼마나 잘 지었는지 모릅니다. 그리고 놀랍게도, 그렇게 교회 짓는 데 동참했던 사람들이 다 축복을 받았습니다.

이것이 우리 조상들의 신앙입니다. 그들은 자기는 잘 데가 없어 움막집에 자면서도 교회부터 짓는 사람들이었습니다. 그만큼 그들에게는 신앙이 중요했습니다. 그런 면에서 한민족은 대단한 민족입니다. 중국 사람들은 가는 곳마다 중국 음식점을 세우고, 우리나라 사람들은 가는 곳마다 교회를 세웁니다. 그런데 교회를 세워 놓고는 서로 싸우다가 결국 분열하는 일이 많으니 참 가슴 아픈 현실입니다.

포로 귀환 시대에 지어진 성전을 스룹바벨 성전이라고 합니다. 그런데 이 스룹바벨 성전은 아주 열악했습니다. 생각해 보십시오. 솔로몬 성전처럼 멋있고 화려한 성전이 아니라, 황무지에 겨우 남아 있던 것들을 긁어모아 지은 성전이니 얼마나 열악하고 초라했겠습니까?

스룹바벨의 성전을 후에 헤롯이 46년 걸려서 증축합니다. 그때 헤롯은 어마어마한 돈을 들였는데, 그것은 유대인들의 마음을 사기 위해서였습니다. 유대인들은 성전 하면 껌뻑 죽었으니 말입니다. 예수님이 돌아가신 죄목도 신성모독, 성전모독이었습니다. 왜냐하면 예수님이 성전을 헐라고 하셨기 때문입니다. 하여간 그 헤롯이 에돔 사람이고 아무것도 아님을 알면서도 유대인들이 나중에 메시아라고까지 해

가며 떠받들었던 것은 그가 성전을 제대로 리모델링해 주었기 때문입니다. 그는 성전 벽돌을 쌓으면서 벽돌과 벽돌 사이를 금으로 메우기도 했습니다. 그래서 나중에 로마 사람들이 성전을 허물어뜨리면서 금을 떼어 가느라고 돌을 전부 다 떼어냈던 것이고, 그러다 보니 돌 위에 돌 하나도 남지 않는 일이 그대로 벌어진 것입니다.

유대인들에게는 성전이 2개 있습니다. 솔로몬 성전과 스룹바벨 성전입니다. 그런데 지금 세 번째 성전을 지으려고 유대 정통주의자들이 시도하고 있다고 합니다. 하지만 사실 그것은 미련한 짓입니다. 왜냐하면 진짜 세 번째 성전은 예수 그리스도라고 주님 자신이 말씀하셨기 때문입니다. 우리는 지금 성전을 지을 필요가 없습니다. 예수님이 우리 안에 계시니 말입니다.

귀환한 유대인들은 제2성전, 혹은 스룹바벨의 성전을 봉헌한 다음에, 그동안 지키지 못한 유월절을 지키기 시작했습니다. 모든 회복은 유월절을 지키면서 일어났습니다. 유월절은 이스라엘의 출발점이면서, 모든 시대마다 처음 사랑을 기억하는 절기였습니다.

예를 들면, 요시야의 종교개혁도 유월절의 회복으로 시작되었습니다. 물론 우리가 아는 것처럼 여리고 평야에 가서 길갈에서도 유월절을 지켰지만 말입니다.

"왕이 뭇 백성에게 명령하여 이르되 이 언약책에 기록된 대로 너희의 하나님 여호와를 위하여 유월절을 지키라 하매 사사가 이스라엘을 다스리던 시대부터 이스라엘 여러 왕의 시대와 유다 여러 왕의 시대에 이렇게 유월절을 지킨 일이 없었더니 요시야 왕 열여덟째 해에 예루살렘에서 여호와 앞에 이 유월절을 지켰더라"(왕하 23:21-23).

새로이 종교개혁이 일어나서 유월절을 제대로 지키자 처음 사랑,

첫 신앙으로 돌아갔던 것입니다. 에스라 6장 19-20절에서도, 돌아온 사람들이 스룹바벨 성전을 봉헌하고 나서 유월절을 지켰다는 말씀이 나옵니다.

"사로잡혔던 자의 자손이 첫째 달 십사 일에 유월절을 지키되 제사장들과 레위 사람들이 일제히 몸을 정결하게 하여 다 정결하매 사로잡혔던 자들의 모든 자손과 자기 형제 제사장들과 자기를 위하여 유월절 양을 잡으니."

지금 유대인들은 "내년 유월절은 예루살렘에서!"라는 슬로건하에 제3의 성전을 짓고 유월절을 지키자는 움직임을 보이고 있습니다. 성전이 있어야 진정한 유월절을 지킬 수 있다고 생각하기 때문입니다.

그런데 우리는 그럴 필요가 없는 것이, 유월절 어린양이신 예수 그리스도를 우리가 믿음으로 유월절을 지키고 있기 때문입니다. 형식적으로 양을 잡는 것이 중요한 것이 아닙니다. 온 세상의 유월절 어린양으로 오신 예수님, 문설주와 인방에 피를 바르면 사망이 넘어가게 하셨던 그 보혈의 공로를 가진 분이 우리 안에 계시고 우리가 그분을 믿기 때문에, 우리는 유월절을 이미 지키고 있는 것입니다.

우리의 모든 예배가 사실상 유월절을 지키는 행위입니다. 예배야말로 하나님의 언약과 그분의 구원의 이야기를 기억하는 일이기 때문입니다.

성전 재건에 관한 얘기를 하면서 한 가지 더 덧붙일 것이 있습니다. 유대 총독으로 왔던 스룹바벨은 여호야긴 왕의 손자입니다. 그런데 에스라서에는 세스바살이라는 인물이 나오는데 이 세스바살 역시 유대의 총독이었다는 것입니다. 그리고 둘 다 성전의 기초를 놓았다고 되어 있습니다. 그렇다면 세스바살과 스룹바벨은 어떤 관계가 있는 것일까요? 여기에는 2가지 설이 있는데, 하나는 그 둘이 동일인물이라는 것이고, 또 하나는 세스바살이 스룹바벨의 삼촌이라는 것입니다. 저는 동일인물이라고 봅니다. 왜냐하면 둘 다 총독이었고 성전의 기초를 놓았으며, 이름이 세스바살과 스룹바벨로 비슷하기 때문입니다. 스룹바벨은 세스바살의 바벨론식 이름인 것으로 보입니다.

## 영적 재건
2차 귀환을 지도한 에스라는 백성들에게 율법을 가르친다(스 7–10장, 느 7:10)

성전의 재건과 함께 이스라엘에게 중요한 것은 영적 재건이었습니다. 성전 재건 후에 대두되었던 문제는 그 성전에서 제사를 집례할 제사장이 없다는 것이었습니다. 하드웨어는 만들었는데 소프트웨어가 없는 격이었습니다. 학사이자 제사장이었던 에스라는 이 얘기를 듣고는 "예루살렘에 성전이 세워졌다는데 그럼 빨리 돌아가서 제사장 역할을 해야지" 하고 귀환을 서둘렀습니다.

그런데 스룹바벨이나 느헤미야는 총독의 자격으로 돌아왔지만, 에스라 같은 경우는 학사였기 때문에 바사 왕이 볼 때는 정치적 힘이 없는 일개 민간인에 불과했습니다. 실제로 그가 돌아가려고 할 때 따르는 사람들이 얼마 없었습니다. 결국 1,400명 정도의 사람들을 데리고 귀환 길에 오르게 됩니다.

그런데 돌아가는 길이 문제였습니다. 달랑 1,400명만 움직이게 되면 중간에 납치당해 노예로 팔려가게 될 수도 있으니, 스룹바벨이나 느헤미야의 경우처럼 군대를 붙여 달라고 아닥사스다 왕한테 부탁해야 마땅했습니다. 그런데 에스라는 그렇게 하지 못했습니다. 왜냐하면 그가 평소에 아닥사스다 왕을 향해, 우리 하나님은 자기를 찾는 이들에게 복 주시고 지키시는 분이라고 입이 닳도록 말하고 다녔는데 이 제 와서 군대를 붙여 달라고 하면 말이 안 되었기 때문입니다. 분명 왕 이 "너희 하나님이 지켜 준다며?"라고 조롱할 것 같았습니다.

에스라는 그야말로 영적 자존심으로 산 사람이었습니다. 그래서 '죽으면 죽었지 그런 부탁 못한다'고 생각했던 것입니다. 저는 이런 자 존심이 이 시대에 필요하다고 생각합니다.

결국 에스라는 아닥사스다 왕한테 가서 군대를 보내 달라고 구하지 않고, 대신 사람들을 몰고 아하와 강가에 가서 거기서 금식기도를 시 작했습니다. 에스라 8장 21-23절을 보십시오.

"그 때에 내가 아하와 강 가에서 금식을 선포하고 우리 하나님 앞에 서 스스로 겸비하여 우리와 우리 어린아이와 모든 소유를 위하여 평탄한 길을 그에게 간구하였으니 이는 우리가 전에 왕에게 아뢰기 를 우리 하나님의 손은 자기를 찾는 모든 자에게 선을 베푸시고 자 기를 배반하는 모든 자에게는 권능과 진노를 내리신다 하였으므로 길에서 적군을 막고 우리를 도울 보병과 마병을 왕에게 구하기를 부끄러워 하였음이라 그러므로 우리가 이를 위하여 금식하며 우리 하나님께 간구하였더니 그의 응낙하심을 입었느니라."

이렇게 기도하고 에스라는 이제 군대의 힘이 아닌 기도의 힘에 의 지하여 귀환 길에 오릅니다. 그리고 5개월 만에 한 명도 안 다치고 무 사히 예루살렘까지 돌아왔습니다. 이처럼 귀환 과정에서부터 신앙의 타협을 하지 않았던 그였기에 영적 개혁을 시작할 담대함을 얻을 수 있었습니다.

그런데 돌아와 보니 제일 큰 문제가 잡혼(雜婚) 문제였습니다. 스룹 바벨과 같이 먼저 돌아온 사람들조차 이방 여인, 즉 가나안 딸들을 데 려다가 혼인시키고 하는 일을 다반사로 여기는 분위기였습니다. 그것을 보고 에스라는 의분에 차서 이렇게 외쳤습니다.

"왕국이 분열되었던 이유가 무엇인지 아느냐? 결국 솔로몬이 이방 여인들 데려다가 결혼하여 영적으로 타락하고 넘어갔기 때문이었다. 성경에 분명히 나오기를, 너희가 그 땅에 가면 그 땅의 딸들과 혼인도 하지 말라고 하지 않았느냐? 그런데 지금 무슨 이유로 다들 이렇게 하고 있느냐? 이렇게 해서 우리가 어떻게 하나님 앞에서 바로 서겠느냐?"

그리고 에스라는 금식하며 옷을 찢고 수염을 잡아 뜯으며 이렇게 통곡했습니다.

"말하기를 나의 하나님이여 내가 부끄럽고 낯이 뜨거워서 감히 나의 하나님을 향하여 얼굴을 들지 못하오니 이는 우리 죄악이 많아 정수리에 넘치고 우리 허물이 커서 하늘에 미침이니이다"(스 9:6).

이 백성이 그렇게 당하고 돌아와서 똑같은 일을 또 저지르니 얼마나 기가 막혔겠습니까? 에스라가 통곡하며 울자, 방백들이 와서 잘못을 인정하며 이제 어떻게 해야 할지를 묻습니다. 그때 에스라는 단호히 이혼을 명합니다.

"곧 내 주의 교훈을 따르며 우리 하나님의 명령을 떨며 준행하는 자의 가르침을 따라 이 모든 아내와 그들의 소생을 다 내보내기로 우리 하나님과 언약을 세우고 율법대로 행할 것이라"(스 10:3).

그리고 에스라 10장 18절 이하에 보면, 잡혼했던 범죄자 목록이 나옵니다. 이는 죄에 대한 책임을 섬뜩하리 만큼 철저하게 묻는 대목입니다.

"제사장의 무리 중에 이방 여인을 아내로 맞이한 자는 예수아 자손 중 요사닥의 아들과 그의 형제 마아세야와 엘리에셀과 야립과 그달랴라."

에스라는 잡혼을 비롯한 죄악을 깨끗이 몰아내는 회개운동을 일으켰습니다. 그리고 율법을 가르쳤습니다. 그때 사람들 가운데 부흥이 일어나기 시작했습니다. 회개가 일어나지 않고는 부흥도 일어나지 않습니다.

"하나님의 율법 책을 낭독하고 그 뜻을 해석하여 백성에게 그 낭독하는 것을 다 깨닫게 하니 백성이 율법의 말씀을 듣고 다 우는지라 총독 느헤미야와 제사장 겸 학사 에스라와 백성을 가르치는 레위 사람들이 모든 백성에게 이르기를 오늘은 너희 하나님 여호와의 성일이니 슬퍼하지 말며 울지 말라 하고"(느 8:8-9).

온 백성이 통곡하고 회개하고 기뻐하면서 대부흥 사경회를 열었습니다. 이것이 에스라의 영적 재건 활동이었습니다.


## 성벽 재건

3차 귀환을 지도한 느헤미야는 예루살렘을 재건하여 구별된 도시를 만들고자 한다(느 1-6장)


느헤미야는 바사 왕 아닥사스다의 술잔 맡은 신하였습니다. 술잔을 맡았다고 하니까 "아! 느헤미야가 포로로서 출세해서 왕실 주방장이 되었구나"라고 생각할지 모르겠지만, 그 당시 술잔 맡은 신하(Cup-Bearer)란 왕의 최고위 측근 관리였습니다. 대단히 높은 자리이며, 왕의 신임을 받는 총리였습니다.

그때는 왕들을 죽일 확률이 제일 높은 방법이 독살이었습니다. 그런 까닭에 왕은 절대로 자기 음식을 아무한테나 맡기지 않았으며, 마지막에는 최측근이 시식해 보게 했습니다. 술잔을 맡았다는 것은 왕의 마지막 모든 것을 점검했음을 의미합니다. 그러니까 느헤미야는 보디가드 중에 최측근이고, 경호실장, 비서실장보다 더 큰 실권을 쥔 인물이었던 것입니다.

이처럼 왕의 전폭적인 신임을 받고 있었지만 느헤미야는 마음이 편치 않았습니다. 그 자신이 유대인이었기 때문이었습니다. 느헤미야 2장 1-3절을 보십시오.

"아닥사스다 왕 제 이십 년 니산 월에 왕 앞에 포도주가 있기로 내가 그 포도주를 왕에게 드렸는데 이전에는 내가 왕 앞에서 수심이 없었더니 왕이 내게 이르시되 네가 병이 없거늘 어찌하여 얼굴에 수심이 있느냐 이는 필연 네 마음에 근심이 있음이로다 하더라 그때에 내가 크게 두려워하여 왕께 대답하되 왕은 만세수를 하옵소서 내 조상들의 묘실이 있는 성읍이 이제까지 황폐하고 성문이 불탔사오니 내가 어찌 얼굴에 수심이 없사오리이까 하니."

느헤미야와 왕은 왕이 그의 안색을 살필 만큼 가까운 사이였습니다. 느헤미야가 예루살렘 성이 무너진 것을 언급하자 왕은 "그러면 네가 나한테 무엇을 원하느냐?"라고 물어봅니다.

그때 느헤미야는 "내가 곧 하늘의 하나님께 묵도하고 왕에게 아뢰되 왕이 만일 좋게 여기시고 종이 왕의 목전에서 은혜를 얻었사오면 나를 유다 땅 나의 조상들의 묘실이 있는 성읍에 보내어 그 성을 건축하게 하옵소서 하였는데"(4-5절)라고 대답합니다. 즉, 유다 총독으로 보내 달라고 자원한 것이었습니다. 술잔 맡은 관원과 총독은 하늘과 땅 차이였지만, 그는 그곳에서 누리던 것들을 다 놔두고 이제 예루살렘 재건을 위해 귀환하게 됩니다.

그런데 예루살렘 성벽 재건은 결코 호락호락한 일이 아니었습니다. 그가 성벽을 재건하고 있을 때, 반대하는 자들이 여기저기서 일어나 방해 공작들을 폈습니다. 사마리아에서 온 산발랏, 암몬 사람 도비아, 아라비아(다메섹 부근 지금의 시리아에 있는 나마티안 왕국) 사람 게셈이 바로 그 반대자들이었습니다. 그들은 직접적인 공격도 하고, 아닥사스다 왕에게 진정서를 올려 느헤미야가 성벽 재건을 못하도록 모함도 했습니다. 딱히 자기들한테 해가 되는 일도 아닌데 그냥 반대를 위한 반대를 하느라 눈에 쌍심지들을 켰던 것입니다.

그러나 이들이 아무리 문제를 일으켜도 느헤미야는 자기가 맡은 일을 차근차근 풀어 나갑니다. 그는 성경에 나오는 지도자 중에서도 특별히 탁월한 리더십의 소유자였습니다. 리더십을 연구할 때 꼭 거론되는 인물이 느헤미야입니다.

느헤미야는 일단 성벽 재건하는 일을 늦출 수 없다는 생각을 합니다. 그래서 한쪽에서는 무기를 들고 싸우면서, 한쪽에서는 성벽을 지어 나갔습니다. 왜냐하면 빨리 지어야 방해로 인한 무너짐을 면할 수 있기 때문이었습니다. 느헤미야 4장 17-18절을 보십시오.

"성을 건축하는 자와 짐을 나르는 자는 다 각각 한 손으로 일을 하며 한 손에는 병기를 잡았는데 건축하는 자는 각각 허리에 칼을 차고 건축하며 나팔 부는 자는 내 곁에 섰었느니라."

적들이 쳐들어온다고 하면 나팔을 불어 신호해서 싸우다가, 그렇지 않을 때는 속도를 내어 성벽을 지어 나갔습니다. 그런데 대개는 그런 공격을 받으면 흥분해서 일손을 놓기가 쉽습니다. 바로 적들은 그걸 노리는 것이고, 느헤미야는 또 그 점을 간파했던 것이니 그가 얼마나 뛰어난 사람인가를 알 수 있습니다. 그는 보통 사람이 아니었습니다. 느헤미야 6장 10절 이하에서도 지도자로서의 그의 남다른 면모를 보게 됩니다.

"이 후에 므헤다벨의 손자 들라야의 아들 스마야가 두문불출 하기로 내가 그 집에 가니 그가 이르기를 그들이 너를 죽이러 올 터이니 우리가 하나님의 전으로 가서 외소 안에 머물고 그 문을 닫자 저들이 반드시 밤에 와서 너를 죽이리라 하기로."

스마야는 일종의 선지자 같은 사람이었는데 "저들이 너를 죽이러 오니 성전 안에 들어가서 문 닫고 외소에 들어가서 숨어 있자"며 느헤미야의 마음을 흔들어 놓습니다. 그런데 그때 느헤미야가 뭐라고 했습니까?

"내가 이르기를 나 같은 자가 어찌 도망하며 나 같은 몸이면 누가 외소에 들어가서 생명을 보존하겠느냐 나는 들어가지 않겠노라 하고"(11절).

"내가 생명 보존할 만한 인물이냐? 나는 죽어도 좋다. 나는 그렇게 숨을 수 없다"고 딱 잘라 말합니다. 그러고 나서 느헤미야는 놀라운 사실을 깨닫게 됩니다.

"깨달은즉 그는 하나님께서 보내신 바가 아니라 도비야와 산발랏에게 뇌물을 받고 내게 이런 예언을 함이라"(12절).

그러니까 반대 세력들이 느헤미야의 주변 사람한테 뇌물을 줘서 성벽 재건을 중단시키려고 했던 것이었습니다. 우리가 보통 영적 공격을 받으면 자칫 기도를 쉬는 우를 범할 수 있습니다. 하지만 그럴 때일수록 기도하고, 그럴 때일수록 하나님께 매달려 앞으로 나아가야 합니다. 느헤미야는 위기의 순간에도 정말 중요한 것을 놓치지 않고 죽기를 각오했기에 오히려 적들보다 한 수 위에 설 수 있었습니다.

우리가 영적으로 원칙을 결정하면 선악이 보입니다. 그때 악한 것이 먼저 보입니다. 그전에는 이것도 맞는 것 같고 저것도 맞는 것 같았지만, 하나님만을 섬기겠다고 결단하고 나면 안 보이던 것들이 희한하게도 그 모습을 드러냅니다. 결단하기 전까지는 안 보이던 것이, 죽기로 결단하고 십자가를 지기로 결단하면 희한하게도 보입니다.

한편으로는 전투를 하며, 또 한편으로는 열심히 벽돌을 쌓아 느헤미야는 이제 52일 만에 성벽을 완공합니다. 이 성벽의 완공은 예루살렘의 재건과, 거룩하고 구별된 나라로서 이스라엘의 재건을 의미합니다.

# 10.
# 침묵 시대

하나님께서 침묵하시던 영적으로 캄캄한 시기였으나, 그 속에서 메시아 대망이
싹트고 있었다.

침묵 시대에 해당하는 이스라엘의 역사는 성경에서 다루어지지 않
고 있습니다. 하지만 이 시대를 알아야 신약을 이해할 수가 있고, 구약
을 마무리할 수가 있습니다.

"나 참 기가 막혀서 말이 안 나온다."

이것이 침묵 시대를 표현하는 한마디 말입니다. 하나님께서는 인
간이 타락한 다음에 어떻게든 인간을 건져내려고 여러 방법을 시도하
셨습니다. 그렇다고 해서 하나님이 전지전능하시지 않고 그분에게 불
가능한 것이 있다는 뜻은 아닙니다. 솔직히 이 부분은 지금 당장 우리
머리로는 이해하기가 어렵습니다. 그러나 분명한 것은 하나님이 계속
시도하셨고 그 시도가 좌절되었다는 것입니다.

하나님께서 죄에 빠진 사람들을 보시고는 세상의 죄를 도말하려고
홍수를 내려 이 세상을 싹 쓸어내셨습니다. 그리고 노아의 여덟 가족
만 남기셨습니다. 하지만 홍수 뒤에 하나님은 남은 그들마저도 썩었다

는 것을 확인하셔야 했습니다. 하나님이 하늘에 무지개를 두신 것도, 인간이 어려서부터 생각하는 것이 악하므로 '이제는 물로 심판하지 않겠다'고 결정하셨기 때문이었습니다.

하나님의 이야기가 어떤 면에서는 실패처럼 보이고 그분의 의도대로 되지 않았던 것 같아도, 하나님은 쉬지 않고 인간 구원을 위한 역사를 펼쳐 나가셨습니다. 아브라함을 부르시고, 또 이스라엘을 택하여 세우셨습니다. 하지만 그들은 될 듯 될 듯하면서도 계속 하나님을 실망시키는 길을 걸어갔습니다. 그러다가 결국 하나님의 선택된 나라였던 남 유다마저 멸망하여 성전은 파괴되고 백성들이 포로로 잡혀가는 지경에 이르게 됩니다. 그때 포로로 잡혀간 자들은 노아의 홍수 때 방주에 남은 8명과 같은 '남은 자'였습니다. 이 '남은 자' 신학이 아주 중요한데, 그것은 메시아 사상과 연결되기 때문입니다.

노아 홍수 때 8명을 남기셨던 것처럼 하나님은 남 유다가 완전히 타락했을 때도 포로로 잡혀간 사람들을 남겨 두셨습니다. 그들은 포로 생활 가운데서도 신앙을 지키다가 70년 만에 귀환하게 됩니다. 그러고는 에스라서, 느헤미야서에서 보듯, 정말 하나님이 원하시는 기막힌 부흥을 이루며 나라를 세울 태세로 성전 재건, 영적 재건, 성벽 재건에 힘썼습니다. 그러나 그 이후에 또 벌어지는 그들의 이야기를 보면 또다시 죄가 시작되었음을 알 수 있습니다.

하나님은 포로 귀환 후에 벌어지는 약속의 땅에서의 갖가지 상황을 보고는 아예 입을 다물어 버리셨습니다. 그분의 심정은 한마디로 "나 참 기가 막혀서 말이 안 나온다"였습니다. 이처럼 하나님이 입을 다무시니 어떻게 선지자가 나올 수 있었겠습니까? 이사야, 예레미야, 에스겔, 다니엘, 호세아 같은 선지자들이 도무지 등장할 수 없는 상황이었습니다. 이처럼 하나님이 말씀을 안 하시니 선지자도 없고 성경도 안 쓰여졌던 것입니다. 그저 캄캄하기만 했던 400년 시간이었습니다. 자유주의적이고 비판적인 학자들은 침묵 기간이 200년이었다고 보기도 하지만, 어쨌든 하나님이 상당한 시간 침묵하셨던 것만은 사실입니다.

생각해 보면, 예수님께서 무덤 속에 3일 계실 때에도 굉장히 캄캄한 시간이었습니다. 그때도 하나님은 아무런 말씀을 안 하셨습니다. 예수님이 무덤 속에 계시던 바로 그 3일처럼, 400년 침묵 시대도 아무의미 없고 오직 캄캄하기만 한 그런 시간들은 아니었습니다. 무덤 속의 3일이 부활을 준비하는 시간이었듯이, 이 침묵의 시대 속에서 하나님은 '메시아를 기다리는 사람들'을 통해 메시아를 이 땅에 보낼 준비를 하고 계셨습니다. 즉, 고난받던 사람들의 마음속에 메시아를 기다리는 마음이 한껏 차오르던 숙성기가 그 400년 암흑기였던 것입니다.

이 400년으로의 돌입을 알리면서 구약을 마무리 짓는 말씀이 말라기 4장 5-6절입니다.

"보라 여호와의 크고 두려운 날이 이르기 전에 내가 선지자 엘리야를 너희에게 보내리니 그가 아버지의 마음을 자녀에게로 돌이키게하고 자녀들의 마음을 그들의 아버지에게로 돌이키게 하리라 돌이키지 아니하면 두렵건대 내가 와서 저주로 그 땅을 칠까 하노라 하시니라."

"여호와의 날이 이르기 전에 엘리야를 너희에게 보내어 회개 운동을 일으키겠다"는 이 말씀을 끝으로 구약시대는 그 막을 내립니다. 그리고 400년을 훌쩍 건너뛰어, 드디어 이 말씀이 세례 요한에게서 그대로 성취되며 침묵 시대는 끝이 나고 신약시대가 열리게 됩니다.

"이는 그가 주 앞에 큰 자가 되며 포도주나 독한 술을 마시지 아니하며 모태로부터 성령의 충만함을 받아 이스라엘 자손을 주 곧 그들의 하나님께로 많이 돌아오게 하겠음이라 그가 또 엘리야의 심령과 능력으로 주 앞에 먼저 와서 아버지의 마음을 자식에게, 거스르는 자를 의인의 슬기에 돌아오게 하고 주를 위하여 세운 백성을 준비하리라"(눅 1:15-17).

이제 긴 침묵을 깨고 빈들에서 한 외침이 들려오게 됩니다. 그것은 '주의 길을 예비하는 엘리야의 심령과 능력을 가진 사자(使者)'의, 회개를 촉구하는 외침이었습니다(막 1:1-5).

침묵 시대는 헬라 타도를 외치던 마카비안, 로마 타도를 외치던 열심당 등의 정치적 당파를 비롯하여, 속세를 떠나 거룩함만을 추구하던 엣세네파, 예수님을 배척했던 바리새파 등의 종교적 당파들이 난립했던 때였습니다. 이 시대에는 얼핏 신앙적으로 보이면서도 사실 신앙과는 전혀 상관없는 추악하고 위선적인 행위들이 판을 쳤습니다. 정말 이제는 도저히 가망이 없다고밖에는 달리 할 말이 없던 때였습니다.

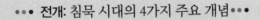

••• 전개: 침묵 시대의 4가지 주요 개념•••

1. 세력의 변천　　2. 정치적 당파들

3. 종교적 당파들　　4. 메시아 대망

구약의 맨 마지막은 메시아 대망으로 끝납니다. 그러면 신약의 맨 마지막은 무엇으로 끝날까요? 바로, 주님의 재림입니다. 그 유명한 "마라나타"(아멘, 주 예수여 오시옵소서)로 끝나고 있습니다. 구약은 초림을 기다리며 끝나고, 신약은 재림을 기다리며 끝나는 것입니다. 그런 의미에서 성경의 내용은 단순합니다.

# 세력의 변천
주변 세력의 숨 가쁜 변천 속에 내부적인 분리가 일어남

침묵 시대는 한마디로 바깥은 바깥대로, 내부는 내부대로 정신이 없던 시대였습니다.

우선 주변 세력의 변천을 본다면, 바벨론이 망하면서 메대와 바사가 등장하고, 그 메대와 바사가 결국 바사로 통합됩니다. 바사는 페르시아를 말합니다.

그러면 페르시아는 누구한테 멸망당했습니까? 그 유명한 헬라의 알렉산더 아닙니까? 주전 303년에 페르시아를 멸망시켰던 알렉산더 대왕이 죽고 나서 그의 대제국은 그 수하의 네 장군에 의해 넷으로 나누어집니다. 그것이 그리스 지역, 소아시아 반도, 시리아 지역, 애굽 지역입니다. 애굽에 있던 나라는 '톨레미'(혹은 프톨레미), 시리아 쪽에 있던 나라는 셀류커스, 소아시아 쪽에 있던 나라는 리지마쿠스, 그리스 쪽에 있던 나라는 카산더였는데, 각각의 나라 이름은 네 장군의 이름을 딴 것이었습니다. 그런데 카산더나 리지마쿠스는 성경의 역사와 하등의 관계가 없지만, 톨레미와 셀류커스에 대해서는 잘 알아둘 필요가 있습니다. 왜냐하면 톨레미와 셀류커스 사이에 이스라엘이 끼어 있어서 그 운명이 왔다 갔다 했기 때문입니다.

처음에 이스라엘은 톨레미에 속했습니다. 톨레미는 종교 탄압을 그렇게 심하게 하지 않고 다 봐주는 정책을 폈습니다. 그래서 이스라엘 입장에서는 신앙생활하는 데 별 문제가 없었습니다.

그러다가 톨레미와 셀류커스 사이에 전쟁이 일어났고 팔레스타인은 셀류커스한테 넘어갔습니다. 그 바람에 이제 이스라엘의 운명은 셀류커스 손에 들어갑니다.

그런데 셀류커스 왕조는 헬라화를 강력히 주장하여 이스라엘 땅에 헬라문화를 심고자 했습니다. 그 셀류커스 왕조에서도 이스라엘에게 제일 심하게 헬라문화를 강요했던 왕이 안티쿠오스 4세 에피파네스였습니다. 그는 이스라엘 성전에 제우스 신상까지 세웠습니다. 그리고 성전 마당에서 격투기, 레슬링 등의 올림픽 경기를 열었습니다. 그런데 고대 올림픽이란 게 제의(祭儀)의 성격을 가졌던 데다가 옛날에는 경기를 다들 벗고 해서 남자들만 입장 가능했습니다. 그랬으니 유대인들의 저항이 얼마나 거세었겠습니까?

유대인들이 저항하자 안티쿠오스 4세는 예루살렘 성 입구에 돼지고기를 매달아 놓고는 한 번씩 핥지 않으면 못 들어가게도 했습니다.

〈이스라엘을 지배했던 주변 강대국〉

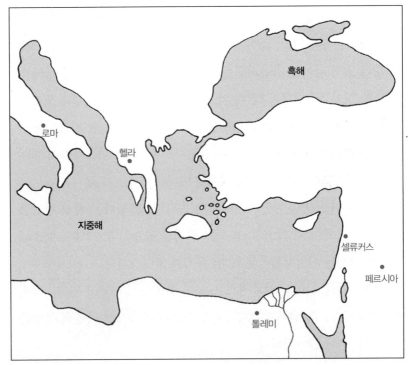

유대인들은 돼지고기에는 절대 손도 안 대었는데 말입니다. 성전 번제단에서 돼지를 제물로 드림으로 신성모독은 극에 달했습니다.

또한 셀류커스가 톨레미와 전쟁하면서 너무 많은 국고의 손실이 있게 되자, 그것을 보충하려고 이스라엘 땅에 세금을 어마어마하게 부과했습니다. 그러면서 세금을 안 내기라도 하면 핍박을 가했습니다.

그러니까 종교적으로나 경제적으로나 엄청난 핍박을 당한 것입니다. 그 고통이란 것이 말도 못할 정도였는데, 사실 이것은 이미 다니엘에 의해 예언된 바 있었습니다. 다니엘 11장 31절입니다.

"군대는 그의 편에 서서 성소 곧 견고한 곳을 더럽히며 매일 드리는 제사를 폐하며 멸망하게 하는 가증한 것을 세울 것이며."

기막힌 예언입니다. 너무나 정확한 이 예언 때문에, 비판적인 학자들은 다니엘서가 셀류커스 왕조 이후에 쓰여진 거라고 말할 정도입니다. 하지만 저는 그렇게 생각하지 않습니다. 여기서 멸망케 하는 미운 물건이란 다름 아닌 제우스 신상을 말합니다. 이러한 핍박 때문에 이제 이스라엘 사람들은 메시아를 대망하게 됩니다.

"매일 드리는 제사를 폐하며 멸망하게 할 가증한 것을 세울 때부터 천 이백 구십 일을 지낼 것이요 기다려서 천 삼백 삼십오 일까지 이르는 그 사람은 복이 있으리라 너는 가서 마지막을 기다리라 이는 네가 평안히 쉬다가 끝날에는 네 몫을 누릴 것임이라"(단 12:11-13).

이것이 묵시 문학에서의 카운트입니다. 이젠 주님이 오셔서 해결하기만을 기다리라는 메시지입니다. 여기 나온 "멸망하게 할 가증한 것을 세운다"는 것 역시, 셀류커스의 안티쿠오스 에피파네스가 제우스 신상 세운 것을 예언한 것입니다.

하지만 그 기고만장하던 헬라제국도 점차 약화되고, 이탈리아 반도에서 새로운 제국이 그 모습을 드러내기 시작합니다. 늑대 젖을 먹고 컸다는 신화의 주인공인 로물루스와 레무스 형제가 세운 로마입니다. 제국의 주인공이 바뀌자 팔레스타인 땅은 이제 로마의 지배하에 들어가게 됩니다. 그러니까 이스라엘은 바사에서 헬라로, 헬라 중에서도 톨레미에서 셀류커스로, 그러다가 로마로 넘어가게 되었던 것입니다. 이것이 유대 백성의 부끄러운 식민지 이력서입니다. 계속 이들은 어딘가에 속하는 식민지 생활을 면치 못했던 것입니다.

이런 외부적인 변화 속에서, 내부적으로는 예루살렘 중심의 유대인과 사마리아 중심의 사마리아인이라는 2개의 분명한 집단으로 나누어지고 있었습니다. 이것은 심각한 문제가 되었습니다.

포로에서 귀환한 후 이스라엘 백성들은 예루살렘에 성전을 재건하고 성전 제사를 드리면서 종교적으로 다시 율법화되기 시작했습니다. '우리는 거룩한 사람'이라는 의식을 갖게 되었습니다. 그런데 그때 사마리아 사람들이 "우리도 같이 예배 드리자"고 제안했습니다. 나쁜 뜻이 아니라 좋은 뜻으로 말입니다. 하지만 유대인들은 "앗수르에 의해 722년에 망했을 때부터 이방인과 피가 섞였기 때문에 너희는 이스라엘 사람이 아니다"라면서 거절해 버렸습니다.

그러자 분노한 사마리아 사람들은 언제부터 예루살렘이 성소였냐면서, "출애굽해서 가나안 땅에 들어왔을 때 저주 산과 축복 산으로 나누었는데(신 28장), 저주 산이 에발 산이고 축복 산이 그리심 산이었다. 그리심 산이야말로 진정한 성소다"라고 주장했습니다. 출애굽 당시에는 아직 등장하지도 않았고 나중에 다윗이 여부스 사람 땅을 빼앗아 세운 게 예루살렘이니 오리지널은 그리심 산이라면서, 그리심 산에 자기들의 성전을 세운 것이 사마리아 성전입니다. 유대인은 예루살렘 성전을 중심으로 신앙생활하고, 사마리아인들은 그리심 산에 세운 성전을 중심으로 신앙생활을 했습니다.

지금도 사마리아에는 야훼(여호와) 종교를 믿는 500명 정도의 사람들이 남아 있습니다. 이 사람들은 세계에서 유일하게 가장 오래된 사마리아 5경을 가지고 있습니다. 그 사마리아 5경에서 학자들이 뽑아낸 기막힌 단어가 바로 '야훼'입니다. 전통적으로 내려오던 구약성경은 원래 모음 없이 자음으로만 적혀 있었습니다. 그래서 예를 들어, 'ㄱㄷ'라고 되어 있으면 '그더'인지, '기도'인지, '가다'인지 알 수가 없을 테데, 이렇게 써 놓고도 이스라엘 사람들은 문맥에 맞게 '기도'라고 읽었습니다. 그러다 나중에 맛소라 사본에서는 모음을 찍어 전부 다 발음을 적어 놓았는데, 신명 사문자인 '여호와'의 이름이 문제가 됩니다. 'יהוה'이 YHWH인데 이 단어만 나오면 이스라엘 사람들은 여호와의 이름을 망령되이 일컫지 말라고 하면서 '아도나이'라고 읽었습니다. 그것은 '주여'라는 뜻입니다. 언제부터인지는 모르지만 'YHWH'만 나오면 사람들은 수천 년 동안 계속 '아도나이'로 읽어 왔고, 이 'YHWH'에 '아도나이'의 모음을 붙여서 만든 합성어가 바로 '여호와'입니다. 그래서 사실 하나님의 이름이 정말 여호와인지는 확실한 게 아닙니다. 그런데 이 하나님의 이름을 겁 없이 부른 사람들이 있었으니 그들이 바로 사마리아인이었습니다. 사마리아 5경을 보면 하나님을 '야훼'라고 부르고 있습니다. 그리고 오늘날 비평학자들이나 자유주의 신학자들은 그것을 채택하여 하나님을 '여호와'가 아닌 '야훼'라고 부르고 있습니다.

어쨌든 사마리아 사람들은 그리심 산에 자기들의 성전을 세웠습니다. 지금도 유월절이 되면 사마리아 사람들은 양을 잡습니다. 그래서 그것을 보려고 전 세계에서 사람들이 몰려든다고 합니다.

사마리아인들이 그리심 산에 성전을 세운 것은, 오직 성전에 대한 자존심 하나로 살던 유대인들을 제대로 건드린 사건이었습니다. 이제 유대인들은 "사실 예루살렘은 다윗 때부터 시작된 것이 아니다. 아브라함이 이삭을 번제로 바치려고 했던 모리아 산이 헤브론에서 3일 길 올라가던 곳에 있었으니, 출애굽보다 훨씬 전부터 예루살렘은 존재했다"며 그 정통성을 주장했습니다. 이에 대해 사마리아 사람들은 "아브라함이 이삭을 바쳤던 모리아 산은 그리심 산이다. 언제부터 예루살렘이 성지였냐? 그리심 산이 성지지" 하고 맞받아치며 헤브론에서 3일 길을 정확히 재어 증거로 들이대기도 했습니다.

이렇게 싸우다가 유대인과 사마리아인은 결국 상종을 안 하게 되었습니다. 성경을 보아도 유대인들은 이방인보다 사마리아인을 더 배척하고 싫어했음을 알 수 있습니다. 이러한 배경으로 보건대, 예수님이 선한 사마리아인의 비유를 드셨다는 것은 당시로서는 일대 파격이었던 셈입니다. 제사장이나 레위인은 사람이 쓰러진 것을 보고도 그냥 지나쳤지만 사마리아인만은 그를 정성껏 돌보았다고 했으니, 정말 유대인들의 미움을 사고도 남을 만한 얘기였습니다.

그 당시 유대인들은 갈릴리에서 예루살렘으로 올라갈 때 직선 코스로 안 갔습니다. 사마리아를 통과하지 않으려고 가까운 곳을 놔두고 일부러 요단 건너 동편으로 돌아서 갔습니다. 그 정도로 사마리아를 증오하고 배척했던 것입니다.

수가 성 여인과 예수님과의 대화에서도 이러한 배경을 엿볼 수 있습니다. 수가 성은 히브리어로 세겜인데, 당시 예수님은 수가 성 여인을 전도하려고 일부러 사마리아를 통과하셨습니다. 그리고 우물가에 물 길러 온 그 여인에게 물을 달라고 하셨습니다. 남자가, 그것도 유대인 남자가 자기한테 물을 달라고 하는 것을 이상히 여긴 여자에게 예수께서는 영원토록 목마르지 않을 물에 대해 말씀하십니다. 그러자 여자는 사마리아인과 유대인 사이의 해묵은 감정을 끌어들인 후 그 뒤로 숨으려고 했습니다.

"여자가 이르되 주여 내가 보니 선지자로소이다 우리 조상들은 이
산에서 예배하였는데 당신들의 말은 예배할 곳이 예루살렘에 있다
하더이다"(요 4:19–20).

그때 예수께서는 "하나님은 그리심 산에만 계시거나 예루살렘에만
계신 것이 아니다. 하나님은 영이시니 예배하는 자가 신령과 진정으로
예배할지니라"고 하는 폭탄 같은 말씀을 하십니다.

이스라엘은 주변 세력의 숨 가쁜 판도 변화 속에, 내부적으로는 북
이스라엘의 대표인 사마리아와 남 유다의 대표인 예루살렘으로 완전
히 갈라져서 이처럼 서로 상종도 하지 않게 되었던 것입니다.


## 정치적 당파들
마카비안, 열심당, 헤롯당

### 마카비안

마카비안은 셀류커스의 안티쿠오스 4세 에피파네스의 종교적 탄압
에 대항하여 일어난 반란 세력이었습니다. 예루살렘에서 지중해 쪽으
로 조금 떨어진 모데인이라는 곳에 마타디아라는 늙은 제사장이 있었
습니다. 그는 셀류커스 사람들의 핍박을 견디다 못해 결국 흥분하여
목숨을 걸고 봉기를 일으켰습니다. 때마침 그때 셀류커스 왕조가 굉장
히 많이 약해져 있기도 했습니다.

마타디아에 이어 '마카비', 곧 쇠망치라는 별명을 가진 그의 아들
유다가 반란을 주도하는 인물로 등장합니다. 유다는 반란을 성공시켜
결국 이스라엘 땅을 회복합니다. 그는 주전 164년 12월 14일에 예루살

렘을 회복하고 성전을 재헌당했는데, 성전을 접수하고 보수했던 이 날을 기념하여 하누카(수전절)라는 절기가 지켜지게 되었습니다.

이 유다 마카비가 이끌었던 당을 일컬어 마카비안이라고 했는데, 마타디아로부터 시작된 마카비안들은 하스몬 왕가를 세워 70, 80년 정도 독립 국가를 이루었습니다.

### 열심당

열심당은 주로 로마를 상대로 암살, 테러를 감행하며 투쟁했던 무서운 그룹이었습니다. 성경에서 '젤롯트', '쎌롯인', '갈릴리 사람' 등으로 불리기도 하는 사람들이었습니다. 베드로가 "너도 갈릴리 사람 가운데 있었다"는 말을 듣고 몹시 흥분했던 것도, 그 당시 갈릴리 사람이라는 말 속에 열심당이라는 의미가 들어 있었기 때문입니다. 만약 열심당인 줄 알면 언제든 잡혀 갈 가능성이 있었던 것입니다.

열심당 가운데서도 특별히 암살 전문단을 '시카리'(sicarii, 자객)라고 했습니다. (그런데 '시카리'가 우리말 '식칼'과 너무도 비슷하지 않습니까? ⌢) 이 사람들은 늘 단도를 품고 다녔는데, 요즘으로 말할 것 같으면 무장 테러 단체와도 같은 존재였던 것입니다. '시카리'와 관련하여 한마디 더 하자면, '가룟 유다'에서 '가룟'이라는 말의 원래 발음 '이스카리옷'은 '시카리'에서 나왔다고 합니다, 그래서 가룟 유다는 원래 시카리 출신 이었다고 보는 학자들이 많습니다.

### 헤롯당

앞의 그림을 보면 마카비안은 "헬라 타도!"를 외치고, 열심당원은 "로마 타도!"를 외치고 있습니다. 그리고 옆에서 "흐흥, 좋은 게 좋은 거지. 누이 좋고 매부 좋고" 하는 사람이 있는데 그가 바로 헤롯당원입니다.

헤롯당은 유대 지역 분봉왕인 에돔 사람 헤롯의 가문, 특히 헤롯 안디바를 추종하던 세력이었습니다. 그들은 "성전을 보수해 준 헤롯이 혹시 메시아가 아니냐"면서 그를 추종했지만, 실제로 이 사람들의 목표는 그냥 현실적으로 이익 좀 보자는 것 그 이상도 이하도 아니었습니다. "뭐 골치 아프게 로마와 싸우냐? 잘 먹고 잘살면 되지" 하는 식이었습니다. 이들은 정치적으로는 타협주의자요 실리주의자였습니다. 또한 종종 사두개인들과 동일시되기도 했습니다.

그런데 신약을 제대로 이해하려면 헤롯 4대를 잘 알아야 합니다. 우선, 성경에 나오는 헤롯 중에서 꼭 알아두어야 할 헤롯이 '대(大)헤롯'입니다. 대헤롯은 예수님이 태어나실 때 아기 예수를 죽이려고, 베들레헴에서 태어난 2세 이하의 남자아이를 모조리 다 죽였던 바로 그 인물입니다. 이 사람은 40여 년간 유대 땅을 다스렸는데 엄청난 권력을 누렸다고 합니다. 부인이 10명이나 있었는데 그 가운데 마리암네라고 하는 여자는 그와 경쟁 관계에 있던 하스몬 왕가의 딸이었습니다. 마카비 가문에서 나온 하스몬 왕가의 딸을 부인으로 맞아들임으로써 일종의 유대 정통성을 잇고자 했던 것입니다. 하지만 그 사이에서 아들 알렉산더가 태어나자 백성들 간에 "알렉산더가 왕이 되면 유다의 피를 이은 하스몬 왕이 돌아온다"는 말이 돌기 시작했고, 이에 불안감을 느낀 대헤롯은 큰 연회를 베푼 자리에서 아직 어린 그 아들을 비정하게 살해해 버립니다. 아무리 아들이라 해도 자기에게 도전하면 제거해 버릴 수 있는 아주 잔인한 인물이 바로 대헤롯이었습니다.

대헤롯의 아들 중에서 우리가 꼭 기억해야 할 인물이 헤롯 안디바입니다. 헤롯 안디바는 이복형 빌립의 부인 헤로디아, 곧 형수를 빼앗아 아내로 삼은 사람입니다. 헤로디아에게는 이미 빌립과의 사이에서 낳은 살로메라는 딸까지 있던 상태였습니다. 유대인들은 이 파렴치한 왕을 한목소리로 비난했는데, 그 가운데서 제일 목청을 높였던 사람이 세례 요한이었습니다. 결국 옥에 갇히게 된 세례 요한은 헤로디아의 계략에 넘어간 헤롯 왕에 의해 목베임 당하고 맙니다. 예수님이 '저 여우'(눅 13:32)라고 가리켰던 인물이 바로 헤롯 안디바였습니다.

그 다음에 나오는 인물이 헤롯 아그립바 1세입니다. 그는 헤롯 안디바 이후에 왕이 되었는데, 하나님 앞에 교만하게 굴다가 벌레에게 먹혀 죽었습니다(행 12:20-23).

아그립바 1세의 뒤를 이어서 그 아들인 아그립바 2세가 왕이 되는데, 그는 바울이 옥에 갇혔을 때 동생 버니게와 함께 바울을 대면했던 사람입니다(행 25-26장).

# 종교적 당파들

사두개파, 바리새파, 엣세네파

## 사두개파

사두개파를 이제 일명 '개파'라고 부르기로 합시다. 정말 개와 같은 탐심을 종교적으로 위장하던 무리들이었기 때문입니다. 이들은 다윗에 의해 세워졌던 '사독'의 후예라고 자칭했으며, 마카비안의 변질된 후예인 하스몬 왕가를 지지하고 헬라 문화를 지향하면서 부와 권력을 추구했던 귀족주의적, 세속주의적 당파였습니다. 사두개파는 헤롯당과 거의 일치할 정도로 굉장히 현실적이었습니다.

돈이 많았던 사두개파는 현실에 만족했기에 부활의 필요성을 느끼지 못했고, 따라서 신학적으로는 육체의 부활이 없다고 보는 견해를 가지고 있었습니다(행 23:8). 그래서 예수님을 찾아가서 부활에 대한 아주 황당한 질문을 하기도 했습니다(마 22:23-32).

## 바리새파

이 사람들은 '새파'라고 부릅시다. 이 사람들은 사두개파와 달리 하스몬 왕가가 세운 대제사장을 반대했으며, 평민 중심이었고, 경건주의자들이었습니다. 마카비안 반란이 성공한 후에 하스몬 왕가는 아론의 후손도 아니면서 대제사장을 자처했습니다. 그것을 반대하고 나선 사람들이 바리새파였습니다. 그들은 경건을 철저히 추구하고, 일명 '백성의 선생'으로 불렸으며, 백성들의 지지를 많이 받고 있었습니다. 그래서 요한복음에 보면 니고데모가 왔을 때 예수님이 "너는 이스라엘의 선생으로서 이러한 것들을 알지 못하느냐"(요 3:10)라고 하셨던 것입니다.

바리새파 사람들은 굉장히 율법에 밝고 나름대로 존경받는 사람들이었지만, 실상은 돈을 좋아하는 사람들이었습니다. 결국 그들은 율법주의에 빠지면서 속으로는 세속주의를 지향하는 형식주의자들이었던 것입니다. 누가복음 16장 14절을 보면 "바리새인들은 돈을 좋아하는 자들이라"고 했습니다.

바리새파의 경우 그 가르침이 예수님과 굉장히 비슷했습니다. 비슷한 듯하면서도 근본적으로는 달랐던 것입니다. 그래서 예수님을 제일 많이 공격하고 함정에 빠뜨리려고 했던 사람들이 바리새파였습니다.

그리고 바리새파 사람들은 육체의 부활을 주장했습니다. 부활에 대한 신학적 견해에서는 사두개파와 정반대였던 것입니다. 그래서 사두개파와 부활에 대한 논쟁이 붙었다 하면 꼭 싸움으로 끝이 났습니다.

### 엣세네파

사실 엣세네파는 성경에는 그 이름이 안 나옵니다. 이 사람들은 극단적인 경건주의자(하시디안)로서 속세를 떠나 광야에 가서 집단생활을 하던 무리였습니다. 지금도 이런 극단적 경건주의자들이 있기는 합니다. 세상 꼴 보기 싫으니 멀리 나가 살자는 주의입니다. 학자들에 따르면, 이 사람들은 광야에 가서 살면서 결혼도 안 하고, 버려진 아이들을 데려다가 키웠을 것이라고 합니다.

엣세네파 사람들이 제일 강조한 것이 세례였습니다. 더러워지지 않기 위해, 밖에만 나갔다 오면 흐르는 물에 몸을 씻었습니다. 이런 면에서 본다면, 성경에 나오는 인물 중 누구를 엣세네파의 일원으로 봐야 할까요? 바로 세례 요한입니다. 그의 부모 사가랴와 엘리사벳은 세례 요한을 낳았을 때 나이가 많았으니 아마도 그가 어렸을 때 돌아가셨을 것입니다. 그러면 돌볼 사람이 없어 버려졌을 어린 세례 요한은 엣세네파 사람의 손에 양육되었을 가능성이 큽니다. 왜냐하면 성경 말씀에 아이가 이스라엘 앞에 나올 때까지 빈들에 있었다고 되어 있기 때문입니다(눅 1:80). 그리고 세례 요한이 세상에 나오자마자 세례를 강조한 것도 엣세네파의 특징이라고 여겨집니다.

여하튼 엣세네파는 광야에 가서 살았는데, 특히 쿰란이라는 지역에 많이 모여 살았습니다. 그런데 조용히 살던 이들에게 갑작스럽게 최후의 날이 임합니다. 주후 70년에 디도 장군이 예루살렘을 멸망시킬 때 열심당원 1,000명이 남쪽으로 도망가다가 맛사다에 숨는 일이 일어났습니다. 그 열심당원들을 추격하러 내려가던 로마 군대는 쿰란을 지나다가 사람들이 모여 있는 것을 보고 열심당원인 줄 알고 공격을 했습니다. 그런데 마침 그때가 안식일이어서 그들은 공격에도 불구하고 도망가지 않은 채 그 자리에서 전원 다 죽음을 당했습니다. 한 명도 안 남기고 말입니다. 그리하여 엣세네파 사람들은 인류사에서 완전히 사라져 버렸습니다.

안식일을 철저히 지키려고 죽음을 택했던 그들은 어찌 보면 참 무서운 사람들이었습니다. 하긴 예수님도 안식일에는 도망갈 수 없으니 "안식일에 재림주가 오지 않도록 깨어 기도하라"고 하시지 않았습니까?

결론적으로 엣세네파 사람들은 그 당시 세상에 별다른 영향도 못 주고, 자기들끼리 모여 살다가 허무하게 사라져 간 것입니다. 하지만 이들이 인류에게 귀중한 유산을 남겨 준 것이 있습니다. 이 경건주의자들은 씨앗 같은 것을 먹으며 주로 성경 필사를 하며 살았습니다. 두루마리에 성경을 필사해서 그것을 항아리 같은 데 넣는 것이 이 사람들의 주요 일과였습니다. 그런데 이 필사본들은 사해 바다의 그 건조한 기후와 소금 기운 때문에 썩지 않고 놀랍게도 무려 2,000년간 자연보관되었습니다. 이것이 그 유명한 사해사본입니다.

그런데 이 사해사본이 발견된 스토리가 재미있습니다. 1947년, 쿰란 동굴 근처에서 양을 치던 어떤 팔레스타인 목동이 잃어버린 양을 찾으러 나섰습니다. 한참을 헤매던 그는 저쪽 편에 굴 하나가 보이기에 양이 굴 안에 있나 싶어 돌을 던졌다고 합니다. 그랬더니 안에서 쨍그랑 소리가 나더라는 것입니다. 그래서 가 보았더니 거기에 항아리들이 있고 그 안에서 양피지가 나왔습니다. 그는 그것이 돈이 될까 싶어 골동품상한테 가져가서 보여 주었지만, 그 사람도 그것의 정체를 알지는 못했습니다.

당시 이스라엘은 독립전쟁 중이었지만, 그 팔레스타인 양치기는 위험을 무릅쓰고 히브리 대학 고고학 교수인 수케닉이라는 사람을 조용히 찾아갔습니다. 수케닉은 그것이 인류 최대의 진품임을 알아보고는 양치기가 사는 동네에 그것을 사러 가겠노라고 말했습니다. 그러나 그때가 전쟁 중인지라 민간인은 예루살렘 밖으로 쉽게 나갈 수 없었습니다. 수케닉은 자신의 아들인 예루살렘 총 방위군 사령관 야딘에게 중요한 것이 발굴되었으니 나가게 해달라고 부탁을 합니다. 그러자 그 자신도 고고학자였던 야딘은 이렇게 잘라 말했습니다.

"아버지, 제가 고고학자로서는 가라고 말씀드리고 싶습니다. 그러나 아들로서는 가지 말라고 말씀드리고 싶습니다. 이스라엘 사령관으로 명령하노니 가지 말라."

하지만 수케닉은 몰래 가서 3개의 두루마리를 사왔는데 그것이 2,000년 된 것이었습니다. 그때까지 발견된 사본 중에서 가장 오래된 것이 주후 1,200년 것이었으니, 무려 1,200년을 앞당긴 고고학적 대발견이었던 셈입니다. 예수님 당시의 문서를 보고 막 흥분하던 수케닉은 시리아의 사무엘 주교도 정품 4개를 가지고 있음을 알게 됩니다. 그것도 손에 넣고자 했으나 사무엘 주교는 사람을 시켜 4개의 사본을 모두 미국으로 **빼돌려** 버렸습니다. 그러나 1950년대 미국에서는 아직 그 사본의 가치를 못 알아보았기에, 500만 달러를 불러도 거들떠보는 사람이 없었습니다. 결국 1953년까지도 사본 4개가 팔리지 못하고 있던 상황에서 수케닉은 연로하여 세상을 떠나게 됩니다.

그러던 중에 이스라엘 독립전쟁도 끝나고, 수케닉의 아들 야딘은 다시 히브리 대학으로 복귀해서 자기 아버지가 하던 일을 마무리 짓기 위해 미국으로 건너갑니다. 그곳에서 그는 아직도 사본들이 팔리지 않은 채 그대로 있는 것을 보게 됩니다. 마침내 이스라엘 정부가 지급 보증을 해 주어 야딘은 25만 달러에 사본 4개를 사들여, 원래 가지고 있던 3개의 사본과 합쳐 예루살렘 박물관 지하에 가져다 놓았습니다. 그러면서 이제 엣세네파의 존재와 쿰란 얘기가 세상에 알려지기 시작했고, 그 다음부터는 돈 된다고 하니까 1951년부터 1956년까지 사람들이 그 지역을 샅샅이 뒤져서 약 800개의 두루마리 조각을 더 발견하게 됩니다. 그런데 왜 이렇게 두루마리 조각이 많아졌는가 했더니, 쿰란 지역 아랍인들이 돈을 더 받기 위해 사본들을 잘게 잘랐기 때문이었습니다.

## 메시아 대망
핍박과 혼란 속에서 경건한 사람들은 메시아를 기다림

'메시아' 또는 '구세주'는 인류를 구원하러 오시리라고 구약 전반에 걸쳐 예언된 분입니다. 그런데 이 메시아에 대해 어떤 사람들은 정치적으로만 이해하고, 어떤 사람들은 영적으로만 이해하는 등 많은 혼란이 있었지만, 여하튼 메시아가 오시면 잘못된 모든 것을 고치고 회복시키리라는 기대를 갖고 간절히 기다린다는 면에서는 공통점이 있었습니다.

이 400년의 침묵 시간은 다음 3가지 면에서 메시아의 오심을 준비하는 시간이었다는 데에 그 의미가 있었습니다.

### 언어의 통일

지중해 연안의 모든 세계가 알렉산더 제국의 헬라 문화의 영향으로 헬라어를 공용어로 하게 되었습니다. 메시아가 오신 다음에 복음이 순식간에 퍼져나갈 수 있었던 것도 세계가 다 헬라어권이었기에 가능했습니다. 만약 언어가 달랐다면 바울이 아무리 날고 기어도 전도를 얼마 하지 못했을 것입니다. 하지만 그렇게 넓은 지역을 뛰어다녀도 전도하는 데 특별한 문제가 없었던 것은 일단 말이 통했기 때문이었습니다. 성경은 '코이네', 즉 누구나 다 알 수 있는 일반 헬라어로 쓰여졌습니다. 하나님께서는 언어가 통하는 것의 중요성을 알고, 예수님이 오시기 전에 미리미리 언어를 통일시켜 놓으셨던 것입니다.

### 행정의 통일

헬라 문화가 언어를 통일했다고 한다면, 그 다음에 로마 제국은 행정 통일을 해 놓았습니다. 로마 제국이 모든 지역을 다스리므로 국경이 없었고, 또 잘 발달된 도로로 인해 여행이 용이한 상태였습니다. 그래서 이 지방에서 저 지방으로 옮겨 가는 데 비자가 필요 없었습니다. 만일 지금처럼 비자 받아가면서 다녀야 했다면 사도 바울은 전도 여행을 꿈꾸지도 못했을 것입니다.

제가 처음에 이스라엘에 갔다가 시내 산에 가기 위해 타바 국경 지역, 즉 옛 이름이 에시온게벨인 에일랏이 있는 맨 남쪽에서 한참 올라간 국경 검문소까지 갔습니다. 거기가 시나이 반도 남쪽이었는데, 문 하나 통과하면 바로 애굽인데도 비자가 없다고 통과시켜 주지 않아, 무려 5시간을 그 더위 가운데 기다려야 했습니다. 그때 저는 바울을 생각했습니다. 만일 바울이 가는 곳마다 비자를 제시해야 했다면 전도는커녕 과연 통과라도 제대로 할 수 있었을까요? 바울은 전 나라가 로마 제국이어서 비자 없이도 자유롭게 이곳저곳을 갈 수 있었습니다. 주님께서는 메시아가 오시면 복음이 전파될 수 있도록 만반의 준비를 다 해놓고 계셨던 것입니다.

### 영적 준비

유대인들은 극심한 핍박과 정치적 모멸을 당하면서 메시아를 기다리는 마음이 폭발할 정도까지 이르렀고, 또 이 마음을 가진 유대인들이 각 나라로 흩어져 살면서 복음을 전하는 교두보 역할을 할 수 있게 되었습니다.

신약성경에 보면 많이 나오는 말이 "하나님 나라를 기다리는 사람들"입니다. 아리마대 요셉 같은 사람이 바로 '하나님 나라를 기다리는 사람'이었습니다. 이처럼 하나님 나라를 기다리던 유대인들이 디아스포라가 되어 지중해 전역으로 흩어져 살았기 때문에, 바울은 그들을 찾아다니며 복음을 전파했습니다.

이렇게 해서 결론적으로, 이제 메시아가 오시기만 하면 되었습니다.

## 2장
# 찬양과 기도 속에 나타나신 하나님-시가서

시가서는 3가지 주요 유형과 4가지의 대표적인 기법으로 된 욥기, 시편, 잠언, 전도서, 아가, 5권의 책이다.

혹시 '처용가'(處容歌)에 관한 이야기를 아십니까? 처용랑이라는 동해 용왕의 아들이 신라 도성에 머무르며 왕정을 도왔습니다. 그래서 신라왕이 이를 기특하게 여겨 장가까지 보내 주었습니다. 그런데 어느 날 처용이 나갔다가 돌아와 보니 그가 없는 사이에 역신(疫神)이 변장하여 들어와서 자기 아내와 동침하고 있었습니다. 그러니 얼마나 속이 뒤집어졌겠습니까? 보통 사람 같았으면, 도끼가 어디 있나 그것부터 찾아보았을 테지만, 처용은 갑자기 노래를 부르면서 덩실덩실 춤까지 추었다는 것입니다. 완전히 머리가 돈 사람이 아니면, 자포자기 상태가 분명했습니다. 그것도 아니라면, 평소에 어떻게 하면 아내의 폭정에서 벗어날까 고민하다가 드디어 해방의 날이 왔다고 기뻐하는 것이었든지 말입니다.

여하튼 간에 그래서 그가 부른 노래가 처용가입니다. 그런데 처용가 자체가 거의 유치원 수준의 노래였습니다(가사를 자세히 보면 부부 사이에 좀 문제가 있어 보입니다). 그러면 이제 번역본으로 처용가를 한번 보실

264 2부 구약이야기

까요?

> 서울이 밝아 오도록 밤새도록 놀다가
> 들어가서 자리를 보니 다리가 네 개구나
> 두 개는 내 것이지만 두 개는 누구 것인가?
> 원래 내 것이지만 빼앗겼으니 어찌하겠는가?

이렇게 노래를 불렀더니 역신이 감동을 받아 "내가 너를 시험하려고 했다"면서 사과하고 도망쳤다는 것이 처용가에 얽힌 전설의 내용입니다. 이 정도 노래에 감동할 정도라면 역신의 수준도 알 만합니다.

그런데 어쨌든 그때부터 무슨 일이 벌어졌는가 하면, 이 처용의 얼굴을 그려 붙이면 역신이 도망간다는 전설이 생겼다는 것입니다. 처용의 얼굴이 부적 같은 것이었던 셈입니다.

처용가의 위력에서 보았던 것처럼, 노래는 보통 말보다 훨씬 의미가 깊고 감동이 있습니다. 말로 하는 것보다는 노래 부르는 것이 훨씬 더 감동이 있습니다. 제가 언젠가 내적 치유 집회에서 기도를 하게 되었는데, 하나님이 감동을 주셔서 기도 대신에 '내 영혼의 그윽히 깊은 데서'를 부르게 되었습니다. 그런데 놀랍게도 사람들이 성령의 감화를 받아 감동의 눈물을 흘리는 것이었습니다. 물론 그것은 제가 노래를 잘 불러서가 아니라, 말보다는 노래가 훨씬 더 의미가 있고 파워가 있기 때문이었습니다.

하나님은 찬양 속에서 큰 영광을 받으십니다. 우리가 찬양을 부르는 것은 그것이 하나님께 영광이 되기 때문입니다. 이런 노래의 위력을 빌어 여자의 마음을 얻어 보겠다는 바람둥이들의 전략에서 나온 것이 바로 "창문을 열어다오~" 하는 세레나데 아니겠습니까? 정말 신기하게도, 말로는 안 넘어가던 여자들도 노래를 부르면 넘어가는 일이 일어납니다.

그렇다면 왜 이렇게 노래나 시에는 감동을 주는 힘이 있는 걸까요? 그것은 바로 구약학의 대가 앤더슨(B. W. Anderson) 교수가 쓴 시편에 관한 책 제목처럼, '깊은 곳에서'(Out of Depth) 나오는 것이기 때문일 것입니다. 깊은 곳에서 나와서 깊은 곳까지 가는 것이 노래입니다. 노래라는 것은 인지적인 생각의 수준을 넘어 우리의 감정과 영의 저 밑에서부터 올라오기 때문에 사람들에게 감동을 주고 영향력이 큰 것입니다.

구약의 아주 많은 부분이 탁월한 시입니다. 지금 우리가 알고 있는 시편만이 아니라 성문서 전체와 역사서 상당 부분도 시로 되어 있습니다. 왜냐하면 시야말로 하나님 앞에서 그들의  고백을 전달하는 데 아주 탁월한 방법이었기 때문입니다. 수많은 신앙인들이 역사를 움직일 만한 위대한 예언과 찬양과 교훈과 고백을 시와 노래로 하나님 앞에 올려드렸습니다. 그 시가들은 지금 우리의 노래이기도 합니다. 앤더슨 교수의 『깊은 곳에서』라는 책의 부제 'The Psalms Speaks for Us Today'처럼 시편은 오늘날 우리에게도 말하고 있습니다. 시편은 옛날 얘기가 아니라 지금 우리한테도 해당되는 노래들입니다.


## 히브리 시의 3가지 유형

서정시 – 주로 노래로 불려졌던 서정성 있는 시. 시편.
교훈시 – 삶의 원리를 가르치는 격언으로 된 시. 잠언, 전도서.
        잠언, 전도서는 교훈시입니다. 시는 시인데 삶의 모든 원리를 가르쳐 주는 격언입니다.

극시 – 이야기가 들어 있는 시. 욥기, 아가서.

그런데 혹시 시편에 교훈시가 나온다고 분노하거나 슬퍼하지 마십시오. 시편에도 일부 교훈시나 극시가 있고, 욥기에도 교훈시적인 부분이 있으며, 다른 시가서에도 3가지 유형이 다 섞여 있습니다. 다만, 크게 나눈다면 위와 같다는 것입니다.

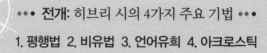

●●● **전개**: 히브리 시의 4가지 주요 기법 ●●●
**1. 평행법  2. 비유법  3. 언어유희  4. 아크로스틱**

## 히브리 시의 4가지 주요 기법들

평행법(Parallelism)
히브리 시의 가장 일반적이고 대표적인 기법으로, 생각을 연결하는 것(Thought-Rhyme)에 중점을 둡니다. 리듬이 아닌 생각을 연결하는 기법입니다. 이 생각에서 저 생각으로 생각을 연결하는 것입니다. 이 평행법에는 무려 6가지가 있습니다.

### 1. 동의반복적 평행법: 비슷한 것을 반복하는 기법
이 방법은 대개 강조하기 위해 사용합니다. 똑같은 것인데 말을 바꾸어서 이렇게도 쓰고 또 저렇게도 쓰는 것입니다.
"여호와여 주의 장막에 머무를 자 누구오며

주의 성산에 사는 자 누구오니이까"(시 15:1).

여기 보면 '주의 장막'이나 '주의 성산', '머무를 자'나 '사는 자'는 비슷한 말인데 슬쩍 바꾸어서 반복하고 있습니다. 이것이 동의반복적 표현입니다. 그런데 이 동의반복법은 일부러 사용한 것이 아니라 보통 사람들의 사고 패턴을 따른 것입니다. 평소 우리도 생활 가운데 중요한 말은 똑같은 말도 2번 이상 반복하지 않습니까? 예를 들면, 아이를 아침에 깨울 때 그냥 "일어나" 하지 않고 "일어나, 빨리 일어나!"라고 할 때가 많습니다. 하여간 같은 말을 바꾸어서 반복하면 강조가 됩니다. 그래서 나온 것이 동의반복적 평행법입니다.

## 2. 대조적 평행법: 첫 행과 둘째 행이 서로 대조적

"인자한 자는 자기의 영혼을 이롭게 하고
잔인한 자는 자기의 몸을 해롭게 하느니라"(잠 11:17).

여기에서 보면, '인자한 자'와 '잔인한 자', '영혼'과 '몸', '이롭게'와 '해롭게'가 대조적 평행을 이루고 있습니다.

## 3. 합성적 평행법: 둘째 행이 첫째 행을 보충, 완성

"너희 권능 있는 자들아 영광과 능력을 여호와께 돌리고 돌릴지어다 여호와께 그의 이름에 합당한 영광을 돌리며 거룩한 옷을 입고 여호와께 예배할지어다"(시 29:1-2).

Ascribe to the Lord, O mighty ones,
ascribe to the Lord glory and strength.
Ascribe to the Lord the glory due His name;
worship the Lord in the splendor of His holiness.

한글성경만 보아서는 이것이 무슨 법을 말하는지 알 수 없을 것 같아 영어 본문도 제시해 보았습니다. 여기 보면 처음에는 그냥 ascribe to the Lord(주께 돌려라)라고만 했다가, 두 번째 행에서는 glory and strength(영광과 능력)를 돌리라고 하고, 세 번째 행에서는 주께 돌리는 영광이 the glory due His name(그 이름에 합당한 영광)이라고 하면서 자꾸만 살을 붙여 나가고 있습니다. 이런 식으로 계속 무엇을 하나 붙이고 보충하고 보태어 나가는 기법이 합성적 평행법입니다.

**4. 상징적 평행법: 직유나 은유를 많이 사용해서 평행법을 만드는 것**

"하나님이여 사슴이 시냇물을 찾기에 갈급함같이

내 영혼이 주를 찾기에 갈급하니이다"(시 42:1).

'내 영혼이 주를 찾는 것'을 '사슴이 시냇물을 찾는 것'에 비유하고 있습니다. 이 평행법은 동의반복적 평행법과 비슷한 면이 있습니다.

**5. 계단식 평행법: 앞 행의 것을 받아서 계속 발전시켜 나가는 기법**

이것은 기본이 되는 단어나 구(句)에 자꾸 살을 붙여 나가는 합성적 평행법과 비슷하면서도, 그 이어 나가는 방식이 계단식이라는 점에서 차이가 있습니다.

"내가 산을 향하여 눈을 들리라 나의 도움이 어디서 올까

나의 도움은 천지를 지으신 여호와에게서로다"(시 121:1-2).

그러니까 계단식 평행법이란 첫 줄에서 '도움이 어디서 올까'라고 했으면, 다음 줄에서 바통을 이어받아 그 도움이 여호와에게서 온다고 부연 설명해 주는 식의 기법을 말하는 것입니다. 이 평행법은 일반적인 우리의 사고 과정을 잘 보여 줍니다.

## 6. 교차적 평행법: 첫 행과 둘째 행을 엇갈려서 표현하는 기법
### (Ⓐ ➔ Ⓑ, Ⓑ ➔ Ⓐ)

"여호와여 내가 주께 부르짖고 여호와께 간구하기를 Ⓐ

내가 무덤에 내려갈 때에 나의 피가 무슨 유익이 있으리요Ⓑ

진토가 어떻게 주를 찬송하며 주의 진리를 선포하리이까Ⓑ

여호와여 들으시고 내게 은혜를 베푸소서

여호와여 나를 돕는 자가 되소서 하였나이다Ⓐ" (시 30:8-10).

시인은 처음에 간구를 합니다Ⓐ. 그러고는 설득을 하지요Ⓑ. 설득하고 나서 한 번 가지고는 부족하니까 그 다음에 반드시 또 설득하게 되는 것이 인간입니다. 그래서 설득이 한 번 더 나옵니다Ⓑ. 그리고 그렇게 하고 나면 마음이 확 돌아서서 다시 간구하고 싶어지게 됩니다 Ⓐ. 이처럼 간구 ➔ 설득 ➔ 설득 ➔ 간구로 가는 것이 교차적 평행법이며, 이 기법은 일상생활에서도 많이 사용되고 있습니다.

부부 싸움할 때도 보면 대개 이런 식입니다. 상대방에게 "당신 왜 날 몰라주는 거야?"라고 따지고 나서는 곧바로 "다른 사람은 몰라도 당신이 나를 몰라주면 누가 알아주겠어?"라고 덧붙이게 되고, 그것으로도 부족하다 싶어 "당신이 나를 알아줘야 내가 살맛이 나지" 하고 같은 말을 다시 한 번 더 반복합니다. 그러고는 쏟아냈던 그 여세를 몰아 마지막으로 한마디 일침을 가합니다. "왜 몰라주는 거야?"라고. 히브리 시편의 패턴만 그런 게 아니라 사람들의 사고는 이런 식으로 흘러가며 연결됩니다.

### 비유법
히브리 시인들은 독자의 마음을 뚫고 들어가는 생생한 표현을 위해 시각적 이미지를 사용했는데, 비유법에는 5가지가 있습니다.

## 1. 직유법

하나의 단어에 눈앞에 펼쳐지듯 시각적 이미지를 집어넣는 것이 비유인데, 그 가운데 직유법은 '~처럼', 혹은 '~같이'라는 말을 사용하는 비유 방법입니다.

"나를 눈동자같이 지키시고"(시 17:8).

이것은 그냥 '나를 늘 지키시고'보다는 훨씬 더 강한 표현입니다. 우리를 눈동자같이 지키시는 하나님, 정말 감동적이지 않습니까? 하나님에 대해서 그렇게 이해하라는 것이 이 시를 쓴 시인의 의도입니다. "혹시 하나님이 나를 안 보고 계시는 건 아닐까?"라고 의심하지 말라는 것입니다. 그분은 우리를 눈동자같이 지키십니다.

## 2. 은유법

이것은 '~같이'를 붙이지 않고 A=B라는 식으로 직접 비유하는 방법입니다.

"여호와는 나의 목자시니"(시 23:1).

여호와는 우리의 목자가 되십니다. 하지만 목자가 무엇인지 모르기에 우리에게는 이 말씀이 은혜가 잘 안 됩니다. 사실 우리는 목자를 본 적이 없지 않습니까? 그런데 유대인들은 목자를 너무나 잘 알기 때문에 '여호와는 나의 목자시니'라고 하면 느낌이 팍 오는 것입니다. 그들은 목자가 양을 돌보는 것이 어떤 것인지 잘 압니다. 양도 제대로 본 적이 없는 우리로서는 이런 면에서 성경이 참 어렵습니다.

목자들은 양들과 함께 자고 양을 위해 목숨을 버릴 수 있는 사람들입니다. 지금도 베두인(Bedouin: 옛날부터 중동의 사막에서 유목생활을 하는 아랍인들)을 보면, 양을 자기보다 더 소중하게 여깁니다. 양 울타리를 만들어 공동으로 양을 집어넣고는 밤에 양 떼 가운데 천막을 쳐 놓고 함께 어우러져 잡니다. 그리고 다음날 아침에 자기 양을 부르는데, 요한복음 10장 말씀처럼 정말 양들이 다 주인의 음성을 알아듣고 이름을 부르는 대로 나옵니다. 거의 가족 수준입니다.

한번은 이집트에서 베두인들을 정착시켜 보려고 좋은 아파트를 지어 줬더니, 아파트에서는 안 살고 다들 바깥에서 천막 치고 지내더라는 것입니다. 이상하게 생각하고 아파트 문을 열었더니 그 안에서 양들이 막 나왔다고 합니다. 양이 살 집을 마련해 주지 않으니 그들로서는 양들을 밖에다 둘 수 없어 그렇게 했던 것이지요. 양들에게 목자란 바로 그런 존재인 것입니다.

### 3. 과장법

히브리인들은 과장이 심합니다.

"내가 탄식함으로 피곤하여 밤마다 눈물로 내 침상을 띄우며 내 요를 적시나이다"(시 6:6).

그냥 '많이 울었다'가 아니라 '눈물로 침상을 띄웠다'고 했으니 과장이 좀 심하긴 심합니다. 그런데 사실 시를 썼다고 하면 이 정도는 되어야 하지 않을까요?

### 4. 수사적 질문

대답을 들으려고 질문하는 게 아니라 그저 강조하기 위해서 쓰는 질문법입니다.

"누가 능히 여호와의 권능을 다 말하며 주께서 받으실 찬양을 다 선포하랴"(시 106: 2).

"누가 내 맘을 알아주겠느냐"라는 질문도 수사적 질문입니다. '나 힘들다'는 것을 그렇게 표현한 것입니다.

## 5. 의인화

이것은 자연이나 사물을 사람처럼 표현하는 방법입니다.

"날은 날에게 말하고 밤은 밤에게 지식을 전하니"(시 19:2).

날이 어떻게 말을 하겠습니까? 그런데 이처럼 의인화 수법을 쓰니까 시가 훨씬 더 장엄하게, 훨씬 더 극적인 느낌으로 다가오게 됩니다.

### 언어유희(Paranomasia)

히브리어에서 발음이 비슷한 말을 가지고 말장난하는 것처럼 표현하는 방법을 말합니다. 그러나 말장난을 하되 의미는 통하게 합니다. 히브리어를 알아야 하기에 우리는 이해하기가 어려운 기법입니다.

히브리 사람들은 특별히 자기들의 글자에 굉장히 큰 의미가 있다고 생각합니다. 그래서 그들은 글자로 관상을 봅니다. 얼굴의 주름이 히브리어 철자 알렙(א)으로 잡히느냐, 베트(ב)로 잡히느냐, 혹은 김멜(ג)로 잡히느냐를 가지고 그 사람이 어떤 사람인가를 판단합니다. 엘리에트 아베카시스라는 프랑스 작가가 쓴 소설 『쿰란』을 보면 정통 유대인이 글자를 가지고 관상을 보는 내용이 자세하게 나타나 있습니다. 또 히브리어 모든 글자에는 숫자가 포함되어 있어서 그 숫자를 합치면 하나의 의미가 된다고 합니다. 그만큼 히브리어 글자에 굉장한 의미를 두는 것이고, 그래서 언어유희도 많이 합니다. 우리는 히브리어를 모르니, 이런 기법이 있구나 하는 정도만 알고 있어도 될 듯싶습니다.

"만일 너희가 굳게 믿지 아니하면(임 로 테아미누)

너희는 굳게 서지 못하리라(키 로 테아메누)"(사 7:9).

제가 히브리어를 한국말로 써 놓았는데, '임 로 테아미누'와 '키 로 테아메누'에서 '로'(not의 의미)가 반복되고 있으며, '테아미누'와 '테아메누'도 발음이 비슷합니다. 그래서 그냥 평범한 말씀 같지만 이 말을 히브리 사람들이 들으면 소리가 주는 묘미에 감동을 2배로 받습니다. 그런데 언어유희가 사용된 경우 다른 나라 말로는 번역하면 그 느낌을 거의 살릴 수 없습니다. 우리말에서 '하늘에서 눈이 내리니 눈물인가 눈물인가' 하는 것도 영어로 번역해서는 말맛을 살리기가 쉽지 않듯 말입니다.

### 아크로스틱(Acrostic)

히브리어 22개의 철자마다 각 철자를 시작으로 해서 시를 표현하는 기법으로, 여기에는 아이들이 성경을 외우기 쉽게 하려는 의도와, 모든 언어로 하나님을 찬양하겠다는 신앙고백이 들어 있습니다.

한마디로 아크로스틱은 히브리 알파벳을 가지고 하는 일종의 철자 놀이입니다. 영어의 A에서 Z까지에 해당하는 히브리어 알렙부터 타우까지를 모두 가지고 하나님을 찬양하겠다는 뜻에서, 매 철자마다 그 철자로 각각의 구절을 시작하는 것입니다. 우리말로 예를 든다면 '가, 가고 싶다 하늘나라', '나, 나도 알고 있다 하늘나라' 하는 식입니다.

그렇다면 여기서 질문 하나를 하겠습니다. 성경에서 제일 긴 장은 무슨 책이며 몇 절로 되어 있습니까? 그것은 시편 119편이며 총 176절로 되어 있습니다.

이 시편 119편은 길기도 길지만, 각 절의 머리글자가 히브리 알파벳 순서로 이어져 있는 것으로도 유명합니다. 이를테면 첫 여덟 절이 모두 A에 해당하는 히브리어 알렙(א)으로 시작되며, 다음 여덟 절이 모두 B에 해당하는 베트(ב)로, 그리고 또 그 다음 여덟 절은 김멜(ג)로 시작되고 있습니다. 이런 식으로 해서 22개의 각 철자가 8번씩 쓰여 총 176절이 된 것입니다. 시편 119편은 정말 완벽한 아크로스틱 기법이 사용된 경우입니다.

예레미야 애가에도 아크로스틱이 사용되었습니다. 3장을 제외한 1, 2, 4, 5장이 모두 22절로 되어 있습니다. 3장도 22절의 3배인 66절로 이루어져 있습니다. 그런데 예레미야 애가는 사실 히브리어로 보면 완벽한 아크로스틱은 아니고 중간에 조금 안 맞는 부분도 있다고 합니다.

그동안 잘 안다고 생각해 왔던 시편도 히브리 원어로 읽으면 이렇게 또 다른 세계가 열리는 것입니다. 그러니 지금 우리가 읽는 관점만 가지고는 시편을 결코 다 이해할 수 없는 게 당연할 것입니다. 이제 여기다 곡조까지 붙으면 시편은 완전히 다른 노래가 됩니다. 원래 시편 전체는 모두 곡조가 있었습니다. 곡조가 들어가면 느낌이 확 달라집니다.

성경에는 어마어마한 비밀이 숨어 있습니다. 성경학자들도 히브리어에 숨겨진 그 많은 기법들을 아직 다 찾아내지 못했습니다. 그리고 히브리어 단어 중에서 8,000개의 단어가 성경에 나오는데, 그중에서 뜻이 밝혀진 단어는 5,000개밖에 없습니다. 그러니까 시편에 자주 나오는 '셀라'는 그 뜻을 아무도 모르기 때문에 그냥 '셀라'로 나오는 것입니다. 이처럼 성경은 공부하면 할수록 굉장히 어렵고 무궁무진합니다. 그러므로 조금 아는 지식 가지고 성경을 다 아는 것처럼 교만해서는 안 될 것입니다.

# 5권의 시가서

욥기, 시편, 잠언, 전도서,아가

## 욥기

고난의 문제를 다룬 웅장한 극시로서, 의인 욥이 모든 것을 잃어버렸으나 끝까지 하나님을 믿는다는 내용을 다룹니다.

욥기는 사실 너무나 어려운 책입니다. 그 의미가 깊고 해석하기 어려운 부분이 많아서 목회자들도 잘 다루지 않는 경향이 있습니다.

욥기에 대해 보통 우리가 알고 있는 것은 고난의 문제를 다룬 책이라는 정도입니다. "욥을 봐라. 끝까지 고난을 참았더니 배가의 축복을 받지 않느냐?" 하는 것은 욥기를 부분적으로만 이해한 것입니다. 한참 기복신앙을 강조하던 시절에는, 고난당하더라도 참고 범죄하지 않으며 하나님만 바라보면 나중에 더 많은 축복을 받는다는 식의 설교가 대부분이었습니다. 저도 처음에 그렇게 배웠는데 욥기를 읽다 보니 시험에 들더라고요. 자녀가 다 죽은 다음에 결국 욥이 다시 자녀들을 얻기는 했지만, 그렇다고 해서 전에 죽었던 애들이 돌아온 것은 아니지 않습니까? 저는 그것이 과연 축복일까 싶었습니다.

어쨌든 욥기의 주된 강조점은 그런 데 있지 않습니다. 욥기는 신학적으로 아주 난제 중 하나인 "하나님께서 공의로우시다면 왜 의인이 고난당하는가?"라는 소위 신정론(神正論 / Theodicy) 문제를 제기한 책입니다. 즉, 하나님의 통치를 얘기하고 있습니다. 이것은 아주 어려운 주제입니다. 욥과 세 친구 엘리바스, 빌닷, 소발, 그리고 엘리후라는 청년까지 합세해서 이 문제에 대해 논쟁하는 것을 상세히 보여 주는데, 그 논쟁을 통해서는 결론이 나지 않습니다.

세 친구는 욥이 아무리 의롭더라도 범죄했기 때문에 고난당하는 것이라고 했고, 그때마다 욥은 "아니다. 나는 범죄하지 않았고, 하나님은 범죄하지 않은 사람도 어려움 당하게 하실 수 있다"며 계속 방어했습니다. 이들이 끝없는 공방을 벌이고 있을 때 갑자기 엘리후라는 젊은이가 등장합니다. 그가 내린 결론은 "너희들이 무엇을 안다고 떠드느냐? 하나님이 하시는 것을 인간이 어떻게 아느냐?" 하는 것이었습니다. 사실 그는 하나님의 입장을 대변하는 인물이었습니다. 욥기 38장을 보십시오.

> "그 때에 여호와께서 폭풍우 가운데에서 욥에게 말씀하여 이르시되 무지한 말로 생각을 어둡게 하는 자가 누구냐 너는 대장부처럼 허리를 묶고 내가 네게 묻는 것을 대답할지니라 내가 땅의 기초를 놓을 때에 네가 어디 있었느냐 네가 깨달아 알았거든 말할지니라 누가 그것의 도량법을 정하였는지, 누가 그 줄을 그것의 위에 띄웠는지 네가 아느냐 그것의 주추는 무엇 위에 세웠으며 그 모퉁잇돌을 누가 놓았느냐 그 때에 새벽 별들이 기뻐 노래하며 하나님의 아들들이 다 기뻐 소리를 질렀느니라 바다가 그 모태에서 터져 나올 때에 문으로 그것을 가둔 자가 누구냐"(욥 38: 1–8).

하나님은 "네가 도대체 뭘 안다고 함부로 나에 대해 말하느냐? 내가 천지창조 할 때 네가 봤느냐?"고 하시는 것입니다. 하나님 앞에서 욥은 할 말을 잃습니다.

이제 하나님은 거시적인 관점에서 미시적인 관점으로 옮겨 계속 물으십니다.

> "산 염소가 새끼 치는 때를 네가 아느냐 암사슴이 새끼 낳는 것을 네가 본 적이 있느냐 그것이 몇 달 만에 만삭되는지 아느냐 그 낳을 때를 아느냐"(욥 39:1–2).

광대한 우주에서 일어나는 일은 볼 수가 없어서 모른다면, 이 자연에서 일어나고 있는 생명의 신비는 아느냐는 말씀입니다. 완전히 코너로 몰린 욥은 정말 한마디도 하지 못합니다.

마지막으로 하나님께서는 인간의 힘이 얼마나 약한지 이야기하십니다.

"네가 낚시로 리워야단을 끌어낼 수 있겠느냐 노끈으로 그 혀를 맬 수 있겠느냐 너는 밧줄로 그 코를 꿸 수 있겠느냐 갈고리로 그 아가미를 꿸 수 있겠느냐"(욥 41:1-2).

"이처럼 무능하고, 무지하고, 제한적인 인간이 도대체 뭘 그렇게 잘 안다고 잘난 척 이러쿵저러쿵 떠드느냐"는 하나님 말씀 앞에서 욥은 이제 거꾸러지면서 자복합니다. 욥기 42장 1-6절을 보십시오. 하나님에 대해 아는 척했던 것에 대해 용서를 구하며, 주님이 역사하시는 대로 따라가겠다는 욥의 고백이 나옵니다. 이것이 바로 욥기의 결론이자 주제입니다.

"욥이 여호와께 대답하여 이르되 주께서는 못 하실 일이 없사오며 무슨 계획이든지 못 이루실 것이 없는 줄 아오니 무지한 말로 이치를 가리는 자가 누구니이까 나는 깨닫지도 못한 일을 말하였고 스스로 알 수도 없고 헤아리기도 어려운 일을 말하였나이다 내가 말하겠사오니 주는 들으시고 내가 주께 묻겠사오니 주여 내게 알게 하옵소서 내가 주께 대하여 귀로 듣기만 하였사오나 이제는 눈으로 주를 뵈옵나이다 그러므로 내가 스스로 거두어들이고 티끌과 재 가운데에서 회개하나이다."

이해할 수 없는 고난과 어려움이 다가올 때, 하나님께 '왜'라고 묻는 것 자체가 사실은 불신앙입니다. "왜 나에게만 이런 일을" 하면서 따진다는 것은 결국 하나님을 믿지 못하겠다는 뜻이니 말입니다. 욥은 바로 그 사실을 깨달은 것입니다.

그러므로 고난이 왔을 때는 아무것도 묻지도 말고 따지지도 말고, 무조건 "하나님의 뜻이 있으시겠지요. 전능하신 당신이 다 알고 행하신 일에 대해 내가 무엇을 더 말하겠습니까? 나는 다만 하나님만 바라볼 뿐입니다"라고 고백하며, 그분께 마지막까지 전부 다 맡겨 드리는 것이 정답입니다. 고난을 따지고 분석하려 들다가는 정말 고난에서 벗어나지 못합니다. 고난에 대한 문제는 사고하고 논쟁한다고 해서 해결할 수 있는 것이 아니라, 하나님을 만나고 그 위엄과 능력을 체험함으로써 해결되는 것입니다.

필립 얀시도 말했다시피 욥기는 감동적인 시입니다. 욥기를 제대로 이해하면, 지금 현재 우리가 살아가는 삶 가운데 존재하는 호흡들을 다 느껴 보게 됩니다. 그 거친 호흡, 거기서 느껴지는 고통의 숨결, 절망적인 한숨을 다 드러내는 책이 욥기입니다. 하나님을 끝까지 바라보며 고난을 통과하고 나면 사람이 깃털처럼 가벼워집니다. 왜냐하면 기존에 쥐고 있던 것들을 하나님 앞에 다 내려놓게 되기 때문입니다. 이것이 바로 하나님께서 욥기에서 말씀하시고자 하는 결론입니다.

욥기를 간단하게 마쳤습니다. 이 문제에 대해서 더 깊이 알고 싶으면 랍비인 헤럴드 쿠쉬너(Harold Kushner)가 쓴 『착한 사람에게 나쁜 일들이 일어날 때(When Bad Things Happen to Good People)』를 참조하십시오. 고난 문제에 대하여 문제 제기를 아주 잘한 책입니다. 그런데 결론적으로 말해서, 이 책은 '예수 그리스도'를 언급하지 않기 때문에 정답이 없다는 것이 문제입니다.

## 시편

150개의 찬양과 기도와 시를 모은 것으로 5개의 묶음으로 되어 있으며, 4개의 주요 유형으로 나눌 수 있습니다.

## 1. 5개의 묶음

- 제1권: 1-41편 – 끝 송영(Concluding Doxology)은 41편 13절
- 제2권: 42-72편 – 끝 송영은 72편 18-19절
- 제3권: 73-89편 – 끝 송영은 89편 52절
- 제4권: 90-106편 – 끝 송영은 106편 48절
- 제5권: 107-150편 – 끝 송영은 150편 전체로서 이것은 시편 전체의 끝 송영이다.

율법은 하나님이 우리에게 주신 말씀입니다. 그리고 시편은 우리가 하나님께 올려 드리는 노래입니다. 이 둘은 서로 만나야 합니다. 하나님께서 우리에게 주신 율법에 대한 우리의 고백을 담은 것이 시편이기 때문입니다. 그래서 율법인 모세 5경에 맞추기 위해 시편도 5권으로 묶은 것입니다.

교회에서 예배나 기도가 끝나면 끝 송영이 있는 것처럼, 시편에서도 한 권이 끝날 때마다 끝 송영이 들어가 있습니다. 시편 제1권의 끝 송영은 시편 41편 13절입니다. 41편의 이 끝나는 부분은 시편의 여타 시들의 끝 부분과는 다릅니다.

"이스라엘의 하나님 여호와를 영원부터 영원까지 송축할지로다 아멘 아멘."

여기에 보면 "송축할지로다 아멘 아멘"으로 제1권이 끝나고 있습니다. 어떤 고난과 어려움이 있어도 마지막은 찬송으로 끝나야 한다는 것이 시편 기자들의 철저한 인생관이었던 것입니다. 그들은 시편이 하나님 앞에서 부르는 노래인 이상, 아무리 중간이 고난으로 점철되었다 해도 그 마지막은 언제나 찬송으로 끝맺어야 한다고 생각했습니다.

제2권 역시 찬송으로 끝을 맺고 있습니다.

"그 영화로운 이름을 영원히 찬송할지어다 온 땅에 그의 영광이 충만할지어다 아멘 아멘 이새의 아들 다윗의 기도가 끝나니라"(시 72:19).

이런 식으로 시편의 모든 책이 찬송으로 끝납니다. 그러다가 마지막 150편은 아예 그 자체가 시편 전체의 끝 송영이 되어, 처음부터 끝까지 찬송으로만 이루어져 있습니다.

"할렐루야 그의 성소에서 하나님을 찬양하며 그의 권능의 궁창에서 그를 찬양할지어다 그의 능하신 행동을 찬양하며 그의 지극히 위대하심을 따라 찬양할지어다 나팔 소리로 찬양하며 비파와 수금으로 찬양할지어다 소고 치며 춤 추어 찬양하며 현악과 퉁소로 찬양할지어다 큰 소리 나는 제금으로 찬양하며 높은 소리 나는 제금으로 찬양할지어다 호흡이 있는 자마다 여호와를 찬양할지어다 할렐루야."

우리의 기도와 노래도 이렇게 찬송으로 끝날 수 있기를 주의 이름으로 축원합니다.

그런데 시편을 읽다 보면, 각 시마다 [다윗의 시, 영장으로 한 노래]라든가 [다윗이 사울을 피하여 굴에 있던 때에] 하는 식의 표제가 붙어 있는 것을 보게 됩니다. 이 표제에는 대개 4가지 정도의 정보가 담겨 있습니다.

첫째, 시를 쓴 사람이 누구인가를 보여 줍니다. [다윗의 시], [솔로몬의 시], [아삽의 시], [고라 자손의 시], [모세의 시] 하는 식으로 말입니다.

둘째, 음악의 종류나 성격을 언급할 때가 많습니다. [고라 자손의 마스길], [다윗의 식가욘], [다윗의 믹담 시] 등이 그 예입니다. 그런데 여기 나오는 히브리어들 가운데 상당수는 아직 그 의미가 밝혀지지 않아서 해석을 하지 않았습니다.

셋째, 음악적 표현이 나옵니다. [영장으로 한 노래]에서 영장이란, 음악대를 조직하고 지휘자와 함께하라는 뜻입니다. 이 같은 표제는 아니지만, 노래 사이사이에 '셀라'라는 말이 종종 나오는데, 이것 역시 '얼씨구나 좋다' 혹은 '살리고 살리고' 같은 음악적 추임새를 표현한 것이라 여겨집니다.

넷째, 역사적 상황이나 배경이 나옵니다. [다윗이 사울을 피해 유다 광야에 있을 때] 하는 식으로 배경을 설명해 줍니다.

## 2. 시편의 4가지 주요 유형

### (1) 찬양시(Hymns)

찬양시는 창조주 하나님, 구속 주이신 하나님을 찬양한 시입니다. 시편 8편이 대표적인 찬양시입니다. "여호와 우리 주여 주의 이름이 온 땅에 어찌 그리 아름다운지요" 하면서 하나님을 높이는 시입니다. 그 외에 100편, 146편 등의 많은 찬양시가 있습니다.

### (2) 탄원시(Laments)

시편에서 제일 많이 나오는 시가 탄원시입니다. 개인적인 탄원시와 공동체 탄원시 두 종류가 있으며, 고난 속에서 하나님의 도움을 구하면서 동시에 구해 주실 것을 확신하며 부르는 노래입니다. 그러다 보니 탄원시는 고통의 문제를 굉장히 많이 다룹니다. 따라서 결론적으로 시편의 70-80퍼센트가 고통을 다루는 시가 되는 셈입니다(시 7편, 22편, 69편이 대표적).

탄원시는 대체로 일정한 형식을 갖추고 있는데, 시편 7편을 보며 그것을 하나하나 살펴보도록 합시다.

• 안타깝게 하나님을 부름

여기 보면 제일 먼저 "여호와 내 하나님이여"(1절)라는 부르짖음
이 나옵니다. 하나님을 부를 때 그냥 "하나님" 하고 마는 것이 아
니라 "여호와 내 하나님이여"라고 안타깝게 부르는 것입니다.

• 자신의 처지를 탄식함

'이놈의 신세' 하면서 자기 신세를 아뢰는 것입니다.
"건져낼 자가 없으면 그들이 사자같이 나를 찢고 뜯을까 하나이
다"(2절).

• 하나님께 대한 신뢰를 고백

"여호와 내 하나님이여 내가 이런 일을 행하였거나 내 손에 죄악
이 있거나 화친한 자를 악으로 갚았거나 내 대적에게서 까닭 없
이 빼앗았거든 원수가 나의 영혼을 쫓아 잡아 내 생명을 땅에 짓
밟게 하고 내 영광을 먼지 속에 살게 하소서(셀라)"(3-5절).
결국, 나는 무고하니 "알아서 해 달라"는 것입니다. 혹은, "하나
님만이 나의 힘이시고, 하나님만이 언제나 내게 신실하셨습니다"
라는 식으로 하나님에 대한 무한한 신뢰를 고백하는 경우도 있습
니다.

• 간구

이제는 도와달라고 애처롭게 매달리는 것이 간구입니다. 6-9절
을 보십시오.
"여호와여 진노로 일어나사 내 대적들의 노를 막으시며 나를 위
하여 깨소서 주께서 심판을 명하셨나이다 민족들의 모임이 주를

두르게 하시고 그 위 높은 자리에 돌아오소서 여호와께서 만민에게 심판을 행하시오니 여호와여 나의 의와 나의 성실함을 따라 나를 심판하소서 악인의 악을 끊고 의인을 세우소서 의로우신 하나님이 사람의 마음과 양심을 감찰하시나이다."

• 확신의 말

그러다가 거기서 끝내지 않고 확신의 말까지 합니다. "하나님은 도와주실 거야. 암 그렇고 말고" 하면서, 하나님이 도저히 거절하실 수 없게 만듭니다.

"나의 방패는 마음이 정직한 자를 구원하시는 하나님께 있도다"(10절).

이런 식으로 "하나님은 그런 분 아니십니까"라고 해 버리니, 참 하나님도 거절하실 수 없게 되었네요.

• 찬양의 맹세

마지막에는, "이제 나는 하나님만 찬양하며 살 거야"라고 찬양의 맹세를 합니다. 이렇게까지 하는데 하나님이 안 들어주실 수 있겠습니까?

"내가 여호와께 그의 의를 따라 감사함이여 지존하신 여호와의 이름을 찬양하리로다"(17절).

이것이 바로 전형적인 탄원시의 형식입니다. 그런데 재미있게도, 우리도 이런 탄원시의 형식을 사용할 때가 있다는 것입니다.

예를 들면, 군대 간 아들이 어머니께 돈 보내 달라고 편지를 쓴다고 생각해 봅시다. 첫 줄에서 "어머니, 나의 어머니"라고 안타깝게 부르면 대부분의 어머니들의 마음은 이미 녹습니다. 그러면 거기서 끝내지 않고, 사실은 영하 5도밖에 안 되는데도 펑 튀겨서, "삭풍이 몰아치는 밤, 영하 50도 추위에 발을 동동 굴려 가면서 허기진 배를 부여잡고 저는 이곳에서"라며 자기 신세를 한탄합니다.

그 다음에는 어머니에 대한 신뢰를 고백합니다. "어머니와 함께 있었다면 얼마나 좋았을까요? 이때 어머니가 있었다면 제게 따뜻한 밥이라도 지어 주셨을 텐데"라고 해 가면서 어머니에 대한 신뢰를 쫙 고백합니다. 그러고는 이어서 "일금 5만 원이 필요하오니 보내 주시면"이라고 하며 본론으로 들어갑니다. 이어서 "어머니는 꼭 보내 주실 것이라고 믿고"라는 확신의 말을 덧붙인 후, "어머니의 아들답게 열심히 잘 살겠습니다"라는 맹세의 말로 끝을 맺습니다. 그러면 바로 5만 원이 송금되어 오는 것입니다. 저도 이런 탄원시를 많이 써먹었습니다. 결국 인간의 사고의 흐름이란 게 다들 이런 식이지 않겠습니까?

### (3) 감사시(Thanksgivings)

찬양시와 비슷하지만, 찬양시가 창조주 하나님과 구속주 하나님을 노래하는 것인 반면, 감사시는 구체적인 상황 속에서 은혜를 체험하고 하나님께 감사하는 내용의 노래입니다. 그래서 많은 경우 탄원시와 연결되기도 합니다(시 57:7-11, 22:23-31, 34편, 107편).

시편 57편의 경우 탄원시인데 거기에 감사시가 들어 있습니다. 사울을 피하여 굴에 숨어 있었으니 다윗이 얼마나 힘든 때였겠습니까? 그런데 그런 상황에서 감사시가 7절부터 나오고 있습니다.

"하나님이여 내 마음이 확정되었고 내 마음이 확정되었사오니 내가 노래하고 내가 찬송하리이다 내 영광아 깰지어다 비파야, 수금아, 깰지어다 내가 새벽을 깨우리로다 주여 내가 만민 중에서 주께 감사하오며 뭇 나라 중에서 주를 찬송하리이다 무릇 주의 인자는 커서 하늘에 미치고 주의 진리는 궁창에 이르나이다 하나님이여 주는 하늘 위에 높이 들리시며 주의 영광이 온 세계 위에 높아지기를 원하나이다"(7–11절).

언뜻 보면 찬양시와 비슷하지만, 개인적인 은혜의 체험을 함께 담는다는 면에서 차이가 있습니다.

### (4) 예식시(Liturgies)

절기 예식(시온의 노래/시 24편, 121편), 언약을 새롭게 맺는 예식(시 81편), 왕위 즉위 예식(시 2편, 45편), 국가적 절기(하나님의 나라/시 47편, 95편) 등등 여러 가지 예식에서 부르던 노래입니다. 그런데 꼭 이렇게 정해져 있었다기보다는, 학자들이 볼 때 대체로 그런 전통이 있었으리라는 것입니다.


### 잠언

이스라엘 및 주변 국가의 모든 지혜를 모은 것으로, 여러 가지 삶의 지혜들을 여호와 하나님을 믿는 신앙 고백의 시각에서 재정리한 것입니다.

당시 주변 국가에도 굉장히 많은 지혜문학이 있었지만 그 지혜문학들은 '이것이 지혜다' 하고 끝나는데 반해, 히브리 잠언은 지혜의 근원이 하나님이심을 강조했습니다. 잠언은 다음의 3단계로 나눌 수 있습니다.

### 1. 생활 지혜

부부 윤리, 가정 윤리, 왕궁의 신하의 도리 등등. 예를 들면, "어진 여인은 그 지아비의 면류관이나 욕을 끼치는 여인은 그 지아비의 뼈가 썩음 같게 하느니라"(잠 12:4) 같은 말씀이 여기에 해당합니다.

## 2. 신앙화된 지혜

지혜의 근본은 하나님을 경외하는 것입니다. 이처럼 지혜는 여호와를 경외하는 데서 온다고 인정하는 것이 잠언만이 가진, 다른 지혜문학과의 차이점입니다.

"여호와를 경외하는 것이 지식의 근본이거늘 미련한 자는 지혜와 훈계를 멸시하느니라"(잠 1:7).

"너는 마음을 다하여 여호와를 신뢰하고 네 명철을 의지하지 말라 너는 범사에 그를 인정하라 그리하면 네 길을 지도하시리라"(잠 3:5-6).

"너의 행사를 여호와께 맡기라 그리하면 네가 경영하는 것이 이루어지리라"(잠 16:3).

"사람이 마음으로 자기의 길을 계획할지라도 그의 걸음을 인도하시는 이는 여호와시니라"(잠 16:9).

이처럼 신앙화된 지혜는 여기서 끝나지 않고 의인화까지 갑니다.

## 3. 지혜의 의인화

지혜는 예언자처럼 성육신 된 하나님의 음성입니다. 지혜를 곧 하나님이라고 보는 것입니다. 이렇게 좋은 지혜가 하나님께로부터 왔다고 한다면 그 지혜는 영(Spirit)이 아니겠냐는 것이지요. 잠언 1장 20을 보면 지혜의 의인화가 잘 나타나 있습니다.

"지혜가 길거리에서 부르며 광장에서 소리를 높이며."

이 의인화된 지혜는 신약으로 가서는 진리이신 예수님으로 묘사됩니다.


## 전도서

전도서는 '인생이란 무엇인가?'라는 질문에 대해 세상의 여러 가지 대답들이 다 의미 없음을 허무주의적인 필체로 얘기합니다.

고대 근동에서 허무문학은 하나의 유행이었습니다. "난 집 다섯 채 가졌지만 별거 아냐. 고기 맨 날 먹어 봤는데 그거 배 안 불러" 하는 식으로, 권력이나 부를 가진 자들이 자기 자랑을 하기 위해 사용한 방법이었습니다.

그런데 전도서는 그런 허무주의 문학의 계보를 잇는 듯하다가, 마지막에는 '하나님을 경외하는 것이 삶의 이유다'라고 결론을 맺는 지혜 문학입니다. 그래서 전도서는 주변 국가의 허무주의 문학하고는 구별이 됩니다.

어떤 사람들은 허무해도 좋으니 '다윗의 아들 예루살렘 왕 전도자' 솔로몬처럼 세상 모든 것을 다 누려 봤으면 하는데, 그런 사람은 필히 전도서 제일 마지막 구절을 읽고 회개해야 합니다.

"하나님은 모든 행위와 모든 은밀한 일을 선악 간에 심판하시리라"(전 12:14).

자, 그러면 이제 전도서의 대표적인 말씀들을 읽어 볼까요?

"전도자가 이르되 헛되고 헛되며 헛되고 헛되니 모든 것이 헛되도다"(1:2).

"범사에 기한이 있고 천하 만사가 다 때가 있나니 날 때가 있고 죽을 때가 있으며 심을 때가 있고 심은 것을 뽑을 때가 있으며 죽일 때가 있고 치료할 때가 있으며 헐 때가 있고 세울 때가 있으며 울 때가 있고 웃을 때가 있으며 슬퍼할 때가 있고 춤출 때가 있으며 돌을 던져 버릴 때가 있고 돌을 거둘 때가 있으며 안을 때가 있고 안는 일을 멀리할 때가 있으며 찾을 때가 있고 잃을 때가 있으며 지킬 때가 있고 버릴 때가 있으며 찢을 때가 있고 꿰맬 때가 있으며 잠잠할 때가 있고 말할 때가 있으며 사랑할 때가 있고 미워할 때가 있으며 전쟁할 때가 있고 평화할 때가 있느니라"(3:1-8).

"너는 청년의 때에 너의 창조주를 기억하라 곧 곤고한 날이 이르기 전에, 나는 아무 낙이 없다고 할 해들이 가깝기 전에"(12:1).

"일의 결국을 다 들었으니 하나님을 경외하고 그의 명령들을 지킬지어다 이것이 모든 사람의 본분이니라"(12:13).


## 아가서

아가서는 젊은 남자(솔로몬)와 신부 사이의 대화체로 된 사랑의 노래로서, 봄날 들판에서 일어난 이야기를 쓴 것입니다.

신앙적 고백이나 하나님에 대한 이야기는 거의 나오지 않지만 (8장 6절에 "여호와의 불과 같으니라"는 말씀이 나오는데, 이것은 수사적 표현이지 신앙고백은 아닙니다), 다음 2가지 면에서 아가서는 성경으로서의 의미가 있습니다.

첫째, 인간에게 있는 순수한 사랑, 특히 부부 간의 순결한 사랑은 하나님께서 우리에게 주신 것 중에 가장 아름다운 것입니다.

칼 바르트는 아가서를 일컬어 "창세기 2장 25절의 각주(脚註)다"라고 했습니다. 창세기 2장 25절 말씀이 뭡니까? 인간이 타락하기 전의 마지막 모습 아니었습니까?

"아담과 그의 아내 두 사람이 벌거벗었으나 부끄러워하지 아니하니라."

이것이 부부의 모습입니다. 벌거벗었으나 서로 부끄럽지 아니한 부부 간의 정말 순수한 그 사랑을 확장시켜 노래한 것이 아가서인 것입니다.

그래서 사실 아가서를 '봄날 들판'에서 일어난 일이라고 생각한다면 제대로 이해하지 못한 것입니다. 아가서는 엄밀하게 말하면 부부가 침상에서 부부생활하면서 부른 노래입니다. 봄날 들판에는 나가지도 않았습니다. 아가서 4장 1-5절을 보십시오.

"내 사랑 너는 어여쁘고도 어여쁘다 너울 속에 있는 네 눈이 비둘기 같고 네 머리털은 길르앗 산기슭에 누운 염소 떼 같구나 네 이는 목욕장에서 나오는 털 깎인 암양 곧 새끼 없는 것은 하나도 없이 각각 쌍태를 낳은 양 같구나 네 입술은 홍색 실 같고 네 입은 어여쁘고 너울 속의 네 뺨은 석류 한 쪽 같구나 네 목은 무기를 두려고 건축한 다윗의 망대 곧 방패 천 개, 용사의 모든 방패가 달린 망대 같고 네 두 유방은 백합화 가운데서 꼴을 먹는 쌍태 어린 사슴 같구나."

더 이상 무슨 설명을 더 하겠습니까? 젊은 남자는 아내인 여인을 보면서 너무나 좋은 것입니다. 남편들은 침상에서 아가서를 불러야 합니다. 이것이 하나님의 뜻입니다.

아가서에 나타난 여인을 향한 표현들은 너무나 리얼하면서도 상징적이고 아름답습니다. 이것은 음란한 게 아닙니다. 부부 두 사람만의 이 육체적 사랑은 깨끗한 것입니다.

아가서는 기막힌 책입니다. 성경에서 가장 아름다운 노래입니다. 하나님에 대한 얘기는 한마디도 안 나오지만, 여기에는 인간사의 사랑뿐만 아니라 우리를 향한 하나님의 마음이 담겨 있습니다. 아가서는 성경(聖經)입니다. 절대 성경(性經)이 아닙니다. 8장 6-7절을 보십시오.

"너는 나를 도장같이 마음에 품고 도장같이 팔에 두라 사랑은 죽음 같이 강하고 질투는 스올같이 잔인하며 불길같이 일어나니 그 기세가 여호와의 불과 같으니라 많은 물도 이 사랑을 끄지 못하겠고 홍수라도 삼키지 못하나니 사람이 그의 온 가산을 다 주고 사랑과 바꾸려 할지라도 오히려 멸시를 받으리라."

둘째, 영적으로는 그리스도와 그의 신부 된 교회와의 관계를 의미하는 것으로 봅니다.

그리스도와 교회에 대한 말씀이 나올 때마다 신약성경에 항상 나오는 것이 남편과 아내의 관계입니다. 영적 통찰력이 뛰어난 키이스 인트라더(Keith Intrater)라는 유대인 목사님이 창세기와 바울 서신, 아가서를 가지고 설명한 것에 따르면, 하나님이 만드신 남자와 여자의 그 관계가 그대로 교회와 그리스도와의 관계로 연결되며, 또한 아가서와 연결되는데 그런 연합이 하나님이 원하시는 연합이라는 것입니다.

"나는 남자를 알지 못하니"라고 할 때 그 '안다'라는 말에 해당하는 히브리어가 '야다'인데, '야다'란 부부 간에 서로를 경험함으로 깊이 알게 되는 것을 말합니다. 우리가 그리스도를 안다는 것은 단순히 그분을 인식한다는 것이 아니라, 연인이 사랑에 빠지는 것처럼 예수 그리스도와 깊이 교제하며 연합하는 것을 말합니다. 이런 깊은 관계를 노래하는 아가서는 너무나 신비스러운 책입니다.

# 3장

# 선지자의 외침 속에
# 나타나신 하나님-예언서

회개를 촉구하고 축복을 약속하는 하나님의 음성을 백성에게 선포한 책들이다.
여기서 회개와 축복이 같이 있다는 것을 기억하라.

점쟁이와 예언자의 차이는 무엇입니까? 다시 말하면, 점과 예언의 차이는 무엇입니까? 물론 점쟁이한테는 복채를 꼭 내야 한다는 것 등 이것저것 차이점들이 많겠지만, 그중에서 가장 결정적인 차이는 근본을 이루고 있는 세계관, 특히 인생관의 차이입니다.

한 점쟁이가 있었는데, 이 사람은 너무나 용하다 못해 '쪽집게'보다 더 한 '핀셋'에 가까울 정도로 못 맞추는 것이 없는 점쟁이였습니다. 그러던 어느 날 이 점쟁이가 하도 심심해서 우연히 자기 운세를 점치게 되었는데, 앞으로 보름 뒤에 죽을 운세가 나온 것입니다. 너무도 놀란 점쟁이는 고민 끝에 하루를 남겨두고 그 나라 왕을 찾아갔습니다. 가서 뵙고 자초지종을 이야기하면서 자기를 보호해 줄 것을 요청했습니다.

왕이 이 말을 들어 보니까 좀 우습기도 하고 의심도 생겼습니다. 자기 죽을 날짜를 누가 알겠습니까? 그래서 이 점쟁이가 진짜인지 가짜인지 알아보려고 "네가 만일 그렇게 뛰어난 점쟁이라면 저 상자 안에 쥐가 몇 마리 들어 있나 맞추어 보라"고 문제를 냈습니다.

그랬더니 이 점쟁이가 한참 통을 흔들며 점을 치더니 "6마리가 있다"고 대답했습니다. 그러자 왕이 노발대발하며 "백성을 미혹하는 이 사이비 점쟁이를 잡아 죽여라"고 명했습니다. 왜냐하면 그 상자 속에는 1마리만 있었을 뿐인데 6마리라고 했기 때문입니다.

결국 점쟁이는 옥에 갇히고 다음 날 사형을 기다리는 처지가 되었습니다. 이제 날이 밝아 형장으로 가려는데, 그 아침에 왕이 혹시나 하는 마음에 상자를 다시 한 번 열어 보게 했습니다. 그랬더니 밤사이에 쥐가 새끼 5마리를 낳아서 거기에는 정말 6마리의 쥐가 있는 것이었습니다. 뱃속에 새끼 5마리가 있었던 것입니다.

너무도 놀란 왕은 "진짜 용한 점쟁이구나" 하면서 사람을 보내어 사형을 중지시키게 했는데, 이 사형을 집행하는 망나니가 중지하라는 손짓을 멀리서 보고는, 속히 죽이라는 줄 알고 그대로 목을 쳐 버렸습니다. 그런데 그날이 그가 죽는다고 운세가 나온 바로 그날이었다는 것입니다. 왕을 안 찾아갔으면 안 죽었을 텐데 괜히 찾아가는 바람에 죽은 것이지요.

우스갯소리지만 이것이 바로 점쟁이들의 세계관이요 인생관입니다. 모든 사람의 운명은 날 때부터 정해져 있어서 제아무리 애써도 그 정해진 운명을 피할 수 없다는 것입니다.

즉, 점쟁이들은 '결정론적 운명관'을 믿고 있습니다. '40대 후반에 부(富)가 오리라', '50대 초반에 귀인을 만나리라' 하는 것도 다 정해진 운명을 전제로 하는 말들입니다. 이처럼 운명이 정해져 있다고 하면서도 그 운명을 바꾸어 준답시고 부적을 써 주거나 굿을 해 주는 것은, 사람들의 불안 심리를 이용해서 돈 벌이하는 것 그 이상도 이하도 아닙니다.

반면 예언자는 앞날을 맞추는 사람이 아닙니다. 그들은 정해진 운명을 미리 말하는 것이 아니라, 하나님께서 자기에게 보여 주신 것을 그대로 말할 뿐입니다. 그것은 절대로 닫혀진 세계관이 아닙니다. 운명이 결정된 사람은 아무도 없습니다. 지금 어떤 선택을 하느냐에 따라서 앞으로의 인생이 바뀔 따름입니다.

예언자들이 하나님으로부터 받는 예언은 "앞으로 이렇게 될 것이다. 무섭지?"라는 의미보다는 "자, 그러니 선택하여라. 회개하고 복을 받든지, 아니면 고집 피우다가 죽든지'라는 메시지를 담고 있습니다. 인생은 결정된 것이 아니라 하나님께서 언제라도 바꾸실 수 있는 것입니다.

항상 예언자들은 팻말을 하나만 들지 않고 2개를 듭니다. 네가 만

일 순종한다면(If) 당근을 주지만, 네가 만일 순종하지 않는다면(If not) 채찍에 맞으리라고 하는 2개의 팻말입니다. 선택은 결국 우리에게 달려 있습니다.

여기서 어느 쪽 길로 가느냐에 따라 인생이 달라진다고 예언자들은 말합니다. '넌 끝났다'라고 말하는 것은 예언자가 아닙니다. 그러므로 예언자의 예언은 하나님의 뜻인 줄로 알고 반드시 들어야 합니다. 하나님께서 나를 향해 어떤 계획을 가지고 계시고, 어떤 마음인지를 아는 것이 중요합니다. 우리가 순종하면 하나님께서는 우리를 존귀하게 하시고 보배롭게 하실 것입니다. 우리에게는 하나님이 원하시는 대로 나아가는 것이 중요합니다.

점은 취미로라도, 재미로라도 보지 마십시오. 점은 백해무익합니다. 좋다고 나온 점괘마저도 좋은 것도 아니라 사람을 얽어맵니다. 하여간 컴퓨터 점, 반지 점, 손금, 토정비결, 궁합 등등은 장난으로라도 보지 마십시오. 인간은 약하기 때문입니다.

제가 결혼하려고 할 때 저희 어머니는 집사님이시면서도 제 아내와 저의 사주를 갖다가 궁합을 보셨습니다. '봐서 나쁠 것 없다'는 논리로 말입니다. 그런데 궁합이 좋지 않게 나오는 바람에 한동안 어머니의 반대에 부딪히기도 했습니다. 결국 오랜 설득 끝에 아내와 결혼하게 되었는데, 문제는 부부싸움 할 때마다 '궁합이 안 좋다고 하더니' 하는 생각이 자꾸 떠오른다는 것이었습니다. 그러니 이 점이라는 게 평생 도움이 안 되는 것입니다. 절대 점은 볼 필요가 없습니다. 그것은 마귀가 우리를 묶으려고 쓰는 수법입니다.

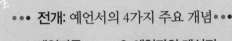
## 예언자들

평범한 사람으로 살다가 하나님의 영이 임함으로 예언자가 됨

예언자는 처음부터 특별한 사람들은 아니었습니다. 평범한 사람에게 하나님의 영이 임함으로 예언자가 된 것입니다. 영이 임하는 것은 곧 '기름 부음'과 같은 개념입니다. 그것을 '카리스마'라고 하는데, 카리스마란 괜히 눈에 힘주는 것이 아니라 하나님이 영을 부으셔서 위로부터 부여된 권위가 있는 것을 말합니다.

아모스는 원래 직업이 뽕나무 치는 사람, 혹은 목자였습니다(암 7:14-15).

또 호세아는 빵 굽는 사람이었습니다. 물론 호세아서 어디를 봐도 호세아의 직업이 빵 굽는 사람이었다고는 나오지 않습니다. 그렇다고 '호세아'라는 이름의 뜻이 '빵'인 것도 아닙니다. '호세아'는 '이사야', '여호수아', '예수'와 마찬가지로 '구원'이라는 뜻을 갖는 이름입니다. 그리고 빵에 해당하는 히브리어는 '레헴'이어서 '베들레헴' 하면 빵집이라는 뜻이 됩니다.

그렇다면 호세아가 빵 굽는 사람임을 어떻게 알 수 있을까요? 호세아 7장 4-7절에서 호세아가 사용한 독특한 비유를 보십시오.

"그들은 다 간음하는 자라 과자 만드는 자에 의해 달궈진 화덕과 같
도다 그가 반죽을 뭉침으로 발효되기까지만 불 일으키기를 그칠 뿐
이니라 우리 왕의 날에 지도자들은 술의 뜨거움으로 병이 나며 왕
은 오만한 자들과 더불어 악수하는도다 그들이 가까이 올 때에 그
들의 마음은 간교하여 화덕 같으니 그들의 분노는 밤새도록 자고
아침에 피우는 불꽃 같도다 그들이 다 화덕같이 뜨거워져서 그 재
판장들을 삼키며 그들의 왕들을 다 엎드러지게 하며 그들 중에는
내게 부르짖는 자가 하나도 없도다."

여기서 과자 만드는 자가 왜 불을 안 피우는가 보았더니 누룩이 부
풀 때까지 기다렸다는 얘기라든가, 주로 사용된 단어가 제과 제빵 전문
가만 쓰는 것임을 볼 때 호세아의 직업을 짐작할 수 있다는 것입니다.

예언자들은 평범하다 못해 오히려 개인적으로는 열등감이 많은 사
람들이 대부분이었는데 하나님께서 치유해 가면서 사용하셨습니다.
바로 예레미야가 그랬습니다.

"여호와의 말씀이 내게 임하니라 이르시되 내가 너를 모태에 짓기
전에 너를 알았고 네가 배에서 나오기 전에 너를 성별하였고 너를
여러 나라의 선지자로 세웠노라 하시기로"(렘 1:4-5).

하나님이 이렇게 말씀하시면 "아멘"으로 답해야 하는데 그는 뭐라
고 합니까?

"내가 이르되 슬프도소이다 주 여호와여 보소서 나는 아이라 말할
줄을 알지 못하나이다 하니"(6절).

예레미야는 열등감이 너무나 심했습니다. 그런데 하나님이 어떻게
치유하십니까?

"여호와께서 내게 이르시되 너는 아이라 말하지 말고 내가 너를 누
구에게 보내든지 너는 가며 내가 네게 무엇을 명령하든지 너는 말

할지니라 너는 그들 때문에 두려워하지 말라 내가 너와 함께하여 너를 구원하리라 나 여호와의 말이니라 하시고"(7-8절).

그의 열등감이 심하니까 하나님께서 이처럼 치유해 가면서 쓰셨던 것입니다.

사실 예언자 중에 첫 번째 예언자(히브리어로 '나비')라 하면 모세를 들 수 있습니다. 신명기 18장 15절을 보면 "나와 같은 선지자"라는 말이 나옵니다. 그런데 이 첫 번째 예언자부터가 열등감이 심한 사람이었습니다. 그러나 일단 하나님께 잡힌 사람들은 놀라운 용기와 인내로 하나님의 일을 합니다. 평범한 사람들이 어떻게 이럴 수가 있었을까 싶을 정도로 엄청난 용기와 인내와 능력을 가지고 일을 감당해 나갔습니다.

하나님의 손에 이끌리어 세워진 예언자들에게는 그 후 감당해야 할 어려움들이 많았습니다.


### 권력자들의 위협

예언자가 듣기 좋은 말만 하지 않기 때문에 권력자들은 그들을 가만히 안 두었습니다. 열왕기상 19장 2-3절을 보면 엘리야가 예언할 때, 아합과 이세벨이 그를 죽인다고 협박했습니다.

"이세벨이 사신을 엘리야에게 보내어 이르되 내가 내일 이맘때에는 반드시 네 생명을 저 사람들 중 한 사람의 생명과 같게 하리라 그렇게 하지 아니하면 신들이 내게 벌 위에 벌을 내림이 마땅하니라 한지라 그가 이 형편을 보고 일어나 자기의 생명을 위해 도망하여 유다에 속한 브엘세바에 이르러 자기의 사환을 그곳에 머물게 하고."

권력자들의 위협이 있자 엘리야는 일단 도망을 갔습니다.

열왕기상 22장 8절에도 권력자와 예언자 간의 불편한 관계가 적나라하게 나오고 있습니다.

"이스라엘의 왕이 여호사밧 왕에게 이르되 아직도 이믈라의 아들 미가야 한 사람이 있으니 그로 말미암아 여호와께 물을 수 있으나 그는 내게 대하여 길한 일은 예언하지 아니하고 흉한 일만 예언하기로 내가 그를 미워하나이다 여호사밧이 이르되 왕은 그런 말씀을 마소서."

권력자가 하도 못된 짓만 하니 예언자는 흉한 일만 예언하지 않을 수 없었던 것입니다. 그런데도 권력자는 자기가 하는 짓은 생각하지도 않고 자기한테 흉한 예언을 한다고 예언자만 미워하고 싫어했습니다. 그러다 보니 변질된 예언자들도 생겼습니다. 예언자인 척하면서 왕한테 듣기 좋은 말만 해서 후한 대접받고, 떨어지는 떡고물이라도 받아먹으려는 그런 악한 자들 말입니다.

그런데 인격이 덜 된 왕들은 진짜 예언자들을 미워하는 정도가 아니라 아예 죽이기까지 했습니다. 바른 말하다가 죽은 예언자들이 굉장히 많습니다. 사실 바른 말 한마디 하고 죽는 사람이 예언자인 것입니다.

### 동족과 거짓 선지자들의 조롱과 핍박

아모스 7장 10절을 보면 벧엘의 제사장인 아마샤라는 인물이 나옵니다.

"때에 벧엘의 제사장 아마샤가 이스라엘의 왕 여로보암에게 보내어 이르되 이스라엘 족속 중에 아모스가 왕을 모반하나니 그 모든 말을 이 땅이 견딜 수 없나이다."

아마샤는 공식적인 제사장으로서 나름대로 영적 지도자이면서도, 동족인 아모스를 미워하면서 그가 모반한다고 고발했습니다. 그러면서 아모스에게 뭐라고 하는지 12절을 봅시다.

"아마샤가 또 아모스에게 이르되 선견자야 너는 유다 땅으로 도망하여 가서 거기에서나 떡을 먹으며 거기에서나 예언하고.”

원래 아모스의 고향이 유다 지역이니 거기 가서 살아야지, 왜 여기
와서 허튼 소리나 하냐면서 엄청나게 구박하는 것입니다. 그러자 아모
스가 이렇게 말합니다.

“아모스가 아마샤에게 대답하여 이르되 나는 선지자가 아니며 선
지자의 아들도 아니라 나는 목자요 뽕나무를 재배하는 자로서 양
떼를 따를 때에 여호와께서 나를 데려다가 여호와께서 내게 이르시
기를 가서 내 백성 이스라엘에게 예언하라 하셨나니”(14–15절).

그 당시 선지자들에게도 학연 같은 게 있어서, 아마샤가 “너 도대체
어느 학교 출신이냐”고 빈정거렸던 것 같습니다. 그러자 아모스는 “나
는 검정고시 출신이다. 나는 원래 선지자 학교도 못 나오고 양 떼만 치
고 있었는데 하나님이 부르셨다”고 당당하게 밝혔습니다. 이처럼 예
언자들은 온갖 심한 핍박들을 겪어야 했고, 또한 그것을 감내해야만
했습니다.

### 예언자로서의 삶의 고달픔

예언자로서의 삶은 얼마나 힘든지 모릅니다. 일단 예언자가 되면
하나님 앞에서 삶으로 예언해야 했기에, 고난을 예언할 때면 정말 몸
소 고난을 다 겪어야 했습니다. 혹은, 심판을 예언하여 왕들의 미움을
사기라도 하면 목숨을 부지하기 위해 도망 다녀야 했습니다.

도망자가 되어 버린 엘리야는 그릿 시냇가에서 까마귀가 물어다 준
떡과 고기로 연명해 나갔습니다. 그런데 까마귀는 무엇을 물어 옵니
까? 동물의 사체(死體) 아닙니까? 그런 음식을 먹으며 3년 반을 버텼으
니 엘리야는 정말 얼마나 허기지고 힘들었을까요?(왕상 17:2–7)

게다가 때때로 하나님께서는 예언자들한테 예언을 직접 몸으로 하

라고 하셨습니다. 선지자 가운데 제일 똑똑한 선지자가 에스겔이었는데, 그가 사용한 단어를 보면 문학적으로 상당히 수준이 높습니다. 그런데 에스겔 4장 4-5절에서 하나님께서는 이렇게 말씀하셨습니다.

"너는 또 왼쪽으로 누워 이스라엘 족속의 죄악을 짊어지되 네가 눕는 날수대로 그 죄악을 담당할지니라 내가 그들의 범죄한 햇수대로 네게 날수를 정하였나니 곧 삼백구십 일이니라 너는 이렇게 이스라엘 족속의 죄악을 담당하고."

좌편으로 390일을 성문 앞에서 누워 있으라는 것입니다. 아니, 눕는 것도 하루 이틀이지 390일을 어떻게 그 자세로 누워 있겠습니까? 겨우 그 날수를 다 채웠다 싶었더니 이번에는 "유다가 있지 않니" 하면서 오른편으로 40일을 또 추가하셨습니다. 그러니 이 고통은 말도 못하는 것이지요. 그런데 그의 고통은 거기서 끝나지 않습니다.

"너는 또 네 얼굴을 에워싸인 예루살렘 쪽으로 향하고 팔을 걷어 올리고 예언하라 내가 줄로 너를 동이리니 네가 에워싸는 날이 끝나기까지 몸을 이리 저리 돌리지 못하리라"(7-8절).

성이 꼭 묶인다는 것을 표현하기 위해 하나님께서는 에스겔의 몸을 묶어 못 움직이게 해 놓기도 하셨습니다. 오직 예언을 위해 그렇게 하고 있어야 했던 에스겔의 고통이 전해집니까?

그 다음에는, 얼마나 그들이 죄악 가운데 있는가를 보여 주시기 위해 밀과 보리, 콩, 팥, 조를 가져다가 이렇게 해먹으라고 말씀하십니다.

"너는 그것을 보리떡처럼 만들어 먹되 그들의 목전에서 인분 불을 피워 구울지니라"(12절).

사람들이 죄악 가운데서 먹으니, 사람 똥 말린 것으로 불을 피워 거기다 떡을 구워서 먹으라는 것입니다. 에스겔도 이번만은 못하겠다고 하자 하나님이 뭐라고 하십니까?

"내가 말하되 아하 주 여호와여 나는 영혼을 더럽힌 일이 없었나이다 어려서부터 지금까지 스스로 죽은 것이나 짐승에게 찢긴 것을 먹지 아니하였고 가증한 고기를 입에 넣지 아니하였나이다 여호와께서 내게 이르시되 보라 쇠똥으로 인분을 대신하기를 허락하노니 너는 그것으로 떡을 구울지니라"(14-15절).

사람 똥 대신 쇠똥 말린 것으로 대치하라는 말씀입니다. 이처럼 예언자들이 겪었던 고통과 그 어려운 상황들을 보면 정말 눈물겹지 않습니까? 하여간 예언자들은 말로 다 할 수 없는 그 고통과 아픔을 다 감당해 가면서 예언을 했던 것입니다.

### 자기 자신의 주장을 포기하는 것

열왕기하 8장 11-12절을 보십시오.

"하나님의 사람이 그가 부끄러워하기까지 그의 얼굴을 쏘아보다가 우니 하사엘이 이르되 내 주여 어찌하여 우시나이까 하는지라 대답하되 네가 이스라엘 자손에게 행할 모든 악을 내가 앎이라 네가 그들의 성에 불을 지르며 장정을 칼로 죽이며 어린아이를 메치며 아이 밴 부녀를 가르리라 하니."

아람 왕 벤하닷이 병들자 신하인 하사엘을 엘리사한테 보내어 예언을 듣게 했습니다. 그런데 하사엘이 들어오는 순간 엘리사는 하사엘이 벤하닷을 죽이고 왕이 될 것을 알았습니다. 그는 왕이 된 다음에 이스라엘을 침공해서 아이들을 메어치고 아이 밴 부녀의 배를 가르는 엄청난 만행을 저지를 것이었습니다. 당연히 그는 이스라엘 사람으로서 절대로 하사엘에게 이로운 말을 하지 않고 왕이 오래 살 것이라고 말해 주고 싶었을 것입니다. 하지만 그는 자신의 뜻을 접고 이렇게 말했습니다.

"엘리사가 이르되 너는 가서 그에게 말하기를 왕이 반드시 나으리라 하라 그러나 여호와께서 그가 반드시 죽으리라고 내게 알게 하셨느니라 하고"(10절).

아무리 전하고 싶지 않아도 그는 하나님 말씀이니까 전해야 했습니다. 그 말을 들은 하사엘은 벤하닷에게 가서 "왕이여, 괜찮을 거라고 합니다"라고 말하고는, 조용히 둘만 있을 때 베개를 물에 적셔서 눌러 죽여 버리고는 스스로 왕위에 오릅니다. 그리고 나중에는 정말 이스라엘을 쳐서 쑥대밭을 만듭니다.

예언자들에게는 이처럼 이스라엘 사람으로서 자기가 원하지 않는 것을 말해야 할 때도 있었습니다. 자기주장을 포기하는 것이 그들에게는 너무나 힘들었을 것입니다.

이런 여러 가지 어려움들을 겪어 가면서까지 하나님께 순종하여 말씀을 선포한다는 것은 결코 쉬운 일이 아닙니다. 예언자들이 즉각 순종하는 것 같아 보여도, 그렇게 하기가 얼마나 어려웠는지 그 내면적 갈등을 잘 보여 준 대표적인 예언서가 예레미야서와 요나서입니다.

요나서는 참 인간적인 책입니다. 그가 순종할 때까지 하나님은 그를 큰 물고기 뱃속에 집어넣기도 하셨습니다. 하여간 요나를 순종시키기까지 하나님께서 얼마나 힘드셨는지 모릅니다. 아무리 해도 안 바뀌는 요나에게 하나님은 협박도 하셨지만, 박 넝쿨의 예를 통해 감동도 주십니다.

"여호와께서 이르시되 네가 수고도 아니하였고 재배도 아니하였고 하룻밤에 났다가 하룻밤에 말라 버린 이 박넝쿨을 아꼈거든 하물며 이 큰 성읍 니느웨에는 좌우를 분변하지 못하는 자가 십이만여 명이요 가축도 많이 있나니 내가 어찌 아끼지 아니하겠느냐 하시니라"(욘 4:10-11).

어쩔 수 없이 순종해야 하는 이런 과정들을 겪어 나갔던 사람들이 바로 예언자입니다. 하나님은 반드시 그들을 통해서 일하셨습니다. 그리고 오늘날의 우리가 바로 이 모습의 요나입니다. 이 시대의 크리스천들은 다 예언자입니다. 왜냐하면 말씀이 우리한테 임했기 때문입니다. 우리가 그 말씀을 시대를 향해, 가정을 향해, 주변을 향해 증거해야 하기 때문입니다. 그러므로 하나님이 우리 마음에 맞지 않는 어떤 일을 행하신다 할지라도 말씀대로 순종하는 것이 중요합니다. 예언자로 살아가십시오. 하나님이 그 삶 가운데 귀하게 역사하실 줄 믿습니다.

## 예언자의 메시지
멸망의 길에서 돌이켜 회개하고 하나님께로 돌아오라

예언자들의 메시지는 한마디로 '돌아오라'입니다. 이 '돌아오라'는 말은 히브리어로 '슈브'입니다. 너희가 원래 하나님께로 속해 있다가 세상으로 돌아갔으니 다시 돌이키면 된다고 하니 정말 얼마나 간단합니까? '회개'란 많이 수양 쌓고 수도하다가 어느 날 득도해서 깨닫는 개념이 아닙니다. 원래 하나님의 사람이었던 자들이 세상 쪽으로 돌았으니 한 번 더 돌아서 하나님께로 방향 전환하는 것입니다. 이 '돌이킴'이 예언자 메시지의 핵심입니다.

예언자들의 메시지는 율법의 현실적 적용과 재해석입니다. 이것이 중요합니다. 예언자들은 율법이 아닌 다른 얘기는 결코 하지 않았습니다. 그들은 이미 모세가 준 율법의 정신에서 빗나갔다는 것을 깨우쳐줄 뿐이었습니다. 다시 율법의 정신을 제대로 살려서 삶에 적용하고 재해석하자는 것이었습니다. 오늘날 말씀공부도 성경말씀을 바꾸자고 하는 것이 아니잖습니까? 그 말씀이 무슨 뜻인지를 제대로 알아서 삶 가운데 적용하고자 하는 것이 성경공부입니다.

그런데 그 율법의 핵심은 결국 'Two Ways Theology', 곧 '두 갈래 길 신학'입니다. 하나님께 순종하면 복 받고, 하나님께 순종하지 않고 거역하면 저주가 있다는 것입니다. 우리가 지금 두 갈래 길에 서 있는데, 순종하면 하나님께서 축복하시고 함께하지만, 불순종하면 채찍이 기다린다는 것입니다. 율법의 논리는 이처럼 아주 단순합니다.

하지만 목회하다 보면 자꾸 복잡해지는 경우가 있습니다. 회개하고 돌이키면 이제 고난이 끝나고 축복받는다고 했는데, 어떤 사람은 회개하고 돌이켰는데도 여전히 고난 중에 있습니다. "꼭 그런 것은 아니지만 그럴 수도 있다"는 식으로 그 일을 설명하자면 복잡해지게 됩니다. 복잡한 것은 복음이 아닙니다. 복음은 단순해야 합니다. 하나님께 순종하면 복받고 순종하지 않으면 화를 당합니다. 그러니, 지금 화를 당하고 어려운 일 당하고 있다면 빨리 돌이키면 되는 것입니다. 저는 이 사실을 믿습니다.

하나님의 말씀에 순종하면 하나님의 백성으로 축복 가운데 살고, 불순종하면 버림받고 포로로 잡혀가게 된다는 율법의 그 핵심을 그 시대 사람들에게 적용하고 회개를 촉구하는 것이 바로 예언자들의 메시지였습니다. (p.508에 나오는 '두 갈래 길 신학' 참조).

**예언자의 메시지 형태: "여호와께서 이같이 말씀하시되", "여호와의 말씀을 들으라."**

이와 같은 서두 뒤에는 하나님의 음성이 1인칭 직접화법으로 예언자의 입을 통하여 그대로 선포되었습니다. 예를 들어 예언자들은 "여호와께서 이같이 말씀하시되" 혹은 "여호와의 말씀을 들으라"고 한 다음에, "당신들은 죄악을 떠나서 그분께로 돌아가야 한다고 말씀하셨습니다", 혹은 "그분께 돌아오면 좋은데 안 그러면 화내십니다"라고 하지 않았습니다. 그렇게 하면 빠진 이빨 사이로 바람 새는 것처럼, 말에서 권능이 느껴지지 않습니다.

예언자들은 "여호와께서 이같이 말씀하시되", 혹은 "여호와의 말씀을 들으라"고 한 다음에 "너는 내게로 돌아오라 내게로 돌아오면 내가 너를 축복하겠고 돌아오지 않으면 내가 진멸하리라"면서 직접적인 메시지를 전했기에 벌써 그 느껴지는 카리스마부터가 달랐습니다. 예언자들은 몸만 인간의 몸이었지 하나님의 영이 임한 사람들이었기 때문에 직접화법으로 백성들을 향해 말씀을 선포할 수 있었던 것입니다. 그래서 예언자들의 말씀은 굉장히 강력했습니다.

오늘날 설교 가운데도 예언자적 설교가 있습니다. 설교할 때 설명만 해 주는 것이 아니라 하나님이 주신 말씀을 직접 전하는 것입니다. "이 시대 가운데 이런 자는 망할지어다"라고 하는 것은 하나님이 주신 말씀을 가지고 직접 전하는 것입니다.


### 예언자의 메시지 내용

'심판의 메시지'와 '희망의 메시지' 두 종류가 있습니다.

- 희망의 메시지(P. H .S. Prophet's Hope Speech) : '만약에'(If-)로 시작. "만약에 너희가 회개하고 악에서 떠나 하나님께 순종하면."
- 심판의 메시지(P. J. S. Prophet's Judgement Speech) : '그러나 만일 그렇지 않으면'(If not-)으로 시작. "그러나 만일 너희가 회개하지 않고 순종하지 않으면."

예언자는 희망과 심판의 메시지를 항상 같이 제시했습니다. 이 둘 중에 하나만 들고 나오는 것은 예언자가 아닙니다. 어떤 예언자들은 사람들한테 아부하려고 희망만 얘기합니다. 수양버들 늘어지듯이 이래도 흥, 저래도 흥 다 괜찮다며, 사람들이 듣기 좋은 소리만 골라서 합니다. 그렇다고 맨날 심판만 외치고 비판하는 것도 문제입니다.

그런데 문제는 이 2가지 메시지들이 논리적 순서대로 나오지 않는 다는 것입니다. 그냥 마구 심판의 메시지가 쏟아지다가 갑자기 희망의 메시지가 나옵니다. 왜 메시지가 바뀌었는지 이해할 겨를도 없이 말입니다.

호세아 1장을 보면 "고멜이 또 임신하여 딸을 낳으매 여호와께서 호세아에게 이르시되 그의 이름을 로루하마라 하라 내가 다시는 이스라엘 족속을 긍휼히 여겨서 용서하지 않을 것임이니라"(6절), "여호와께서 이르시되 그의 이름을 로암미라 하라 너희는 내 백성이 아니요 나는 너희 하나님이 되지 아니할 것임이니라"(9절)고 하나님께서 심판의 메시지를 주십니다. 시편 공부할 때 '로'가 'No'의 의미라고 했듯이, '로루하마'는 '루하마'가 아니라는 것, 곧 긍휼히 여김을 받지 못한다는 것이고, '로암미'는 '암미'가 아니라는 것, 곧 백성이 아니라는 뜻입니다. 그런데 2장 1절에 갑자기 어떤 말씀이 나옵니까?

"너희 형제에게는 암미라 하고 너희 자매에게는 루하마라 하라."

갑자기 '로'가 떨어져 나갔습니다. 방금 전까지만 해도 절대 용서 안하겠다 하시더니 이제 와서 갑자기 '암미'라고 하고 '루하마'라고 하려면 그 사이에 뭐가 있어야 할 것 아닙니까? 회개하고 돌아왔다든지, 아니면 뭔가 잘한 것이 있다든지 말입니다. 그런데 그런 것 하나 없이 갑자기 메시지 내용이 급변한 것입니다.

원래 예언자들이 예언서를 쓸 때는 어떤 논리적 전개에 따라서가 아니라 생각나는 대로 마구 써 내려간다고 합니다. 하나님의 영이 임하시는 대로 그렇게 하는 것입니다. 따라서 이것을 모른 채 읽으면 예언서는 백날 읽어도 이해가 안 됩니다. 하나님이 왜 갑자기 여기서 이러시는지 도저히 이해가 불가능하기 때문입니다. 그래서 제가 호세아서를 읽으면서 얼마나 시험에 들었는지 모릅니다. 아니, 언제는 '로루하마'라고 하시더니 또 언제는 '루하마'라 하시느냐 말입니다. 그런데 하나님이 "예언자들이 제정신이 아니었다"고 가르쳐 주셔서 제가 이제 이해를 하기 시작한 것입니다. 그러니까 예언서를 읽을 때는 논리로 따지지 말고, 하나님이 때리시면 '아, 심판이구나' 하고 넘어가고, 갑자기 축복하시면 '아, 희망이구나' 하고 그대로 받아들여야지 이것을 이해하려고 하면 우리 머리로는 절대로 이해가 안 됩니다.

### 예언자의 역사관: 이 세상과 역사는 회복될 가능성이 있다

예언자들은 이 세상의 역사는 회복될 가능성이 있다고 단정하고 있습니다. 그들이 끝없이 심판의 메시지를 외치는 것은 돌이키라는 뜻에서이고, 희망의 메시지를 외치는 것은 순종하라는 뜻에서입니다.

그런데 이것과 반대로 "아니다. 이 세상에는 소망이 없고 악에 의해 지배당하고 있으며 오직 종말과 심판이 오기를 기다릴 뿐이다"라며, 이 세상의 역사는 회복될 가능성 없다고 단정하는 '묵시 문학적 관점'이 있습니다.

묵시 문학적 관점에서 보자면 이 세상은 빨리 망해야 합니다. 그러려면 하나님이 심판하러 빨리 오셔야 합니다. 그러니까 묵시 문학적 관점을 가지고 있는 사람들은 이 세상을 변화시키려고 노력하지 않습니다. 요한계시록 어디에 선교나 전도하러 나가는 장면이 나옵니까? 요한계시록에는 전도도 선교도 나오지 않습니다. 오직 빛과 어두움, 악과 하나님의 의, 믿는 자들과 악에 속한 자들을 대비시킬 뿐입니다. 때가 차면 악한 자들은 망해야 하는데 그때까지 믿는 자들에게는 버티는 것이 중요합니다. 그래서 묵시 문학에 제일 많이 나오는 것이 "한 때, 두 때, 세 때 반, 일천 이백 몇 일을 기다려서"와 같은 날짜 카운트입니다. 성경에서 묵시 문학에 해당하는 것을 굳이 찾는다면 요한계시록, 다니엘서 후반부가 해당됩니다. 스가랴서에도 약간 그런 내용이 들어 있기는 합니다.

그러나 예언자들은 절대 포기하지 않았습니다. 아무리 인간이 범죄했어도, 그렇게 비판하고 심판의 메시지를 날려도 그들 가운데는 희망이 있습니다. 지금이라도 돌이킨다면 하나님이 받아주시니 어서 돌아오라는 것이 예언자들의 관점입니다.

부부 간의 관계나 자녀와의 관계도 이처럼 '예언자적인 관점'이어야지, 결코 '묵시 문학적 관점'이어서는 안 됩니다. "당신에게는 그래도 좋아질 가능성이 있어"라고 하는 것은 예언자적 관점입니다. "당신은 전혀 나아질 가능성이 없어"라고 하는 것은 묵시 문학적 관점입니다. 그러나 가장 좋은 것은 "이는 내 뼈 중의 뼈요 살 중의 살이라"(창 2:23)고 하는, 타락 이전의 천국적 관점입니다.


## 예언서의 구조

대 선지서와 소 선지서로, 그리고 포로 전, 포로기, 포로 후로 나눌 수 있다.


### 대 선지서와 소 선지서: 분량에 따라

예언서를 굳이 나누자면 대 선지서와 소 선지서로 나누는데, 이는 결코 기록한 선지자의 몸무게나 키에 의해서 나눈 것이 아닙니다. 혹은 중요한 것은 대 선지서, 그렇지 않은 것은 소 선지서인 것도 아닙니다. 이는 전적으로 기록된 분량에 따라 나눈 것뿐입니다. 예레미야 애가 같은 경우는 5장밖에 안 되지만 예레미야가 썼다고 보기 때문에 대선지서로 분류하는 것입니다.

- 대 선지서: 이사야, 예레미야, 애가, 에스겔, 다니엘(5권)
- 소 선지서: 호세아, 요엘, 아모스, 오바댜, 요나, 미가, 나훔, 하박국, 스바냐, 학개, 스가랴, 말라기(12권)

**포로 전, 포로기, 포로 후: 저술된 시기에 따라**

그런데 여기서 왜 갑자기 예언자들이 주제넘게 자기 나라도 아닌 앗수르나 에돔에게까지 예언을 하냐고 궁금해 할지 모르겠습니다. 사실 예언자들의 관심은 앗수르에 가 있는 것도, 에돔에게 가 있는 것도

〈시대별 예언서〉

| 포로전 | 포로기 | 포로 후 |
|---|---|---|
| 〈북 이스라엘에게〉<br>호세아<br>아모스<br><br>〈유다에게〉<br>하박국<br>이사야<br>예레미야<br>요엘<br>미가<br>스바냐<br>예레미야 애가<br><br>〈앗수르에게〉<br>요나/나훔<br><br>〈에돔에게〉<br>오바댜 | 〈포로생활하는 자들에게〉<br>(바벨론)<br>에스겔<br>다니엘 | 〈포로 귀환자에게〉<br>학개<br>스가랴<br>말라기 |

아닙니다. 다만 그 나라들을 향해 예언하면서 결국 열방이 하나님 안에 있으니 이스라엘이나 유다가 위로받고 정신 차리라는 메시지를 전한 것이었습니다.

포로 전에는 아직 희망이 있었기에 집중적으로 심판의 메시지가 주어졌습니다. 그래도 말을 안 듣고 결국 망하자 그 다음부터는 심판과 더불어 위로의 메시지도 많아졌습니다. 포로 후에는 재건에 대한 말씀을 많이 합니다(학개, 스가랴, 말라기). 특히 학개는 성전 재건에 대해, 말라기는 영적 재건에 대해 얘기합니다.

## 예언서 개괄

각 예언서의 중심 주제는 동일하지만, 예언 대상이나 강조점 등에서 각기 특성을 가지고 있다

예언서 17권 모두가 중심 주제는 거의 똑같습니다. 하나님께로 돌아오라는 것입니다. 하지만 그 대상이나 강조점 등에서 각기 다른 특성들을 가지고 있습니다.

### 이사야: 메시아

이사야서의 중심 주제는 메시아입니다. 이사야가 하나님을 만나고 소명을 받는 장면이 이사야 6장에 나옵니다. 성전이 요동치고 성전에서 하나님의 옷자락이 덮이는 가운데 스랍 천사가 날아다닙니다. 그런데 거기에 이사야서의 모든 메시지가 요약되어 있습니다. 그것은 바로 '거룩하신 하나님, 위대하신 하나님'입니다. 거기서 스랍 천사가 부른 노래가 무엇입니까?

"거룩하다 거룩하다 거룩하다 만군의 여호와여 그의 영광이 온 땅에 충만하도다"(3절).

하나님은 거룩하신 하나님, 위대하신 하나님입니다. 그런데 이 거룩하고 위대하신 하나님은 심판하시는 분인 동시에 용서와 사랑이 많으신 분입니다. 그 사랑의 절정이 메시아의 오심이며, 그래서 이사야서는 온통 이 메시아에 대한 언약으로 꽉 차 있습니다. 이사야서 7장 14절을 봅니다.

"그러므로 주께서 친히 징조를 너희에게 주실 것이라 보라 처녀가 잉태하여 아들을 낳을 것이요 그의 이름을 임마누엘이라 하리라."

히브리 원어로 이 말씀을 보면, 여기서 '처녀'라는 말은 아직 결혼하지 않은 여자, 혹은 남자를 알지 못하는 여자라는 개념보다는, 이제 애를 낳을 만큼(애 낳을 때가 된) 성숙한 여자라는 뜻입니다. 결국 여기서 얘기하고자 하는 것은 처녀가 아이를 낳았다는 것이 아니라, "그 아들을 낳을 것이요 그의 이름을 임마누엘이라 하리라" 하는 것입니다. 하나님이 우리와 함께하실 일이 일어나리라는 것입니다. 하나님이 사람의 몸을 입고 육신으로 오신다는 것입니다.

그런데 이것은 굉장히 중의적인 표현입니다. 사실 이 말씀은 이사야에게 "네 아내가 애를 낳게 되는데, 그 아들을 낳는 일이 바로 내가 너와 함께하겠다는 사인이다"라는 뜻으로 주어진 것입니다. 그런데 이 말씀이 나중에 그대로 예언이 되면서, 결혼하지 않은 동정녀가 아이를 낳고 그 아이가 메시아가 되는 일로 발전하는 기막힌 도약을 하게 됩니다. 이처럼 예언서들은 상황에 따라 해석이 달라집니다. 그만큼 단순하지 않은 복잡한 의미를 가지고 있는 것입니다.

### 예레미야: 새 언약

예레미야의 중심 주제는 새 언약입니다. 예루살렘은 멸망할 것이며, 이것은 유다의 죄에 대한 하나님의 심판입니다. 그러나 포로에서 돌아오면 하나님이 그들과 새 언약을 맺을 것입니다. 이것이 예레미야서의 중요한 핵심입니다. 예레미야 31장 31절을 봅니다.

"여호와의 말씀이니라 보라 날이 이르리니 내가 이스라엘 집과 유다 집에 새 언약을 맺으리라."

하나님께서는 때가 이르면 그때 "내가 유다 집과 이스라엘 집에 새 언약을 맺으리라"고 약속하십니다. 이 새 언약은 예수 그리스도를 가리킵니다. 그러므로 신약은 바로 예레미야 31장 31절 때문에 나온 것입니다.

### 예레미야 애가: 슬픔과 희망

예루살렘이 멸망해서 슬프고, 하나님이 그 백성을 버리셨으니 더 슬프지만, 그러나 하나님의 긍휼을 믿는 믿음이 있으므로 희망이 있다는 것입니다.

### 에스겔: 새로운 예배

에스겔은 1차포로 때, 즉 여호야긴과 그 무리들과 함께 잡혀갔던 사람입니다. 그래서 그가 바벨론에 가 있을 동안에는 아직 예루살렘이 완전히 멸망하지 않았습니다. 그런 때였기 때문에 에스겔서 초반에서는 유다에 대한 매서운 심판의 메시지가 쏟아집니다. 그는 그발 강가에서 환상 가운데 성전을 보며 성전 구석구석에서 동방 신에게 섬기는 행위들을 모두 때리고 심판합니다. 그래서 에스겔서를 처음에 읽어 보면 무시무시합니다. 적나라한 말 펀치를 가지고 초반부에는 심하게 때립니다. 그러다가 갑자기 에스겔서 톤이 바뀌기 시작합니다. 그가 예루살렘이 멸망했다는 소식을 들었기 때문입니다.

"우리가 사로잡힌 지 열두째 해 열째 달 다섯째 날에 예루살렘에서 부터 도망하여 온 자가 내게 나아와 말하기를 그 성이 함락되었다 하였는데"(겔 33:21).

주전 586년 시드기야 때, 1차 포로로 잡힌 사람들에게 고국 패망의 소식이 전해집니다. 그 소식을 듣는 순간부터 에스겔서의 톤이 바뀌기 시작합니다. 하나님은 망한 자 짓밟기 선수가 아니십니다. 물론, 망하기 전까지는 마구 때려 주십니다. 돌아오라고 말입니다. 그러나 일단 망하고 나면 그 다음부터 하나님은 회복시키기 위해 위로하고 희망을 주시기 시작합니다. 그래서 나오는 것이 목자에 대한 회개를 촉구하는 것입니다. 회복시키려면 일단 리더들부터 회개시켜야 하겠기에 선지자들과 목자들을 향해 회개를 촉구하십니다.

그러다가 나중에는 하나님이 직접 목자가 되십니다.

"내가 친히 내 양의 목자가 되어 그것들을 누워 있게 할지라 주 여호와의 말씀이니라 그 잃어버린 자를 내가 찾으며 쫓기는 자를 내가 돌아오게 하며 상한 자를 내가 싸매 주며 병든 자를 내가 강하게 하려니와 살진 자와 강한 자는 내가 없애고 정의대로 그것들을 먹이리라"(겔 34:15-16).

이처럼 하나님이 직접 목자가 되시겠다고 하는 가운데 이제 메시아의 약속이 나오기 시작합니다.

"내가 한 목자를 그들 위에 세워 먹이게 하리니 그는 내 종 다윗이라 그가 그들을 먹이고 그들의 목자가 될지라 나 여호와는 그들의 하나님이 되고 내 종 다윗은 그들 중에 왕이 되리라 나 여호와의 말이니라"(겔 34:23-24).

하나님이 직접 목자가 되실 뿐만 아니라 이제 영원토록 그들 가운데 목자를 세우겠다는 메시아의 약속이 나온 것입니다. 그러면서 이제 그 땅을 회복시키겠다는 얘기가 나옵니다.

"내가 돌이켜 너희와 함께하리니 사람이 너희를 갈고 심을 것이며 내가 또 사람을 너희 위에 많게 하리니 이들은 이스라엘 온 족속이라 그들을 성읍들에 거주하게 하며 빈 땅에 건축하게 하리라 내가 너희 위에 사람과 짐승을 많게 하되 그들의 수가 많고 번성하게 할 것이라 너희 전 지위대로 사람이 거주하게 하여 너희를 처음보다 낫게 대우하리니 내가 여호와인 줄을 너희가 알리라 내가 사람을 너희 위에 다니게 하리니 그들은 내 백성 이스라엘이라 그들은 너를 얻고 너는 그 기업이 되어 다시는 그들이 자식들을 잃어버리지 않게 하리라"(겔 36:9-12).

심판할 때는 그 땅에서 뽑아서 이방 가운데 포로로 보내지만, 이제는 회복의 메시지를 주기 위해 그 땅에 너희를 심어 주겠다는 것입니다. 이것은 일종의 문학적 기법인데, 너희 위에 사람이 많아지고, 너희 위에 있는 사람은 너희를 위해서 건축하고, 너희는 그들의 기업이 된다고 하면서 하나님이 회복의 메시지를 펼치기 시작하십니다. 심판의 정반대 방향으로 회복이 진행되는 것입니다.

이런 기막힌 회복의 이야기는 계속 전개됩니다. 처음에는 잘못된 목자를 심판하다가 그 다음에 하나님이 친히 목자가 되시고, 결국에는 메시아에 대한 약속과 땅의 회복에 대한 희망을 말씀하십니다. 그리고 마침내 37장에 가면 그 유명한 마른 뼈 환상이 나옵니다.

에스골 골짜기의 마른 뼈 환상은 장엄한 장면입니다. 이것은 멸망한 예루살렘의 회복을 에스겔에게 보여 주신 것입니다. 온 골짜기에 가득한 마른 뼈가 회복되기 시작하는데, 뼈가 맞추어지고 살이 붙고

해서 마침내 하나의 군대를 이루게 됩니다. 마지막에는 하나님께서 에스겔에게 "너는 생기를 향하여 대언하여 들어가라 명하라"고 하십니다. 생기더러 들어가라고 명하자 이제 생기가 들어가면서 마른 뼈들이 살아나기 시작하는 장엄한 스펙터클이 펼쳐집니다. 이 장면을 영화로 만들어 보면 얼마나 감동적일까요? 요즘에는 컴퓨터 그래픽이 발달해서 가능합니다.

하여간 이런 회복의 드라마가 에스겔서에 등장합니다. 에스겔서 33장 이후에 펼쳐지는 회복의 스토리를 보면 하나님께서는 무조건적인 회복을 약속하십니다. 이사야서에서도 40장부터는 하나님이 무조건 위로만 하십니다. 하여간 하나님은 무너지고 나면 일단 일으켜 세우십니다. 오직 살리기 위해서 말입니다.

그런데 회복의 이야기는 여기서 멈추지 않습니다. 고난에서 여기까지만 와서 멈추면 본전이니까 그렇습니다. 에스겔서를 보면 성전 문지방 밑에서 물이 나오기 시작해서 이것이 온 열방을 향해 흘러가는데, 이 생명수의 강이 흘러가는 곳마다 강 좌우에 나무들이 있고, 달마다 실과가 맺히고, 어부들은 거기서 그물을 던집니다. 그러면서 바다도 소성하게 됩니다. 온 세상이 성전 문지방에서 나온 그 예배의 흐름으로 다 회복되는 데까지 가는 것을 에스겔서는 약속하고 있습니다. 우리가 모르고 읽어서 그렇지, 에스겔서는 한마디로 장엄합니다. 열방이 예배 가운데 돌아오리라는 그 예언이 언젠가 꼭 이루어질 줄로 믿습니다.

### 다니엘: 승리

다니엘서의 주제는 승리입니다. 믿음의 사람들의 승리와 하나님의 궁극적인 승리입니다. 믿음의 사람들의 승리는 1장부터 6장까지에 나오고, 하나님의 승리는 7장부터 12장까지에 나옵니다. 다니엘서 6장의 마지막인 28절을 보십시오.

　"이 다니엘이 다리오 왕의 시대와 바사 사람 고레스 왕의 시대에 형통하였더라."

　사람들이 다니엘의 세 친구를 모함했지만 그들은 풀무불 속에서도 무사했고, 다니엘을 모함했지만 그는 사자 굴에서도 털끝 하나 다치지 않았습니다. 6장까지에서는 이처럼 하나님의 사람들이 어떻게 승리했는지를 일단 다 보여 줍니다. 이어서 7장은 이렇게 시작됩니다.

　"바벨론 벨사살 왕 원년에 다니엘이 그의 침상에서 꿈을 꾸며 머리속으로 환상을 받고 그 꿈을 기록하며 그 일의 대략을 진술하니라"(1절).

　이제 새로운 장면으로 넘어가서 다니엘의 묵시, 환상이 나옵니다.

### 호세아: 사랑

　히브리어로 사랑이 '아하브'인데 호세아서는 그 아하브로 꽉 찬 책입니다. 호세아서는 "만일 아내가 남편을 버리고 떠나서 다른 남자와 잘못된 관계를 가지면 이것은 치명적인 부정이 아니냐, 용서가 안 되는 불륜이 아니냐"는 것을 말하는 예언서입니다. 남편이신 하나님을 아내 된 우리 혹은 이스라엘이 떠나서 다른 우상을 섬기는 것이, 꼭 아내가 남편을 버리고 다른 남자와 간음하는 것과 똑같지 않느냐는 것입니다. 우리가 하나님을 떠나 우상을 섬기는 것이 바로 음행이라는 것입니다. 그러나 그런 음녀 같은 이스라엘을 하나님은 계속 사랑하시며 돌아오기만을 기다리십니다.

　문법도 잘 안 맞고 맞춤법도 엉망이지만, 이처럼 실감나게 우상숭배를 간음으로 비유하며 하나님의 그 깊은 사랑을 간파한 최초의 선지자가 호세아입니다. 호세아서에 나오는 하나님과 우리와의 관계는 아버지와 아들도 아니고, 왕과 신하도 아닌 그때로서는 완전 새로운 개념이었습니다. 호세아 2장 19-20절을 보십시오.

"내가 네게 장가들어 영원히 살되 공의와 정의와 은총과 긍휼히 여김으로 네게 장가들며 진실함으로 네게 장가들리니 네가 여호와를 알리라."

학자들의 견해에 따르면 이 개념이 나오는 선지서는 호세아서가 처음입니다. 하나님께서는 참된 사랑을 알게 하시기 위해, 호세아에게 장가를 들되 이스라엘 가운데 가장 음탕한 여인을 택하라고 했습니다. 그래서 고멜과 결혼해 살았는데 아이를 낳을 때마다 그 씨가 의심스러웠습니다. 오죽하면 '로암미', 곧 '내 자식이 아니다'라고 아이 이름을 지었겠습니까? 이 여자가 어찌나 자유분방한지, 겨우 찾아다 집에 데려다 놓으면 결국 또 나가기 일쑤였고 그때마다 호세아는 또 찾으러 나갔습니다. 이 모든 기가 막힌 상황 설정은 하나님이 그 백성을 그처럼 사랑하고 찾으신다는 것을 가르치기 위해 주어진 것이었습니다. 하나님이 호세아에게 원하신 것은 "너의 그 고통을 가지고 메시지를 전하라"는 것이었습니다.

### 요엘: '그날에 성령이'

요엘서의 내용은 온 열방이 회개하고 돌아올 '그날'에 대한 예언입니다. 요엘 2장 28-32절이 아주 유명한 말씀입니다.

"그 후에 내가 내 영을 만민에게 부어 주리니 너희 자녀들이 장래 일을 말할 것이며 너희 늙은이는 꿈을 꾸며 너희 젊은이는 이상을 볼 것이며 그때에 내가 또 내 영을 남종과 여종에게 부어 줄 것이며 내가 이적을 하늘과 땅에 베풀리니 곧 피와 불과 연기 기둥이라 여호와의 크고 두려운 날이 이르기 전에 해가 어두워지고 달이 핏빛 같이 변하려니와 누구든지 여호와의 이름을 부르는 자는 구원을 얻으리니 이는 나 여호와의 말대로 시온 산과 예루살렘에서 피할 자가 있을 것임이요 남은 자 중에 나 여호와의 부름을 받을 자가 있을 것임이니라."

그날에 성령이 부어지면서 만민을 회복시키신다는 예언입니다.

## 아모스: 정의

아모스서의 주제는 정의입니다. 특히 북 이스라엘의 부와 향락 가운데 사라진 사회 정의와 신앙에 대해 무서운 심판을 예고하고 있습니다. 특히 아모스 5장 24절은 비록 한 절 말씀이지만 아주 강력한 메시지입니다.

"오직 정의를 물같이, 공의를 마르지 않는 강같이 흐르게 할지어다."

그래서 유신독재 시절에 반체제 인사들이 제일 좋아하는 성경이 아모스서였습니다. 문익환 목사님이나 함석헌 같은 분들은 설교했다 하면 아모스서만 가지고 했을 정도였습니다.

## 오바댜: 에돔에 대한 경고

오바댜는 한 장으로 되어 있습니다.

"네가 멀리 섰던 날 곧 이방인이 그의 재물을 빼앗아 가며 외국인이 그의 성문에 들어가서 예루살렘을 얻기 위하여 제비 뽑던 날에 너도 그들 중 한 사람 같았느니라 네가 형제의 날 곧 그 재앙의 날에 방관할 것이 아니며 유다 자손이 패망하는 날에 기뻐할 것이 아니며 그 고난의 날에 네가 입을 크게 벌릴 것이 아니며"(11-12절).

예루살렘의 범죄를 보다 못한 하나님이 이제 그들을 치시는데, 형제 관계인 에돔마저도 바벨론을 따라 같이 예루살렘에 쳐들어가서 약탈을 자행했습니다. 자기 자식 때리는데 옆에서 괜히 나서는 걸 본 하나님은 크게 분노하시고 마침내 에돔을 치셨습니다. 결국 에돔에 대한 메시지는 이스라엘을 향한 위로가 됩니다.

### 요나: 선교

요나서의 주제는 선교입니다. 열방까지 하나님께서 모두 회복시키시는 이야기입니다. 하나님은 열방(니느웨)을 향한 자신의 사랑을 알도록 요나를 설득하셨습니다. 그래서 요나서의 또 하나의 중심 주제는 하나님의 마음입니다. 그 하나님의 마음을 알 때 우리는 열방을 사랑할 수 있습니다.

### 미가: 실천하는 신앙

미가서는 죄에 대한 심판을 예언하며, 형식적 예배를 떠나 삶 속에 실천하는 진정한 신앙생활에 대해 말씀하고 있습니다.

"내가 무엇을 가지고 여호와 앞에 나아가며 높으신 하나님께 경배할까 내가 번제물로 일 년 된 송아지를 가지고 그 앞에 나아갈까 여호와께서 천천의 숫양이나 만만의 강물 같은 기름을 기뻐하실까 내 허물을 위하여 내 맏아들을, 내 영혼의 죄로 말미암아 내 몸의 열매를 드릴까 사람아 주께서 선한 것이 무엇임을 네게 보이셨나니 여호와께서 네게 구하시는 것은 오직 정의를 행하며 인자를 사랑하며 겸손하게 네 하나님과 함께 행하는 것이 아니냐"(미 6:6-8).

이 말씀이 전 예언자들의 핵심 메시지입니다. 하나님이 정말 원하시는 것은 엄청난 제물로 드리는 제사가 아니라 "오직 정의를 행하며 인자를 사랑하며 겸손히 하나님과 함께 행하는 것"입니다. 이것이 바로 율법을 지키는 것이라는 메시지입니다.

### 나훔: 니느웨에 대한 경고

나훔 2장 6-8절을 보십시오.

"강들의 수문이 열리고 왕궁이 소멸되며 정한 대로 왕후가 벌거벗은 몸으로 끌려가니 그 모든 시녀들이 가슴을 치며 비둘기같이 슬피 우는도다 니느웨는 예로부터 물이 모인 못 같더니 이제 모두 도망하니 서라 서라 하나 돌아보는 자가 없도다."

이 나훔의 예언이 나왔을 때 니느웨는 진짜 난공불락의 요새였습니다. 그 성이 얼마나 큰지 성벽 위로 마차 3대가 동시에 달릴 수 있을 정도였고, 더군다나 니느웨까지 가려면 양 쪽으로 강이 있어서 이 성에서 다리를 내려 주지 않는 이상 성으로 진입할 길이 전무했습니다. "물이 모인 못" 같아서 누구도 넘어뜨릴 수 없었습니다.

그런데 놀랍게도, 예언 그대로 니느웨가 멸망당합니다. 바벨론 군대가 온갖 공격을 다 해도 안 되니까 상류에서 물을 막았다가 터트렸습니다. 결국 수공(水攻)으로 그 성을 무너뜨린 것입니다. 니느웨는 물 때문에 보호받다가 물로 망했습니다. 나훔의 예언을 듣고도 그들은 설마 했겠지만, 결국은 예언대로 이루어졌습니다.

### 하박국: 의인은 믿음으로 산다

하박국이 그 이름은 촌스럽지만 굉장히 수준 높은 선지자입니다. 이름으로 평가하지 마세요.

하박국서의 주제는 '의인은 믿음으로 산다'는 것입니다. 하박국의 이 말이 신약에서는 로마서의 주제, 곧 바울의 주제가 되고, 나중에는 종교개혁자들의 주제가 됩니다. '오직 의인은 믿음으로 산다', 아주 강력한 메시지입니다.

하박국은 하나님께 왜 불의한 자를 그냥 두시냐고 따졌습니다. 그에 대해 하나님은 "바벨론을 통해 심판하겠다"고 하셨고, 하박국은 더욱 열을 받아 이렇게 대들었습니다.

"그것은 더 말이 안 됩니다. 바벨론은 이스라엘보다 더 불의한 나라인데 그나마 덜 불의한 이스라엘을 치다니요. 어떻게 불신자가 신자를…."

이때 하나님이 하신 말씀이 "의인은 믿음으로 말미암아 살리라"입니다.

하박국은 "왜 잘 믿는 자는 배고프고, 불의한 자는 잘 먹고, 잘사냐"며 하나님을 원망했습니다. 그런데 하나님은 "잘 먹고 잘사는 것이 진짜 잘사는 거냐? 진짜 잘사는 것은 믿음으로 사는 것이다"라고 하셨습니다. 그러니까 "오직 의인은 믿음으로 말미암아 살리라"는 것은 곧, 따지지 말라는 말씀이었던 것입니다. 그때 하박국이 한 대 얻어맞은 것처럼 깨달은 말씀이 하박국 3장 17-19절입니다.

"비록 무화과나무가 무성하지 못하며 포도나무에 열매가 없으며 감람나무에 소출이 없으며 밭에 먹을 것이 없으며 우리에 양이 없으며 외양간에 소가 없을지라도 나는 여호와로 말미암아 즐거워하며 나의 구원의 하나님으로 말미암아 기뻐하리로다 주 여호와는 나의 힘이시라 나의 발을 사슴과 같게 하사 나를 나의 높은 곳으로 다니게 하시리로다 이 노래는 지휘하는 사람을 위하여 내 수금에 맞춘 것이니라."

"다 없을지라도 여호와로 말미암아 즐거워하리로다"라는 것은 "오직 의인은 믿음으로 말미암아 살리라"는 뜻입니다. 이 땅을 살아가면서 고난을 매우 많이 겪어도 그것이 복인 까닭은 그 고난 때문에 하나님과 동행하기 때문입니다. 많이 갖는 것이 축복이 아니라 하나님과 동행한 것이 축복인 것입니다. 하나님은 우리에게 그 개념을 바꾸라고 하십니다.

### 스바냐: 남은 자

스바냐서의 주제는 남은 자입니다. 심판은 연단이지만, 그 남은 자가 누리는 구원의 기쁨이 있습니다. 스바냐 3장 17절은 너무도 유명한 말씀입니다.

"너의 하나님 여호와가 너의 가운데에 계시니 그는 구원을 베푸실 전능자이시라 그가 너로 말미암아 기쁨을 이기지 못하시며 너를 잠잠히 사랑하시며 너로 말미암아 즐거이 부르며 기뻐하시리라 하리라."

### 학개: 성전 재건

학개는 스가랴와 함께 포로 귀환 후 이스라엘 사람들에게 성전 재건을 완성하도록 강력하게 설득했습니다.

### 스가랴: 이상(異想)들

스가랴서에는 8개의 이상이 나옵니다. 그래서 스가랴서는 굉장히 해석하기가 어렵습니다. 그가 신비스러운 이상을 많이 보았기 때문에 그것이 무엇을 말하는지 알 수가 없습니다. 지금도 학자들이 해석을 잘 못하고 있습니다. 이 신비주의에 가까운 예언서에는 특별히 스룹바벨을 통한 회복의 이야기가 잘 나와 있습니다.

## 말라기: 온전한 순종

말라기는 예배, 가정생활, 사회생활, 십일조 등 모든 부분에서의 온전한 순종을 말하고 있습니다.

"만군의 여호와가 이르노라 너희의 온전한 십일조를 창고에 들여 나의 집에 양식이 있게 하고 그것으로 나를 시험하여 내가 하늘 문을 열고 너희에게 복을 쌓을 곳이 없도록 붓지 아니하나 보라"(말 3:10).

또 하나 말라기서에서 가장 중요한 것은 바로 엘리야의 예언, 즉 세례 요한의 예언을 하고 있다는 것입니다.

"보라 여호와의 크고 두려운 날이 이르기 전에 내가 선지자 엘리야를 너희에게 보내리니 그가 아버지의 마음을 자녀에게로 돌이키게 하고 자녀들의 마음을 그들의 아버지에게로 돌이키게 하리라 돌이키지 아니하면 두렵건대 내가 와서 저주로 그 땅을 칠까 하노라 하시니라"(말 4:5-6).

하나님께서 나를 향해 어떤 계획을 갖고 계시고, 어떤 마음인지를 아는 것이 중요합니다. 우리가 순종하면 하나님께서는 우리를 존귀하게 하시고 보배롭게 하실 것입니다.

즐거운 성경 66권 탐구

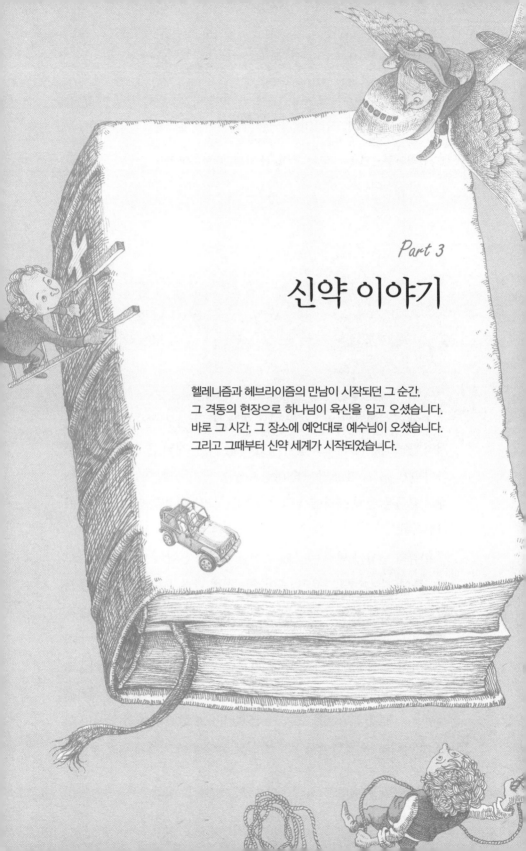

# Part 3

# 신약 이야기

헬레니즘과 헤브라이즘의 만남이 시작되던 그 순간,
그 격동의 현장으로 하나님이 육신을 입고 오셨습니다.
바로 그 시간, 그 장소에 예언대로 예수님이 오셨습니다.
그리고 그때부터 신약 세계가 시작되었습니다.

# 1장

## 신약의 역사적 배경과 지리

헬라 문화의 옷을 입고 로마라는 모자를 쓴 채 방랑하는 유대 민족

신약을 이해하기 위해서는 인류 역사, 특히 서구 역사를 구성한 두 개의 큰 흐름부터 제대로 알아야 합니다. 그 두 개의 큰 흐름이란 헤브라이즘(Hebraism)과 헬레니즘(Hellenism) 을 말하는데, 이 서로 다른 두 개의 흐름은 언제 어디에서 만났을까요? 그것은 정말 굉장한 일이 아니었을까요?

한류와 난류가 만나는 곳에 엄청난 변화와 혼란이 일어나듯, 헤브라이즘이라는 흐름과 헬레니즘이라는 전혀 다른 흐름이 만났을 때 사람들은 완전히 문화 충격과 혼돈에 빠졌습니다. 그런데 흥미롭게도, 한류와 난류가 만나는 곳에는 먹을 게 많아 물고기 떼가 몰려들어 황금어장이 형성된다는 것입니다. 바로 그런 현상처럼, 헤브라이즘과 헬레니즘이 만난 그곳에서는 역사의 격랑이 일어남과 동시에 새로운 출발이 시작되었습니다. 그 두 흐름은 점잖게 다방에서 차 마시며 만난 게 아니라, 씨름판에서 부르르 인상 쓰면서 피 터지게 싸우며 만났

습니다.

　그림을 보면, 헤브라이즘과 헬레니즘 간에 한 판 싸움이 붙었습니다. 그런데 처음 1회전에서는 헬레니즘이 헤브라이즘을 이겼습니다.

　알렉산더에 의해 헬라 문화가 전 세계를 다 점령했고, 이스라엘도 톨레미와 셀류커스에 지배당했기 때문에 첫판은 헬레니즘의 완승으로 끝났습니다. 하지만 모든 것은 겉으로만 봐서는 모르는 겁니다. 이제 안다리를 걸면서 헤브라이즘이 뒤집기를 시도하고, 그 무서운 뒤집기, 곧 속 알맹이 파먹기 전법에 의해 내면적으로 역전이 일어나, 영적으로는 헤브라이즘이 승리했다고 볼 수 있었습니다. 바울 사도에 의해 전 지중해가 복음화되면서 헤브라이즘이 밀고 들어가기 시작한 것입니다.

　그런데 또 그것으로 끝난 게 아니었습니다. 헬레니즘이 헤브라이즘을 물고 늘어질 대로 늘어져, '헬브라이즘'인지 '헤브레니즘'인지 분간할 수 없는 모양으로 변형시켜 놓았기 때문입니다. 헬라 철학이 기독교 신앙 및 히브리 신앙으로 파고 들어가서 중세시대에는 교회 안에서도 성경 외에 플라톤 철학이나 아리스토텔레스 철학을 의존하는 분위기가 팽배했습니다. 그래서 무슨 문제만 생기면 먼저 성경책을 찾아보고는 답이 안 나올 경우 플라톤 책이나 아리스토텔레스 책도 함께 뒤져 보았습니다. 그러다 급기야는 플라톤 사상에 뿌리를 둔 영지주의가 성경을 공격하기에 이릅니다. 중세철학의 대가 토마스 아퀴나스 같은 사람도 그런 혼합적인 사상 배경을 갖고 있었습니다. 결국 헬레니즘이 헤브라이즘을 또다시 뒤집은 것입니다.

두 개의 흐름은 이처럼 엎치락뒤치락하며 뒤엉켜서 구르다가 나중에는 완전히 섞어찌개가 되어 버렸습니다.

그런데 왜 하나님께서는 이런 만남이 있도록 허락하셨을까요? "우리의 만남은 우연히 아니야"라는 노랫말 그대로 여기에는 하나님의 섭리가 있었습니다. 헬레니즘과 헤브라이즘의 만남이 시작되던 그 순간, 그 격동의 현장으로 하나님이 육신을 입고 오신 것입니다. 바로 그 시간, 그 장소에 예언대로 예수님이 오셨습니다. 그리고 그때부터 신약 세계가 시작되었습니다.

그렇기 때문에, 헬레니즘과 헤브라이즘의 만남과 갈등을 알지 못하고서는 신약을 제대로 이해하기가 어렵습니다. 많이만 읽는다고 이해가 되는 게 아닙니다.

이제 신약성경의 세계를 이해하기 위해 먼저 그 때와 그 장소에 대해 공부하도록 합시다.

## 역사적 배경

헬라제국은 망했지만 그 문명은 그대로 남았으니, 아직 이스라엘은 헬라 문명의 영향하에 있었던 것입니다. 침묵 시대의 역사적 상황이 바로 신약시대의 역사적 배경입니다.

**••• 전개:** 신약시대 역사적 배경의 4가지 주요 개념 •••

1. 정치적 상황          2. 사회적 상황
3. 문화, 사상적 상황     4. 영적 상황

**정치적 상황: 대제국인 로마의 통치하에 어느 정도 자치권을 유지하고 있었다**

이스라엘을 지배했던 강대국 가운데 다섯 번째인 로마는 지중해 전역을 통치하던 대제국으로서, 강력한 법 질서가 잡혀 있던 비교적 정의로운 나라였습니다. 로마제국의 특징은 법치주의입니다. 모든 것이 법에 의해 결정되었습니다. 로마가 인류 역사에 끼친 가장 큰 혜택이 법과 길 아닙니까? 법대 다니는 학생들은 지금도 로마법을 공부한다고 합니다.

그런데 로마는 법에 의해 통치하기 때문에 정치적으로는 굉장히 단호했지만, 그 외의 부분에서는 자치권을 많이 주었습니다. 비교적 반란이 일어날 소지가 적은 지역에는 분봉왕을 두어 다스리게 했고, 골치 아픈 지역에는 총독을 직접 파견하여 강력하게 통치했습니다.

분봉왕은 로마제국의 분할된 지역을 다스리는 제한적 왕이었습니다. 분봉왕이 있는 지역의 백성들은 알아서 먹고살면서 세금만 바치면 그만이었습니다. 이스라엘 지역도 처음에는 지역 전체가 다 분봉왕 헤롯의 땅이었는데, 유대 지역에 반란이 자꾸 일어나자 그곳만큼은 나중에 총독이 오게 됩니다. 빌라도나 벨릭스 같은 사람들이 바로 그런 총독이었던 것입니다.

로마제국이 법치주의를 표방했기에, 예수님 당시에나 바울 시대까지만 해도 로마의 핍박 때문에 신앙생활이 힘들었던 적은 없었습니다. 바울에게 핍박을 가한 사람들은 오히려 동족인 유대인들이었습니다. 사도행전을 보면 유대인들은 바울을 고발할 때 "하나님을 모독했다"고 하지 않고, "로마 사람이 받지 못할 이상한 풍속을 전한다. 미풍양속을 해친다"고 했습니다. 그래야만 로마가 어떤 식으로든 조치를 취할 것 같았던 것입니다. 예수님은 로마의 종교적 핍박이 아닌, 유대인의 끊임없는 고발 때문에 정치범으로 몰려 돌아가신 것이었습니다.

공화정 국가로 출발했던 로마였지만 황제통치(제정) 체제로 가게 되자 상황은 달라집니다. 공화정의 1인 지배자로서 황제가 될 가장 유력한 인물이었던 시저가 최측근 브루투스에게 암살당하고 나자 로마는 잠시 혼란기를 맞습니다. 그 후 브루투스, 안토니오 등과의 권력 다툼 끝에 마침내 황제의 자리에 오른 시저의 양아들 옥타비아누스(아우구스투스)는 황제 통치를 절대 권력화합니다. 그리고 이 황제 통치는 점차 황제 숭배로 변질됩니다.

예수님이 태어나셨을 때만 해도 죽은 황제만 숭배하게 했는데, 요한계시록이 쓰여진 시대쯤 되어서는 산 황제에게까지 숭배하도록 강요했습니다. 결국 황제 숭배는 종교가 되고, 이를 거부한 기독교는 대대적인 핍박을 당할 수밖에 없었습니다.

법 이외에 로마를 대표하는 것이 도로(道路)라고 앞에서 언급한 바 있습니다. "모든 길은 로마로 통한다"는 말처럼, 로마는 가는 곳마다 길을 닦고 도로를 깔았습니다. 그리고 그 넓은 통치 지역들 가운데 거점이 되는 곳에만 주둔군을 두었습니다. 예를 들어 팔레스타인에는 가이샤라에만 주둔군을 배치하고, 그 나머지 지역에는 100명 단위의 부대(이런 부대의 수장이 백부장이었음) 하나 정도만 남겨 두었습니다. 혹 반란이 일어나도 발달된 도로망을 통해 신속하게 군대가 이동해서 반란군을 진압했기 때문에, 그런 시스템으로도 대제국을 충분히 통치할 수 있었습니다. 바로 이 시스템을 선교에 도입했던 사람이 바울이었습니다. 그는 거점 도시에만 선교하러 다니고, 나머지 지역에는 필요한 지원만 했습니다.

**사회적 상황:정복당한 지역으로서 복잡한 인적 구성을 가진 혼란한 사회였다**

유대인들은 종교적으로만 구분되었을 뿐 정치적으로는 주변 다른 민족과 똑같은 식민지 백성이었습니다. 물론, 돈 혹은 다른 방법으로 로마 시민권을 산 사람들은 특별한 대우를 받았습니다. 어쨌든 이런저런 상황들이 맞물려 식민지 유대 사회는 갖가지 갈등의 전시장처럼 복잡하기만 했습니다.

**1. 정치적 갈등: 로마 권력층과 독립 투쟁 세력 간의 갈등**

총독, 대제사장, 사두개인, 헤롯당으로 대표되는 권력층과, 그들을 향한 적극적 투쟁노선을 지향했던 열심당 사이에는 항상 팽팽한 긴장감이 존재했습니다. 사실 대제사장 같은 기득권자들이 예수님을 핍박했던 데에는 종교적 이유 말고도, 제자들 대부분이 갈릴리(열심당이 많은 지역이었다고 함) 사람들이라는 미묘한 정치적 이유도 있었습니다.

## 2. 경제적 갈등: 부유층과 가난한 계층 간의 갈등

총독, 대제사장, 사두개인, 헤롯당은 굉장한 부자들이었지만, 백성들은 너무나 가난했습니다. 예수님이 가는 곳마다 말씀을 전하면서 오병이어의 기적을 일으키신 것도 그만큼 백성들이 굶주려 있었기 때문이었습니다.

## 3. 종교적 갈등: 종교적 기득권 세력과 비판 세력 간의 갈등

총독, 대제사장, 사두개인, 헤롯당 등의 기득권 세력에 대한 비판 세력으로는 바리새파, 엣세네파가 있었습니다. 종교적 기득권 세력에 대한 비판이라는 측면에서 예수님은 사실 바리새파 쪽에 가까우셨지만, 그들도 문제가 많았기에 비판하셨던 것입니다.

## 4. 문화적 갈등: 본토 유대인과 헬라파 유대인 간의 갈등

본토 유대인들은 다들 아람어(오늘날의 시리아어)를 썼습니다. 예수님도 아람어를 쓰셨습니다. 영화 〈패션 오브 크라이스트〉를 보면 아람어가 어떤 말인지 들을 수 있습니다.

그런데 소위 '디아스포라'라고 불리는, 전 세계에 흩어졌다 다시 돌아온 유대들은 모두 헬라어를 썼습니다. 이처럼 두 개의 언어가 공존하게 되자 문화적 충돌이 끊임없이 일어났습니다. 그 충돌 때문에 터진 사건이 스데반 사건 아니었습니까? 예루살렘 교회를 비롯한 초대교회의 분열 원인도 이 언어 문제였습니다. 헬라파 과부들이 구제에서 자꾸 제쳐진다고 문제 삼았던 일도 사실 언어 문제가 파벌 싸움으로 이어진 경우였습니다.

문화, 사상적 상황: 전통적인 유대주의가 헬라 사상에 의해 위협받고
있었다

전통적인 히브리적 사고와 이와는 전혀 다른 헬라적 사고가 부딪히
고 있었습니다. 이 둘은 달라도 너무 달랐습니다.

- 히브리적 사고는 신 중심적 사고여서 하나님으로부터 인간을 설
  명합니다. 그러나 헬라적 사고는 인간 중심 사고입니다. 그리스
  신화에 나오는 신들을 보면 정말 너무나 인간적입니다. 제우스
  가 맨날 바람피우다가 헤라한테 혼나서 도망 다니고, 신들이 인
  간보다 더 욕망에 시달립니다. 트로이 전쟁 스토리를 보아도 여
  자 하나로 전쟁이 일어나고, 신들끼리 시기하고 삐치고 정말 지
  나치게 인간적입니다.

| 〈히브리적 사고〉 | 〈헬라적 사고〉 |
|---|---|
| 신(神) 중심의 사고 | 인간 중심의 사고 |
| 관계 중심의 사고 | 개체 중심의 사고 |
| 느낌 중심의 사고 | 논리 중심의 사고 |
| 동적인 사고 | 정지적, 공간적 사고 |
| 의미 중심의 사고 | 사실 중심의 사고 |

- 히브리적 사고는 관계 중심의 사고입니다. 그래서 어떤 사물이
  든 절대로 객체로 존재한다고 생각하지 않습니다. 예를 들어, 물
  은 물 자체로 평가되는 것이 아닙니다. 이것이 "어떻게 쓰이는
  가?" 하는 것이 중요합니다. 제가 목이 너무 마를 때 마신 물은
  의로운 물입니다. 선한 물입니다. 하지만 이 물로 제가 얻어맞았
  다면 악한 물이 됩니다. 그것이 히브리적 사고입니다. 그러니까

사람도 그 자체로 선한 게 아니라 하나님과 좋은 관계에 있어야 선한 것입니다. 만일 하나님과의 관계가 잘못되면 그 자리에서 악하고 불의한 인간이 됩니다. 그래서 히브리적 사고에서는 죄인이 의로운 자가 되는 데 아무 갈등이 없습니다. 하나님을 떠나 있으면 죄인이지만 회개하고 돌아오면 바로 의인이 되기 때문입니다. 모든 것을 관계 문제로 생각합니다.

하지만 헬라적 사고로 보면 인간의 선함과 악함은 바뀔 수가 없습니다. 그래서 죄인이 의인 되는 건 거의 불가능한 일입니다. 원래 타고난 게 그 모양인 걸 무슨 수로 바꾸겠냐는 것입니다.

성경은 히브리적 사고로 이해해야지 헬라적 사고로 보면 절대 이해 못합니다. 그런데 우리는 지금 헬라적 사고를 가지고 있습니다. 헬라적 사고로 보자면 좋은 시계, 나쁜 시계가 이미 처음부터 결정되어 있습니다. 얼마나 비싼 시계냐에 따라서 말입니다. 하지만 히브리적 사고로 보자면 그 값은 상관없이 정말 꼭 필요한 자의 손목에 있으면 좋은 시계이고, 그냥 비싼 거라고 모셔 두고 있으면 나쁜 시계가 됩니다. 개념 자체가 달라도 너무 다릅니다. 성경을 이해하려면 이 차이를 알아야 합니다.

• 히브리적 사고는 느낌 중심의 사고입니다. 직관이 뛰어나고, 설명이 안 되는 부분들이 있습니다. 예수님께서 니고데모에게 "바람이 임의로 불매 어디서 와서 어디로 가는지 알지 못하는 것처럼 성령으로 난 자도 이와 같으니라. 네가 거듭나야 한다"고 하셨는데, 이게 무슨 말인지 금방 이해가 됩니까? 척 보고 안다면 거의 도사 수준입니다. 왜 그런지 설명이 안 되는 게 정상입니다. 성경은 그런 의미에서 직관적으로 봐야지 설명하려고 들면 힘듭

니다.

그런데 헬라적 사고는 논리 중심의 사고입니다. 'A니까 B이고 B니까 C다'라는 식으로 우리도 논리적인 사고 훈련을 받았기 때문에 성경을 이해하지 못하는 것입니다. "하나님은 영이시니" 하면 느낌이 팍 와야 합니다. "영이라는 것은 뭘 말하느냐"고 따지기 시작하면 성경 이해는 이미 강 건너 간 일이 되어 버립니다. 이런 면에서 사실 동양 사람이 서양 사람보다 훨씬 더 성경을 잘 이해할 수 있습니다.

• 히브리적 사고는 동적 사고입니다. 항상 움직입니다. 하다못해 히브리어로 '서 있다'는 단어도 정확하게 말하면 가만히 있는 게 아니라 서는 동작을 계속 한다는 뜻을 갖습니다. 하나님께서 "나는 나다"(I am Who I am)라고 하셨을 때, 여기서 영어 be 동사에 해당하는 히브리어 '하야'는 굉장히 역동성이 있는 단어입니다. 단순히 '가만히 존재한다'는 뜻을 넘어서 '모든 걸 담당하면서 존재한다'는 뜻을 갖습니다.

그렇기 때문에 '하나님이 함께하신다'고 하는 '임마누엘'이라는 이 한마디면 우리는 걱정할 게 하나도 없는 것입니다. 그분은 가만히 있는 분이 아니라 모든 걸 다 움직이는 하나님이시니 말입니다. 히브리적 사고로 볼 때 하나님은 움직이는 하나님이십니다. 그러니 하나님이 "떡 사줄 게, 빵 사줄 게, 밥 먹여 줄게"라며 일일이 말씀 안 하셔도 "내가 너와 함께 있다" 이 한마디만 하시면 우리는 안심입니다. 그런데 헬라적 사고는 정지적 사고, 공간적 사고이기 때문에 이런 하나님을 절대로 이해하지 못합니다.

• 히브리적 사고는 의미 중심의 사고입니다. 사실보다 중요한 게 의미입니다. 시간표는 전형적인 헬라적 사고의 산물입니다. 이만큼 자고 이만큼 놀고 하는 식으로 파이 자르듯 시간표를 짭니다.

그런데 히브리적 사고로는 하루가 천 년 같고 천 년이 하루 같습니다. 길든 짧든 의미가 중요하기 때문입니다. 히브리 사람들은 딱 짜여진 시간에 대한 개념이 별로 없습니다. 그래서 헬라적 관점으로 성경을 보면 이해가 안 될 수밖에 없는 것입니다. 예수님이 "내가 아브라함 때 있었다"고 한마디 하시기라도 하면 다들 어려워합니다. 하지만 의미 중심적 사고에서는 얼마든지 가능한 얘기입니다. 사실 성경을 우리가 온전히 이해하기가 어려운 것은 헬라적 사고에 오염되어 있기 때문입니다.

이처럼 전혀 다른 두 개의 문화와 사상이 부딪히는 가운데, 지중해 연안의 각 민족들의 사상까지 가세해서 큰 혼돈이 일어나고 있던 때가 바로 신약시대였습니다.

영적 상황 : 종교적 형식주의가 굳어져 가는 한편 영적 갈망도 커져 가고 있었다

헬라의 통치자 셀류커스를 몰아내고 성전을 회복했던 마카비안들은 하스몬 왕조를 세우고 지배자가 되어 버렸습니다. 그러고는 무너진 대제사장의 전통을 아론의 후손도 아닌 자신들이 잇겠다고 나섰습니다. 그러다가 로마의 지배로 왕권을 에돔의 거부(巨富)인 헤롯에게 빼앗기자, 이제는 로마가 비교적 자치권을 인정해 주던 종교권을 거머쥐고 기득권을 유지해 나갔습니다. 이들을 옹호하는 무리들(대제사장, 서기관, 사두개인)이나 비판하는 무리들(바리새인)이나 모두 세속주의, 형식주의로 변해 갔습니다.

그러다 보니 결국 백성들은 영적, 육적, 심적으로 굶주리고 목마르고 있었습니다. 마음속에 메시아에 대한 뜨거운 갈망들이 생겨났습니다. 성경에 보면 아리마대 요셉 같은 사람을 가리켜 '하나님의 나라를 기다리는 사람'이라고 했는데, 그게 바로 메시아를 기다리는 사람들, 영적으로 갈망하는 사람들, 하나님의 나라를 기다리는 사람들이었다는 뜻입니다. 이것은 칭찬 중에 칭찬이었습니다. 영적으로 훌륭하다는 것입니다.

## 신약성경의 지리

### 복음서의 지리: 팔레스타인 내부에 국한됨

복음서는 주로 예수 그리스도의 생애를 다루고 있으므로 그 지리적인 무대는 팔레스타인 내부에 국한됩니다. 예수님은 태어나자마자 헤롯의 학살을 피해 애굽으로 잠시 건너갔던 것을 제외하고는 팔레스타인 밖을 나가 보신 적이 없었습니다. 그러니까 지도도 팔레스타인 내부만 그리면 됩니다.

### 수역

1. 지중해
2. 갈릴리 바다
3. 요단 강

사실 요단 양편으로 강이 세 개가 흘렀습니다. 야르묵 강, 얍복 강, 아르논 강입니다. 이 강들은 건기에는 흐르지 않다가 우기에 흐릅니다.

## 4. 사해

### 지방(지역)과 도시들

#### 1. 예수 그리스도의 시대

신약성경의 지리는 우선 크게 네 지방으로 나눌 수 있습니다. 제일 위가 갈릴리 지방, 그 아래가 사마리아 지방, 유대 지방, 요단 동편 지방입니다.

#### A. 갈릴리 지방

갈릴리 호수 주변의 갈릴리 산지 전체 지방으로서 산세의 높고 낮음에 따라 '높은 갈릴리'(Upper Galilee)와 '낮은 갈릴리'(Low Galilee)로 나눌 수 있습니다. 위에 있기 때문에 높고, 밑에 있기 때문에 낮은 것이 아니라, 해발 500m를 기준으로 더 높은 산과 낮은 산으로 나눈 것뿐입니다. 상 갈릴리 혹은 하 갈릴리라고 부르기도 합니다.

갈릴리는 주님 오시기 전 약 800년 동안 이방 땅에 속해 있었기 때문에 이곳 사람들은 이방인들과 섞여 살았습니다. 그러다 보니까 이방 지역처럼 보였습니다. 자연적인 혜택이 풍부한 만큼이나 이방 문화가 풍부했던 곳이기도 합니다.

그런데 이 유대 민족들은 대거 예루살렘에서 이동해서 상 갈릴리 쪽으로 가서 생활했습니다. 바로 이 갈릴리가 예수님의 성장지(나사렛)였고, 초기 사역지이자 주요 선교의 무대(가버나움)라는 사실은 땅끝까지 복음이 이르는 데 아주 중요한 의미가 있습니다. 왜냐하면 갈릴리 사람들의 사고가 분명하고 자유분방하고 오픈되어 있기 때문에 예수님의 이야기가 펼쳐질 수 있었던 것입니다.

**A1. 나사렛** : 예수님의 성장지, 농업 중심, 갈릴리 호수 남서쪽에 위치 (31km 지점).

**A2. 가버나움** : 예수님의 사역 본거지(마 4:13). 갈릴리 호수 북쪽의 항구.
가버나움은 갈릴리에 붙은 코딱지와도 같습니다. 사실 예수님 당시에 갈릴리 호수에서 가장 큰 도시는 가버나움이 아니었습니

〈예수 그리스도 시대의 지리〉

1. 지중해
A 갈릴리 지방
A2 가버나움
2. 갈릴리바다
야르묵
A1 나사렛
B1 사마리아
3. 여단강
D 요단 동편 지방
얍복
B2 수가성
B 사마리아 지방
C4 여리고
C1 예루살렘
C2 베들레헴
아르논
C4 베다니
4. 사해
C 유대 지방

다. 가버나움은 작은 어촌이고 제일 큰 도시는 디베랴였습니다. 예수님은 그곳에 한 번도 안 가셨습니다. 왜냐하면 디베랴는 로마 통치자들, 권력자들만 살았기에 예수님은 거기 갈 이유가 없으셨습니다. 거기는 고난받은 사람들이 있는 땅이 아니었습니다. 예수님은 가버나움 땅 깡어촌에 가서 가난한 자들과 함께 사셨습니다. 이게 주님이 이 땅에 내려오신 모습입니다.

## B. 사마리아 지방

팔레스타인 중부 지역으로서 갈릴리와는 이스르엘 평원을 사이에 두고 경계를 이루었습니다. 이 이스르엘 평온이 굉장히 중요합니다. 이스라엘의 '빵 바구니' 같은 곳이기 때문입니다. 또 유대와는 아얄론 골짜기와 여리고를 연결하는 선을 경계로 하고 있습니다. 위쪽은 이스르엘 평원을 경계로 하고 있고 요단 강과 지중해 사이에 있습니다. 이것이 북 이스라엘의 중심지였습니다.

사마리아는 에브라임 산지라는 고지대에 있는 지역으로서 족장 시대 및 사사 시대까지는 이스라엘의 중심이었으나(특히 세겜, 복음서에서는 수가) 왕국이 분열되면서, 그리고 포로 귀환 후 성전을 건축할 때 유다와 갈등을 겪으면서 자기 나름대로의 신앙을 발전시켜 왔습니다. 이것은 유대인과 영원히 합칠 수 없는 남남이 된 원인이었습니다. 그런데 성전 문제를 가지고 싸움이 붙으면서 영원히 갈라졌습니다. 이쪽 지역은 혼혈되어 사마리아 이방인이 되어 버리고만 것입니다. 그래서 유대인들은 사마리아보다는 오히려 갈릴리를 더 가깝게 생각했습니다.

- B1. **사마리아 성** : 북 이스라엘의 수도였고 사마리아 산 위에 있는 도시입니다.
- B2. **수가 성(세겜)** : 수가 성은 아람어이고 히브리어로는 세겜이라고 했습니다. 사마리아의 남동쪽 아래에 위치한 곳으로 야곱의 우물이 있습니다.

## C. 유대 지방

유대 산지를 중심으로 한 지방으로서 지중해와 사해 사이에 위치하며, 남쪽으로는 네게브 사막을 경계로 삼고 있습니다. 네게브란 말 자체가 '광야', '사막'이라는 뜻입니다. 황무지입니다. 족장 시대 이후로 헤브론이 이 지방의 중심지였으나, 다윗 이후로는 예루살렘으로 바뀌었습니다. 예수님의 탄생지인 베들레헴은 예루살렘 남쪽 8km 지점에 있습니다.

**C1. 예루살렘**

**C2. 베들레헴**

**C3. 베다니** : 예루살렘과는 출퇴근 거리에 있는 마을입니다. 예루살렘 남동쪽에 위치합니다. '가난한 자의 마을 집' 혹은 '고뇌자의 집'이라는 뜻인데 지금 학자들의 견해에 따르면 예루살렘에 붙어 있는 빈민촌입니다. 우리로 말하면 달동네입니다.

**C4. 여리고** : 예루살렘의 동쪽, 요단 강가에 있는 도시로 상당히 내려가는 곳입니다. 고도가 해발 −300m입니다.

### D. 요단 동편 지방

이 지역은 북쪽으로부터 야르묵, 얍복, 아르논이라는 세 강에 의해 나누어집니다.

첫째는 헬몬 산에서 야르묵 강까지로, 검고 기름진 현무암 퇴적 토양으로 되어 있습니다. 여기가 '바산의 암소'가 산다는 바산 지역입니다. 지금의 골란 고원입니다. 굉장히 검붉은 현무암 퇴적 토양으로 되어서 목초지로서 뛰어난 곳입니다.

둘째는 야르묵 강에서 얍복 강 사이로서 산림이 우거진 산악 지대입니다. 모압이 주로 거했는데 숲이 굉장히 많은 산악지대입니다.

셋째는 얍복 강에서 아르논 강 사이로 붉은 고원 지대, 즉 황무지입니다. 테라로사라는 붉은 흙으로 되어 있는 황무지입니다. '에서'라는 이름은 온몸에 붉은 털을 가지고 태어나서 붙여진 이름인데, 이 에서가 살았던 땅 전체가 다 붉었다고 합니다. 에돔이란 말은 에서의 후손의 땅이라는 뜻입니다.

이 지역에는 정복 시대로부터 이스라엘의 두 지파 반이 살아왔고, 길르앗이 가장 중요한 도시 중 하나였습니다. 예수님은 이 지역을 갈릴리에서 예루살렘으로 가실 때 다니셨고, 베뢰아(Perea)가 예수님 당시 이곳의 지명이었습니다. 신약성경에서는 '요단 강 건너편'이라고 나옵니다. 사도행전에 나오는 베뢰아는 Berea로 이와는 다릅니다.

성경에 나오는 지도는 복잡하게 생각할 것 없이 3가지만 알면 됩니다. 하나가 고대 근동 지도입니다. 빵 덩어리, 삼지창, 돼지족발, 빵 부스러기, 코브라 머리, 혓바닥, 기억나지요? 영어 표현으로 ANE(Ancient Near East)입니다.

두 번째 지도는 팔레스타인 지도입니다. 결국 이스라엘 지도인데, 네모를 그리고 사선으로 갈비뼈 나가듯이 혹은 자전거 앞에 나가듯이 한 번 떨고 내려가면서 갈릴리, 요단 강, 사해가 나오게 되는 지도입니다. 예루살렘, 사마리아, 나사렛, 가버나움, 헤브론, 여리고, 벧엘, 단, 브엘세바가 다 나오는 지도입니다. 이 지도는 구약에도 쓰이고 신약에도 쓰입니다.

또 하나 우리가 꼭 알아야 할 지도가 지중해 연안 지도입니다. 바울의 선교 여행을 이해하기 위해 절대로 그냥 넘어갈 수 없는 지도입니다. 지중해 연안 지도는 지금까지 보았던 지도보다 훨씬 어렵습니다. 범위가 크기 때문입니다.

일단 지중해 연안 지도를 그리는 비법을 공개합니다. 모든 지도는 늘 박스를 잘 쳐야 합니다. 지도를 그리려면 제일 확실한 것부터 그려야 하는데, 그때가 바로 로마제국 시대였으므로 쉽게 말하면 로마제국 지도입니다. 로마는 결국 이탈리아로부터 시작되었으니 장화를 하나 그리는 것부터 시작합니다. 맨 위에 장화를 신고 싶은 만큼 그립니다.

그 장화 앞에 시칠리아가 돌에 걸려 넘어지는 형상으로 그려집니다. 그리고 여기서부터는 고도의 기하학적 구도로 나갑니다. 장화 옆에 삼각형을 코너까지 연결되게 그립니다. 삼각형 중간쯤에다가 점을 찍어서 사람 코를 연상하면서 그리는데 코가 조금 커야 합니다.

여기에 빵 덩어리, 삼지창, 돼지 족발, 빵 부스러기를 첨가합니다. 돼지 족발과 빵 부스러기는 절대 빠지지 않습니다.

2. 사도행전의 지리
성경 지도가 지중해 연안의 여러 나라로 확장됩니다.

A. 팔레스타인 지역
약속의 땅이었으나 대적인 블레셋의 땅이 되어 버린 곳.

〈지중해 연안 지도 그리기〉

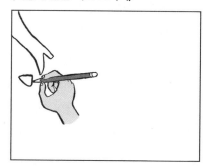

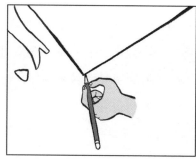

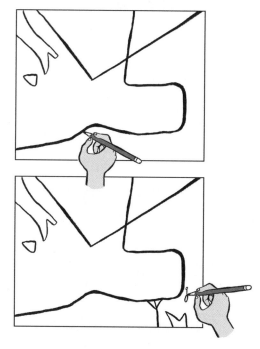

A1. 예루살렘

A2. 가이사랴 : 지중해 연안의 항구, 로마군의 주둔지, 식민지 총독부가 있던 곳. 바울은 로마로 압송되기 전 2년 동안 이곳에 구류되어 있었습니다. 재판도 받았습니다.

로마가 팔레스타인을 통치하는 동안 이곳에 권력을 집중시켰습니다. 가이사랴는 가이사랴 빌립보와는 다른 곳입니다. 가이사랴 빌립보는 위쪽에 있고 가이사랴는 바닷가 쪽에 있습니다. 가이사랴에 가 보면 지금도 유적지가 가장 많이 남아 있습니다. 헤롯이 만든 수로가 있습니다. 이 지역은 비가 자주 오는 지역이 아니어서 물을 끌어들인 수로가 있는데 그 수로가 지금도 남아 있습니다.


B. 수리아 지역

구약의 두로와 시돈, 아람 나라의 지역.

성경에서는 시리아를 수리아라고 합니다. 수리아 지역에서 제일 중요한 도시는 시리아의 수도 다메섹입니다.

B1. 다메섹 : 바울(사울)이 예수 믿는 사람들을 핍박하러 가다가 주님을 만난 후 회심하고 소명을 받은 곳. 다메섹이 그 당시 수리아의 수도입니다.

B2. 안디옥 : 스데반의 순교로 시작된 핍박을 피해 흩어진 크리스천들이 모여 교회를 세우고 선교사를 파송한 선교 시대의 주역 교회가 있던 곳.

다메섹에서 왼쪽으로 쭉 가다 보면 해안가 구석에 도시가 하나 있는데 그것이 안디옥입니다. 안타깝게도 성경에 안디옥이란 지명이 2개나 나와서 사람을 헷갈리게 합니다. 그래서 어느 지역 안디옥인가를 기억해야 합니다. 여기 나오는, 선교사를 파송했던 교회가 있는 안디옥은 수리아 안디옥입니다. 소위 우리가 말하는 안디옥 교회, 선교사를 파송했던 교회는 수리아 안디옥입니다.

구브로 성을 지나 바울과 바나바가 전도 나가서 처음으로 복음이 유대인에게서 이방인에게로 넘어갔던 지역이 안디옥입니다. 비실비실하는 안디옥이라고 생각하면 됩니다.

## C. 아시아 지역

지금의 터키 남부 지역입니다.

〈사도행전의 무대가 되는 지중해 연안 지도〉

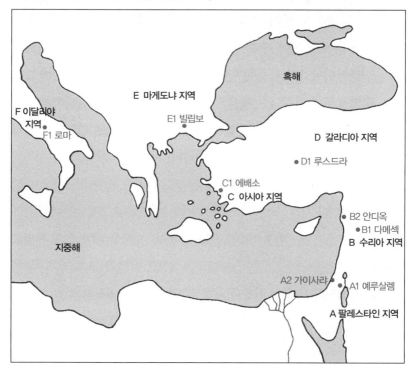

**C1. 에베소** : 바울이 3차 전도 여행에서 두란노 서원을 세우고 2년간이나 제자를 양육했던 곳이며, 요한계시록의 일곱 교회 가운데 첫째 교회가 있던 곳. 바울이 에베소에 머물렀던 전체 기간은 3년이라고 합니다.

에베소 지역은 바닷가였는데 계속 퇴적이 일어나서 지금은 바닷가가 아닙니다. 한때는 항구였다는 에베소 유적지에 가 보면 옛날 물들어 왔던 자리까지는 있지만 지금은 다 메꿔져 있습니다. 에베소는 정확하지는 않지만 바울이 2-3년간 머물며 두란노 서원을 세우고 제자 양육을 했던 곳입니다.

계시록의 일곱 교회 가운데 첫 번째 교회도 에베소 교회였습니다. 그리고 에베소 교회에서 마지막까지 목회했던 사람이 사도 요한이었습니다. 그의 무덤도 있다고 합니다. 디모데도 거기서 목회했다고 알려져 있습니다. 또 예수님의 어머니 마리아가 말년을 보낸 곳이 에베소입니다. 그 당시 신앙의 중심지가 팔레스타인이었다가 나중에 팔레스타인이 무너진 다음에는 에베소 지역으로 옮겨갔다는 것을 알 수 있습니다. 로마와 더불어서 양대 영향력을 형성했던 곳입니다. 하여간 에베소는 사도행전에 가장 많이 나오는 중요한 지명입니다.

### D. 갈라디아 지역

터키 북부 지역, 바울의 1차 전도 여행지. 아시아 대륙 위쪽 지역입니다.

**D1. 루스드라:** 바울이 아들과 같은 디모데를 만난 곳.

### E. 마게도냐 지역

그리스 반도의 북부 지역으로 바울의 2차 전도 여행지.

**E1. 빌립보** : 바울이 루디아를 만나 교회를 세운 마게도냐 첫 성. 유럽의 첫 선교지.

바울은 원래 비두니아로 가려고 애썼지만 무시아를 거쳐 드로아(트로이)라는 지역으로 이끌림 받습니다. 그런데 드로아에서 마게도냐 사람의 환상을 보고 건너간 곳이 마게도냐의 첫 성 빌립보였습니다. 빌립보는 자주장사 루디아를 만나 교회를 세웠던 곳입니다. 바울에게 가장 큰 기쁨을 준 교회 중 하나가 빌립보 교회입니다.

### F. 이달리야 지역

로마제국 본토입니다. 지금의 이탈리아로서 가장 중요한 도시는 말할 필요 없이 로마입니다.

**F1. 로마** : 로마제국의 수도. 바울이 옥살이하고 순교한 곳. 베드로가 순교한 곳.

가이사랴에 2년 동안 잡혀 있던 바울은 황제 직소를 요청해 배를 타고 중간에 풍랑 만나 고생고생하다가 로마에 도착하게 됩니다. 맨 처음 나폴리에 도착한 바울이 아피아 가도를 따라 로마까지 압송되어 왕실 감옥에 갇혀 2년 동안 있다가 풀려났다는 설도 있고, 죽었다는 설도 있는데, 여하튼 풀려났다가 다시 전도하다 잡혀서 마지막에 참수당했다고 합니다. 그의 잘린 목이 3번 튄 자리마다 연못이 생겼다고 해서 세워진 뜨레 폰타네 (Trefontane: 뜨레가 3이라는 뜻이고, 폰타네는 분수의 복수명) 교회도 있습니다.

그런데 베드로는 십자가에 못 박혀 죽었는데 바울은 왜 참수형을 당했는지 궁금할 것입니다. 바울에게는 로마 시민권이 있는데, 로마법에 따르면 시민권자는 절대로 십자가형을 못 시켰습니다. 심지어 로마 시민은 십자가란 말도 못 꺼내게 되어 있었습니다. 그래서 바울은 어쩔 수 없이 로마 시민이 받는 형에 따라서 참수형을 당한 것입니다.

# 2장

# 신약의 구조

신약은 예수 그리스도의 시대와 성령시대로, 성령 시대는 교회 시대, 선교 시대
로 나뉜다.

친구와 둘이서 〈미션〉이란 영화를 본 적이 있습니다. 우리는 영화
를 보고 나와서 어느 장면이 가장 감동적이었는지 서로 이야기했습니
다. 그 친구는 첫 장면인 이구아수 폭포가 쏟아져 내리는 장면에서 감
동을 받았다고 했습니다. 저도 이구아수 폭포에 두 번 가 봤는데, 물의
양이 정말 엄청났습니다. 그런데 신앙이 없던 친구는 처음에 잠깐 그
장면만 보고는 영화가 끝날 때까지 내내 자느라 더 이상 감동을 받지
못했습니다.

그러나 저는 눈을 부릅뜨고 봤습니다. 그리고 제일 마지막 장면에
서 깊은 감동을 받았습니다. 에덴동산과 같은 신앙공동체가 철저히 파
괴되는 현장, 그 공동체를 생명을 걸고 이룩했던 신부가 십자가를 든
채 쓰러져 피 흘리며 죽어 가고, 이를 바라보며 역시 죽어 가는 한때는
노예 사냥꾼이었던 멘도사 신부. 그는 자신의 세상적인 전쟁 기술로
이 신앙 공동체를 침략하는 세력을 막아 보려고 다리에 폭파 장치를

하고 때를 기다리던 중이었습니다. 그런데 하필 그 순간 다리 위에 어린아이 하나가 넘어져 울고 있는 것이 아니겠습니까?

그냥 줄을 잡아당길 것이냐, 아니면 그 어린 생명을 구할 것이냐 갈등하던 멘도사는 결국 줄을 놓고 뛰어가서 아이를 안고 돌아옵니다. 그러는 와중에 이미 줄은 끊어져 폭파 계획은 수포로 돌아가고 멘도사는 총에 맞고 마침내 총상으로 죽어 갑니다. 만약 영화가 거기서 끝났다면, 이 영화의 메시지가 무엇인지 한참 헷갈렸을 것입니다.

그러나 그 뒤, 그야말로 포연이 쓸고 간 강물 위로 살아남은 원주민 어린이들이 보트를 타고 와서 물 위에 둥둥 떠다니는 부서진 바이올린, 신부님께 찬양을 배우던 그 바이올린을 건져 가지고는 어디론가 떠나가는 장면이 나옵니다. 바로 이 마지막 장면에서 저는 엄청난 감명을 받았습니다. 이 영화가 말하고자 하는 것은 결국 미션은 끝나지 않았다는 것입니다. 당장 폭력 앞에서 끝나는 것처럼 보이지만 그 아이들 속에 뿌려진 복음의 씨는 계속 이어져 간다는 것입니다. 결국 그 가슴 속에 심겨진 것은 멈출 수가 없다는 것입니다. 저는 영화의 마지막에서 예수 그리스도, 우리 주님의 모습을 보았습니다. 아무도 알아주지 않는 죽음의 길을 묵묵히 가신 그 이유를 저는 거기서 보았습니다.

복음이 지금까지 2,000년 동안 역사해 온 것은 어떤 대단한 세력을 형성했기 때문이 아니었습니다. 그러면 벌써 끝났을 것입니다. 엄청난 핍박 속에서 복음은 가슴과 가슴으로 심겨져 나가며 전달되었습니다. 그것이 바로 예수님께서 처음 시작하신 복음의 역사입니다.

십자가에서 예수님이 돌아가셨을 때 다 끝난 줄 알았지만 복음은 지금까지도 이어져 내려오고 있잖습니까? 그게 〈미션〉이라는 영화의 주제와 통하는 것 같습니다.

신약성경의 세계는 실패처럼 보이는 삶을 살다간 예수 그리스도라는 토대 위에 쌓아진 건물입니다. 생명이 얼마나 끈질기게 살아남아서 번식해 가는가를 보여 주는 드라마입니다. 사실 정확히 말하면 예수 그리스도의 삶은 총체적 실패였습니다. 오죽하면 슈바이처 같은 사람이 '예수 실패설', 즉 십자가에서 예수는 실패했다는 학설을 내어놓았겠습니까? 제자들은 다 도망갔고 자기는 십자가에서 죽었습니다. 남은 게 뭐가 있습니까? 그럼에도 불구하고 거기서부터 시작된 이 생명의 씨앗이 계속 번져 온 역사를 지배하는 것을 볼 때, 이게 바로 신약의 역사임을 알 수 있습니다. 실패같이 보이지만 실패가 아니었습니다.

〈한눈으로 보는 신약의 구조〉

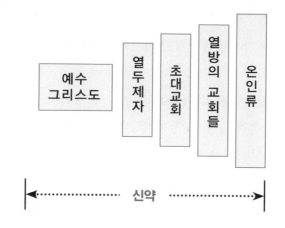

••• 전개: 신약의 3가지 주요 시대•••
1. 예수 그리스도 시대
2. 성령 시대 (1)–교회 시대
3. 성령 시대 (2)–선교 시대

신약은 모두 27권으로 헬라어로 쓰여 있습니다. 예수님부터 종말까지의 이야기를 담고 있지요. 처음 4권은 복음서, 사도행전은 역사서, 그 다음 22권은 서신서로, 그중 바울서신은 13권, 일반 서신은 9권입니다(P 35 표 참조).

**예수 그리스도 시대**에 해당하는 책은 4복음서인 마가복음, 마태복음, 누가복음, 요한복음입니다. 일반적으로 복음서가 쓰여진 연대별로 보자면 마가복음이 제일 먼저이고 마태복음, 누가복음, 요한복음의 순서입니다.

**성령 시대(1)–교회 시대**는 사도행전 1–15장까지, **성령 시대(2)–선교 시대**는 사도행전 15장–28장까지입니다. 바울의 다메섹 사건이 나오는 9장이 아닌 15장을 기점으로 이렇게 나누게 된 근거는 무엇일까요? 15장에 도대체 무슨 일이 있었을까요? 바로 '예루살렘 종교 회의'가 있었습니다. 이때가 AD 50년인데 이 예루살렘 종교 회의가 너무도 중요한 회의입니다. 이 종교 회의에서 어떤 일이 벌어졌습니까?

바울과 바나바는 1차 전도여행을 하면서 아시아와 갈라디아 일부까지 쭉 전도하면서 밤빌리아, 버가에서 시작하여 비시디아 안디옥, 이고니온, 루스드라, 더베까지 왔다 갔다 했습니다. 그러면서 이들 지역에서 복음을 이방인들에게 전했습니다. 그런데 이 사실이 문제가 되었습니다. 당시까지만 해도 복음은 유대인들에게만 해당되었습니다. 왜냐하면 예수님이 유대인의 메시아라고 생각했기 때문입니다. 그런데 복음이 이방인에게까지 전달되자 이것이 문제가 되어 결국 바울과 바나바가 예루살렘에서 내려온 사람들과 논쟁이 붙게 되었습니다.

결국 바울은 예루살렘에 가서 야고보와 사도들과 한번 제대로 붙어 보자고 했습니다. 대단한 배짱이었습니다. 이런 배짱이 나올 수 있었던 건 바울에게 어떤 믿음이 있어서였습니다. 비시디아 안디옥에서 복음이 유대인에게서 이방인에게로 옮겨 갈 때, 우리 생각으로 한 것이 아니라 성령께서 하신 것이라고 한다면, 그리고 예루살렘의 사도들도 한 성령 안에 있다고 한다면 그들도 바른 판단을 내릴 거라는 믿음 말입니다. 이건 보통 배짱이 아닙니다. 그 배짱이 있어야 하나님 일을 하는 겁니다.

**〈시대별로 본 신약 성경〉**

| 시대 | 복음서 | 역사서 | 서신서 |
|---|---|---|---|
| 3.성령시대(2) −선교시대 | | 사도행전 (15–28장) | 요한계시록 / 일반서신 야고보서 / 목회서신 / 옥중서신 로마서 고린도전·후서 데살로니가전·후서 갈라디아서 |
| 2. 성령시대(1) −교회시대 | | 사도행전 (1–15장) | |
| 1. 예수 그리스도 시대 | 요한복음 누가복음 마태복음 마가복음 | | |

마침내 예루살렘 종교 회의가 열리고 역사가 일어나 결국엔 이방인에게도 복음을 전할 수 있도록 문이 열렸습니다. 그 결정이 있었기에 바울의 선교가 시작될 수 있었던 것입니다. 그래서 사도행전 15장은 교회 시대와 선교 시대를 나누는 중요한 기점이라고 볼 수 있습니다.

일반서신 가운데는 야고보서가 제일 먼저 쓰였다고 보고, 바울 서신 가운데는 갈라디아서가 제일 먼저 쓰여졌다고 봅니다.

### 예수 그리스도 시대

인간으로 오신 하나님께서는 인간과 똑같은 삶을 살아가시다가, 공생애 3년 동안 병들고 귀신들리고 가난한 자에게 회복을 선포하셨습니다. '십자가와 부활'은 인간을 고통스럽게 만드는 죄와 죽음의 권세를 깨뜨린 사건이었습니다.

### 성령 시대(1) −교회 시대

예수 그리스도의 승천 이후에 성령이 강림하시고 교회가 탄생했습니다. 교회는 예수 그리스도의 남은 사역을 감당하는 곳으로서, 이 시대는 주로 예루살렘에 교회가 세워지고 성장하며 갈등하던 시기였습니다.

### 성령 시대(2) − 선교 시대

주님께서 교회에게 명령하신 사역은 선교였습니다. 그 명령은 사도행전 1장 8절에 나오고 있습니다. 그러므로 이 시대는 예루살렘과 유대에 머물러 있던 복음이 온 땅으로 퍼져 나가던 시기였습니다.

# 3장
# 예수 그리스도 시대

예수 그리스도가 이 땅에 오신 것은 '회복'을 위해서였다

 

드라마적인 상상력을 한번 발휘해 볼까요? 어느 날 나사렛 회당은 굉장히 긴장된 안식일을 맞았습니다. 안식일이면 언제나처럼 회당에 사람들이 모여들었는데 그날은 사람들이 특별히 잔뜩 긴장을 했습니다. 회당에서는 그날 차례가 돌아온 사람이 말씀을 읽는 관례가 있었는데, 마침 그날에는 마리아의 아들 예수라는 사람이 당번이 된 것입니다. 이 예수라는 인물은 가출해서 부모 속 썩이다가 이제 고향으로 돌아온 사람입니다. 그런데 그에 대해서는 별별 소문이 다 돌았습니다. 세례 요한한테 세례 받을 때 성령이 임했다느니, 40일 동안 광야에서 금식기도 했다느니 하면서 완전히 피골이 상접해서 나타난 그가 무슨 말을 할지 사람들은 너무너무 궁금했습니다.

이때 예수님은 내색은 안 했지만 상당히 부담스러웠을 것이 분명합니다. 하나님의 일인가 뭔가를 한답시고 대패와 톱을 팽개치고 뛰쳐나가더니 이제 피골이 상접하여 돌아온 이 청년의 입에서 무슨 말부터

나올지 사람들이 귀를 쫑긋 세우고 있으니 말입니다.

자, 금식기도도 했다고 하고, 세례 받을 때 하늘에서 메시아라는 소리가 들려왔다는 소문도 있는데, 과연 얼마나 달라졌을까? 무슨 신령한 소리를 할까? 이처럼 모두들 긴장하는 가운데 예수님이 뽑아 드신 말씀은 이사야의 글(61:1-3 참조)이었습니다.

"주의 성령이 내게 임하셨으니 이는 가난한 자에게 복음을 전하게 하시려고 내게 기름을 부으시고 나를 보내사 포로 된 자에게 자유를, 눈먼 자에게 다시 보게 함을 전파하며 눌린 자를 자유롭게 하고 주의 은혜의 해를 전파하게 하려 하심이라"(눅 4:18-19).

예수라는 사람은 그렇게 말씀을 다 읽고 나서는 책을 덮더니 아주 근엄하고도 신비스러운 얼굴로 사람들을 바라보면서 "이 글이 오늘날 너희 귀에 응하였느니라"며 마무리를 했습니다. 그때 동네사람들은 모두 어리둥절했습니다. 은혜는 받았지만 뭔가 찜찜했습니다.  말씀

자체는 은혜로웠습니다. 우리가 고통스럽고 힘든데 주 여호와의 신이 임하여서 메시아가 오고, 포로 된 자에게 자유를 주고 갇힌 자에게 놓임을 전파하고 가난한 자에게 아름다운 소식을 전파하게 한다며 은혜의 해와 희년의 날을 선포하니 너무 좋은 말씀 아니겠습니까?

그런데 왜 그 말씀이 하필이면 우리 동네에서 나랑 같이 자라난 저아이 입에서 나오는가, 그게 걸렸던 것입니다. 인간이 원래 그렇습니다. '은혜 받고 싶어도 차라리 내가 모르는 사람이 낫지 왜 하필이면 나랑 초등학교 같이 다녔던 옆집 재한테…,' 이런 식이 되는 겁니다. 그래서 나온 말씀이 "자기 땅에 오매 자기 백성이 영접하지 아니하였으나"(요 1:11), "선지자가 고향에서는 환영을 받는 자가 없느니라"(눅 4:24)입니다.

저도 목사가 되고 나서 청년 시절 신앙생활 하던 교회에 가서 설교해 본 적이 있는데, 대단히 곤란하더라구요. 제가 설교를 하는데 뒤에서 듣고 있던 분들의 표정이 오묘했습니다. 제가 설교를 열심히 하고 잘 할수록 그분들이 흐뭇해 하며 웃는데, "초등학교 때 코 흘리며 다니더니 저게 그래도 많이 컸네" 하는 애매모호한 표정이었습니다.

누가복음 4장에 나오는 이 이야기는 예수님의 시대를 이해하는 데 대단히 중요한 단서가 됩니다. 아니, 예수님의 시대를 설명하는 전체라고 해도 과언은 아닐 것입니다. 예수님은 이 땅에 왜 오셨을까요? 무엇을 하려고 말입니다. 그 대답이 이사야 61장 1-3절인 것입니다. '회복'이라는 한마디로 요약될 수 있는 그 구약의 예언 말입니다. 이 말씀을 읽으면서 이 글이 너희에게 그대로 응했다는 말, 이것이 회복을 의미합니다. 이제 주님은 회복을 시키기 위해서 오셨고, 그 일을 하겠다고 하신 것입니다.

## 탄생과 어린 시절

하나님의 아들이 하늘 보좌를 버리고 이 땅에 내려오신 것이 성육신인데, 그 성육신의 구체적 모습인 예수의 탄생은 '내려온다'는 말에 걸맞게 이 땅의 가장 낮은 곳에서 일어났습니다. 성육신(Incarnation)이란 단어는 우리가 복음을 이해하는 데 너무나 중요한 단어입니다. 단순히 하나님께서 육신을 입고 이 땅에 내려오셨다는 개념이 아니라, 복음의 모든 것을 다 설명하고 있습니다. 우리의 처지로, 우리가 못 올라가면 그분이 우리 눈높이로 내려와야 하는 것 아닙니까? 성육신에는 하나님의 사랑과 모든 것이 다 들어 있습니다.

탄생과 어린 시절 등 사(私) 생애 30년은 예수님이 사람들을 이해하기 위한 기간이었습니다. 만일 주님이 이 땅에 내려와서 우리와 똑같은 삶의 과정들을 거치지 않았으면 인간의 고통을 이해하실 수가 없었을 것입니다.

성지순례를 갔다가 제가 탄 버스가 나사렛에서 길을 잃었던 적이 있습니다. 버스가 이 골목 저 골목 다니다가 어떤 마을에 들어섰는데, 팔레스타인 원주민 꼬마들이 못 보던 버스가 들어오니까 밥 먹다 말고 다 뛰어나왔습니다. 꼬질꼬질한 애들이었습니다. 그런데 이들을 보는 순간 저는 제 어린 시절이 떠올랐습니다. 어린 시절 제가 사는 동네에는 버스가 하루에 한 대씩밖에 안 들어왔는데, 밥 먹다가 "도랑꼬 온다" 하면 다들 숟가락 들고 뛰어나갔습니다. 그 '도랑꼬' 구경하려고 말입니다. '도랑꼬'는 트럭의 일본식 발음입니다.

그리고 예수님이 떠올랐습니다. 분명히 예수님도 옛날에 여기에 살다가 로마 군병이 지나가면 밥숟가락 들고 뛰어나와서 구경했을 것 같았습니다. 예수님도 저 팔레스타인 애들과 똑같았을 것입니다.

그런데 왜 그런 시절이 예수님에게 필요했을까요? 그래야 우리를 이해하실 것 아니겠습니까? 그것이 예수의 탄생과 그 어린 시절의 중요한 포인트입니다. 히브리서 4장 15절 말씀이 가능한 이유가 여기 있는 것입니다.

"우리에게 있는 대제사장은 우리의 연약함을 동정하지 못하실 이가 아니요 모든 일에 우리와 똑같이 시험을 받으신 이로되 죄는 없으시니라."

예수님 개인에게는, 하나님의 아들로서 이 땅에 육신을 입고 오신 자신의 삶의 목적과 그 소명을 계속 확인하는 시간들이 바로 사생애 30년이었습니다.


## 공생애

3년간의 공생애는 계속되는 여행이었습니다. 이곳저곳을 다니면서 주님이 하신 일을 요약하면 다음 3가지였습니다.

첫째, 사람들이 모두 죄로 인해 오는 엄청난 고통 가운데 살고 있다는 사실을 확인하셨습니다.

둘째, 직접 그들을 회복시키는 사역을 하셨습니다. 선교와 치유 사역이었습니다.

셋째, 제자를 선택하여 가르치고 양육하셨습니다.

이곳저곳 계속 다니면서 사람들이 얼마나 죄 가운데 있는지를 확인하고, 그들을 직접 고쳐 주기도 하고 회복시키기도 하고, 그러다가 제자를 선택하고 양육시키기도 하셨습니다.

그러나 시간이 가면 갈수록, 많은 사람을 만나면 만날수록, 아버지 하나님께서 그러했듯이 인간에게는 너무나 죄가 많고 깨진 게 많으므로 어떤 대책이 없으면 안 되겠다는 생각을 하게 되셨습니다. 근본적인 대책 없이는 안 된다는 결론에 이르시게 된 것입니다. 그 결론에는 3가지가 있었습니다.

- **십자가와 부활**—고통 뒤에 있는 죄와 죽음의 세력을 깨뜨려야 한다.
- **거듭남(Born again)**—모든 인간을 이 깨뜨린 구멍 사이로 탈출시켜야 한다.
- **재림**—이 어두움의 세력을 심판하러 다시 와야 한다.


## 십자가와 부활, 승천


예수님의 십자가 죽음은 결코 실패가 아니었습니다. 십자가는 실패였어도 부활 때문에 성공으로 반전되었다고 말하는 사람도 있지만 이는 틀린 얘기입니다. 십자가 자체는 결코 실패가 아니요, 하나님의 자녀인 인간을 고통 가운데서 회복시키기 위한 유일한 선택이었습니다. 이렇게 인간을 고통스럽게 쥐고 있는 죄와 사망의 권세, 그 저주를 풀어 버리는 길은 누군가 대신 그 저주를 받는 것밖에는 없었습니다. 그렇게 하여 선택한 십자가의 결론이 부활인 것이기에, 십자가와 부활은 하나로 연결된 사건입니다.

오해하지 마십시오. 하나님이 실패하실 수 있습니까? 그렇지 않습니다. 십자가는 그 자체가 실패가 아닙니다. 인간을 그 죄 가운데서 구원할 수 있는 유일한 방법이 십자가입니다.

그리고 승천은 그 시간, 그 장소를 떠나서(2,000년 전의 유대 땅) 모든 시대와 온 땅에 사는 이들에게 십자가와 부활을 통한 구원의 길을 열어 주시기 위한 중요한 사건이었습니다.

주님께서 거기서 떠나 승천하셨기에 지금 나와 함께 여기 계신 것입니다. 승천하지 않으셨으면 우리가 지금 주님을 만나러 이스라엘에 가야 합니다. 그런데 승천하셨기에 지금 나와 함께 여기에 계시다는 것입니다.

# 1.
# 탄생과 어린 시절 - 사(私)생애

하나님의 아들이 인간의 몸으로 오셔서 인간과 똑같은 삶을 사셨다.

　유대 풍습 가운데 특별히 남자아이가 태어나면, 그 마을의 가장 뛰어난 음악가가 와서 그 아이의 일생을 축복하는 노래를 불러 주는 것이 있었습니다. 그런데 그 음악가란 랍비였으며, 또 노래라는 것도 일종의 시편이나 예언이었습니다. 당시에는 말씀이 노래였습니다. 그 노래가 어떠했는지를 보여 주는 단서가 누가복음에 나옵니다.
　"시므온이 아기를 안고 하나님을 찬송하여 이르되 주재여 이제는 말씀하신 대로 종을 평안히 놓아 주시는도다 내 눈이 주의 구원을 보았사오니 이는 만민 앞에 예비하신 것이요 이방을 비추는 빛이요 주의 백성 이스라엘의 영광이니이다 하니 그의 부모가 그에 대한 말들을 놀랍게 여기더라 시므온이 그들에게 축복하고 그의 어머니 마리아에게 말하여 이르되 보라 이는 이스라엘 중 많은 사람을 패하거나 흥하게 하며 비방을 받는 표적이 되기 위하여 세움을 받았고 또 칼이 네 마음을 찌르듯 하리니 이는 여러 사람의 마음의 생각을 드러내려 함이니라 하더라"(눅 2:28-35).

여기 보면 시므온이란 노인이 아기를 붙들고 축복하는 노래를 부르고 있습니다. 이 노래는 축복이면서 동시에 예언이었습니다.

그런데 예수님이 막상 태어나셨을 때는 누구도 와서 이 탄생을 축하하는 노래를 불러 주지 않았습니다. 베들레헴이 아무리 예수님 아버지의 고향이었다 해도, 살던 곳이 아닌 낯선 곳이었기에 아는 사람도 없었고, 게다가 주목받기 어려운 마구간에서 태어났기에, 그리고 그때는 모두가 정신이 없던 시대였기에 그랬던 것입니다.

사람이 출생할 때를 보면 거기에도 급이 있는 것 같습니다. 종합병원 인큐베이터까지 들어갔다 나온 사람은 특A입니다. B는 개인병원 산부인과에서 태어난 사람, C는 조산소, D는 집에서, 그것도 안방에서, E는 집인데 건넌방에서, F는 밭에서, G는 화장실에서 난 사람입니다. F나 G는 거의 없습니다. 이렇게 태어날 때 환경으로 급을 나누자면 저는 그중 E에 해당합니다. 저는 건넌방에서 태어났고 어머니가 저를 낳고 탯줄을 직접 잘랐습니다. 아무도 받아 주는 사람이 없어서 혼자 낳아서 혼자 탯줄을 자른 것입니다. 저는 태어난 환경으로만 보면 거의 아래쪽입니다. 병원은 가 보지도 못했고, 안방도 아닌 데서 우리 어머니 혼자 밤새도록 진통하고 낳아서 탯줄 자르고 씻기고 다 했으니 말입니다. 옛날 사람들은 더 강했던 것 같습니다. 진통이 오면 혼자 기어 내려가서 물 끓여다 놓고 외로이 아이를 낳았습니다.

그런데 예수님도 탄생 등급으로 보면 저보다 낮으면 낮았지 더 낫지는 못했습니다. 저에게는 이것이 은혜가 되더라고요. 건넌방보다 마구간이 더 나쁘잖습니까? 혹시 태어나자마자 축하 인사는 고사하고 '보기도 싫다, 에이' 하는 대접을 받았나요? 그렇다면 더욱 축하합니다. 이미 많은 부분에서 예수님을 닮았기 때문입니다. 출생할 때 아무도 알아주지도 않고 배려 받지 못했다면 절대로 그것 때문에 상처받지 마십시오. 예수님을 기억하면 은혜가 될 줄로 믿습니다.

그러나 하늘 하나님께서는 그냥 넘어가기가 섭섭하셨던 모양입니다. 지상에서 노래 불러 줄 음악가가 없으면 내가 하늘에서 보내지 하시며 하늘의 천사들을 동원하셨습니다. 모두가 잠든 한밤중이었지만 그래도 관객은 있어야 하니까, 그때 깨어 들에서 양 치던 목자들을 부르셨습니다. 천사들의 축하송은 "지극히 높은 곳에서는 하나님께 영광이요 땅에서는 하나님이 기뻐하신 사람들 중에 평화로다"(눅 2:14)였습니다. 이 노래는 예수님의 삶을 요약합니다. '하나님께는 영광 사람들에게는 평화,' 이것이 바로 크리스천의 삶입니다. 들판에서 목자들을 앞에 두고 하늘의 음악대가 벌이는 탄생 축하 공연. 아름다우면서도, 성냥팔이 소녀 이야기처럼 차가운 밤공기 속에 느껴지는 슬픔 어린 감동. 이것이 예수님이 탄생하셨을 때의 광경입니다.

이 그림을 그린 이유는 예수님의 어린 시절이 우리와 똑같았다는 보이기 위해서입니다. 예수님은 우리 인간과 똑같은 삶을 사셨습니다. 유치원도 가셨는지 모르겠지만 상상해 본 것입니다. 신통방통해서 홀로 천자문을 깨우치신 게 아니고 우리하고 똑같은 어린 시절을 사셨을 것입니다.

---

**⋯• 전개: 예수님의 사(私) 생애의 4가지 개념 •⋯**
**1. 동정녀 탄생  2. 족보  3. 탄생시에 일어난 일들  4. 첫 번째 유월절**

---

## 동정녀 탄생
예수님은 인간의 원죄를 가지고 태어난 분이 아니다

기독교 역사상 최대의 스캔들을 일으켰던 주제가 바로 이 '동정녀 탄생'입니다. 예수님이 동정녀에게서 나셨다는 것 자체도 스캔들거리였지만, 처녀가 애를 낳았으니 그게 말이 되느냐는 공격을 많이 받았습니다. 하여간 동정녀 탄생 이야기는 초대교회 이후로 기독교를 말로 핍박하고 비방하는 사람들의 단골 주제였습니다.

왜 하나님께서는 이런 엄청난 스캔들을 무릅쓰고 예수님을 '동정녀 탄생'이라는 그런 극적인 방법으로 이 세상에 보내셨을까요? 왜 정상적인 가정이 아닌, 아직 남자를 알지 못하는 처녀의 몸에서 태어나도록 하셨을까요? 이유는 단 한 가지, 죄가 없게 하시기 위해서(히 4:15)였습니다. 우리 인간은 육신의 부모로부터 태어나는 순간 아담의 원죄를 이어받습니다. 아버지가 없이 태어난 사람은 아무도 없습니다. 아담이 타락한 이후에 모든 인간은 다 아버지의 피를 가지고 태어나기 때문에 전부 다 원죄가 있습니다.

그런데 예수님은 육신의 아버지 없이 동정녀를 통해 태어나셨기 때문에 죄가 없으십니다. 죄 있는 사람은 절대 인간을 대속(代贖)할 수가 없습니다. 원죄의 사슬에 매인 사람은 결코 죄 가운데서 인간을 구할 수 없습니다. 자기 죄가 있는 사람이 무슨 수로 남의 죄까지 대신 짊어지겠습니까? 자기 몸이 더러우면서 그 더러운 손으로 누구를 닦아 주겠다는 것입니까? 상대방까지 더럽힐 것입니다. 그러므로 예수님이 우리 죄를 대속하기 위해서는 죄가 없으셔야 했고, 그래서 동정녀 탄생을 시도하신 것입니다.

그렇다면 이런 의문이 생길 수 있습니다. "성경에서 예수님을 다윗의 자손이라고 하는데 동정녀를 통해 나셨으면 예수님은 다윗의 자손이 아니지 않는가?" 그런데 하나님이 그렇게 머리가 나쁘실 리가 없겠지요?

유대인에게는 특이한 결혼 풍습이 있었습니다. 우리는 약혼 다음에 결혼으로 바로 넘어가는데 그들에게는 그 중간에 정혼(betrothal)이라는 개념이 있었습니다. 정혼하면 남편과 아내가 되는 것입니다. 부부 관계로 정식으로 인정받습니다. 그런데 정혼을 해 놓고는 절대 같이 살진 않습니다. 예수님을 잉태할 당시 마리아는 정혼 상태였는데, 약혼과는 달리 이미 결혼한 사이였지만, 아직 동침하기는 전 상태입니다. 그래서 천사가 요셉에게 말할 때 "네 약혼자 데려오기를 두려워하지 말라"고 하지 않고, "네 아내 데려오기를 주저하지 말라"고 한 것입니다.

유대인은 약혼은 얼마든지 합니다. 저도 제 아들을 위해서 가는 곳마다 약혼을 많이 해놓고 있습니다. 우리 아들 때는 신붓감이 부족하다고 해서 제가 지금 아버지로서 도와주고 있는 것입니다. 이처럼 약혼은 누구나 할 수 있습니다. 어린 시절 부모가 약혼해 두었지만 나중에 커서 "안 하겠다"고 하면 끝나는 것입니다.

하지만 어느 정도 나이가 되면 본인이 결정하여 정혼합니다. 그런데 그때는 남자한테 묻지 않고 여자한테 결정권을 줍니다. 남자는 물어볼 필요가 없는 게 결혼하고도 언제든지 싫으면 아내를 내쫓을 수 있는 게 그때 풍습이었습니다. 그런데 여자는 그때 결정하면 기회가 없었습니다. 그래서 여자가 승락하면 정혼 단계에 들어가게 됩니다.

정혼 단계에 들어가면 그 다음에는 같이 살지는 않아도 부부 관계가 됩니다. 부인은 친정에 있고 남편도 1년 동안 따로 있습니다. 그러다 1년 뒤에 남편이 그 부인을 데리러 오는 겁니다. 그렇게 데리러 올 때 신부가 준비해 두어야 할 게 등불이었습니다. 그래서 그 유명한 등불 준비한 처녀 얘기가 나오는 것입니다.

마리아가 예수님을 임신한 시기가 바로 이 정혼 단계였습니다. 그러니까 실제로 동정녀였지만, 법적으로는 요셉의 아내였습니다. 그래서 법적으로는 다윗의 자손입니다. 아주 절묘한 틈을 노리고 하나님께서 이렇게 역사하신 것입니다. 법적으로 다윗의 자손이면서 동시에 실질적으로는 동정녀 탄생을 하셨다, 참 타이밍이 절묘하지 않습니까? 다윗의 자손이면서도 인간의 혈통 가운데 있지 않을 수 있는 길이 이것 말고 또 있겠습니까?

# 족보

이스라엘 구원자일 뿐 아니라 온 인류의 구원자이시다

예수님의 정체성(identity)은 족보 속에 잘 드러나 있습니다. 원래 족보는 언제나 아이덴티티와 관련됩니다. 성경을 읽다가 족보가 나오면 "에이!"라고 말하며 넘기지 말고, 차라리 그럴 바에는 "아이"라고 말하면서 누구의 무슨 '아이'인지 알아보십시오. 족보는 정체성을 말하고 있기에 족보가 나올 때마다 정체성 문제가 나오는 것입니다.

그런데 헷갈리게도 예수님의 족보가 마태복음과 누가복음 두 군데에 나오고 있습니다. 왜 같은 인물의 족보가 두 군데나 나오는 걸까요? 게다가 더 황당한 것은 두 족보가 서로 다르다는 것입니다. 그 차이점은 다음과 같습니다.

〈마태복음과 누가복음에 나온 족보의 차이〉

| 마태복음 | 누가복음 |
|---|---|
| – 아브라함부터 예수님까지<br>  (이스라엘의 족보) | – 예수님부터 하나님까지<br>  (온 인류의 족보) |
| – 다윗 왕가 중심의 족보<br>  (다윗에서 솔로몬으로) | – 왕가 중심의 족보가 아님<br>  (다윗에서 나단으로) |
| * 다윗의 자손으로 오신<br>  이스라엘의 메시아 | * 온 인류의 구속자로 오신<br>  두 번째 아담으로서의 예수 |

그리고 마리아의 남편 요셉의 아버지가 마태복음에서는 야곱으로, 누가복음에는 헬리로 나온 것도 두 족보의 다른 점입니다.

이처럼 예수님이라는 한 인물의 족보가 두 가지인 이유에 대한 가장 좋은 설명은, 사실 누가복음의 족보가 마리아의 족보였다는 것입니다. 그런데 요셉이 마리아의 집에 데릴사위로 들어가 그 집안을 잇게 되어 마리아의 족보가 요셉의 족보가 되었다는 것입니다. 그렇게 되었어도 요셉은 실제로는 마태복음에 있는 족보를 여전히 가지고 있었기에 두 개의 족보가 가능하다는 것입니다.

저한테 할아버지는 친할아버지가 아니라 작은 할아버지인데, 그것은 우리 아버지가 양자로 그 집에 들어갔기 때문입니다. 헷갈리기는 했지만, 이런 경우도 족보가 2개가 된 배경이 될 수 있습니다.

그런데 왜 하나님께서는 예수님의 족보가 2개나 되게 하셨을까요? 그것은 이 두 족보 모두 예수님의 정체성을 설명하는 중요한 의미가 있기 때문입니다.

마태복음 족보는 아브라함부터 예수님까지만 얘기하고 있습니다. 이것이 이스라엘 족보입니다. 반면 누가복음은 예수님부터 거꾸로 하나님까지 올라가는데, 이것은 온 인류의 족보입니다.

마태복음의 족보가 의미하는 것은 다윗의 자손으로 오신 이스라엘의 메시아이고, 누가복음의 족보가 의미하는 것은 온 인류의 구속자로 오신 두 번째 아담으로서의 예수라는 정체성입니다.

결국 예수님은 좁게 보면 약속의 자손인 이스라엘의 회복을 위해 오셨지만, 넓게 보면 그 이스라엘의 존재 이유가 온 인류를 구원하기 위한 것이듯 예수님은 궁극적으로 온 인류를 회복시키기 위해 오신 것입니다. 그런데 이 두 가지가 성경을 이해하는 데 중요한 갈등 요소가 되기도 했습니다.

# 탄생시에 일어난 일들
의미는 온 인류의 왕이었으나 현실은 가장 낮은 자였다

예수님의 탄생시에 일어난 일들은 인류의 왕으로 오신 분이라는 사실을 확인시켜 주는 동시에, 인간 가운데 가장 비천한 자로서의 현실을 나타내고 있습니다. 극과 극이 되는 두 가지 의미가 그분의 탄생 가운데 섞여 있습니다. 예수님은 온 인류에게 너무도 중요한 왕으로 오신 동시에 인간 가운데 가장 비천한 분으로 오셨습니다.

## 인류의 왕으로 오심(이스라엘의 왕으로 오심)

### 1. 엘리사벳의 예언

세례 요한의 어머니 엘리사벳은 마리아가 찾아왔을 때 태중에 아이를 임신하고 있는 상태에서 예언했습니다. 그 예언을 보면 예수님을 온 인류의 왕으로서 말하고 있습니다.

### 2. 동방박사의 경배

동방박사 세 사람이 예수님의 탄생을 축하하기 위해 황금과 유향과 몰약을 가지고 왔습니다. 페르시아의 점성술사라는 둥 그들이 누구인지는 확실히 알 수 없으나, 여하튼 다른 나라에서까지도 예수님이 온 인류의 왕으로 오셨다는 것을 알고 경배하러 오는 그런 일들이 벌어졌습니다. 세상에 어떤 아기에게 이런 일이 벌어질 수 있겠습니까? 예수님에게는 그런 특별한 일이 일어났습니다.

### 3. 목자들의 천사 체험과 경배

태어날 때 이웃집 목동이라도 와서 함께 "하늘엔 영광, 땅엔 평화"라는 천사의 찬양을 들어 본 사람이 있을까요?

### 4. 헤롯의 유아 학살 사건

마구간에서 태어난 아기를 잡기 위해 그 지역 아기들을 다 죽일 만큼 왕이 흥분하기란 결코 쉬운 일이 아닙니다.

### 5. 시므온과 안나의 찬양

이들의 찬양을 보면, 예수님은 온 인류의 왕으로 오신 분으로서 언급됩니다.


## 비천한 자로 태어나신 현실

### 1. 마구간에서 태어나심

이 세상에 마구간에서 태어난 사람이 또 있을까요? 크리스마스 카드 같은 것을 보면 마구간이 굉장히 우아하고 깨끗하게 표현되어 있지만, 실제로는 진짜 더러운 곳입니다.

### 2. 애굽으로 피신

예수님은 태어나자마자 도망쳐야 했습니다.

### 3. 나사렛에서 이름 없이 보낸 유아기

이걸 보더라도 예수님의 인생은 아주 비천한 자로서의 인생이었습니다. 정말 이름 없는 예수님이셨습니다.

이 탄생의 이야기 속에는 하나님이신 예수님이 하늘 보좌를 버리고 이 낮은 곳으로 내려오신 그 '비하'(卑下, 빌 2:6-8)가 그대로 잘 보여집니다. '비하'란 예수님이 하나님과 동등됨을 취할 것으로 여기지 아니하시고 자기를 비어 사람의 몸으로 하늘로부터 이 땅에 오신 것입니다. 게다가 땅까지 내려온 것에서 탄력 받은 김에 더 내려가서 마구간에까지 오셨습니다. 마구간에서 더 내려가서 애굽까지 도망갔다가, 목수로 살다가, 마지막엔 강도와 함께 십자가에 매달리는 데까지 갑니다.

그러니까 생애 자체를 놓고 보면 이렇게 비참한 인생도 또 없습니다. 정말 비참하고 처참하기로 말하면 쓰레기 차 피하다가 똥차에 치어 죽은 사람보다 더 나쁜 상황입니다. 무슨 생애가 이런 생애가 있습니까? 태어날 때는 마구간에서 태어나서 죽을 땐 십자가에 죽었다, 이 말입니다. 남들 다 가는 장가도 못 가고, 가족이 제대로 있기는 했나요. 그 생애만 보면 비참함 그 자체입니다. 하늘 보좌 버리고 이 땅까지 내려온 성육신하신 주님의 이야기가 현실적으로는 그렇다는 것입니다. 예수님의 탄생 이야기는 그분이 원래는 하나님이시고 온 인류의 왕이지만, 현실은 가장 비참한 자로서의 모습이라고 하는 것을 보여주고 있습니다.

## 첫 번째 유월절
유월절 어린양으로서의 자신을 자각하시다

성경에서 예수님의 어린 시절 가운데 유일하게 다루고 있는 에피소드가 12세 때 첫 번 유월절을 맞아 예루살렘에 올라간 이야기라는 것은 아주 의미가 큽니다. 사생애 동안 일어났던 다른 에피소드는 한마디도 언급 안 하다가 갑자기 꼭 이 한 가지만은 말해야 했던 어떤 이유가 있었던 것일까요? 그것은 예수님이 사생애 기간 동안 인간들과 똑같은 삶을 살면서도, 자신이 유월절 어린양처럼 인간을 죽음에서 구원하기 위해 죽어야 할 존재임을 계속 자각하셨다는 것을 의미합니다. 유월절 사건만큼은 예수님 자신이 하나님의 아들이라는 것을 깨닫게 하는, 굉장히 중요한 '메시아 자각'이었습니다. '메시아 자각'이란 자신이 메시아라는 것을 깨닫는다는 말입니다. 이것이 너무나 중요한 것이기에 유월절 일화를 소개하는 것입니다. 예수님은 어린 시절을 보내고 사생애를 보낼 때, 그냥 사신 게 아니라 자기가 하나님의 아들 메시아라는 것을 자각하면서 살았던 것입니다. 그것을 보여 주는 것이 유월절 사건입니다.

예수님께서 12살이 되던 해 유월절에 예루살렘으로 올라가셨습니다. 당시에는 유월절이 되면 수십만 명이 예루살렘에 모였습니다. 거기서 절기를 보내고 고향으로 돌아오는데 사흘 길을 와서야 비로소 부부가 만났습니다. 그런데 만나고 보니 예수가 없어졌습니다. 이런 부모가 있나 할지 모르겠지만 절대 그렇지 않습니다. 당시 상황을 보면, 예수님은 11세까지는 엄마랑 같이 다녔습니다. 그런데 12세부터는 남자로 인정받아 아빠랑 다녔습니다. 보통 예루살렘에서는 여자와 아이들 있는 데가 다르고 남자가 가는 곳이 달랐습니다.

예수님도 그전까지는 매년 유월절마다 엄마랑 같이 있었는데, 이번엔 아빠랑 같이 있었던 것입니다. 그런데 아빠는 옛날처럼 엄마랑 같이 있을 거라고 생각했고, 엄마는 아빠랑 같이 있을 거라고 생각한 것입니다. 그러다가 사람이 너무 많으니까 중간에 만나서야 예수가 없다는 것을 알게 되었습니다. 그래서 거꾸로 올라가 봤더니 예수님이 성전에서 많은 사람들과 얘기하고 있었습니다.

제가 볼 때 예수의 부모가 훌륭하긴 합니다. 만약 제가 예수의 부모였다면 성경은 거기서 끝납니다. 예수는 열 받은 아버지 손에 맞아 죽었다고 말입니다. 그런데 예수의 부모는 거기서 "내가 아버지 집에 있어야 될 줄 알지 못하였느냐"는 아이의 말을 듣고 그 말을 그 마음에 새겼다고 했습니다. "내가 아버지 집에 있어야 될 줄 알지 못하였느냐"라는 그 말씀은 예수님의 메시아 자각을 말합니다.

이 외에도 예수님의 생애와 유월절은 굉장히 밀접한 관계가 있습니다.

### 예수님의 생애와 유월절

- 12살 때 처음으로 성전에 올라간 날이 유월절이었습니다.
- 공생애 기간 동안 매년 유월절이면 예루살렘에 올라가셨습니다. 예수님의 공생애가 3년이라고 하는 근거가 바로 그분이 유월절에 3번 올라간 사실입니다.
- 십자가에 죽으신 날이 유월절이었습니다.
- 최후의 만찬도 유월절 식사였습니다.
- 십자가에서 뼈가 꺾이지 않음도 유월절 어린양으로서의 예수님을 말합니다. 유월절 양들은 절대 뼈를 꺾지 않게 되어 있었습니다.

## 2.
# 공생애

하나님 나라의 회복을 위해 교육과 선교와 치유의 사역을 하셨다.

〈지저스 크라이스트 슈퍼스타〉라는 뮤지컬을 본 적이 있는데 굉장히 인상 깊었습니다. 예수님을 그저 인간 가운데 하나의 슈퍼스타로 본 그 신학에는 동의하지 않지만 말입니다. 물론 예수님은 슈퍼스타 인간이 아니라 하나님이십니다. 그러나 예수님의 생애에 대한 극 중의 몇몇 묘사는 대단히 정확하고 탁월하다고 생각합니다. 통찰력이 엿보였습니다. 우리가 성경을 볼 때 지나치기 쉬운 것들을 아주 생생하고 감각적으로 터치한 부분들이 있었는데, 그중 하나가 바로 예수님의 공생애 이야기입니다.

정적이 감도는 가운데 예수님이 무대 중앙에 서 계십니다. 갑자기 한쪽에서 소경 몇 명이 걸어 나오면서 아주 애절하고 느린 템포의 노래를 부릅니다. "봐 줘요. 눈이 안 보여." 그러자 예수님은 그들을 쳐다보면서 마음에 긍휼함을 가지고 그 방향으로 몸을 움직여 그들을 고쳐 주시려고 합니다.

그런데 그때 반대편에서 좀 더 애절하고 템포도 조금 더 빠른 노래를 부르는 좀 더 많은 다른 병자들이 나타납니다. "보세요. 고쳐 주세요." 그러면 예수님은 이리로 가려다가 그 방향으로 몸을 돌리십니다. 너무나 마음이 아파서 그쪽으로 가려고 하십니다.

그런데 갑자기 이번에는 반대쪽에서 더 많은 병자들이 빨라진 박자로 "내 눈을 뜨게 해 줘"라고 노래합니다. 그래서 방향을 돌리려 하는데 그 반대쪽에서 더욱더 많은 병자들이 "만져서 낫게 해 줘요"라고 아우성을 칩니다.

이쪽저쪽에서 병자들은 점점 많아지고 그들은 예수님 가까이 가까이로 몰려듭니다. 예수님은 이쪽저쪽으로 고개만 돌리실 뿐 무엇을 어떻게 하실 수 있는 상황은 아닙니다. 비트가 빨라지면서 무대 위는 삽시간에 고쳐 달라고, 만져 달라고, 보게 해 달고, 배고프다고 외치는 아우성들로 요동칩니다. 그런데 그때 갑자기 돌발사태가 일어납니다. 한가운데 계신 예수님이 갑자기 머리를 쥐어뜯으며 고통의 비명 같은 노래를 부르십니다. "아~" 하면서 비명을 지르십니다. 음악적으로 하이 데스칸트 창법(장식적으로 가장 높은 성부를 노래하는 창법)으로 말입니다.

여기서 예수님의 노래 내용은 무엇이었을까요? 이렇게 떼거지로 몰려오면 나보고 어떡하냐고? 시끄럽고 정신 산란하다고? 물론 아닙니다. 그분은 가슴이 너무도 아프셨던 것입니다. 왜 이렇게 많은 사람들이 아프고, 왜 이렇게 많은 사람들이 병들었으며, 왜 이렇게 많은 사람들이 고통 받아야 하느냐는 것이었습니다. 제가 목회해 보니까 그것을 느끼겠더라고요. 진짜 너무 많은 사람들이 아파하고 힘들어하는 것을 볼 때마다 저도 마음이 정말 힘듭니다. 제가 이런데 하물며 예수님은 목자로서 그 심정이 어떠셨겠습니까? 어떻게 하나님의 형상을 가진 인간이 이렇게 살아가느냐며 가슴이 찢어지셨을 것입니다.

방글라데시에 선교 일로 방문했다가 가슴이 터지는 광경을 목격했습니다. 길거리에서 여자가 애를 하나 업고 앉아, 망치 하나 들고 하루 종일 벽돌을 깨고 있었습니다. 제가 깨도 잘 안 깨지는 벽돌을 하루 종일 깨고 있었습니다. 그런데 그래서 받는 돈이 20센트였습니다. 하루 종일 뼈 빠지게 일하고 1달러도 못 받는 것이었습니다. 그런 고통의 현장에 서니 '저 사람도 하나님의 형상인데 이건 아니잖아요? 짐승도 아니고 하나님의 형상대로 만들어진 인간인데 왜 이렇게 살아가야 합니까? 어떻게 이럴 수가 있나요?' 하는 마음이 절로 들었습니다.

　　뮤지컬에서 예수님의 그 비명은 "왜 이렇게 하나님의 형상들이 고통받느냐?"는 가슴 아픈 절규였음에 분명합니다. 좀 인위적이고 과장된 면도 있긴 하지만, 공생애의 예수님을 아주 사실적으로 잘 묘사한 부분이라고 여겨집니다.

교유, 선교, 치료

## 세례 받으심
주의 길을 예비했던 세례 요한에게서 바통을 넘겨받으심

원래 세례라고 하는 것은 이방인이었던 사람이 유대교로 개종할 때 과거의 죄를 씻기 위해 받는 의식이었습니다. 유대인들은 세례가 없었고, 대신 손 씻는 정결례가 있었습니다. 그런데 그들은 손 씻을 때 다 씻는 게 아니라 물이 손끝에서 흘러 팔꿈치까지 떨어지면 씻었다고 보았습니다. 흐르다가 중간에 없어지면 이건 안 씻은 거나 마찬가지였습니다. 계란 반 정도 양의 물이면 씻는 걸로 보았습니다.

어쨌든 이방인이 유대인으로 개종하게 되면 "너는 이방인으로서는 완전히 죽고 이제 새로운 존재로 태어났다"는 의미에서 세례식을 베풀었습니다.

그런데 이 세례를 유대인들한테 또 받으라고 외친 사람이 세례 요한이었습니다. 세례를 모든 유대인들에게 다시 한 번 베풂으로써 영적 유대인으로 다시 태어나자는 메시지를 던진 것입니다. 너희들은 이방인처럼 이미 타락했다는 말입니다. 너희는 말만 유대인이지 진짜 유대인이 아니라는 것입니다. 그러니 다시 영적 유대인이 제대로 되기 위해서 다시 한 번 영적 갱신을 하자며 야단을 친 것입니다. 그래서 이 세례 요한의 세례를 '회개의 세례'라고 부릅니다. 회개의 세례란 '죄 있는 자가 죄를 씻고 다시 돌이킨다'는 의미입니다.

그런데 죄 있는 자가 그 죄를 씻기 위해 받는 세례를 죄 없으신 예수님이 왜 받으셨던 것일까요? 여러 대답이 있을 수 있지만, 가장 중요한 답은 '바통 터치'입니다. 예수님은 죄가 있어서가 아니라 하나님의 의를 입기 위해 세례를 받으신 것입니다. 하나님께서 하신 역사의 모든 흐름을 이어 가자는 뜻에서입니다. 예수님께 요한이 세례를 준 것은 주의 길을 예비하는 자로서 자신이 할 마지막 사역을 한 것이고, 예수님은 세례를 받음으로 그 준비된 것을 인수받으신 것입니다.

그래서 결국 요한에게 세례 받으시는 순간 예수님은 그가 예비해 놓았던 모든 일을 받아 본격적으로 그 일을 하시게 되었습니다. 이것은 꼭 릴레이에서 바통을 받는 것과 같습니다. 릴레이에서 바통 받아서 뛴다는 것이 보기와는 달리 결코 쉽지 않습니다. 행여 놓치기라도 하면 되돌아가서 주워야 하기 때문입니다.

바통 터치란 앞의 사람이 그동안 달려온 것을 이어 받는 것입니다. 세례 요한은 "모든 첩경을 평탄케 하고 주의 길을 예비"하는 사람이었습니다. 그랬으니 이제 예수님만 오시면 되었습니다. 그 예수님이 오시도록 하는 바통 터치의 의식이 바로 세례를 주는 것이었습니다.

그런데 세례 요한이 예수님께 세례를 베풀고 모든 것을 넘기는 것이 인간적으로는 쉬운 게 아니었을 것입니다. 그 당시 세례 요한의 인기는 절정이었고 예수님은 아무것도 아니었으니 말입니다.

더군다나 세례 요한이 바통 터치를 한 다음에 바로 역사의 무대에서 사라진 것이 아니라 한동안 둘이 활동을 같이 했는데, 그때 이 두 사람을 사람들이 비교를 많이 하고, 이간질까지 시켰습니다. 누가복음 5장 33절을 보면 "그들이 예수께 말하되 요한의 제자는 자주 금식하며 기도하고 바리새인의 제자들도 또한 그리하되 당신의 제자들은 먹고 마시나이다"라며 요한의 제자들과 비교하는 일들이 있었습니다. 요한과 예수님의 관계가 별로 나쁘지 않았지만 자꾸 이런 말들이 들리면 서로 입장이 곤란해지는 것입니다.

사실 세례 요한의 제자 가운데 일부가 예수님의 제자로 왔습니다. 안드레도 그런 사람 중 하나로 알려져 있습니다. 세례 요한의 제자들이 이렇게 옮겨오면 서로 입장이 애매해지는 것입니다. 예수님이 오라고 한 것도 아니고, 세례 요한이 보낸 것도 아닌데 이런 일이 생기면 관계가 어색해지는 것입니다.

메시지나 능력 면에서도 세례 요한은 굉장히 탁월했지만 그 상황에서 자신은 싹 빠지고 예수님을 높여야 했으니 사실 얼마나 어려웠겠습니까?

쇼트트랙 경기에서 제가 재미있게 보는 것이 이어달리기인데, 달려가던 주자가 앞 사람 엉덩이를 밀어 주는 것이 일종의 바통 터치입니다. 자기가 갖고 왔던 모든 힘을 모아 앞 사람을 밀어 주고 자기는 빠지는 건데 이때 너무 세게 밀면 앞 사람이 넘어집니다. 그 힘 조절을 잘 하는 사람이 하나님이 함께하시는 사람입니다.

"그는 흥하여야 하겠고 나는 쇠하여야 하리라"(요 3:30)는 말이 쉽게 나오는 줄 아십니까? "신부를 취하는 자는 신랑이나 서서 신랑의 음성을 듣는 친구가 크게 기뻐하나니 나는 이러한 기쁨으로 충만하였노라"(요 3:29)는 말을 하기란 쉬운 게 아닙니다. 이처럼 어려운 일을 세례 요한이 정말 잘 해낸 것입니다. 그래서 예수님께서 "여자가 낳은 자 중에 세례 요한보다 큰 자가 없다"(마 11:11 참조)고 하신 말에 저는 100퍼센트 동감합니다. 이것은 극찬입니다. "천국에서는 극히 작은 자라도 세례 요한보다 크다"고 하신 말씀은 천국이 그만큼 아름답다는 강조이지, 절대 세례 요한을 깎아내리려고 하신 말씀이 아니었습니다.

세례 요한은 정말 겸손한 사람인데, 겸손한 사람은 이길 자가 없습니다. 사람들이 와서 "기도해 봐야 할 것 같아. 메시지가 좀 이상한 것 같아"라면서 예수님과 자신을 비교할 때, "그래, 예수는 메시아가 아닌 것 같아"라고 한마디만 했으면 예수님은 심각한 타격을 받았을 것입니다. 사람들이 예수님에 대해 별별 소리를 다 할 때 왜 세례 요한에게 의심이 들지 않았겠습니까? 오죽했으면, 그 자신이 옥에 있을 때 예수님에게 사람을 보내어 "오실 분이 당신입니까? 우리가 다른 사람을 기다릴까요?"라는 말을 전했겠습니까? 그만큼 갈등이 많았던 것입니다.

이 부분에서 세례 요한 생애 최대의 기회와 위기가 찾아옵니다. 여기서 멈추고 조용히 물러나면 여자가 난 자 중에 가장 큰 자가 되지만, 그동안 이루어 놓은 것이 아까워 머뭇거리거나 자기주장을 하면 적그리스도가 되는 것입니다. 적그리스도란 그리스도를 대적하는 자입니다. 적그리스도는 아무나 하는 게 아닙니다. 능력이 요한쯤 되어야 적그리스도가 될 가능성이 있는 것입니다. 어쨌든 그 기로에서 세례 요한은 그냥 숙였기 때문에 여자가 난 자 중에 가장 큰 자가 된 것입니다. 세례 요한같이 사십시오. 그게 신앙입니다. 물론 성령이 함께하지 않고는 쉽지 않은 일입니다.

저 같은 경우도 누가 저한테 와서 "어떤 사람이 목사님 욕하던데요"라고 전해 주면, "뭐, 그럴 수도 있겠죠. 다 제가 부족해서" 하면서 잘 넘길 때가 있습니다. 체면이 있으니 말입니다. 그런데 집에 돌아가 자다가 보면 생각이 납니다. '가만 있어봐, 이 인간을 가만둬?' 한 번도 제가 거기서 자유로워 본 적이 없어요. 사람들 앞에서는 연기해 놓고도 뒤돌아서서는, 기회만 있으면 저도 그를 씹으려고 틈을 노리게 됩니다. 그게 인간입니다. 세례 요한처럼 산다는 게 쉬운 일이 아닙니다.

성령이 함께하시지 않고는 불가능한 일입니다.

세례 요한처럼 살면 하나님 나라를 이루는 것입니다. 하나님 나라는 그렇게 이루는 것입니다. 천국은 요란스럽게 광고해서 이루는 게 아닙니다.

세례 요한 말고도 바나바도 그런 인물이었습니다. 처음에는 바나바가 리더였으나 그 바통을 바울에게 넘겨주었습니다. 성경을 보아도 '바나바와 바울'이라고 하다가 어느 순간 쓱 바뀌어서 '바울과 바나바'로 나옵니다. "바울은 내가 키운 사람인데" 하면서 섭섭해 할 수도 있는데, 바울을 세우고 싹 빠지는 것을 보면 정말 바나바는 대단한 사람입니다.

베드로도 이방인 문제에 대해 자신과 마찰을 빚었던 바울을 나중에 예루살렘 종교 회의 때 쇼트트랙 선수처럼 잘 밀어 주고 자기는 물러났습니다. 그래서 사도행전 15장 이후에 베드로는 안 나옵니다. 그리고 모든 조명은 바울에게 향하게 됩니다. 그게 성령의 사람입니다. 세례 요한이 그 첫 번째 본을 보인 사람입니다.


## 금식기도
기도와 시험 속에서 구세주로서 자신의 할 일을 확인하시다


공생애를 출발하는 예수님에게 40일간의 광야 금식기도는 대단히 중요한 시간이었습니다. 금식기도를 하며 깨달은 바를 마귀의 시험을 통해 확인하신 시간이었습니다.

예수님은 금식기도를 하는 기간을 통해, 공생애 동안 하실 모든 사역의 의미를 다 정리하셨습니다. 그런데 그때 예수님의 정리를 도와준

탁월한 조연이 있었으니, 그 이름도 유명한 '마귀'였습니다. 마귀는 예수님을 위한 탁월한 조력자였습니다. 마귀는 예수님을 넘어뜨리려고 했지만 그 시험을 통해 예수님은 정확하게 자신이 해야 할 일들에 대한 결론을 다 내리신 것입니다.

마태복음에는 예수님이 40일 동안 금식하시고 금식이 끝날 때쯤 마귀의 시험을 받으신 것으로 나와 있지만, 마가복음은 40일 내내 시험 받으셨다고 되어 있습니다. 사실은 후자가 맞습니다. 예수님이 받으신 시험의 내용을 이제 살펴보고자 합니다.

| 구분 | 첫사람 아담 | 둘째사람 예수 |
|---|---|---|
| 환경 | 서로 화목한 좋은 환경 | 들짐승이 으르렁대는<br>외로운 광야 |
| 시험과목 | 1. 먹음직하고(육신의 정욕)<br>2. 보암직하고<br>　(안목의 정욕)<br>3. 지혜롭게 할 만큼 탐스럽다<br>　(이생의 자랑) | 1. 돌이 떡이 되게 하라.<br>2. 내게 절하면 보이는 모든 것을<br>　주겠다.<br>3. 뛰어내리라. 천사가 받들어 줄<br>　것이다. |

이 시험 자체는 첫 아담과 마지막 아담인 예수님을 비교하는 의미를 갖습니다. 시험을 받고 아담은 실패했지만 예수님은 이겨 내셨습니다.

첫 번째 시험에서 마귀는 돌로 떡을 만들라고 했습니다. 에덴동산에서 시험받을 때 아담에게 선악과는 먹음직해 보였습니다. 이것은 '육신의 정욕'을 말합니다.

마귀가 와서 돌로 떡을 만들어 보라고 하면, 그것도 사람들 많은 데서 그렇게 해보라고 하면 제가 넘어갈까요, 안 넘어갈까요? 당연히 안 넘어갑니다. 왜냐하면 제 능력을 제가 알기 때문입니다. 하지만 예수 님은 충분히 그렇게 하실 수 있는 분이기에 큰 시험이 될 수밖에 없었습니다.

3가지 시험을 통해 예수님은 다음 2가지를 확인하셨습니다.

첫째, 예수님은 둘째 아담으로 첫 아담의 패배를 승리로 바꾸실 분이라는 것입니다.

첫 번째 아담은 먹음직하고 보암직하고 지혜롭게 할 만큼 탐스러운 선악과를 보고서 그 유혹에 넘어갔습니다. 그렇지만 둘째 아담이신 예수님은 하나님의 말씀으로 그 모든 시험을 이기셨습니다. 첫째는 실패했지만 둘째는 성공했던 것입니다.

이것은 첫 사람 아담이 죄의 유산을 온 인류에게 남겼지만, 둘째 사람 예수님은 구원의 길을 남길 것을 의미합니다. 실패를 승리로 바꿔서 해결하신다는 것입니다.

둘째, 영광의 길보다는 고난의 길을 통해 하나님의 아들로 인정되셔야 인간을 구원으로 이끄실 수 있다는 것입니다.

마귀의 제안은 고통 없이 영광 가운데 하나님의 아들로 인정받는 길을 택하라는 것이었습니다. 마귀는 매번 "네가 만약 하나님의 아들이어든"이라며 시험을 시작합니다. 예수님을 깔아뭉개지 않고 오히려 슬쩍 높여 줍니다. 그래야 넘어가기 쉽기 때문입니다. 저라도 "네가 목사라면 교인들한테 존경받아야 하니 무게 잡아"라는 말을 들으면 솔깃할 것입니다.

마귀는 예수님에게 고난 겪을 것 없이 능력을 보여서 모든 사람한테 인정받는 편한 길을 가라고 부추겼습니다. 돌을 떡으로 만들고, 뛰어내려도 발 하나 안 다치게 내려오고 한다면 하나님의 아들로서 영광이 찬란할 것 아니냐는 것이었습니다.

그런데 그것에 대해 예수님은 "아니다"라고 하셨습니다. 그런 식으로 능력 발휘해서 하나님의 아들이 될 경우를 생각해 보십시오. 그냥 하늘에 계시지 뭐 하러 이 땅에 내려오셨겠습니까? 부족함 없는 그 좋은 하늘나라를 두고 이 땅에 예수님이 내려오신 목적이 무엇이었습니까? 하나님의 아들이 되고 싶어서가 아니었습니다. 오직 우리 인간을 구원하기 위해서 오신 것입니다. 마귀의 요구대로 하셨다면 예수님은 하나님의 아들로는 인정되었겠지만, 우리 인간이 구원받을 길은 없어지는 것입니다.

우리를 구원하시려면 주님은 고통을 통해 하나님의 아들로 인정되셔야만 했습니다. 그 고통이 십자가 아닙니까? 십자가를 통해서만이 우리 인간을 구원할 수 있기 때문에 주님은 마귀의 요구를 물리치신 것입니다. 여기에서 그 유명한 '영광의 신학 vs. 고난의 신학'이 나옵니다. 예수님의 길은 고난의 신학입니다. 마귀가 제시한 길은 영광의 신학입니다. 그걸 아셨기에 예수님은 넓은 길과 좁은 길에 대한 말씀을 전하신 것입니다. 넓은 길은 사람들이 많이 가지만 마지막은 사망입니다. 반면 좁은 길은 사람들이 가고 싶어하지 않지만 생명의 길입니다.

광야 금식기도 때 시도되었던 마귀의 궤계는 예수님의 생애 내내 집요하게 계속됩니다. 마귀는 광야 40일 동안만이 아니라 예수님 생애 내내 공격을 했습니다. 마귀가 예수님을 이 땅에서 없애려 했던 첫 번째 사건이 헤롯의 유아학살 사건이었습니다. 그리고 40일 금식기도 때 공격했습니다.

공생애 초기에는 바리새인 제사장들을 통해서 공격했고, 공생애 후기에는 제자들을 통해서 공격합니다. 열정 있는 베드로마저도 예수님의 십자가 길을 막지 않았습니까? 예수님이 죽으러 가는데도 "선생님, 우리를 하나는 우편에, 하나는 좌편에 앉혀 달라"는 제자들까지 있었으니, 그들도 마귀 앞잡이 노릇을 단단히 한 것입니다.

그러다가 마지막 십자가에 달리실 때는 군중들을 통해 공격합니다. 옆의 강도까지 합세해서 "네가 만일 하나님의 아들이어든 내려와 보라"며 모욕했습니다. 그때 예수님이 거기서 뛰어내렸다면 구원의 길은 물 건너 갔을 것입니다. 예수님이 고난의 길을 통해 하나님의 아들이 되는 걸 막으려고 마귀는 이처럼 수도 없이 많은 공격을 했습니다.

## 초기 사역
직접 가르치시고, 선포하시고, 고치시며 사람들을 회복시키셨다

예수님의 초기 사역은 주로 가버나움을 중심으로 갈릴리에서 이루어졌습니다. 이때 주님께서 하신 일은 제자들을 택하여 세우시고, 그 제자들과 함께 직접 인간을 회복시키기 위한 교육과 선교와 치유에 힘쓰신 것입니다.

초기 사역을 할 때 예수님의 메시지는 한마디로 요약하자면, '천국은 어떤 곳이며 하나님은 누구신가?', 그리고 '인간은 지금 어떤 상태에 있는가?'였습니다.

예수님이 전한 바에 따르면, 하나님은 집 나간 아들을 기다리고 있는 아버지이고, 인간은 집 나가서 모든 걸 다 탕진하고 비참한 상태에 빠진 아들입니다. 그렇기에 인간은 하나님께로 돌아가야 한다는 것입니다. 이 메시지에 대한 사람들의 반응은 대단히 열광적이었는데 거기에는 3가지 이유가 있었습니다.

첫째, 메시지가 달랐기 때문입니다. 그들은 "새 교훈이다"라고 했습니다. 여기서 '새롭다'는 말은 원어로 '네온'이 아니라 '카이네'인데, 그것은 시간적으로 새로운 것이 아니라 질적으로 새로운 것을 뜻합니다. 전혀 들어 보지 못한 새로운 교훈이라는 말이었습니다.

둘째, 이적과 기사가 일어났기 때문입니다. 예수님이 말씀을 전하실 때 말씀만 있는 게 아니라 능력도 함께 나타났습니다.

셋째, 메시아가 아닌가 하는 생각을 했기 때문입니다. 시간이 갈수록 사람들은 점점 더 '이 분이 메시아가 아닐까?' 생각했습니다. 너무나 오랫동안 메시아를 기다렸기 때문이었습니다.

그런데 이렇게 주님이 백성들한테 열광적인 인기를 얻으면서 사람들이 모여들기 시작하자 대제사장과 서기관, 그리고 바리새인과 사두개인 등의 종교 지도자들은 예수님을 서서히 주목하면서 핍박하기 시작했습니다. 당대의 실권자였던 그들 눈에 예수님이 거슬리기 시작했던 것입니다. 그래서 예수님에 대한 핍박의 강도를 높여 가기 시작했습니다.

이때 예수님 자신도 그 수많은 사람들을 자기 혼자 힘으로는 결코 다 회복시킬 수 없다는 생각을 하시기 시작했습니다. 예수님은 사역하시면서 밤을 꼬박 세우기가 일쑤였습니다. 누가복음 4장 40절을 보면 "해 질 무렵에 사람들이 온갖 병자들을 데리고 나아오매 예수께서 일일이 그 위에 손을 얹으사 고치시니"라고 했습니다. 분명히 해 질 적이라고 했지요? 그런데 42절에서 "날이 밝으매"라고 했으니, 결국 밤을 새셨다는 말 아닙니까? 그렇게 며칠 밤을 새도 병자의 줄은 끝없이 이어졌습니다. 이처럼 계속 몰려오니까 예수님은 혼자서는 다 감당하지 못하겠다고 생각하셨습니다. 결국 이 모든 것들을 이제 근본적으로 해결할 수밖에 없게 된 것입니다.

그런데 그때 예수님에게 2가지가 떠올랐습니다. 하나는 제자 양육이었고, 또 하나는 십자가였습니다. 이 2가지가 이제 후기 사역으로 연결됩니다.

## 후기 사역
제자들을 훈련시키고 수난을 예고하며 십자가를 준비하시다

언제부터가 초기이고 언제부터가 후기인지 정확히 나눌 수 없지만, 대략 본다면 12제자를 파송하셨던 그때부터를 후기라고 할 수 있습니다. 마태복음 11장이나 누가복음 9장 혹은 10장부터입니다.

후기 사역을 하며 주님은 갈릴리 북부를 비롯해서 온 이스라엘을 두루 돌아다니면서 사역했습니다. 나중에는 예루살렘까지 이르는 먼 거리를 여행하시며 초기처럼 많은 사람을 고치고 배고픈 자에게 먹을 것을 주는 등 회복의 사역을 하셨습니다. 그리고 사람들을 가르치고 동시에 제자들을 훈련시키기 시작합니다. 그런데 그때 제자들을 훈련시키시면서 가장 중점을 두었던 주제가 '수난 예고'였습니다. 내가 이제 예루살렘에 가서 잡혀서 고난당하고 죽는다는 얘기 말입니다.

훈련 기간 동안 '수난 예고'는 가이샤라 빌립보에서, 가버나움에서, 여리고 동편에서, 이렇게 세 번에 걸쳐서 있었습니다. 수난 예고를 하며 예수님은 점점 더 예루살렘 가까이로 향하셨습니다.

예수님이 "나는 잡혀 죽을 것이다"라고 제자들에게 거듭 알리시는 가운데, 바리새인을 비롯한 종교 지도자들은 점점 더 예수님을 예의주시하면서 그분의 허점을 잡으려고 노리고 있었습니다. 그런데 참으로 이상하게도, 이 무렵 종교 지도자들의 감시와 압박이 점점 더 심해지

는데도 그들을 향한 예수님의 비판은 오히려 더 날이 서고, 메시지는 율법주의자들이 들으면 기절할 정도로 파격적이었습니다. 그들이 주님을 죽이려고 노린 것인지, 아니면 주님께서 죽으시려고 작정했는지 도저히 구분이 안 갈 정도입니다. 아무래도 주님께 그 종교 지도자들이 이용당한 것 같지요?

대적자들이 눈을 벌겋게 뜨고 어떻게든 꼬투리를 잡으려고 달려들면 예수님도 조심하셔야 할 텐데 어찌된 것이, 그들을 향한 비판의 강도를 높이십니다. "독사의 자식들아, 회칠한 무덤들아"라고 하면 어느 누가 그 얘기 듣고 기분 나쁘지 않겠습니까?

예수님은 예루살렘을 향해 가면서 계속해서 제자들에게 수난 예고를 하셨습니다. "나는 죽는다" 하면서, 주님은 죽음의 길에서 도망간 것이 아니라 오히려 자기 발로 그 길을 선택해서 가셨습니다. 결국 주님은 잡힐 수밖에 없었습니다. 이것이 바로 십자가의 길입니다. 도망가다가 잡혀서 죽는 건 순교가 아닙니다. 도망가다가 넘어져 무릎이 깨진 것은 고난이 아닙니다.

생명을 위해 기꺼이 고난을 선택하는 것이 십자가의 길입니다. 하기 싫은 일 억지로 감당하고 어려움 당한다고 해서 자기가 십자가를 진다고 착각하지 마십시오. 도망가다 당하는 고난은 십자가를 경험하는 것이 아닙니다. 생명을 위해 고난을 선택하는 것이 십자가의 길입니다. 예수님처럼 가치를 위해 죽기를 각오하고 고난을 선택할 때라야 십자가를 선택하는 것입니다.

후기 사역을 보면 예수님 사역의 포인트는 십자가와 제자 훈련이었습니다. 십자가를 지고 떠났을 때 남아서 이 땅을 감당할 사람이 필요했기에 제자를 키우신 것입니다.

# 3.
# 십자가와 부활, 승천

십자가와 부활은 인간을 억압하고 있는 죄와 사망의 사슬을 끊고 온전한 회복의
길을 열어 놓은 사건이다.

    한 성이 있었습니다. 그런데 그 성은 지금 적군에게 완전히 포위되
어 외부에서 일체의 식량이나 생필품들이 공급되지 못하고 있는 상태
입니다. 그러다 보니 안에서는 식량 부족, 물자 부족 때문에 아우성입
니다. 너무도 힘든 상황이 되자 몇몇 용감한 사람들이 포위망을 뚫어
보려고 애썼지만 그들의 힘으로는 역부족이었습니다. 몇 번 시도하다
포기하고만 성 사람들은 내부에서 어떻게든 버텨 보려고 세미나도 하
고, 법도 만들어 보고, 종교 의식도 행해 봤지만 언제나 허사였습니다.
절대 남의 것 훔치지 않기, 남의 것 빼앗지 않기를 약속해 봤는데 그것
도 잠깐뿐이고, 이내 서로 싸우고 빼앗고 속이고 분노하는 일이 반복
되었습니다. 절대적으로 배고프고 굶주리니까 어떤 약속도 통하지 않
게 되는 것입니다. 차차 성 내부는 사람들이 사는 곳이 아닌, 야수들
이 사는 아수라장으로 변해 가고 있었습니다. 지옥이 따로 없었습니
다. 도저히 그 성 안에는 소망이 없었습니다.

그때 밖에서 그 성을 처음 세운 왕이 성의 상태를 보고는 너무나 안타까웠습니다. 성 밖은 너무나 풍요롭고 먹을 것도 많이 있는데, 성 안은 아수라장이었으니 말입니다. 성 밖으로 나와서 이 많은 식량을 가져가라고 아무리 이야기해도, 성 밖에 아무리 많은 물자가 있어도 그들은 나오질 못하고 있었습니다. 그래서 더욱 안타까웠습니다. 보다 못한 왕이 직접 밖의 상황을 전해 주려고 성 안으로 들어갔습니다. 그리고 "이것이 전부가 아니다. 밖에는 말할 수 없이 좋은 것들과 식량이 많이 있다. 여기 있지 말고 밖에 나가면 얼마든지 먹을 게 있다"고 알려 주었습니다. 하지만 사람들은 믿지 못하고 오히려 그를 배척했습니다. 그래서 밖에서 가져온 것들을 맛보여 봤더니 "이건 권세 있는 새 교훈이로다" 하면서 처음에는 놀라는 듯했습니다. 그렇지만 금방 잊어버리고 귀를 닫아 버렸습니다.

사람들의 반응을 보고 왕은 직접 포위망을 뚫겠다고 결심했습니다. 그래서 왕이 먼저 직접 포위망을 뚫고 나갔고 드디어 포위망이 뚫렸습니다. 이제 길을 따라 나가면 풍성한 식량이 있는 곳과 연결되고, 또 그 길을 통해 밖에서부터 식량이 들어올 수 있게 되었습니다. 포위망을 뚫고 밖으로 나가 마음껏 먹을 수 있는 길이 열린 것입니다.

그러나 이 포위망이 뚫린 사실을 믿는 사람은 거의 없었습니다. 너무 오랫동안 포위망 속에 있다 보니까 포위망이 뚫린다는 걸 믿지 못하는 것이었습니다. 굶주리면서도 설마 하고 안 나가는 안타까운 일들이 벌어졌습니다.

대략 짐작했겠지만, 이것은 이 세상의 현실과 십자가를 효과적으로 설명하기 위해 제가 만든 비유입니다. 제가 이 비유를 만들다 보니까 예수님이 천재이신 걸 알겠더라고요. 이렇게 만들기 힘든 비유를 예수님은 척척 만드셨으니 말입니다. 예수님은 대단한 이야기꾼이셨음이 분명합니다. 졸작이지만, 이 비유가 각각 의미하는 것이 무엇인지 이야기해 봅시다.

'성 안'이라고 하는 것은 성안 사람들, 곧 이 세상 사람들을 말합니다. 포위망은 사망, 죽음입니다. 죽음이라는 포위망에 둘러싸여 아무도 그걸 뚫지 못하고 있습니다. 그 포위망을 뚫어 보려고 애쓰는 것이 종교나 율법 같은 인간들의 노력입니다. 이렇게도 해보고 저렇게도 해보는 것입니다. 갖가지 종교와 사상들을 통해 포위망을 뚫으려고 애썼지만 결론적으론 다 헛된 수고였습니다. 아무도 뚫은 적이 없습니다.

왕이 성 안으로 들어간 것은 예수님의 성육신을 말합니다. 이제 하나님이 인간의 눈높이에서 대화를 시도하신 것입니다. 그리고 왕이 포위망을 뚫은 것은 십자가와 부활을 의미합니다. 이제 포위망은 다 뚫렸습니다. 문제는 사람들이 그 사실을 안 믿는다는 것입니다. 성 밖의 그 풍요로움을 맛보지 못하고 안에서 굶어 죽어 가는 사람이 있으니 안타까운 현실입니다.

십자가과 부활은 생명의 활로를 연 사건입니다. 그 통로로 지금도 생명이 공급되고 있습니다. 또 우리가 이것을 통해 얼마든지 밖으로 나가서 천국의 생명력을 맛볼 수 있게 되었습니다.

십자가와 부활은 죄와 사망이라는 무거운 짐 진 자들이 그 짐을 다 내려놓고 회복하는 길인 것입니다.

•••  **전개 : 십자가와 부활, 승천의 3가지 내용**•••

1. **십자가 – 죽음 안으로**

2. **부활 – 죽음 밖으로**

3. **승천 – 모든 사람에게**

## 십자가

죄의 대가를 대신 지불하기 위해 죽음 안으로 가시다

예수님은 사역을 하시면서 이렇게 많은 사람들이 망가지고 고통받는 것이 죄 때문임을 깨달으셨습니다. 이 죄를 이기지 않고는 사람들이 고통에서 벗어나지 못할 것을 아셨습니다. 결국 이 죄라는 것은 사망의 세력입니다. 죄가 없으면 사망이 역사하지 못합니다.

인간을 고통스럽게 하는 불안, 염려, 분노, 굶주림, 병, 실패, 고독 등은 다 사망의 세력들입니다. 이 같은 사망의 그림자가 드리운 인생들을 보면서 주님은 그 그림자를 인간에게서 걷어내야겠다고 결심하셨습니다. 그러나 그냥은 되지 않았습니다. 중심까지 죄로 물들어 철저하게 타락한 인간이 뒤집어쓰고 있는 이 사망이라는 죄의 삯을 해결해야만 했습니다.

성경에서 죄와 가장 비슷한 개념이 바로 '빚'이라는 개념입니다. "우리가 우리에게 죄 지은 자를 사하여 준 것같이 우리 죄를 사하여 주옵시고"라는 기도문에서 죄란 원어로 '오페일레마'인데 이 말은 '빚을 진다'는 뜻입니다.

빚을 지면 채권자가 생깁니다. 그러면 채권자는 나를 맘대로 흔들 수가 있습니다. 언제까지요? 빚을 다 갚아 버릴 때까지입니다. 빚을 못 갚은 한 계속 그 사람이 나를 주관하게 됩니다. 바로 이 빚이 죄이고, 채권자는 사망입니다. 그렇기에 우리가 죄를 짓고 있는 한 사망이 우리한테 무력을 발휘합니다. 사망이 무력을 발휘하면서 우리한테 찾아온 것이 결국 불안, 염려, 분노, 굶주림, 질병, 실패, 고독 등입니다. 몸이 죽는 것만이 사망인 것은 아닙니다.

결국 그 모든 것에서 벗어나려면 방법은 하나밖에 없습니다. 아무리 병든 자 고쳐 주어도 또 병들잖습니까? 아무리 오병이어를 베풀어 주어도 또 배고프잖습니까? 은혜 받아 형제를 용서한다고 해 놓고는 다음날 또 싸우지 않습니까? 그래서 "사망 자체의 위력을 중단시키려면 죄를 끊어야 한다. 죄의 세력을 없애야 한다"는 것이 예수님의 결론이었습니다.

그런데 죄의 삯은 사망이니, 죄 문제를 해결하려면 결국 그 빚을 갚아 버리면 되는 것 아닙니까? 갚기 전에는 빚이 해결되지 않습니다. 그러려면 누군가 죄 없는 자가 그 죄를 대신 갚아 줄 수밖에 없습니다. 인간은 다른 사람의 죗값을 대신 치러 줄 수 없습니다. 제 코가 석자이기 때문입니다. 제 것도 감당이 안 되기 때문입니다. 죄 없는 자가 사망을 짊어지고 대신 죽을 수밖에 없습니다.

그래서 공생애 후기부터 예수님은 십자가를 묵상하기 시작하셨고 결국 십자가를 지셨습니다. 비록 자신은 죄가 없으셨지만, 십자가라고 하는 인류 역사상 가장 끔찍하고 수치스러운 형벌 틀에 오르셨습니다. 그분 자신에게는 그런 일을 당할 만한 아무런 이유가 없었습니다. 구약의 이사야 선지자는 이렇게 말합니다.

"그가 찔림은 우리의 허물 때문이요 그가 상함은 우리의 죄악 때문이라 그가 징계를 받으므로 우리는 평화를 누리고 그가 채찍에 맞으므로 우리는 나음을 받았도다"(사 53:5).

우리 때문에 주님이 고통당하고 그래서 우리가 낫는 그런 비밀을 깨닫는 것이 이사야 53장 아닙니까? 예수님은 이 이사야 53장의 기가 막힌 예언을 그대로 이루기 위해서 십자가를 묵상하셨습니다.

예수님이 십자가를 지신 이유를 정리하면 다음 3가지입니다.

첫째, 십자가는 사단의 세력이 가지고 있는 유일한 허점입니다. 죽이고 투쟁하는 것은 사단의 장기이지만, 희생하는 것만은 막지 못합니다.

오래전에 TV에서 방영되었던 〈전격 Z 작전〉이라는 외화를 보면, 컴퓨터가 장착되어 말도 하고 부서지지도 않고 잘 달리는 똑똑한 자동차가 '키트'가 나옵니다. 키트의 주인 마이클은 키트와 성능이 똑같은 '카'라는 자동차를 하나 더 만들었습니다. 그런데 운전자를 따르도록 하는 프로그램을 입력하기 전에 그만 좀도둑이 들어와 일을 저지르는 바람에, 카가 혼자서 탈출해 버립니다. 운전자도 없이 카는 자기 방어 시스템을 갖고 여기저기 돌아다니며 사고를 일으키고 큰 피해를 끼쳤습니다. 결국 그걸 잡으러 키트가 출동합니다.

하지만 성능이 같아서 처음엔 번번이 놓칩니다. 그러다가 마지막에 낭떠러지가 있는 외길에서 카와 키트가 만납니다. 절대 둘이 통과할 수 없는 외길이었습니다. 그때 마이클은 키트를 자동으로 운전시키지 않고 운전자 모드로 가고 있었습니다. 그때 키트가 얘기합니다. "마이클, 뭘 모르는 모양인데 다른 차는 다 이길 수 있어도 저 차는 나하고 똑같기 때문에 부딪히면 둘 다 죽어. 그러니까 자동 모드로 바꿔주면 내가 점프해서 넘어갈게."

그런데 마이클은 듣지 않았고, 키트도 지지 않고 자기가 알아서 자동 모드로 바꾸었습니다. 그러면 마이클이 다시 수동으로 바꿨습니다. 저는 자동차가 그렇게 흥분하는 것은 처음 봤습니다. 둘이 그러고 있는데 이제 카가 바로 앞에까지 왔고 마침내 서로 꽝 부딪히게 되었습니다. 그런데 부딪히려는 그 순간 키트는 그대로 직진하고 이 '카'가 옆으로 뛰어 물속으로 그대로 떨어져 버렸습니다. 나중에 인양하는데 키트가 저 카가 피할 걸 어떻게 알았냐고 마이클한테 물어봅니다. 그때 마이클이 한 얘기에 제가 얼마나 큰 은혜를 받았는지 모릅니다.

"너는 부서질지라도 내 명령에 순종하도록 프로그램이 입력되어 있어. 부딪히면 망가진다는 걸 너도 알고 저 카도 안다. 그런데 너는 내가 가라고 하니까 부서질 것을 각오하고 가지만, 카는 자기를 보호하기 위해서 피한다."

키트는 자기가 부서질지라도 주인이 말하면 따르도록 입력이 되어 있지만 카는 자기를 스스로 보호하려고 한다는 것입니다. 그 말을 듣는데 갑자기 십자가 생각이 났습니다.

세상에서 사단이 절대로 못하는 게 딱 하나 있는데 그것이 바로 희생입니다. 사단은 우리를 서로 싸우게 만들 수는 있지만, 우리가 희생하겠다는 것은 막지 못합니다. 내가 싸워 이기겠다고 나서면 사단은 우리를 좌절시킬 수 있습니다. 그런데 내가 희생하겠다고 하면 막을 방법이 없습니다. 생각해 보세요. 희생하겠다는 걸 막는 방법이 사실 어디 있겠습니까? 희생하지 말라고 물론 유혹은 하겠지만 그것 외에는 막을 방법이 없습니다.

그렇기 때문에 예수님이 십자가를 지실 때 사단은 그렇게 하면 이 땅에 구원이 오는 걸 알았지만 막을 방법이 없었습니다. 십자가를 지고 죽겠다는데 무슨 수로 막습니까? 원래 사단의 주된 전략이 죽이고 파괴시키는 것인데, 이처럼 스스로 기꺼이 파괴당하겠다는 것은 사단도 어떻게 해볼 도리가 없는 것입니다.

결국 십자가는 사단이 가진 유일한 허점인 것입니다. 지금도 마찬가지입니다. 문제가 엉키면 유일한 길은 십자가밖에 없습니다. 갈등이 일어난다면 유일한 해결책은 십자가밖에 없습니다. 누군가 십자가를 지면 풀리는 것입니다.

언젠가 보았던 드라마에 가톨릭 신부가 한 사람 나오는데, 그에게는 형에 대한 피해의식 때문에 망나니가 된 동생이 하나 있었습니다. 일찍부터 형이 신부의 길을 간다고 집안을 돌보지 않은 탓에 동생은 공부도 제대로 못하고 그 반발심에 어긋나가 버렸습니다.

그러던 어느 날 살인 사건이 발생했는데 마침 현장에 있던 동생이 그만 누명을 쓰고 살인범으로 몰려 감옥에 들어가게 되었습니다. 그런데 그 진짜 살인자가 신부인 형에게 와서 고해성사를 했습니다. 불쌍한 동생을 살리기 위해서 진짜 범인은 이 사람이라고 밝혀야 마땅하지만, 신부로서 고해성사 받은 것을 누설할 수는 없었습니다. 그렇다고 가만히 있으면 동생이 죽게 되었기에 고민하던 형은, "제발 그 인간이 회개하고 '내가 했다'고 자수하게 해 주세요"라며 하나님 앞에 매일 기도했습니다. 동생의 사형일은 다가오는데 진짜 범인은 여전히 꿈쩍도 하지 않았습니다.

처절하게 기도로 매달리던 신부는, 살인죄를 범하는 사람들이 자수를 못하는 이유가 가족 때문이라는 사실을 갑자기 깨달았습니다. 그래서 신부는 범인이 고해성사 때 내놓았던 증거물인 돈을 들고 경찰을 찾아가 보여 주며 자신이 범인이라고 말했습니다. 그래서 결국 형이 잡혀가게 된다는 이야기입니다. 저는 형의 모습을 보며 '저것도 십자가다'라고 생각했습니다. 이렇듯 누군가 십자가를 지면 문제는 풀리게 되어 있습니다. 하여간 십자가는 사단이 갖고 있는 유일한 허점입니다. 그것은 지금도 마찬가지입니다.

둘째, 고통의 대가가 없이는 생명을 얻을 수 없습니다. 이것은 40일 금식기도 할 때 이미 얻은 결론입니다. No Pain, No Gain!

셋째, 인간의 본성은 철저하게 타락했으므로 십자가에서 함께 죽어야만 합니다. 십자가에서 예수님과 함께 죽지 않고 인간은 절대로 바뀔 수가 없습니다.

십자가에 달리시기 전에 예수님은 2가지 재판을 받았습니다. 영화 〈패션 오브 크라이스트〉를 보면 알 수 있듯이, 예수님은 종교 재판과 정치 재판을 받으셨습니다.

원래 예수님을 죽이려고 했던 사람들은 유대인 제사장들이었는데, 그 당시 유대인 대제사장과 산헤드린에서는 사람을 처형할 권한이 없었습니다. 일단 이들은 예수님을 죽여야겠기에 먼저 예수님을 불러다가 종교 재판부터 했습니다. 예수님이 종교 재판에서 받은 죄목은 '신성 모독'과 '성전 모독'이었습니다. "성전을 헐라 3일 만에 짓겠다"고 하신 말씀을 가지고 그런 죄목을 갖다 붙인 것입니다. 그러고 나서 정치 재판을 하여 '유대인의 왕을 사칭한 것, 곧 반란죄'라는 죄목을 부여했습니다. 이렇게 2번의 재판을 받으신 이유는 그 당시 종교 지도자들에게 사형집행권이 없었기 때문입니다.

2가지 재판을 받고 나신 예수님은 이제 총독 빌라도 앞으로 끌려가십니다. 신성 모독이나 성전 모독으로 고발해서는 빌라도가 사형을 언도할 이유가 없었기에, 종교 지도자들은 반역죄를 내세웠습니다. 스스로를 '유대인의 왕'이라고 칭하며 로마의 시저를 반역했다는 것이었습니다. 그때 빌라도는 예수가 죄인이 아니라는 것을 알았지만, 사람들이 계속 가이사에게 충성하라고 선동하자 어쩔 수 없이 사형을 언도합니다.

처음에 예수님이 종교 재판을 받고 왔을 때 빌라도는 그 곤란한 상황을 피해 보려고 잠깐 예수님을 헤롯에게 보냈습니다. 예수님이 갈릴리 출신이었기에 갈릴리 분봉왕 헤롯에게 보냈던 것입니다. 그런데 헤롯은 "네가 세례 요한이냐?" 하는 식으로 예수님을 조롱만 하고는 다시 빌라도에게 돌려보냈습니다. 다시 그 앞에 와서 선 예수님에게 빌라도는 결국 사형 선고를 내리게 됩니다.

그러면서 빌라도는 십자가 위에 '유대인의 왕'이라는 말을 헬라어로, 히브리어로, 아람어로 쓰게 했습니다. 그때 유대인의 왕이라고 쓴 말을 요약하면 약자로 'INRI'입니다. 그런데 유대인의 왕이라고 쓴 데 대해 유대인들이 반발하며 '자칭'이라는 말을 넣게 해달라고 했습니다. 그들의 속셈을 안 빌라도는 괘씸하게 생각하여 "나는 내 쓸 것을 썼노라" 하고는 거기서 끝내 버렸습니다. 이렇게 하여 예수님은 결국 십자가에서 돌아가시게 되었습니다.

십자가에서 주님은 육체가 겪을 수 있는 극한의 고통과 인격의 철저한 파괴, 그리고 영혼의 버려짐까지, 완전한 죽임을 당했습니다. 이 모든 것이 다 우리를 완전히 구원하시기 위한 완벽한 희생이었습니다.

십자가형은 몸이 겪을 수 있는 아픔을 최고치로 끌어올린 형벌이었습니다. 십자가에서 예수님이 못 박히신 자리는 손바닥 가운데가 아니었습니다. 가운데 못이 박히면 손바닥이 찢어져서 없어지니까 손목에다 못을 박습니다. 손목에 뼈가 두 개 있는데 그 사이에다 박는 것입니다. 그곳은 동맥과 정맥이 지나가기에 출혈이 많게 됩니다.

그리고 다리는 포개서 한꺼번에 박았습니다. 기록에 보면, 못을 발등에 박는 게 아니라 옆으로 뉘어 복숭아 뼈 옆으로 때려 박았습니다. 그렇게 하면 다리를 편 상태가 아니라 약간 오므려서 있게 됩니다. 그래도 다리가 펴 있으면 버틸 만한데 약간 구부려져 있으니까 근육이 힘을 못 쓰고 몸이 내려갑니다. 이미 상당한 출혈로 몸은 지칠 대로 지쳐 있기도 한 상태인지라 팔이 내려가야 하는데, 팔은 안 내려가고 몸만 내려가니까 목 아래 근육이 기도를 막아 숨을 못 쉬게 됩니다. 이렇게 숨을 못 쉬니까 본능적으로 몸을 당기고 밀게 되는데, 그때 어마어마한 통증을 느낀다고 합니다. 이 고통을 보통 10시간 정도 당하는 것입니다. 사람이 겪을 수 있는 고통 중에 이런 고통이 또 있겠습니까? 차라리 빨리 죽으면 고통이 짧기라도 할 텐데 십자가는 그 자세로 10시간을 버텨야 하니 정말 잔인한 형벌입니다. 예수님께서 바로 그 십자가형을 당하신 것입니다.

예수님이 인간의 육체가 겪을 수 있는 최대의 고통을 당하신 것은, 십자가를 통해 모든 병든 몸들을 회복시키겠다는 약속인 줄 믿습니다. 그래서 십자가가 있는 곳에는 능력이 있습니다. 믿음이 있는 자에게는 그 능력이 나타납니다.

십자가 형은 몸뿐만 아니라 인격도 철저하게 파괴했습니다. 십자가에 달렸을 때, 육체적 고통은 인격의 파괴에 비하면 아무것도 아니었습니다. 십자가는 절대로 외진 데 놓지 않았습니다. 성 밖이나 영문 밖처럼 사람들이 모인 곳, 누구나 볼 수 있는 곳에 두었습니다. 골고다 언덕이 바로 그런 곳이었습니다.

그리고 완전히 다 벗겨서 매달았습니다. 요즘 나온 그림에 묘사된 십자가의 예수님은 밑에 천을 두르고 다리를 꼬고 계십니다. 그런 예수님은 없습니다. 유대인이 쓴 책에 묘사된 예수님은 땀과 피와 흙으로 뒤범벅되고 완전히 일그러진 표정을 하고 십자가에 달려 있었습니다. 그리고 다 벗겨져 있었습니다. 생각해 보십시오. 사람들 앞에서 벌거벗겨진 상태로 매달려 있을 때의 그 부끄러움은 말도 못 합니다.

사람들은 십자가에 달린 예수님을 향해 "네가 하나님의 아들이거든 내려와 보라"며 조롱하고 욕했습니다. 이처럼 인격적으로 어마어마한 수치를 경험하게 만드는 것이 십자가입니다. 십자가에서 예수님은 우리가 겪는 인격적인 고통의 대가도 지불하셨던 것입니다.

예수님은 영적으로도 결국 하나님께 버림받으셨습니다. 그래서 "나의 하나님, 나의 하나님, 어찌하여 나를 버리셨나이까"(마 27:46)라고 울부짖으셨던 것입니다.

이처럼 예수님이 십자가에서 영, 혼, 육의 완전한 죽음을 경험하셨던 것은 우리를 온전히 회복시키시기 위함이었습니다. 십자가는 죄의 대가를 대신 지불하기 위해 예수님이 죽음 안으로 들어가신 사건이었습니다.

## 부활
새로운 탄생을 알리는 첫 열매

부활은 십자가 죽음 후의 해프닝이 아니라 십자가 죽음의 결론이요 마무리입니다. 십자가의 결론은 부활입니다. 부활 없는 십자가는 있을 수 없습니다. 십자가의 죽음이 위대한 것은 그 죽음 뒤에 부활이 있기 때문입니다. 십자가를 남을 위해 희생하고 섬기는 식의 휴머니즘으로만 한정하지는 마십시오. 부활은 모든 사망을 이깁니다. 부활은 죽음 밖으로 새로운 탄생을 알리는 첫 열매입니다.

그래서 예수님께서는 수난 예고를 할 때마다 "내가 올라가서 채찍질 당하고 고난당하다가 십자가에서 죽는다"고 하신 다음에 꼭 "3일 만에 부활하리라"고 덧붙이셨습니다. 그런데 제자들은 언제나 앞에 말만 듣고 뒤에 하신 말씀은 번번이 놓쳤습니다. 죽으신다는 말에 흥분한 나머지 그만 정말 중요한 본론은 듣지 못한 것입니다.

예수님은 결국 예고하신 대로 부활하셨는데, 그분의 부활은 영, 혼, 육의 완전한 부활이었습니다. '완전한 부활' 문제가 초대교회에서도 중요한 이슈였는데, 그것은 예수님이 영으로만 부활했다고 주장하는 사람들이 있었기 때문입니다. 그래서 예수님은 육적인 부활을 가르쳐 주시고자 부활 후 제자들과 함께 음식을 드셨습니다. 유령은 음식을 못 먹는데 예수님은 음식을 드신 것입니다. 예수님이 생선을 드시면서 그 육체도 완전한 육체임을 입증하신 것은 바로 이 육체의 부활을 강조하고자 함이었습니다. 그런데 그때 부활하신 예수님의 몸이 우리와 똑같은가 하면 그것은 그렇지 않았습니다. 그분의 몸은 어느 순간에 시공간을 초월했습니다. 문을 열지 않고 들어오기도 하셨습니다. 부활하신 주님은 40일 동안 사람들 앞에 8번이나 나타나셨습니다.

제일 먼저, 막달라 마리아에게 나타나셨습니다. 하나님의 아들 예수님이 십자가에 죽으시고 부활하신 것은 인류 역사상 전대미문의 최대 사건이었습니다. 세상의 구원을 이루기 위해 십자가에 죽으셨다가 부활하신 예수님을 첫 번째로 만나는 영광을 다른 사람이 아닌, 일곱 귀신 들렸다 고침 받은 한 여인이 누렸다는 것은 굉장한 의미가 있습니다.

그런데 왜 예수님은 막달라 마리아에게 제일 먼저 나타나셨을까요? 이유는 단 한 가지입니다. 다들 도망갔는데 막달라 마리아만은 무덤을 지키고 있었기 때문입니다. 그녀는 안식 후 첫날 믿음으로 무덤을 찾아갔던 것입니다. 예수님이 살았든 죽었든 상관없었습니다. 막달라 마리아에게 예수님은 언제나 한결같은 분이었습니다. 내가 뭘 받아서 중요한 게 아니었습니다. 우리에게도 이런 신앙이 필요합니다.

두 번째는 다른 여인들에게 보이셨습니다. 지금도 보면, 남자들의 신앙은 예수님과 동업하는 신앙이 많습니다. 주로 일을 같이 하다가 잘 안 되면 등을 돌리는 것입니다. 그런데 여자들의 신앙은 예수님과 동거하는 신앙이 많아서, 일을 같이 하는 것보다는 그냥 관계 자체를 중요시 여깁니다. 그래서 여자들의 신앙이 더 좋은 것입니다. 사실이 그렇습니다.

세 번째는 드디어 베드로에게 보이셨습니다(눅 24:34).

네 번째는 엠마오로 가는 두 제자에게 보이셨습니다.

다섯 번째는 10제자에게 보이셨습니다(요 20:19). 가룟 유다는 목매달아 죽었고, 도마는 마침 그곳에 없었기 때문에 10제자였습니다.

여섯 번째는 11제자에게 보이셨습니다. 그때는 그 자리에 도마가 있엇습니다. 그는 예수님을 보고 놀라서 못 자국과 옆구리에 손을 넣어 보기 전에는 못 믿겠다고 했습니다. 그러자 예수님은 넣어 보라고 하시면서 "보지 않고 믿는 자가 더 복이 있다"고 말씀하셨습니다. 그때 도마는 "나의 주, 나의 하나님이시여"라고 하며 예수님 앞에 엎드렸습니다. 그래서 그랬는지 도마는 성령 받고 인도에 가서 평생을 선교하다가 순교했다고 합니다.

일곱 번째는 갈릴리 바다에 나타나셨습니다. 숯불에 생선을 구워 가면서 말씀하셨던 바닷가에서의 이야기입니다.

여덟 번째는 산에서 11제자에게 보이셨습니다. 이때 하신 유명한 말씀이 "모든 민족을 제자로 삼으라"는 마태복음 28장 16-20절 말씀입니다.

　이처럼 예수님께서는 부활 후 8번이나 사람들 앞에 나타나셨는데, 그것은 누구에게 복수하기 위해서가 아니었습니다. 우리가 생각하기에는 보통 죽었던 사람이 다시 나타나는 것은 복수하러 나타나는데 말입니다. 예수님은 절대로 자신을 버리고 도망간 제자들을 꾸짖으시려고 나타나신 게 아니었습니다.

　제자들에게 나타날 때마다 예수님이 말씀하신 것은 샬롬의 메시지였습니다. "너희에게 평강이 있을지어다"(요 20:21) 하는 말씀이었습니다. 예수님이 자주 나타나셨던 것은 자신을 배반한 사람들에게 복수하기 위해서가 아니라, 죽음의 포위망이 무너지고 그 사이로 하늘의 평강이 오고 있음을 알리기 위해서였습니다. 저는 샬롬의 메시지야말로 성경에 나오는 메시지 가운데 가장 아름다운 메시지라고 생각합니다. 지금도 온전히 주님을 만난 자들에게는 이 메시지가 주어집니다.


## 승천
그 땅의 그 제한적인 시간에서 떠나 모든 인류에게로


　주님의 승천은 그 당시 그 땅에 살고 있던 사람들에게는 '이별 이야기'였으나 지금 여기 살고 있는 우리에게는 '만남의 이야기'입니다. 승천을 이별 이야기로 보는 사람이 많은데, 우리가 그때 거기에 있었다면 이별 이야기가 맞겠지만, 우리는 지금 여기에 있으니까 만남의 이야기인 셈입니다.

　우리는 예수님을 성령을 통해 만납니다. 남은 사역을 위탁하신 교회를 통해 만납니다. 아니, 예수님은 지금 우리와 함께 계십니다. 만약 주님이 그 자리에서 승천하지 않고 계속 거기 계신다면 지금 우리는 주님을 만나기 위해 이스라엘로 가야 합니다. 그렇게 해서 간다고 꼭 만다는 보장도 없고 말입니다.

예수님은 거기서 승천하심으로써 모든 시간, 모든 공간으로 다 가시게 되었습니다. 원래 '영원'은 '지금 그리고 여기'를 의미합니다. 지금 여기가 영원이라는 것입니다. 지금이 계속되는 것이 영원입니다.

저는 여기에 있으면서 동시에 다른 데 있을 수 없습니다. 시간과 공간에 매어 있기 때문입니다. 혹은 각각 다른 두 종류의 시간에 있을 수도 없습니다. 100년 전에도 있고 100년 후에도 있을 수 없다는 것입니다. 그러나 예수님은 시간과 공간을 떠나 영원으로 가셨기 때문에, 모든 오고 오는 세대의 사람들과 함께하실 수 있습니다. 그래서 승천은 이별 이야기가 아니라 만남의 이야기입니다.

그리고 주님의 승천은 이제 가신 그 모양대로 다시 오실 때까지 우리에게 주어진 시간들이 영생을 위한 기회임을 알려 줍니다. 이 시간과 공간이라는 것을 떠나신 예수님은 언젠가 다시 이 시간과 공간 속으로 들어오실 텐데, 그것이 바로 재림입니다. 그때 주님은 이 시간과 공간을 떠날 때처럼 구름을 타고 다시 오실 것입니다. 그런데 주님이 구름 타고 올라갔다고 하니까 대기권과 성층권을 지나 저 우주로 올라갔다고 오해하기가 쉬운데 사실 그게 아닙니다. 그렇게 보이는 것일 뿐, 예수님은 시간과 공간을 떠나 영원으로 가서 계신 것입니다. 그렇지만 이제 때가 되면 이 땅의 온 역사를 정지시키기 위해 다시 돌아오실 것입니다.

# 4장
# 성령 시대(1) - 교회 시대

성령 강림으로 시작된 교회는 주님의 남은 사역을 감당하도록 위탁받은 곳이다.

 

조금 우울한 이야기를 하겠습니다. 한 교회가 있었는데 그 교회에 내부적으로 그만 갈등이 생기고 말았습니다. 그 갈등이라는 것이 구원의 교리가 달라서라든가, 아니면 역사 인식의 차이나 혹은 선교 전략의 차이 때문이었다면 그래도 이해할 수 있겠는데, 고작 50원짜리 아이스케키와 대여섯 살 먹은 두 애들의 싸움에서 비롯된 것이었습니다.

내막은 이렇습니다. 그 교회 안에 젊은 목사님과 사찰 집사님이 계셨는데, 사찰 집사님이 독립투사형 내지는 저항운동가 같은 인물이었습니다. 자신이 하는 일에 대해 스스로 비참해 하면서, 내가 이거 할 사람이 아닌데 하는 상처를 가지고 있었습니다.

그런데 이분의 5살 먹은 큰아이와 목사님의 6살 난 막내아이가 서로 친구였습니다. 아이들이라는 게 잘 놀다가도 다신 안 놀 것처럼 갑자기 싸우고 또 금방 화해하기를 밥 먹듯이 하지 않습니까? 이 아이들도 노상 그러고 또 제 부모한테 가서 이르기도 하고 그랬습니다.

하지만 어른들은 겉으로는 늘 좋은 척하지만, 속으로는 섭섭했던 것을 차곡차곡 쌓아 놓고는 때때로 곱씹으면서 분노하고, 안 보는 데서 흉보는 경우가 많이 있습니다. 이 교회의 목사님과 사찰 집사님 사이도 그만 그렇게 되고 말았습니다. 더 분명하게 말한다면, 목사님 사모님과 사찰 집사님의 부인 사이의 갈등이었습니다. 한쪽은 상대방에 대해 건방지고 불손하다고 생각했고, 다른 한쪽은 상대방이 교만하고 자기를 업신여긴다고 생각했습니다. 여자끼리의 갈등 관계니까 순식간에 남자들도 합세하고 말았습니다.

그러던 어느 여름 그만 일이 터지고 말았습니다. 한번은 목사님 아들이 50원짜리 아이스케키를 먹고 있는데 사찰 집사님 아들이 먹고 싶다며 달라고 했습니다. 그런데 아무리 목사님 댁 아이여도 목숨은 줄지언정 아이스케키를 주겠습니까? 그래서 혼자 다 먹어 버리고는 그 막대기를 땅에다 던졌습니다. 그런데 계속 조르던 사찰 집사님 아들은 너무나 먹고 싶은 나머지 그 버린 속 막대기를 주워서 남은 단물을 빨아먹었습니다. 때마침 지나가던 사찰 집사님 부인이 보고는 열을 확받아 "네가 거지냐? 거지처럼 왜 그런 것을 주워 먹느냐? 자기 아들 입만 생각하는 게 무슨 사모냐?"면서 쌓인 분노를 막 쏟아내며 아이를 야단쳤습니다.

또 하필이면 일이 되려고 그랬는지, 목사님 사모님이 지나가다가 그 말을 듣고는 무슨 말을 그렇게 하냐며 따졌습니다. 그러지 않아도 평소 불만이 쌓일 대로 쌓여 있던 사찰 집사님 부인은 "목사 사모가 되어 가지고 남의 집 애도 입이 있는데 2개를 사 줘야지 자기 애만 먹이고 말지" 하면서 있는 대로 다 퍼부은 것입니다.

이런 식으로 티격태격 싸움이 붙었는데 승부가 나기는커녕, 각자 배우자에게 가서 다 일러바침으로써 오히려 문제가 더 커져 버렸습니다. 남자들까지 개입하게 되자 이제 싸움은 양가(兩家)의 범위를 넘어서 교회 전체를 갈라놓는 데까지 가게 되었습니다. 애들 싸움으로 시작된 갈등에 교회의 갖가지 갈등이 겹치면서, 교회는 양쪽으로 갈라져 서로 상대방을 마귀의 자식으로 몰아붙이며 타협 없는 싸움으로 치닫고 말았습니다. 경찰이 출동하고 법정까지 가고 난리가 났습니다. 정말 갈 데까지 간 상황이었습니다. 창피해서 어디 가서 말도 못할 스토리입니다.

이런 얘기를 들을 때마다 슬며시 이런 질문이 하나 생깁니다. 이렇게 문제가 많고, 때로 수준 이하의 추태를 벌이는 정말 웃기는 교회가 많은데 꼭 교회는 있어야겠느냐는 것입니다. 얼마나 많은 사람들이 교회에서 상처를 받습니까? 그런데도 꼭 교회 중심으로 신앙생활을 해야 합니까?

이에 대한 주님의 대답은 "그렇다. 그래도 교회는 있어야 한다. 교회 중심으로 신앙생활을 해야 한다"는 것입니다. 왜냐하면 주님께서 그 남은 사역을 교회 외에 그 어디에도 맡기신 일이 없기 때문입니다. 마태복음 4장 23절에 근거해 볼 때, 주님의 사역은 교육, 선교, 봉사였습니다. 그런데 주님은 이 땅 가운데 이들 사역을 완결하신 게 아니었습니다. 물론 십자가를 통해 승리할 길을 다 열어 놓았지만 아직 이 일은 남아 있는 일입니다. 이 남은 사역은 교회 외에는 그 어디에도 위임된 적이 없습니다. 그러기에 교회는 있어야 한다는 것입니다.

또 주님께서 교회 외에 다른 무엇을 향해 그분의 몸이라고 말씀하신 적이 없기 때문입니다. 사실 효과적으로 따지자면 정부가 주님의 몸인 것이 훨씬 더 편하지 않을까요? 필요한 자금은 세금 걷어서 감당하면 될 것이고 말입니다. 그런데도 이렇게 빌빌대는 교회더러 주님은 자신의 몸이라고 부르십니다. 2,000년 역사를 통해 교회 외에 다른 대안은 없었습니다. 주님의 고집도 참 대단하지 않습니까?

예수님 시대의 뒤를 이어 성령 시대가 오는데, 그 성령 시대가 곧 '교회 시대'인 이유가 바로 여기에 있습니다. 주님이 직접 사역하는 곳이 아니면, 어디든 다 교회가 있어야 합니다. 성령은 독자적으로 활동하지 않습니다. 교회를 통하지 않는 성령의 역사는 전부 다 거짓입니다. 성령의 역사가 일어난다고 하면서 교회를 부인하는 것은 다 이단입니다.

성령이 충만하면 2가지가 뚜렷하게 나타나야 합니다. 우선, 예수 그리스도가 드러나는 것입니다. 그분이 교회의 머리이기 때문입니다. 그리고 교회가 생겨납니다. 사람들이 거품 물고 넘어지고 환상 본다고 해서 성령 충만한 게 아닙니다. 성령 충만하면 아름다운 교회가 일어납니다. 초대교회를 보십시오. 120명의 사람들이 마가의 다락방에 모였다가 성령이 임하시자 교회가 탄생했습니다. 그들 사이에 교제와 사귐이 일어났던 것, 그것이 성령의 열매였습니다.

••• 전개: 교회 시대의 4가지 내용•••
1. 교회의 탄생   2. 교회의 성장   3. 1차 박해   4. 교회의 확장

## 교회의 탄생
### 성령 강림으로 시작됨

성령 강림의 첫 번째 열매는 교회의 탄생이었습니다. 오순절 날 마

가의 다락방에서 120명의 성도들이 모여 기도하다가 성령을 받았고, 곧 그것이 교회의 시작이었기 때문입니다. 이것은 너무도 중요한 진리입니다. 정말 바른 교회가 되려면 교회는 2가지 관계가 분명해야 합니다. 머리이신 주님과의 관계, 성도 지체 사이의 관계, 이 2가지 관계가 잘 이루어지는 가운데 열방을 향해 나가는 게 교회입니다. 그런데 성령만이 그걸 하실 수 있습니다. 성령이 임하시면 머리이신 주님과의 관계가 분명해집니다.

사도행전을 보면 사도들이 예수가 그리스도임을 담대하게 외칩니다. 그리고 성도 사이에 서로 유무상통하면서 교제하고 나누는, 이기심과 교만과 욕심이 사라지는 공동체를 만들기 시작합니다.

교회는 주님의 지상명령인 "오직 성령이 너희에게 임하시면 너희가 권능을 받고 예루살렘과 온 유대와 사마리아와 땅 끝까지 이르러 내 증인이 되리라"(행 1:8)는 말씀의 실현 과정 그 자체였습니다. 교회는 우리 주님께서 예언하신 말씀 그대로 이루어졌습니다. 이 말씀 때문에 교회가 탄생했습니다.

결국 이렇게 하여 탄생한 교회는 어떤 공동체입니까?

첫째, 성령 공동체입니다. "오직 성령이 너희에게 임하시면." 성령이 충만했던 공동체였습니다. 오늘날에도 교회는 다른 어떤 곳보다 성령 충만한 공동체입니다.

둘째, 능력 있는 공동체입니다. "권능을 받고." 사람들이 병이 낫고 회개하고 변하는 역사가 일어났습니다.

셋째, 증인 공동체입니다. 사람들이 나가서 전도했는데, 아무도 못 말릴 정도로 열정적이었습니다. 전도하고 증거하고 얘기하는 공동체였습니다.

영적 체험도 굉장히 많았지만, 동시에 인간 사이의 모든 이기심과 죄악이 사라져 버린 나눔과 사귐의 공동체였습니다. 초대교회가 생겨난 역사적인 현장이 그러했습니다.

남은 사역을 부탁하마…

예수님께서 공생애를 시작하실 때 그 출발점이 무엇이었습니까? 세례 받고 나오실 때 하늘이 열리면서 성령이 비둘기 같이 임했습니다. 성령이 예수님 위에 임하실 때 공생애가 시작되었던 것처럼 그 성령이 120명 위에 임하자 교회가 시작되었습니다. 그러니까 예수님과 교회는 연결되는데, 성령 강림으로 시작된다는 게 공통점이라는 것입니다.

그리고 사도행전 1장 8절 말씀은 그 앞에 있는 마태복음 28장 19-20절 말씀과 연결된 말씀입니다. 복음서 가운데 마지막 말씀인 마태복음 28장 19-20절에서 점프해서 사도행전 1장 8절로 갔다고 봐도 과언이 아닙니다.


## 교회의 성장

놀라운 성장 속에 각지에서 몰려들다

베드로를 비롯한 사도들이 나가서 외침으로 하루에 3,000명, 혹은

5,000명씩 회개하고 돌아오며 교회는 놀라운 성장을 이루기 시작했습니다. 이런 현상에 대해 의혹의 눈길을 보내는 학자들도 있지만, 성령의 역사가 일어난 것을 보면 얼마든지 가능한 일이었습니다. 사람들이 다 회개하고 자복하고 뒤집어지고 돌아오다 보니 교회가 놀랍게 성장하기 시작한 것입니다. 참 재미있는 것은 성령이 역사하셔서 교회가 성장하는 것은 그 누구도 막을 수 없다는 것입니다. 지금도 그런 일이 일어나고 있습니다.

언젠가 과테말라의 한 도시를 찾아갔는데 우리 선교팀이 갔던 곳 산 너머에 알몰롱가라는 도시가 있습니다. 사람이 7,000명쯤 사는 도시인데, 감옥이 4개에다 하루에 20명씩 감옥에 들어갔습니다. 술주정뱅이들이 넘쳐났습니다. 거기가 인디언 마을인데 한 전도자가 들어가서 20년 전에 복음을 전하기 시작했는데 성령의 역사가 일어나 그 도시의 95퍼센트가 거듭난 크리스천이 된 것입니다. 가톨릭 교인은 50명밖에 없었습니다. 감옥이 다 없어지고, 술집도 수십 개 있던 곳이 한 곳으로 줄어들고, 더 놀라운 것은 사람들이 다 변하니까 땅도 변해 옛날에는 거기서 농사지으면 한 달에 작물을 실은 트럭이 한 대 나갔는데 지금은 하루에 40트럭이 나간다고 합니다.

성령이 역사하시면 이런 놀라운 일이 일어납니다. 초대교회가 일어난 것은 부인할 수 없는 사실입니다. 성령이 역사하시면 막 성장하는데 막을 길이 없습니다. 교회 성장을 위해 전략을 쓴다는 건 어불성설입니다. 교회는 어떤 기발한 전략이나 경영 기법으로 성장하지 않습니다. 결국 교회는 강력한 성령의 힘에 의해 역사가 나타나야 크는 것입니다.

이 초대교회 이야기를 정리하면 다음과 같습니다.

첫째, 사도들의 메시지는 '예수가 부활하셨고 그가 그리스도이시다'라는 것이었습니다.

메시지가 단순했습니다. 메시지가 단순할수록 능력이 있습니다. 옛날 우리나라 초창기에 선교사들이 메시지를 전할 때 그 메시지가 정말 단순했습니다. 아는 말이 없었기 때문입니다. 오죽하면 전도하러 갈 때 대문에 '개 조심'이라고 써 있으니까 문패인 줄 알고 "개 조심 씨 계십니까?"라고 했다는 것 아닙니까? 선교사가 말이 잘 안 되니까 복잡하게 말하지 않고 간단하게 말했습니다. "예수님은 당신을 사랑하시고 예수 그리스도는 우리를 위해 십자가에 돌아가셨다"는 얘기만 했는데 사람들이 다 변화되었습니다. 그러니까 메시지가 현란하다는 것은 별로 좋은 게 아닙니다. 그들의 메시지는 지식이 아니라 체험이었습니다. 억지로 뽑아낸 것이 아니라 속에서 계속 솟아올라 막을 수가 없는 것이었습니다.

둘째, 수많은 기적이 나타났고, 성도의 변화된 삶이 있었습니다.

기적이 일어나면서 병든 자가 나을 뿐 아니라 동시에 성도들의 삶이 변화됩니다. 이러니 믿지 않을 수가 없습니다. 알몰롱가에서도 그런 일들이 일어났습니다. 어떤 여자가 죽었다가 살아나는 기적이 있은 후 성도들이 다 바뀌었습니다. 과테말라에서 이들의 한 달 한 가구 당 수익이 500달러입니다. 과테말라의 전체의 평균은 1년에 1,500달러밖에 안 되는데 여기는 6,000달러가 넘습니다. 그리고 세계선교를 꿈꾸고 사람들이 변하니까 복음이 확장되지 않을 수 없었습니다. 성도들이 변화 받아서 나누는 삶을 살게 되었습니다.

셋째, 본토 유대인뿐 아니라 헬라 및 각지에서 온 유대인들도 많이 믿었습니다.

이때 단지 예루살렘에 살던 본토 유대인들만이 아니라 헬라 및 각지에서 온 유대인들도 믿었습니다. 그 당시 이스라엘에는 두 종류의 유대인이 있었습니다. 하나는 본토 유대인, 즉 히브리파였습니다. 그 야말로 본토에서 태어나 본토에서 커서 살던 유대인이고 주로 언어는 아람어를 많이 씁니다. 반면, 유대인은 유대인이지만 헬라파 유대인 이 있었습니다. '디아스포라'라고도 합니다. 흩어진 유대인입니다. 이 사람들은 일찍이 바벨론 포로생활 이후부터 온 나라로 흩어져 살았습 니다. 그래서 헬라어를 많이 사용했습니다. 그런데 이 사람들이 유대 인이기 때문에 신앙을 지키기 위해 예루살렘으로 성지순례를 왔습니 다. 절기를 지키러 오는 것입니다. 오순절 날 왔다가 성령 강림 사건을 보고 이 사람들이 떠나지 않았습니다. "지금 예루살렘에 역사가 나타 났다"고 하니까 여기저기서 모여들기 시작한 것입니다. 이 사람들은 메시아를 기다리던 사람들이었기 때문입니다. 두 종류의 유대인들이 그 당시에 있었다는 것을 꼭 알아야 사도행전을 이해합니다. 본토 사 람들만 있었으면 숫자가 적을 텐데 세계 각지에서 몰려드니까 유대인 들의 숫자가 많았습니다.

넷째, 아나니아와 삽비라의 위기를 넘긴 교회는 더 놀랍게 성장했 습니다.

이제 교회가 부흥하는데 그러는 중에 바나바가 밭을 팔아서 바쳤습 니다. 사도들이 칭찬하는 것을 보고 아나니아와 삽비라가 "우리도 하 자"며 밭을 팔아 바치려고 가져왔습니다. 그런데 너무 많은 것 같아서 아까우니까 일부는 숨기고 일부만 냈습니다. 그런데 그 당시 베드로가 또 성령에 보통 민감했습니까? "이것이 다냐?"고 물었고 아나니아는 전부라고 거짓말을 했습니다. 그랬더니 그때 성령 앞에서 그냥 거꾸러 져 죽어버렸습니다. 그 당시에는 성령이 칼같이 살아 움직였기 때문입 니다. 젊은이들이 시체를 갖다 메고 묻고 돌아오는데, 이 사실을 모르 는 부인도 같은 질문을 받았습니다. 그러자 그 부인 삽비라도 남편과 똑같은 대답을 했고, "지금 네 남편을 묻고 돌아오는 자의 소리가 들리지 않느냐"라는 베드로의 말이 끝나기가 무섭게 역시 그 자리에서 거꾸러졌습니다. 결국 부부 모두가 죽었는데 그 일이 일어난 다음에 교회는 어마어마한 능력을 갖게 됩니다.

사실 오늘날에도 성령이 이렇게 역사해야 합니다. 그렇지 않으면 교회는 무너집니다. 아나니아와 삽비라 이야기의 본질은 '성령의 화석화'입니다. 살아 계신 성령을 우습게 보는 것입니다. 만약 그냥 넘어가면 성령은 그 다음부터 완전히 힘을 잃어버립니다. 하지만 아나니아와 삽비라의 경우처럼 바로 치시면 성령이 역사하기 시작한 것입니다.

저는 아나니아와 삽비라의 이야기를 읽으면서 '나는 왜 안 죽나? 그 정도라면 내가 죽어야 하는데'라는 의문을 가졌습니다. 결론적으로 말하면 지금은 그만큼 성령이 칼날같이 역사 못 한다는 뜻입니다.

하여튼 아나니아와 삽비라 사건은 교회에 굉장한 유익이었습니다. 성령의 화석화를 이기고 교회가 성장했다는 것입니다.


## 1차 박해

헬라파 유대인에 대한 핍박으로 흩어지라는 명령

교회가 성장하면서 최초의 내부적인 갈등이 왔습니다. 그것은 본토 유대인들과 헬라파 유대인 사이의 갈등이었습니다. 구조적으로 예견된 갈등이었습니다. 이 둘 사이는 차이가 참 많았기 때문입니다.

예루살렘 교회는 구성상 본토 히브리파 유대인과 헬라파 유대인으로 이루어져 있었습니다. 둘 다 유대인이고 크리스천이라는 공통점이 있었지만 언어가 달랐습니다. 본토 유대인들은 아람어를 썼고 헬라파 유대인은 헬라말을 썼습니다.

언어가 다르면 정말 힘듭니다. 언어가 다르다는 얘기는 사고 시스템이 다르다는 얘기입니다. 그게 비트겐슈타인의 언어 철학입니다. 언어가 다르면 사고 시스템이 다르기 때문에 전혀 다른 식으로 사고를 합니다. 그러니 한 교회에서 두 집단 사이에 문제가 많았겠지요.

본토 히브리파 사람들은 공부를 많이 못해서 무식했습니다. 주로 어려운 지역에 살던 삶들이었습니다. 반면 헬라파 사람들은 유식했습니다. 가방 끈이 길었습니다. 조금 못 배운 사람과 배운 사람 사이에도 굉장히 차이가 많이 납니다. 성령 안에 같이 있을 때는 너무 좋은데 아닐 때는 문제가 생깁니다.

또 히브리파 사람들은 가난했습니다. 사도 바울이 끝없이 고린도 교회나 마게도냐 교회에서 연보를 거둬다가 갖다 주었습니다. 예루살렘 교회가 참 가난했습니다. 도시 자체가 식민지로서 가난할 수밖에 없었습니다. 그런데 헬라파 사람들은 부자였습니다. 그래서 헌금은 다 헬라파 사람들이 했습니다. 최초로 교회에 밭을 팔아 바친 사람이 바나바인데 그 사람은 헬라파 유대인이었습니다. 구브로, 지금의 키프로스 사람이었습니다.

히브리파 유대인들은 본토 유대인답게 영적 정통성이 있었습니다. 사도들이 다 여기 출신입니다. 예수님의 형제인 야고보부터 시작해서 베드로, 안드레, 요한 모두 다 본토 유대인 출신들입니다. 예수님까지도요. 반면 헬라파 사람들은 정통성이 없었습니다.

이런 식의 차이가 있었기 때문에 이 사이에서의 갈등은 필연적이었습니다. 그런데 그렇더라도 성령이 강하게 역사할 때는 잘 맞아 돌아갑니다. 그런데 성령의 역사가 약해지거나 어떤 다른 일이 있을 때는 갈라지기 시작합니다.

문제가 본격적으로 터진 건 구제 때문이었습니다. 예루살렘 교회 사도들이 구제를 하는데 아무래도 그 자신이 히브리파 사람들이어서 팔이 안으로 굽었습니다. 말도 아람어로 하니까 당장 통하기에도 편했습니다. 그래서 히브리파 과부들을 구제해 주다 보니까 헬라파 과부들이 빠지기 시작한 것입니다. 돈은 헬라파 사람들이 다 내는데 혜택은 히브리파 사람들이 받으니 슬슬 말이 나오기 시작합니다.

그런데 이 갈등이 표면화된 것은 치사하게도 먹는 문제 때문이었습니다. 역사상 지금까지 있었던 가장 아름다운 교회인 초대교회가 갈등한 이유가 먹는 문제였다니 얼마나 우리하고 비슷한지 모릅니다.

우리 아버지가 세상에서 제일 치사한 게 먹는 것 가지고 싸우는 거라고 했는데, 초대교회에서 먹는 것 가지고 싸움이 붙은 것입니다. 가만히 보면 먹는 문제가 개입되지 않은 싸움이 거의 없더라구요.

사도들은 구제 문제가 아니라 히브리파와 헬라파 간의 주도권 싸움이라고 사태의 본질을 파악했습니다. 그래서 과부들의 구제 문제를 헬라파 유대인 대표 일곱을 뽑고 그들에게 맡김으로써 본토 유대인과 헬라파 유대인 사이의 갈등을 잠재우려고 했습니다. 우리는 기도하는 것과 말씀 전하는 일에 전무할 테니까 일곱 집사가 구제 문제를 담당하라고 맡겼습니다. 스데반, 빌립, 브로고로, 니가노르, 디몬, 바메나, 니골라 이렇게 일곱 집사였습니다. 스데반도 그렇고, 빌립도 그렇고, 브로고로, 니가노르, 디몬, 바메나, 니골라라는 이름이 전부 다 헬라 이름입니다. 게바니 야고보니 하는 이름은 없습니다. 그 일곱 사람은 전부 헬라파 유대인이었습니다. 헬라파에게 일종의 세력을 준 것입니다. 정치적인 해결을 한 겁니다.

그런데 거기서 끝났으면 좋은데 진짜 원인은 거기 있는 것이 아니었습니다. 더 근본적인 이유는 바로 교회가 '올바른 길'로 가지 않고 있었다는 것입니다. 교회가 주님의 명령대로 예루살렘에서 온 유대로, 사마리아로, 땅끝까지 이르도록 퍼져 나가야 하는데 그 명령을 따르지 않고 있었다는 데 문제가 있었습니다. 예수님께서 "오직 성령이 너희에게 임하시면 너희가 권능을 받고 예루살렘과 온 유대와 사마리아와 땅 끝까지 이르러 내 증인이 되리라"(행 1:8)고 하셨는데 성령과 권능을 다 받고도 그들이 예루살렘에서 움직이려고 하지 않은 것입니다. 너무 좋으니까 안 나가는 것입니다.

아이가 뱃속에 있을 때 열 달 되면 엄마 배가 아픈 게 정상입니다. 안 아픈 게 이상한 것입니다. 나갈 때가 되었는데 안 나가니까요. 진통을 통해 아이를 출산하게 되는 것과 똑같은 이치입니다.

때문에 일곱 집사를 뽑았음에도 문제는 그치지 않았고, 교회는 스데반의 순교를 시발로 해서 큰 핍박에 직면하게 되었습니다. 이 일곱 집사의 대표인 스데반이 성령이 충만하여 나가서 외치기 시작한 것입니다. 결코 그는 착각하고 나간 것도 아니고, 영웅심리에 나간 것도 아니고 '성령이 충만해서' 나갔습니다. 성령의 작품이었습니다. 그런데 그의 메시지가 보통 파격적인 게 아니었습니다. 본토 유대인들을 예수 그리스도를 핍박한 자로서 심판했습니다. "너희가 선지자들을 다 죽인 자들이고 지금까지 핍박한 자들이다." 이렇게 무섭게 외쳤는데 만일 그 말을 히브리파 사람이 외쳤다면 그래도 사람들이 이해했을 것입니다. 토종인 사람이 "우리 민족 왜 이래. 이러면 안 되지"라고 한다면 다들 이해하겠지만, 해외파가 그런 말을 한다면 당장 싸늘한 반응이 나오게 마련입니다. 헬라파인 스데반의 말에 당연히 이 사람들은 상처를 받았고, 이렇게 하여 결국 핍박이 시작된 것입니다.

물론 이때의 핍박은 헬라파 유대인들에게만 국한된 핍박이었고 히브리파 유대인들을 향한 핍박은 절대 아니었습니다. 헬라파 유대인들을 향한 핍박이었습니다. 그래서 나온 말씀이 사도행전의 다음 말씀입니다.

"사울은 그가 죽임 당함을 마땅히 여기더라 그날에 예루살렘에 있는 교회에 큰 박해가 있어 사도 외에는 다 유대와 사마리아 모든 땅으로 흩어지니라"(행 8:1).

여기서 포인트가 '그날에 예루살렘 교회에 큰 박해가 있어'입니다. 그런데 '사도 외에는'이라고 되어 있습니다. 교회 핍박이 나면 가장 먼저 사도들이 당해야 하는데 사도들은 왜 흩어지지 않았을까요? 사도들이 순교를 각오하고 교회를 지키려고 그랬던 것도 아닙니다. 사도들은 핍박 대상이 아니었다는 뜻입니다. 그 뒤에 보면 사도들이 핍박당해서 죽은 얘기가 안 나옵니다. 결국 핍박 대상은 헬라파 유대인이었습니다. 헬라에서 와서 유대 정통주의를 비판한 것에 대한 핍박이었습니다.

그런데 놀라운 사실은 이들이 핍박을 받으며 도망가자 "사도 외에는 유대와 사마리아 모든 땅으로 흩어지니라"고 했습니다. 어디서 많이 본 것 같지 않습니까? 사도행전 1장 8절 말씀이 절묘하게 8장 1절에서 이루어지고 있는 것입니다. 결국 진짜 이유는 이것이었다는 것입니다. 교회는 하나님이 원하는 데로 가지 않으면, 아무리 좋은 교회여도 갈등이 생기기 시작합니다. 갈등이 생기면 "우리가 선교해야 하는데 안 하고 있는 것 아니냐. 우리끼리만 좋은 것이 아닌가"를 빨리 생각해 봐야 합니다. 그 점에서 돌이키지 않으면 리더부터 시작해서 다 썩고 무너지고 난리가 납니다. 그래서 좋은 교회가 무너질 때 보면 그런 내막이 있습니다. 정말 성령의 놀라운 역사로 1차 핍박이 일어나 사도행전 1장 8절의 명령이 계속 진행되기 시작했습니다(행 8:1).

1차 핍박은 사실 헬라파 크리스천들에 대한 핍박이었는데, 2차 핍

박이 또 일어났습니다. 그것은 사도행전 12장에 나오는데, 야고보가
순교한 것입니다. 주의 형제 야고보가 아닌 예수님의 제자였던 야고
보가 주님이 말씀하신 대로 주님께서 허락하신 잔을 제일 먼저 마시고
죽었습니다. 그때는 베드로가 잡혀 들어가고 온 교회가 난리가 납니
다. 그때는 전체 교인들을 향한 핍박이었습니다.

〈핍박 후 이뤄진 교회의 확장〉

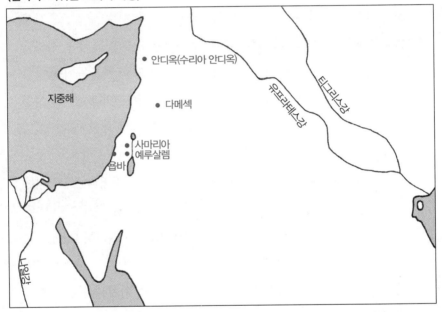

## 교회의 확장
온 유대와 사마리아로 확장해 가며 땅끝을 준비하다

이제 문제가 터지자 성도들이 나가기 시작했습니다. 그래서 문제
라는 게 꼭 문제가 아닐 수가 있습니다. 문제는 때때로 하나님의 경륜

일 수가 있습니다. 이 사실을 믿으십시오.

웅진 출판사에서 나온 그림책이 있는데 거기 보면 태아가 뱃속에서 자라면서 일기를 씁니다. O주: "엄마, 드디어 내가 침을 뱉을 수 있게 되었어요." O주: "오줌을 눠요." 이런 식으로 태아의 성장 과정이 재미있게 표현되어 있습니다. 이제 산달이 다 되어 가자 태아는 갑자기 불안해졌습니다. 뭔가 환경이 바뀌는 같은 것 같아서였습니다. 갑자기 자기가 살던 집이 무너지면서 구멍이 납니다. 이 구멍을 막지 않으면 자기가 위험할 것 같아 구멍을 막으려고 하는데 무엇인가를 막을 수 있는 제일 큰 게 머리밖에 없습니다. 그래서 머리를 구멍에 댔고, 그래서 순산을 한다는 것입니다. 태아의 입장에서 불안하니까 머리를 디밀었는데 그래야 이 세상에 아기가 나오는 것입니다. 이걸 보면서 하나님 생각을 많이 했습니다. 우리가 생각할 때 "이거 문제야" 하면서, 그 문제를 풀어 가는 과정이 때때로 하나님의 경륜일 수가 있습니다. 교회가 핍박받아 흩어진 것 같았지만 이것이 결국 교회의 확장으로 이어지게 됩니다.

1차 핍박의 결과는 교회의 확장이었습니다. 그 결과는 다음 5가지입니다.

첫째, 빌립의 사마리아 전도입니다. 이때 빌립은 일곱 집사 중 하나인 빌립을 말합니다. 예수님의 제자 빌립이 아닙니다.

둘째, 베드로의 온 유대 전도 여행(여건 조성)입니다. 헬라파 유대인들이 퍼져 나간 후 베드로도 유대를 여행하기 시작합니다. 죽은 자도 살리고 다닙니다.

셋째, 사울(바울)의 회심과 소명(일꾼 준비)입니다. 땅끝까지 갈 만한 사람은 사실 성질이 제일 더럽고 열정이 많아야 합니다. 이쯤은 되어야 튀어 나갑니다. 바나바는 좋은 일꾼이었지만 땅끝까지 가기에는 너무 약하고 너무 신사였습니다. 장애물도 헤치고 나가고 들이박고 해야 하는데 그 점에서 바울은 합격점이었습니다.

넷째, 베드로와 고넬료의 만남(이방인에게도 성령이 임하더라!)이 있었습니다. 베드로가 욥바에 있는 피장 시몬의 집에서 기도할 때 이방인 고넬료가 보낸 사람들이 찾아왔습니다. 고넬료는 할례를 받지 않은 이방인이었지만 성령이 임했던 것입니다. 그동안 모든 성령의 역사는 유대인 크리스천들에게만 임했습니다. 그런데 유대인이 아닌 사람한테도 성령이 임했다는 것이 베드로에게는 너무 충격적이었습니다. 베드로는 굉장히 우유부단한 면도 있지만, 감정적으로 잘 휩쓸리는 면도 있습니다. 그래서 은혜 받으면 "이거다" 하다가도 아니면 얼른 돌아서는 사람이었습니다. 냉철하지 않고 분위기에 쓸리다 보니까, 성령이 임하시자 이방인이고 뭐고 같이 축복한 것입니다. 안디옥에서도 분위기 좋으면 이방인하고 같이 먹다가, 야고보가 내려오면 벌떡 일어나고 했던 사람이었습니다. 성령께서 그걸 이용하신 것입니다. 고넬료와의 만남에서 베드로가 은혜를 받습니다. "성령이 임하시는구나." 역시 이것도 여건 조성입니다.

이 두 개의 여건, 즉 베드로의 온 유대 전도여행과 베드로와 고넬료의 만남은 바로 이방인 선교를 위한 여건 조성이었습니다. 이 두 이야기가 결정적인 역할을 한 것이 주후 50년에 있었던 예루살렘 종교회의입니다. 사도행전에서 제일 중요한 키포인트가 바로 이 사도행전 15장에 나오는 예루살렘 종교회의입니다. 이 회의가 있었기에 이때부터 신앙은 유대 땅에 묶여 있다가 온 열방으로 나가기 시작합니다. 그런데 이 회의를 준비한 것이 베드로였다는 것입니다.

다섯째, 안디옥 교회 설립(일꾼 준비)입니다. 안디옥 교회가 있었기 때문에 사도들이 나갈 수 있었습니다. 이때 안디옥은 수리아 안디옥입니다.

　순교와 핍박이라는 고통이 있더니 그 결과 참 많은 것을 얻었습니다. No Pain. No Gain! 고통 없이는 얻는 게 없음을 다시 한 번 확인할 수 있었습니다.

# 5장
# 성령 시대(2)-선교 시대

바울과 다른 선교사들을 통하여 복음이 로마제국 전역으로 확장되어 가다.

언젠가 한 기도회에서 Y 선교사를 만났는데 그는 치과의사로서 선교 준비를 하고 있었습니다. 그때 그는 저에게 엄청난 보물을 전해 주듯 책 한 권을 보여 주었습니다. 『닥터 홀의 조선 회상』이라는 책이었는데, 그는 자신이 이 책을 읽고 얼마나 은혜를 받았나를 열심히 설명해 주었습니다. 진지하게 설명하는 그의 표정을 보면서, '이제 곧 선교 현지에 가야 할 텐데, 가서 복음을 잘 전하겠구나'라는 생각을 했습니다.

그런데 얘기를 들으며 저는 문득 그 닥터 홀이라는 사람을 어디선가 만난 것 같은 느낌이 들었습니다. 물론 저와 그분은 결코 만날 수 있는 사이가 아니었는데도 말입니다. 1800년대 말에 조선에 들어와 주로 평양에서 의사로 선교사역을 했던 캐나다인과 제가 무슨 수로 만났겠습니까? 히브리서의 논법대로 제 할아버지나 증조할아버지가 닥터 홀을 만났고 그때 할아버지의 허리에 제가 있어서 기억이 나는가 생각해 보았는데, 성경을 부인하는 건 아니지만 아무리 그렇게 만났더라도 기억이 날 리가 없지 않습니까? 그런데도 왜 그렇게 친근한 느낌이 드는지 너무나 이상했습니다.

그래서 계속 Y 선교사의 말을 듣는 내내 내가 닥터 홀을 어디서 만났는지 곰곰이 더듬어 보았습니다. 그런데 갑자기 확 떠오르는 게 있었습니다. "아, 내가 만난 적이 있구나." 그분을 어디서 만났는가 기억이 났습니다. 그곳은 절두산 순교지 옆에 있는 양화진 외국인 묘지였습니다. 저는 그곳 선교사 무덤들을 볼 때 느끼는 점이 많아 자주 방문하곤 했습니다.

그 수없이 많은 비석들 사이에서 유독 닥터 홀의 이름을 제가 기억하는 것은 그의 무덤 옆에서 또 하나의 작은 비석을 보았기 때문이었습니다. "1894년 11월 24일에 죽었다. 닥터 홀." 제임스 홀은 1894년 11월 24일에 죽었는데, 이 사람은 1891년도에 의사가 돼서 섬기겠다고 와서 3년도 일을 못하고 죽은 것입니다. 풍토병 때문이었습니다.

그런데 닥터 홀 비석 옆에 '에디스 마거릿 홀'이라는 작은 비석이 있었습니다. 1895년 1월 18일에 태어났다고 되어 있었습니다. 아버지는 1894년도에 죽었는데, 이 아이는 1895년 1월 달에 태어난 것입니다. 그러니까 뱃속에 있을 때 아버지가 죽고 나서 태어난 것입니다. 그리고 이 아이도 1898년 3살 되었을 때 죽었습니다. 그 작은 비석을 보자 제 마음에 감동이 왔습니다. 왜 여기까지 왔을까? 자기 나라에서 얼마나 잘 나가는 사람인데, 여기 와서 3년 만에 죽고, 딸은 아빠 얼굴도 모른 채 태어났습니다. 또 남편이 죽으면 대개 부인은 선교지를 떠나기 마련일 텐데 뱃속에 아이가 있었지만 이 부인은 그대로 조선 땅에 남아 있었던 것입니다. 그리고 딸은 태어난 지 3년 만에 죽습니다. 그러면서도 그녀는 이 땅을 떠나지 않았습니다.

나중에 알고 보니, 그 닥터 홀의 부인이 유명한 사람이었습니다.

'로제타 홀'이라고 이 분도 의사인데 1890년대에 남편보다 먼저 조선에 왔습니다. 남편은 1년 뒤에 왔고, 온 지 3년 만에 남편이 죽고, 그 남편하고 있을 때 평양에서 셔우드 홀을 낳습니다. 셔우드 홀은 우리나라에서 태어난 최초의 외국인입니다. 그래서 애가 태어났을 때 온 평양 시내에서 구경을 왔다고 합니다. 눈이 파랗고 귀여운 아이여서 눈을 손으로 찌르고 했다는 것입니다. 이 셔우드 홀의 동생이 에디스 마거릿트입니다.

그러니까 이 땅에 복음이 그냥 뿌려진 게 아닙니다. 생각해 보십시오. 이 사람들이 뭐가 부족한 게 있어서 그 가난하고 낯선 땅 조선에 와서 고생 고생하다가 이름도 없이 죽어 갔을까요? 예수 그리스도의 은혜와 사랑 아니고는 설명할 방법이 없습니다.

셔우드 홀도 나중에 의사가 됩니다. 로제타 홀은 끝까지 조선에 남아 지금 고려대학교 부속병원인 우석 대학병원도 세우고 이화대학 병원도 세우고 결핵 퇴치를 위해 우리나라 최초로 크리스마스 씰도 만들었습니다. 이처럼 우리나라에 엄청난 영향력을 끼친 그 가족의 모든 삶의 이야기 속에는 고통이 없을 수 없었습니다. 셔우드 홀도 나중에 죽어서 아버지 옆에 묻힙니다.

어쨌든 저는 그 작은 비석 앞에 서서 "닥터 홀, 왜 당신은 이 먼 땅 조선까지 와서 사랑하는 어린 딸의 얼굴도 보지 못한 채 먼저 죽어 가야 했으며, 왜 당신의 가족들은 어린 나이에 죽어 간 당신 딸을 당신 옆에 묻었는가?"라며 가슴속으로 부르짖었습니다. 얼굴도 모르고 만난 적도 없는 사람이었지만, 영적인 깊은 감동 속에서 잠시 상상 속에 대화를 나누었습니다. 바로 그 사람 닥터 홀이 기억난 저는 Y 선교사에게 나는 닥터 홀을 안다고 말했습니다. 갑자기 그의 얼굴에 이산가족 상봉을 하는 표정이 나타나더니 제 손을 잡고 선교가 무엇이고, 왜 자신이 선교에 헌신했는가를 1시간 동안 이야기하더군요.

Y 선교사의 간증을 통해서, 닥터 홀과의 만남을 통해서, "왜 선교사가 그 먼 곳까지 가는가?"라는 질문의 답을 들었습니다. 그것은 거기에 복음을 들어야 할 영혼이 살고 있고, 나는 그 복음을 먼저 들은 자이기 때문입니다. "거기에 복음을 들어야 할 영혼이 살고 있고, 나는 그 복음을 먼저 들은 자이기 때문입니다." 간단한 논리입니다.

유명한 힐러리경이 "왜 산에 오르십니까?" 하고 누가 물었더니 "산이 거기 있기 때문이다"라고 했다지요. 똑같은 얘기입니다. 아니, 그것보다 훨씬 더 분명한 이유가 선교에는 있습니다. "왜 그렇게 선교를 갑니까?" "거기에 복음을 들어야 할 영혼이 있기 때문이다. 나는 복음을 들은 자이기 때문이다." 무슨 논리가 더 필요하겠습니까?

••• **전개**: 선교 시대의 5가지 주요 사건 •••
1. 1차 선교 여행    2. 예루살렘 종교 회의
3. 2차 선교 여행    4. 3차 선교 여행
5. 로마행

## 1차 선교 여행
복음이 유대인에게서 이방인에게로(행 13-14장)

바울의 선교 여행을 공부할 때는 먼저 지도부터 공부해야 합니다. 안디옥 교회의 파송을 받아 바나바와 바울은 구브로 섬을 지나 밤빌리아 버가로 들어간 후 이고니온을 통과하여 비시디아 안디옥으로 갑니다. 그리고 루스드라와 더베를 통과해서 지금 터키의 북부 지역인 갈라디아 지방에 가서 약 2년간 복음을 전했습니다. 이것이 1차 선교 여행입니다.

이때 특기할 만한 내용은 복음 전파의 주된 대상이 유대인에서 이방인으로 되었다는 것입니다(행 13:46). 복음을 이방인에게 전하기로 결정한 장소가 비시디아 안디옥이었습니다. 그런 면에서 안디옥은 중요한 지명입니다.

그 당시까지 복음은 유대인의 전유물이었습니다. 예수님이 유대인의 메시아로 오신 유대인이니 당연히 그렇게 생각할 수 있었습니다.

〈바울의 1차 선교 여행 지도〉

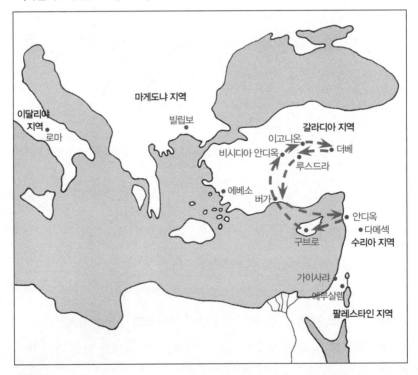

물론 예수님은 유대인들의 회복을 위해서 오신 것이 맞지만, 그들은 이걸 벗어나지 못했습니다.

이때 바울이 비시디아 안디옥에 가 보니 유대인들보다도 오히려 이방인들이 옆에서 말씀을 듣고 있다가 은혜를 받는 것이었습니다. 그때 바울은 성령께서 말씀하시는 것을 깨달았습니다. 그래서 이방인들에게 "너희가 할례 받지 않고 유대인이 되지 않았어도 예수 믿으면 구원받을 수 있다"고 전할 수 있었습니다.

이것은 당시 유대인들에게는 청천벽력 같은 메시지였습니다. 일단 유대인이 먼저 되고 그 다음에 예수를 믿어야 구원받는 것으로 생각했는데, 바울은 할례도 필요 없고 예수를 믿기만 하면 구원받는다는 분명한 복음을 증거한 것입니다. 그것이 1차 선교여행 때 일어났던 사건입니다. 1차 선교여행 때 꼭 기억해야 할 게 복음이 유대인에게서 이방인에게로 전파되었다는 것입니다.

그 당시 대표적인 사도로 야고보와 베드로와 바울을 들 수 있습니다. 야고보는 유대주의 크리스천에게 복음을 전했습니다. 바울은 이방인을 포함한 크리스천들에게 복음을 전했습니다. 그리고 중간에 베드로가 있습니다.

그런데 하나님의 역사로 야고보의 세력이 바울로 넘어갑니다. 성경에 '야고보에게서 내려온 사람들'이 나오면 그것은 유대주의자들을 말한다고 알면 됩니다. '유대인들을 위한 메시아 예수 그리스도'를 생각하는 것이 야고보주의입니다. 그런데 바울로 가면 "아니다. 온 세상 사람을 위한 메시아다"라고 하게 됩니다.

# 예루살렘 종교회의

이방인 선교의 문을 활짝 열어 주다(행 15장)

바나바와 바울의 1차 전도 여행 결과, 많은 이방인 결신자들이 생겼는데 교회가 그들을 받아들일 것인가 아닌가를 놓고 논쟁에 들어가게 되었습니다. 왜냐하면 율법 준수의 문제, 특히 할례의 문제가 걸렸기 때문입니다. 그때까지 교회는 유대인을 대상으로 전도했기 때문에 별로 문제가 없었는데, 이방인들이 본격적으로 믿게 되자 문제가 생긴 것입니다. 율법을 지키지 않아도 예수만 믿으면 구원받는다는 바울의 주장과, 율법을 지키고 그리고 예수를 믿어야 한다는 유대주의자들의 주장이 팽팽히 맞서서 갈등을 일으키고 있었습니다.

사도행전 15장 1절을 보십시오.

"어떤 사람들이 유대로부터 내려와서 형제들을 가르치되 너희가 모세의 법대로 할례를 받지 아니하면 능히 구원을 받지 못하리라 하니."

이게 유대주의입니다. 먼저 할례를 받아야 구원을 받는다는 것입니다. 이것 때문에 이제 예루살렘에서 종교회의가 열립니다. 최초의 종교회의였습니다.

"바울 및 바나바와 그들 사이에 적지 아니한 다툼과 변론이 일어난지라 형제들이 이 문제에 대하여 바울과 바나바와 및 그중의 몇 사람을 예루살렘에 있는 사도와 장로들에게 보내기로 작정하니라"(2절).

그런데 이 회의를 주최한 사람들은 주로 유대주의자들 편이었습니다. 하나마나 유대주의자의 승리일 게 뻔했습니다. 왜냐하면 예루살렘 회의의 장(長)이 주의 형제 야고보였기 때문입니다. 유대주의자의 대표인 야고보가 버티고 있었지만 바울과 바나바는 성령을 의지하여 간 것입니다. 이길 확률이 없는 상태였습니다.

그런데 놀라운 일이 벌어집니다. 사실 베드로가 변수였습니다. 성령께서는 베드로를 준비시켜서 고넬료와의 만남을 통한 체험을 갖게 하셨고, 그것을 간증한 결과, 이방인에게 율법을 강요하지 말고 예수를 믿을 수 있도록 하자는 의외의 결정을 내리게 되었습니다. 저는 이 부분을 성령의 프로젝트라고 부르고 싶습니다. 참 절묘했지요? 마침 그때 거기서 베드로가 나타나 '고넬료 사건'을 간증하다니 말입니다.

그러니까 갑자기 분위기가 확 좋아지면서 다들 은혜를 받고 야고보까지 은혜를 받아 "4가지만 금지하고 다 풀어주자"는 결론을 내리게 됩니다. 그 4가지란 우상의 더러운 것과 음행과 목메어 죽이는 것과 피 채 먹는 것을 말합니다. 이것만 어기지 않는다면, 할례 받지 않아도 유대인의 절기를 지키지 않아도 예수만 믿으면 구원받을 수 있다고 인정하게 되었습니다.

이것은 그 당시 파격 중의 파격이었습니다. 이렇게 하여 예루살렘 종교 회의는 그야말로 바나바와 바울의 선교에 날개를 달아 준 셈이었습니다. 하나님을 믿고 의지하여 나가면 하나님이 예비한 사람을 만나게 됩니다. 주의 일을 하다 보면 이런 기가 막힌 인연을 만날 때가 종종 있습니다. 베드로가 나타날지 누가 상상이나 했겠습니까? 이 종교 회의 이후에 바울은 이제 마음 놓고 이방인 선교를 하게 되는데 물론 싸움은 여전히 계속됩니다.

# 2차 선교 여행

복음이 아시아에서 유럽으로(행 16-18:22)

이제 두 번째 선교여행을 또 나가려고 하는데, 여기서 그만 바나바와 바울 사이에 문제가 생깁니다. 마가 요한 때문이었습니다. 마가 요한의 주특기는 도망치기입니다. 그는 마가복음에서부터 도망치는 데 이력이 난 사람이었습니다. 마가 요한이 바나바를 따라서 같이 갔다가 1차 때 밤빌리아에서 도망을 간 전력이 있었기에, 2차 때 또 간다고 하니까 바울이 결사반대한 것입니다. 바울은 성격이 강해서 말이 안 되는 상황에서는 가만히 있지 않았습니다. "선교 간다는 놈이 중간에 도망을 가" 하면서 마가 요한을 받아 주지 않았습니다.

그런데 바나바는 사람 중심이었기에 한 번 더 기회를 주자고 했습니다. 이렇게 맞서다가 결국 바나바는 마가를 데리고 구브로로 해서 선교를 떠납니다. 그 다음에 그가 어디로 갔는가는 사도행전에 더 이상 기록되어 있지 않습니다.

바울은 실라와 더불어 갑니다. 마가 요한 문제로 파트너를 바나바에서 실라로 바꾸어 두 번째 선교 여행을 떠난 바울은 성령의 인도로 처음 계획을 변경하여 아시아에서 마게도냐, 즉 그리스로 가게 됩니다. 이것은 복음이 아시아에서 유럽으로 건너간 놀라운 사건입니다. 빌립보 교회에서의 지진과 같은 역사가 유럽에 일어나기 시작한 것입니다.

원래 실라는 예루살렘 종교 회의 후 예루살렘에서 결정한 사안을 알려 주려고 보낸 메신저였습니다. 2차 선교 여행에서 바울은 자기 고향인 다소를 기점으로 삼았습니다. 다소는 타알 소스 산맥 밑에 있습니다. 사실 그는 북부쪽으로 가려고 했는데 예수의 영이 허락지 않았

습니다. 여기서 '예수의 영이 허락지 않았다'는 것이 '발이 안 떨어진다'
는 뜻인지 '자꾸 넘어진다'는 뜻인지 확실하지는 않으나, 하여간 여건
이 허락되지 않은 것입니다. 고민하던 바울은 결국 드로아(트로이)로 가
서 거기서 꿈에 마게도냐 사람의 환상을 봅니다. 그 사람은 "이리로 건
너와서 우리를 도우라"고 했고 그래서 그는 마게도냐로 건너갑니다.

우선 마게도냐 지역의 첫 번째 성(城)인 빌립보에 가서 전도하기 시
작했습니다. 그때 빌립보에서 바울을 맞이한 사람이 바로 자주 장사
루디아입니다. 그 다음에는 귀신들려서 점치던 여인과 간수를 만납니
다. 바울과 실라가 갇혀 있던 옥의 문이 열렸던 사건을 경험한 간수였
습니다. 이렇게 빌립보에 있다가 바울과 실라는 데살로니가로 내려가

**〈바울의 2차 선교 여행 지도〉**

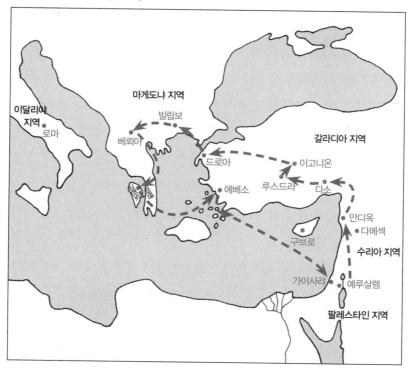

서 아덴을 지나 고린도까지 가는 긴 여행을 합니다. 이 2차 선교여행의 가장 큰 특징은 복음이 아시아에서 유럽으로 전해진 것입니다. 이로써 역사의 판도가 바뀌게 됩니다.

## 3차 선교 여행
양육을 위한 여행(행 18:23-20장)

세 번째 선교 여행은 이미 개척한 선교지를 돌아보고 양육하기 위한 여행이었습니다. 3차 선교여행 중에서 제일 중요한 지역이 에베소입니다. 바울은 에베소에 2-3년간 머물며 두란노(Tyrannus) 서원에서 제자들을 가르쳤기 때문입니다. 그때 에베소가 다 뒤집어졌습니다. 에베소 사람들이 전부 회개하고 자기 집에 있던 마술책을 다 갖다 불태웠는데 그 양이 은 5만에 해당될 정도로 어마어마했다고 합니다. 이렇게 하여 온 아시아 전역에 복음이 역사합니다. 그러니까 3차 여행에서 비로소 한 지역을 다 변화시키는 파워를 발휘한 것입니다. 에베소를 중심으로 말입니다.

이처럼 대단한 성과도 있었으나 반면 격렬한 반대에 부딪히기도 했습니다. 하지만 이런 와중에 바울 사도는 땅끝까지 가기 위한 준비를 합니다. 거기서 떠나 유럽으로 다시 건너갔다가 오면서 예루살렘에 가는 과정을 밟습니다.

바울은 3차 여행을 끝내면서 예루살렘으로 가게 됩니다. 사실 예루살렘에 가겠다는 결심은 원래 로마행 때문에 나온 것입니다. 왜 로마행을 하는데 예루살렘 행을 결심하는지 이유가 있습니다. 아직도 바울에게는 예루살렘 교회와의 관계가 껄끄러웠습니다. 그러니까 먼저 해결을 하고 로마로 가려고 한 것입니다. 그러면 로마는 왜 가느냐 하면 땅끝까지 가기 위해서였습니다.

로마행을 결심하게 된 배경이 2차 전도여행 때 싹이 틉니다. 그것이 사도행전 18장 18절입니다.

"바울은 더 여러 날 머물다가 형제들과 작별하고 배 타고 수리아로 떠나갈새 브리스길라와 아굴라도 함께하더라 바울이 일찍이 서원이 있었으므로 겐그레아에서 머리를 깎았더라."

이게 바로 나실인 교회입니다. 거기서 땅끝까지 가겠다는 서원을 한 것입니다. 그러면서 그때 예루살렘에 들렀다 간다는 계획을 세웁니다. 이것이 3차 전도여행 때 확정됩니다.

〈바울의 3차 선교 여행 지도〉

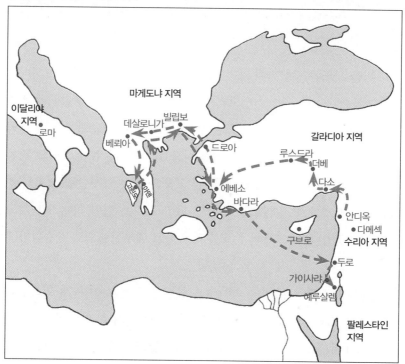

"이 일이 있은 후에 바울이 마게도냐와 아가야를 거쳐 예루살렘에 가기로 작정하여 이르되 내가 거기 갔다가 후에 로마도 보아야 하리라 하고"(행 19:21).

바울이 에베소에서 떠나게 된 것은 데메드리오라는 은장색이 자신의 영업이 방해받자 반란을 일으켰기 때문이었습니다. 소요가 끝난 후 바울은 에베소를 떠나 마게도냐로 갔다가 아가야로 가는데 그곳은 고린도 지역이었습니다. 그리고 이제 예루살렘으로 갔다가 그 다음에는 로마로 가겠다는 계획대로 움직이기 시작합니다. 이 모든 계획은 3차 전도여행 말미에 결정된 것이었습니다.

## 로마행
땅끝까지 가서 증인이 되기 위하여(행 21–28장)

바울 사도는 땅끝까지 가기 위해서는 로마 교회 지원이 필요하다고 판단했습니다(롬 15:22–24). 그러나 로마에 가기 전에 예루살렘에 먼저 가야겠다고 생각했습니다. 표면적으로는 예루살렘 교회에 전할 헌금이 있어서였지만(롬 15:25–26), 내면적으로는 예루살렘 교회와의 관계를 분명히 하고 싶어서였습니다. 본 교회와 같은 예루살렘 교회의 전폭적인 지지를 받지 않고는 땅끝인 로마로 가는 일이 의미가 없다고 판단한 것입니다. 그래서 순교를 각오하고 예루살렘으로 갔습니다(행 21:13).

복음의 사람은 나이를 먹을수록 중점을 두는 것이 관계 회복입니다. 빌리 그래함도 나이를 먹으면서 늘 했던 일이 회복 사역이었습니다. 그래서 평양을 방문한 것입니다. 용서할 사람을 다 용서합니다. 그러니까 바울도 나이 먹어 가면서 예루살렘 교회와 안 좋은 상태로 갈 수가 없어서 먼저 화해하러 간 것이었습니다.

그런데 예루살렘에서 유대인들이 소동을 일으키는 바람에 결국 체포되고, 로마 시민권을 이용한 황제 직소(直訴) 요청에 의해 가이사랴로 압송되어 2년을 거기서 보냈습니다. 그 후 배를 타고 유라굴로 풍랑까지 만나면서 로마까지 갑니다. 로마로 가서는 셋집에서 2년을 보낸 후, 잠시 풀려났다가 다시 체포되어 참수형을 당했다고 전해집니다. 그 다음에 로마에서 순교를 했는지 안 했는지는 확실치 않습니다. 62년에 죽었다는 설도 있고, 풀려났다가 68년에 죽었다는 설도 있습니다. 결국은 참수형을 당했다고 봅니다.

결국 바울이 예수를 처음 만났을 때부터 땅끝까지 가서 복음을 전하는 것이 사도행전의 내용입니다. "예루살렘과 온 유대와 사마리아와 땅끝까지 이르러 내 증인이 되리라"는 사도행전 1장 8절 말씀이 사도행전의 뼈대를 이루고 있는 것입니다. 그것 때문에 바울은 결심하고 로마로 가서 결국 삶을 끝낸 것입니다. 물론 바울이 나이도 60이 넘고 했으니 편안하게 에베소에서 영역 세우고 살면 좋았겠지만, 만일 그렇게 해서 인생을 끝낸 것과 이렇게 끝까지 땅끝을 향해 가서 결국 로마에서 목베어 죽임 당한 것 가운데 어떤 게 더 아름답습니까?

저 역시 절대로 지금 있는 곳에서 편안하게 생을 끝내진 않을 것입니다. 그러면 하나님께서는 기뻐하지 않습니다. 제가 앞으로 어떤 길을 가게 될지는 모르지만 분명히 하나님께서 원하는 방향으로 끝까지 갈 것입니다. 우리는 목표를 향해 가다가 어느 날 이 땅에서의 삶을 마무리할 것입니다.

바울은 땅끝까지 가기 위해 마지막까지 간 사람입니다. 그가 로마로 떠날 때 아무리 젊게 잡아도 58세였습니다. 옛날에 58세면 지금 78

세와 같은 나이입니다. 그런데도 이 속에 타는 불이 안 꺼진 것입니다. 그 나이에 배 타고 헤매고 로마로 가서 순교할 정도로 놀라운 열정의 사람이었습니다. 그의 열정의 불길이 끝까지 안 꺼졌던 것은 그 무렵 그가 쓴 서신인 에베소서, 빌립보서, 골로새서, 빌레몬서를 보면 알 수 있습니다. 그는 진정 하나님의 사람이었습니다.

# 6장

# 사도의 편지 속에 고백된 신앙-서신서

서신서는 교회와 개인에게 보낸 편지이며 믿음을 격려하고 신앙생활을 지도하기 위한 것이다.

제가 서울 온누리교회에서 대학부를 가르친 적이 있는데 거기서 사역하면서 너무 좋았던 것은 정말 교역자가 배울 만한 성도들이 있다는 사실이었습니다. 원래 교회는 그렇게 되어야 합니다. 교역자는 너무 훌륭한데 성도들이 싹수가 노랗다면 그것은 참 비극입니다. 반면 성도가 훌륭해서 목회자가 성도한테 배우는 게 있고 방향만 조금씩 잡아주면 목회가 힘이 안 듭니다. 그런데 일일이 가르치고 끌고 가면 이건 목회가 아닙니다. 그런 면에서 저의 대학부 사역은 정말 좋은 기억으로 남아 있습니다. 아마 제가 목회다운 목회를 처음 해본 것이었을 텐데 참 은혜로운 경험이었습니다.

그때 대학부를 데리고 겨울수련회에 갔을 때의 이야기입니다. 거기서 3박 4일 동안 신약성경만 통독을 하는데 이틀쯤 지나고 나니까 모두가 지치기 시작했습니다. 사실 가장 지친 사람은 저였습니다. 체력적으로도 힘들었지만, 처음 시도한 이 프로그램에 대한 부담감과,

모두들 잘 못 따라오면 어쩌나 하는 염려 때문에 지쳐 가고 있었습니다. 그래서 통독사를 세워 쫙 읽고 진행하게 했습니다. 그런데 조금 있다 보면 저를 비롯해서 다들 졸고 있기가 일쑤였습니다. 처음에는 의욕을 갖고 시작했지만, 시간이 갈수록 정말 쉽지 않더라고요. 지치기 시작하니까 저한테 위기감이 오는 것이었습니다. 리더의 마음이 슬슬 지치기 시작한 것입니다. 그런데 원래 리더가 지치면 공동체 전체가 지치는 법입니다. 그러면서 저는 '내가 너무 무리한 건 아닐까. 너무 심한 건 아닐까?' 하는 회의가 들기 시작했습니다.

마침 그때 수련회에서 '마니또'라는 활동을 했습니다. 마니또란 무슨 천사 이름이라고 하는데, 몰래 서로가 서로의 마니또가 되어 주는 놀이였습니다. 저는 내 마니또가 누구인지 모르고, 저 자신도 또 누군가의 마니또인 것이지요. 3박 4일 동안 자신의 마니또를 열심히, 그러나 몰래 섬겨 주는 것입니다. 들키면 마니또 놀이는 끝나는 것입니다.

예를 들면 밥 먹으러 갔는데 누가 밥상을 딱 차려놓았다면 그것은 마니또가 한 것입니다. 아니면, 밥 먹고 났는데 초콜릿 선물이 놓여 있거나 카드가 오기도 했습니다. 그때 한 자매가 익명으로 저에게 편지를 보내 왔습니다. 제 마니또 자매인 것 같은데 누군지는 확실히 모르겠습니다. 지금 어렴풋이 누구인지는 알 것 같기는 하지만 그때는 몰랐습니다. 그런데 그 자매가 얼마나 마니또 역할을 잘했는지 준비도 많이 해 왔고, 카드도 보냈습니다. 카드의 내용은 다음과 같았습니다.

"전도사님, 힘내세요. 모두가 다 이 프로그램을 좋아하고 있구요, 많은 유익을 얻고 있습니다. 저도 은혜 받고 있어요. 정말 전도사님을 위해 기도하는 지체들이 많이 습니다. 마니또로부터."

귤 껍질을 몇 조각 넣어 향기가 나게 한 이 편지는 정말 천사에게서 온, 아니 성령님께서 보내신 위로와 격려였습니다. 저한테 너무나 큰 위로가 되었습니다. '사람들이 시험 들지 않을까. 힘들어하지 않을까' 고민하고 있는데, "모두가 좋아하고 있고 다 은혜 받고 있고 전도사님을 위해서 기도하는 사람이 많으니까 힘내십시오"라는 격려의 편지를 보내 준 것입니다. 그러면서 향수 같은 게 없으니까 귤 껍질을 잘라서 집어 넣은 것입니다. 상황이 그래서 그랬는지 저는 굉장히 많은 은혜를 받고 격려를 받았습니다. 하여간 수련회가 대단히 큰 은혜 가운데 끝난 것은 말할 필요가 없습니다.

편지라는 것이 그런 능력을 갖습니다. 요즘엔 간편하게 이메일이 있어서 많이들 이용하고 있습니다. 손으로 써 보낸 편지들이 그리운 시대가 되었습니다.

저는 교회를 개척하면서 교인이 100명될 때까지는 부활절 카드를 일일이 다 썼습니다. 어떤 교인들은 똑같이 썼나 안 썼나 비교해 보기도 했습니다만, 저는 한 명, 한 명 다 다르게 썼습니다. 그런데 100명 넘어가니까 부활절 카드 쓰다가 제가 죽게 생겨서 그만두었습니다. 언젠가 또 그런 시절이 올 줄 믿습니다.

바로 이와 같은 일들이 초대교회 당시에 있었습니다. 그때 쓰여진 편지들이 신약성경에 담겨져서 지금도 많은 사람들에게 위로와 용기를 주고 있습니다. 우리가 지금 보고 있는 서신서라고 하는 것은 아무 사건도 없는데 그냥 쓴 것이 아닙니다. 성도들이 신앙생활하면서 어렵

## 〈신약의 연대표〉

| 역사서 | 4복음서—사도행전 | | | | | 사도행전 이후 | | |
|---|---|---|---|---|---|---|---|---|
| | A.D.<br>30 | A.D.<br>48 | A.D.<br>50 | A.D.<br>53 | A.D.<br>60 | A.D.<br>62 | A.D.<br>67 | A.D.<br>95 |
| 바울서신 | | 갈라디아서 | 데살로니가<br>전 · 후서 | 고린도전 ·<br>후서<br>로마서 | 에베소서<br>골로새서<br>빌레몬서<br>빌립보서 | 디모데전서<br>디도서 | 디모데후서 | |
| 일반서신 | | 야보고서 | | | | 베드로전서<br>베드로후서 | 히브리서<br>유다서 | 요한1,2,3서<br>요한계시록 |

고 힘들 때라든가 무슨 문제가 있을 때, 혹은 어떤 혼란이 있을 때 그것을 해결하는 편지를 사도들이 쓴 것입니다. 단 하나의 서신도 그냥 별일 없는 가운데 쓴 것은 없었습니다. 그래서 그 서신을 보고 위로 받고, 격려 받고, 회복되는 일들이 벌어졌습니다.

편지는 종이에 불과하지만 그 편지 속에는 상대방의 이미지, 사랑이 다 들어가 있습니다. 편지를 딱 펴는 순간 이 속에 어떤 때는 호흡도 들어가고, 향기도 들어가 있습니다. 이와 똑같은 편지가 바로 서신서라는 것을 알고 그 상황 속에서 보아야 제대로 이해할 수 있습니다.

서신서는 믿음을 격려하고 신앙생활을 지도하기 위한 의도로 쓰여졌습니다. 그래서 고난당하고 어려움 당하는 성도를 격려하고 도와주는 내용이 대부분이지만, 책망도 하고 있습니다.

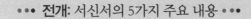

# 서신서의 성격

믿음을 격려하고 신앙생활을 지도

서신서의 배경에는 모두 구체적인 상황들이 있습니다. 이 구체적인 상황 속에서 야기된 문제들을 저자들의 신학적 관점에서 다루고 있는 것입니다. 그냥 쓴 편지는 한 통도 없습니다. 생각해 보세요. 뭐 하러 바울이 편지를 썼겠습니까? 편지를 쓸 때는 문학소녀가 아닌 이상 괜히 밤에 우울해서 쓴 것도 아닐 테고, 쓸 수밖에 없는 일이 벌어졌던 것입니다. 게다가 편지를 가지고 간 사람들은 편지 하나 전달하기 위해 목숨을 걸었습니다. 그러니 편지 쓸 만한 일이 있었던 것입니다.

사람들은 쓸 일이 생기면 몇 십 장이고 편지를 쓸 수 있습니다. "갈라디아에서 일이 벌어졌다. 율법을 가지고 와서 어지럽히는 사람들이 있다. 교인들에게 율법을 지켜야 구원받는다고 거짓을 전하는 사람들이 있다. 그런데 갈 수는 없다." 그래서 편지를 쓴 것입니다. 또 "빌립보 교인들한테 무슨 일이 있다", 그래서 편지를 쓴 것입니다. 편지는 이처럼 구체적인 상황 없이는 쓸 이유가 없습니다. 서신서를 쓴 사람들이 한가한 사람들이 아닙니다. 모든 편지는 구체적인 상황을 가지고 있습니다.

그런데 구체적인 상황에 대해 편지를 쓰면서 상황만 다루고 끝났으면 그게 성경일 수가 없습니다. 예를 들면 제가 누구한테 편지를 쓰면서 "콩나물 값 30원 갚아라. 두부 값 20원 갚아라"고 했다면 성경이 되겠습니까?

사실 저자들이 구체적인 상황에 대한 답을 주는데 그 모든 답에는 각각의 신학이 들어가 있습니다. 그 신학적 관점을 가지고 구체적인 상황에 답을 주는 것이 각 서신서의 메시지입니다. 메시지는 흔들리지 않는 진리를 가지고 가변적인 상황들에 적용한 것입니다. 그 많은 구체적인 상황들에 답을 주되 각자의 신학을 갖고 준 것입니다.

예를 들어 바울 서신을 보면, 바울 사도는 각 교회 및 개인의 영적 문제들을 다음과 같은 자신의 신학적 틀 속에서 해결하고 있습니다.

- **하나님의 의**: 이것이 바울 사도의 굉장히 중요한 주제입니다.
- **구속과 화해**
- **이신칭의**

바울은 의롭지 않은 자는 절대로 구원받을 수 없다고 했습니다. 불의는 절대로 용납될 수 없으므로 의로워야 한다는 것입니다. 하나님은 그 의를 절대로 부수는 분이 아닙니다. 바울은 하나님이 사랑과 은혜의 하나님이라고 해서 의를 없앤다는 얘기를 한 적이 없습니다.

항상 하나님은 의로우신 분입니다. 의를 고집하는 분입니다. 그런데 문제는 하나님이 의를 고집하신다면 우리는 다 죽어야 한다는 것입니다.

그래서 바울은 하나님은 죄 가운데 있는 우리들을 구원하기 원하시고 화해하고 싶어 하신다고 덧붙입니다. 우리를 구원하고 우리와 화해하시려고 하나님이 마음대로 죄를 없던 것으로 하시는 것이 아니라,

그렇게 못 하니까 죄의 대가를 지불해 주셨습니다. 그 대가를 지불하는 분이 예수 그리스도입니다. 하나님이 대신 대가를 지불해 주고 우리를 의롭게 만드신 것입니다. 우리 빚을 다 갚아 주신 것입니다. 여기서 나온 게 은혜의 개념입니다. 우리 행위로는 안 되니까 하나님이 대신 대가를 지불해 주고 우리 빚을 다 갚아 주신 것이 은혜인 것입니다.

그런데 그 은혜를 통해 우리가 할 것은 하나님이 우리 죄의 대가를 지불하셨다는 것을 믿기만 하면 의롭게 된다는 것입니다.

예수 그리스도를 믿기만 하면, 소위 '빚 갚아 주는 프로그램'을 받기만 하면 우리는 의롭게 되는 것입니다. 그것을 한자로 '이신칭의'(以信稱義)라고 합니다. '믿음으로써 의롭다고 칭함을 받는다'는 뜻입니다. 바울은 그것에서 벗어난 적이 없습니다. 그는 이 논리를 가지고 모든 교회 문제마다 답을 주고 있기 때문에, 그의 서신서들은 구체적인 상황만 다뤘지만 성경이 될 수 있었던 것입니다.

각각의 서신서를 풍부하게 보려면 상황을 이해해야 합니다. 하지만 은혜롭게 보려면 그 신학을 뽑아야 내어 우리 상황에 집어넣어야 합니다. 그러면 우리한테도 똑같이 답이 됩니다.


## 교회에게 보낸 바울 서신
### 지역교회에게 보낸 편지

신약의 22편의 서신 중 13편을 사도 바울이 썼습니다. 그런데 그중 9개가 지역교회에 보낸 편지이며 수신 교회의 이름에 따라 이름이 붙여졌습니다.

**로마서 : 로마 교회와 예루살렘 교회에게 보낸 자기소개서(신앙, 신학, 자기 마음 등등)**

역사상 지금까지 로마서에 손을 안 댄 신학자가 없고 로마서로 설교 안 한 목사가 거의 없을 정도로 중요한 책입니다. 그런데 그만큼 또 만만치가 않은 책이기도 합니다. 저도 언젠가 로마서를 설교하려고 계속 영적 기를 더 받고 있는 중입니다. 로마서는 굉장히 풍부한 책입니다. 사실 로마서가 어떤 면에서는 바울의 모든 서신 가운데 대표 같습니다. 왜냐하면 로마서만큼은 어떤 문제가 있어서 쓴 서신이 아니기 때문입니다. 사실 로마서는 로마 교회가 아닌 예루살렘 쪽을 보고 쓴 서신입니다. 이런 걸 보고 어려운 용어로 '쓰리 쿠션'이라고 합니다. 정작 노리는 곳이 아닌 데를 먼저 전략적으로 치는 것입니다.

당시 로마 교회는 예루살렘 교회에 아주 큰 영향력을 끼치고 있었습니다. 로마라는 도시 자체가 컸고 로마 교회 역시 굉장히 좋은 교회였습니다. 로마 교회는 절대로 바울이 세운 교회는 아닙니다. 로마 교회에게 편지를 쓰면서 내가 어떤 신앙을 갖고 있는가를 밝히며 자기를 소개하는 것을 보면 알 수 있습니다. 바울은 "내가 너희들이 보는 것만큼 엉터리가 아니다"라는 것을 예루살렘 교회에 이야기할 기회를 얻기 위해 로마 교회에 편지를 쓴 것입니다. 그래서 로마서를 보면 예루살렘 교회를 의식하고 쓴 부분이 굉장히 많습니다. 로마서 15장 25-26절을 보십시오.

"그러나 이제는 내가 성도를 섬기는 일로 예루살렘에 가노니 이는 마게도냐와 아가야 사람들이 예루살렘 성도 중 가난한 자들을 위하여 기쁘게 얼마를 연보하였음이라."

로마 교회에 편지를 보내면서도 자기는 지금 예루살렘에 간다고 하는 것입니다. 30-31절도 보겠습니다.

"형제들아 내가 우리 주 예수 그리스도와 성령의 사랑으로 말미암
아 너희를 권하노니 너희 기도에 나와 힘을 같이하여 나를 위하여
하나님께 빌어 나로 유대에서 순종하지 아니하는 자들로부터 건짐
을 받게 하고 또 예루살렘에 대하여 내가 섬기는 일을 성도들이 받
을 만하게 하고."

예루살렘에 갈 일에 대해 중보기도까지 부탁하고 있습니다. 지금
자기가 유대에 있는 사람들과 관계가 껄끄럽거든요. 아무리 애써도 유
대에 있는, 특히 예루살렘에 있는 교인들이 바울을 껄끄럽게 보았기
때문입니다. 그가 율법을 파괴한다고 해서 생각했기 때문입니다. 이
문제가 해결이 안 되고는 땅끝까지 갈 수가 없으니까 로마 교회에 편
지를 쓰면서 사실 예루살렘 교회를 향해 자기를 해명하고 있는 것입니
다. 그렇기 때문에 로마서 속에는 바울 신앙의 틀이 다 나와 있습니다.
바울이 믿는 바를 쫙 풀어 놓았습니다. 로마서는 쉽게 말하면 바울의
자기소개서요 일종의 이력서입니다. '내가 뭘 믿는가'를 밝히고 있습
니다. 그러다 보니 로마서는 엄청난 교리서가 된 것입니다.

그런데 그게 전부 다가 아닙니다. 로마서 1장을 봅니다. 이것이 바
울 신학의 틀입니다. 로마서의 키워드와 같은 첫째 선언인 셈입니다.

"내가 복음을 부끄러워하지 아니하노니 이 복음은 모든 믿는 자에
게 구원을 주시는 하나님의 능력이 됨이라 먼저는 유대인에게요 그
리고 헬라인에게로다 복음에는 하나님의 의가 나타나서 믿음으로
믿음에 이르게 하나니 기록된 바 오직 의인은 믿음으로 말미암아
살리라 함과 같으니라"(롬 1:16-17).

바울 신학의 특징은 '하나님의 의', '구속과 화해', '이신칭의'인데 이
것이 여기 다 나와 있습니다. 자기의 신학을 설명하는데, 여기서 재미
있는 것은 이 복음이 "첫째는 유대인에게요. 둘째는 헬라인에게"라고

했습니다. 바울이 지금 겨냥하고 있는 목표가 예루살렘이기 때문에 유대인의 위치를 로마서에서 격상시켜 주고 있습니다.

그가 이해하고 있는 복음은 1장 18절부터 나타나는데, 먼저 그 당시 이방 세계에 있는 사람들이 얼마나 죄 가운데 있는가를 밝히고 있습니다.

"하나님의 진노가 불의로 진리를 막는 사람들의 모든 경건하지 않음과 불의에 대하여 하늘로부터 나타나나니."

이신칭의 신학이 나오려면 인간이 타락했다는 것이 기본 전제가 되어야 하기 때문에 이렇게 하나님을 모르는 인간의 죄악된 실상을 파헤치고 있는 것입니다.

"그러므로 하나님께서 그들을 마음의 정욕대로 더러움에 내버려 두사 그들의 몸을 서로 욕되게 하게 하셨으니…이 때문에 하나님께서 그들을 부끄러운 욕심에 내버려 두셨으니 곧 그들의 여자들도 순리대로 쓸 것을 바꾸어 역리로 쓰며 그와 같이 남자들도 순리대로 여자 쓰기를 버리고 서로 향하여 음욕이 불 일듯 하매 남자가 남자와 더불어 부끄러운 일을 행하여 그들의 그릇됨에 상당한 보응을 그들 자신이 받았느니라"(24, 26-27절).

여기서 동성연애를 말하고 있는데 이 동성연애 때문에 "상당한 보응을 그 자신이 받았다"고 나옵니다. 이것이 '에이즈'(AIDS)입니다. 처음 이 부분을 공부할 때 "옛날에도 그런 게 있었구나" 하고 큰 충격을 받은 적이 있습니다. 실제로 로마 기록을 보면 동성연애가 아주 판을 쳤다고 합니다.

28절부터는 21가지 인간의 각종 죄가 열거되고 있습니다.

"또한 그들이 마음에 하나님 두기를 싫어하매 하나님께서 그들을 그 상실한 마음대로 내버려 두사 합당하지 못한 일을 하게 하셨으니 곧 모든 불의, 추악, 탐욕, 악의가 가득한 자요 시기, 살인, 분쟁, 사기, 악독이 가득한 자요 수군수군하는 자요 비방하는 자요 하나님께서 미워하시는 자요 능욕하는 자요 교만한 자요 자랑하는 자요 악을 도모하는 자요 부모를 거역하는 자요 우매한 자요 배약하는 자요 무정한 자요 무자비한 자라"(28–31절).

인간이 이렇다는 것입니다. 그러면서 거기서 끝내지 않고, 유대인은 결코 이보다 낫지 않다고 말합니다.

"유대인이라 불리는 네가 율법을 의지하며 하나님을 자랑하며 율법의 교훈을 받아 하나님의 뜻을 알고 지극히 선한 것을 분간하며 맹인의 길을 인도하는 자요 어둠에 있는 자의 빛이요…그러면 다른 사람을 가르치는 네가 네 자신은 가르치지 아니하느냐 도둑질하지 말라 선포하는 네가 도둑질하느냐"(롬 2:17–19, 21).

결국 너희도 똑같은데, 그들은 죄를 모르고 짓는 것이고 너희는 알고 짓는 차이만 있을 뿐이라는 것입니다. 그 논조로 계속 나가다가 드디어 3장 9–10절에서 일단 인간에 대한 결론을 내립니다.

"그러면 어떠하냐 우리는 나으냐 결코 아니라 유대인이나 헬라인이나 다 죄 아래에 있다고 우리가 이미 선언하였느니라 기록된 바 의인은 없나니 하나도 없으며."

인간은 완전히 소망 없는 죄인인 것입니다. 구제할 다른 방법이 없는 상태에 있습니다. "목구멍이 열린 무덤"이라고도 하고 바울이 참 글을 잘 씁니다.

그러다 갑자기 3장 21절에 가서 기가 막힌 반전이 일어납니다.

"이제는 율법 외에 하나님의 한 의가 나타났으니 율법과 선지자들에게 증거를 받은 것이라."

원래 헬라어 원문을 보면 '이제는' 앞에 '그러나'가 들어가 있습니다. '그러나'가 뒤집어 버리는 것입니다. 이렇게 죄 가운데 있어서 아무리 노력해도 안 되었지만 '그러나' 이제는 율법 외에 하나님의 한 의가 나타났다는 것입니다.

바울 신학의 주제는 '하나님의 의'라고 앞에서도 말한 바 있습니다. 그 의가 예수 그리스도입니다. 구속(救贖)하고 화해시키기 위해서 예수님이 오신 것입니다. 이 이신칭의 교리가 바울의 논리를 따라 죽 펼쳐집니다. 그러다가 절대 우리를 버리지 않고 구속하신 하나님의 큰 사랑에 대한 표현이 나옵니다.

"그러나 이 모든 일에 우리를 사랑하시는 이로 말미암아 우리가 넉넉히 이기느니라 내가 확신하노니 사망이나 생명이나 천사들이나 권세자들이나 현재 일이나 장래 일이나 능력이나 높음이나 깊음이나 다른 어떤 피조물이라도 우리를 우리 주 그리스도 예수 안에 있는 하나님의 사랑에서 끊을 수 없으리라"(롬 8:37-39).

로마서는 여기서 끝나면 사실 딱 좋습니다. 실제로도 로마서를 1장부터 8장까지만 다루는 경우가 많습니다. 하지만 거기서 끝날 수 없는 게 로마서입니다. 왜냐하면 이제 9장부터는 구체적인 상황, 곧 바울 자신의 예루살렘 행을 위한 변증이 시작되기 때문입니다. 9장부터는 다른 논조가 펼쳐집니다. 자기의 선교 계획을 얘기하고 유대인의 구원을 말합니다. 다른 서신서에는 나오지 않는 내용들을 다루고 있습니다. 9장 3절을 보십시오.

"나의 형제 곧 골육의 친척을 위하여 내 자신이 저주를 받아 그리스도에게서 끊어질지라도 원하는 바로라."

이런 걸 쓰리 쿠션이라고 했지요? "너희들은 내가 유대주의를 배격한 줄 알지만 나는 내 골육 친척을 위해 내가 그리스도에게 끊어질지라도 너희가 구원받기를 원한다", 결국 이 말을 하고 싶었던 것입니다. 그래서 9장부터 로마서의 실제적인 이유인 유대인의 구원에 대한 자기 생각, 유대인의 회복에 대한 이야기가 나옵니다.

서울 온누리 교회에서 로마서를 가르치다가 이스라엘의 기도 모임이 시작되었습니다. 이 9장을 가르치다 보니 이스라엘을 위해 기도하지 않을 수가 없었습니다. 왜냐하면 이스라엘 백성들을 향한 성령의 불타는 마음을 알게 되었기 때문입니다. 지금도 로마서는 이스라엘의 구원을 향한 중요한 책입니다. 로마서 읽을 때 1장부터 8장까지만 읽지 말고 9장부터 16장 마지막까지 다 읽어야 합니다. 그래야만 균형을 잡을 수 있습니다.

마지막으로 로마서 13장 8-10절까지의 말씀을 보겠습니다.

"피차 사랑의 빚 외에는 아무에게든지 아무 빚도 지지 말라 남을 사랑하는 자는 율법을 다 이루었느니라 간음하지 말라, 살인하지 말라, 도둑질하지 말라, 탐내지 말라 한 것과 그 외에 다른 계명이 있을지라도 네 이웃을 네 자신과 같이 사랑하라 하신 그 말씀 가운데 다 들었느니라 사랑은 이웃에게 악을 행치 아니하나니 그러므로 사랑은 율법의 완성이니라."

갈라디아서에서는 율법을 완전히 폐지할 것처럼 나가더니 로마서에는 율법이 완성되어야 한다고 합니다. 그래서 학자들은 갈라디아에서의 바울은 율법을 극도로 미워하는 쪽에 서 있다가, 로마서 쪽에 오면서 통합되어 간다는 것입니다. 이런 것을 가리켜 어려운 용어로 '인지적 부조화'라고 합니다. 율법주의에 극도로 치우쳐 있다가 갑자기 급변하다 보니 율법을 너무 미워했지만, 결국엔 통합되어 갔다는 것입니다.

세상 문화에 푹 젖어 있던 사람일수록 갑자기 예수를 믿으면 세상쪽은 쳐다보지도 않고 술, 가요가 나오면 손도 안 댑니다. 이러다가 한

참 지나 통합이 되면 조금씩 믿음의 눈으로 그런 것들을 봐주게 됩니다. "그럴 수도 있지" 하면서 말입니다. 어쨌든 로마서에서는 유대인을 품어야 하니까, 율법에 대해 배격하는 게 아니라 율법을 완성해 가는 개념으로 서술했음을 알 수 있습니다.

역사에서 신앙이 흔들리고 변질될 때마다 아주 정확한 지침서로 등장했던 것이 로마서입니다. 대단한 파워가 있습니다. 특히 칼 바르트가 쓴 로마서 강해는 정말 자유주의 신학자들이 노는 꽃밭에 폭탄을 던진 책이었습니다.

### 갈라디아서 : 교회를 어지럽히는 율법주의를 논박함

사실 갈라디아서는 이름 자체가 별로 안 좋습니다. 왠지 갈라지는 느낌이 들어서 말입니다. 그런데 실제 내용도 사납습니다. 갈라디아서를 많이 읽으면 영이 조금 갈라지는 것을 느끼게 됩니다. 왜냐하면 바울이 상당히 흥분하면서 쓰고 있기 때문입니다. 이방인에게 복음을 전했는데 나중에 야고보에게서 온 유대인들이 "예수님이 할례 받았으니 너희도 할례받고 유대인이 된 다음에 예수를 믿어야 구원받는다. 바울한테 들은 복음은 진짜가 아니다"라며 태클을 걸었기 때문입니다. 그 얘기를 들은 바울이 얼마나 화를 내고 흥분했는지 갈라디아서 1장 6-10절을 보겠습니다.

"그리스도의 은혜로 너희를 부르신 이를 이같이 속히 떠나 다른 복음을 따르는 것을 내가 이상하게 여기노라 다른 복음은 없나니 다만 어떤 사람들이 너희를 교란하여 그리스도의 복음을 변하게 하려 함이라 그러나 우리나 혹은 하늘로부터 온 천사라도 우리가 너희에게 전한 복음 외에 다른 복음을 전하면 저주를 받을지어다 우리가 전에 말하였거니와 내가 지금 다시 말하노니 만일 누구든지 너희가 받은 것 외에 다른 복음을 전하면 저주를 받을지어다 이제 내가 사람들에게 좋게 하랴 하나님께 좋게 하랴 사람들에게 기쁨을 구하랴 내가 지금까지 사람들의 기쁨을 구하였다면 그리스도의 종이 아니니라."

열을 있는 대로 받아 감정을 걸러내지 않고 성토하고 있습니다. 갈라디아서의 논리를 따라가다 보면, 바울은 한때 율법에 그렇게 열심이었다가 이제 깨져서 복음을 받아들이고 나서 보니, 자신이 율법에 열심일 때 그리스도와 반대 방향에 있었음을 확실히 깨닫고 있습니다. 결국 율법에 열심이라는 것은 그리스도와 반대 방향에 서서 예수 그리스도를 핍박하는 것임을 알게 된 것입니다. 그러니까 바울의 입장에서 보면 율법은 필요가 없는 것입니다. 이것이 바울의 결론이기 때문에, 율법을 지키고 그리스도에게로 간다는 것은 방향이 안 맞는 것이었습니다. 그런데 유대인들이 자꾸 와서 태클을 거니까 이제 분노가 폭발한 것입니다.

2장 17-19절도 보십시오.

"만일 우리가 그리스도 안에서 의롭게 되려 하다가 죄인으로 드러나면 그리스도께서 죄를 짓게 하는 자냐 결코 그럴 수 없느니라 만일 내가 헐었던 것을 다시 세우면 내가 나를 범법한 자로 만드는 것이라 내가 율법으로 말미암아 율법에 대하여 죽었나니 이는 하나님에 대하여 살려 함이라."

율법을 부수었는데 왜 그걸 또 세우냐는 말입니다. 그러면서 아주 단순명쾌하게 결론을 내린 것이 그 유명한 갈라디아서 2장 20절 말씀입니다.

"내가 그리스도와 함께 십자가에 못 박혔나니 그런즉 이제는 내가 사는 것이 아니요 오직 내 안에 그리스도께서 사시는 것이라 이제 내가 육체 가운데 사는 것은 나를 사랑하사 나를 위하여 자기 자신을 버리신 하나님의 아들을 믿는 믿음 안에서 사는 것이라."

율법이 아니라 믿음으로 산다는 것을 선포하는 책이 갈라디아서입니다. 갈라디아서는 율법주의에 대한 논박으로 일관하고 있습니다.

### 고린도전·후서 : 고린도 교회에 발생한 특별한 문제를 다룸(분쟁, 음행, 소송 문제, 은사 남용, 부활 논쟁 등등)

고린도 교회는 굉장히 화려하고 은사가 넘치는 대단한 교회임에도 불구하고 각종 문제가 산적해 있었습니다. 분쟁, 음행, 소송 문제, 은사 나눔 문제, 부활 논쟁 등등 굉장히 많았습니다. 심지어 바울의 사도권까지 문제 삼고, 거짓 선지자 들어와 별별 소리를 다 하고, 고린도 지역의 이단 사설도 들어오고, 음행 같은 세상 문화도 들어와 교회를 더럽히고 있었습니다. 빈부격차에, 제사 음식먹는 것 가지고도 싸우고 나중에는 부활이 있냐 없냐를 가지고 싸우느라 바빴습니다. 특히 예수님의 부활까지 문제를 삼자 바울은 분통이 터져 고린도전서 15장 한 장을 아예 다 부활을 설명하는 데 할애했습니다. "내가 전하는 것은 주께 받은 것이다"라고 시작한 15장 부활장은, "사망아 너의 승리가 어디 있느냐 사망아 네가 쏘는 것이 어디 있느냐 사망이 쏘는 것은 죄요 죄의 권능은 율법이라 우리 주 예수 그리스도로 말미암아 우리에게 승리를 주시는 하나님께 감사하노니 그러므로 내 사랑하는 형제들아 견실하며 흔들리지 말고"라는 결론으로 끝을 맺습니다. 이처럼 부활 얘기까지 문제라는 문제는 안 가져 본 것이 없는 교회가 고린도 교회였습니다. 한마디로 교회 중에서 '문제짱'이었습니다.

여태껏 목회해 봤지만 저도 이렇게 문제 많은 교회는 본 적이 없습니다. 모든 종류의 세속적인 문제, 은사 문제, 교만 문제 등 별별 문제가 다 드러났습니다. 바울이 이 골치 아픈 문제들을 해결하기 위해 쓴 서신이 고린도전·후서입니다. 학자들은 아마도 그 서신서 사이에 눈물의 편지가 있었을 것이라고 추측하기도 합니다.

**에베소서 : 크리스천의 위치와 삶과 영적 전쟁을 다룸(옥중서신)**

에베소서를 이해하기 위해서는 그리스도 안에서 앉고, 걷고, 서는 것을 알아야 합니다. 에베소서는 먼저 그리스도와 함께 앉는 것에 가장 큰 강조점을 두고 있습니다.

에베소서 1장부터 3장까지는 전부 다 앉는 얘기입니다. 1장 20절에서 "그의 능력이 그리스도 안에서 역사하사 죽은 자들 가운데서 다시 살리시고 하늘에서 자기의 오른편에 앉히사"라고 시작된 '앉는' 얘기는 2장 6절에 또 나옵니다.

"또 함께 일으키사 그리스도 예수 안에서 함께 하늘에 앉히시니."

하여간 첫 부분은 계속 앉는다는 얘기입니다. 예수 믿을 때 제일 중요한 것은 예수님에게 앉는 것입니다. 엉덩이에 땀띠 날 때까지 앉아야 합니다.

기도하는 모습들을 보면 무릎 꿇고 기도하는 분들이 있는데 저는 그런 분들을 조금 초보로 봅니다. 오래 못 하기 때문입니다. 그런데 기도를 오래한 사람들은 책상다리를 딱 하고 앉습니다. 그러면 벌써 기도의 베테랑인 것을 알 수 있습니다. 퍼질러 앉아서 "주여!" 한다는 것은 오래 하겠다는 뜻이니까요. 그만큼 앉는 자세가 중요합니다.

이렇게 어느 정도 앉아 공급을 받았으면 이제 걸어야 합니다. 4장 1절을 보면, 움직이라는 말씀이 나옵니다.

"그러므로 주 안에서 갇힌 내가 너희를 권하노니 너희가 부르심을 받은 일에 합당하게 행하여."

5장 1-2절도 마찬가지입니다.

"그러므로 사랑을 받는 자녀같이 너희는 하나님을 본받는 자가 되고 그리스도께서 너희를 사랑하신 것같이 너희도 사랑 가운데서 행하라 그는 우리를 위하여 자신을 버리사 향기로운 제물과 희생제물로 하나님께 드리셨느니라."

계속 행하라는 말이 나옵니다. 어느 정도 채워졌으면 이제부터 행해야지 계속 앉아 있으면 안 됩니다. 그러면 나중에 왕 고참이 되는 것입니다. 행하기 시작해야 사역도 하는 것입니다.

그런데 그렇게 행하다 보면 반드시 영적 전쟁이 벌어집니다. 마귀가 가만히 있지 않기 때문입니다. 그때는 바로 서야 합니다. 6장 10절부터는 영적 전쟁에서 어떻게 설지를 가르쳐 주는데 14절에서 결론적으로 이렇게 말합니다.

"그런즉 서서 진리로 너희 허리띠를 띠고 의의 호심경을 붙이고."

서는 것을 이처럼 강조하고 있습니다.


**빌립보서 : 고난 가운데 얻은 초월적인 기쁨과 평강을 말함(옥중서신)**

빌립보서는 초월적 기쁨에 대해 말씀합니다. 바울은 옥중에 있었지만 빌립보서 전체에서 "기뻐하라 내가 다시 말하노니 기뻐하라"는 말을 수도 없이 했습니다. 그런데 그 기쁨의 근원은 '그리스도 안에서 발견한 기쁨'이었습니다. 삶의 목적이 현실에 가 있으면 불행할 텐데 바울은 그리스도의 복음이 전파되는 곳에 삶의 목적이 있었습니다. '그리스도만 존귀히' 되는 것이 그의 삶의 목적이었습니다.

"나의 간절한 기대와 소망을 따라 아무 일에든지 부끄러워하지 아니하고 지금도 전과 같이 온전히 담대하여 살든지 죽든지 내 몸에서 그리스도가 존귀하게 되게 하려 하나니"(빌 1:20).

이러했기에 바울은 감옥에 있음에도 불구하고 기쁨이 있었습니다.

### 골로새서 : 그리스도의 우월성 강조(옥중서신)

이단 사설에 대한 유일한 처방은 그리스도의 우월성임을 강조하는 서신입니다. 오직 예수 그리스도만이 답이라는 것입니다.

### 데살로니가전·후서 : 재림 문제로 혼란한 교회에 보낸 서신

데살로니가후서를 보면, 예수님이 다시 오신다고 하니까 아무 일도 안 하고 무작정 기다리는 사람들이 그 당시 있었습니다. 그러다 보니 배가 고프다고 도둑질을 하는 사람이 속출했습니다. 예수님 기다린다고 일도 안 하고 기다리기만 하다가 막 훔쳐 먹고 난리였으니, 오죽하면 바울이 "일하기 싫은 자는 먹지도 말라"는 말을 했겠습니까?

바울은 '재림(Parusia) 전의 징조'를 강조하고 있습니다. 분명히 어떤 징조가 있는데 왜 그냥 손 놓고 앉아 마냥 주님을 기다리냐는 것입니다. 저는 주님이 오심을 믿습니다. 하지만 그렇다고 해서 지금부터 아무 일도 할 필요가 없는 것일까요? 물론 아닙니다. 우리는 주님이 오시는 그날까지 우리에게 맡겨진 자리에서 달음박질하듯 경주하며 나아가야 합니다.

저는 주님이 오신다고 해도 그날 설교 준비할 게 있다면 할 것입니다. 주님이 꼭 오신다는 한계와 종말론적인 신앙을 갖고 있으면서도, 마지막까지 최선을 다하는 이율배반적 삶을 사는 것이 우리 크리스천들입니다. 그런데 데살로니가 교인들은 이것을 잊고 "주님이 오시니까 그냥 먹고 놀자"고 해서 사회 문제가 된 것입니다. 그래서 바울이 데살로니가전·후서를 썼습니다.

데살로니가전서 5장 23절은 아주 중요한 말씀입니다. 아주 **뼈**가 있는 인사입니다.

"평강의 하나님이 친히 너희를 온전히 거룩하게 하시고 또 너희의 온 영과 혼과 몸이 우리 주 예수 그리스도께서 강림하실 때에 흠 없게 보전되기를 원하노라."

주님 오실 때까지 너희 온 영과 혼과 몸이 흠 없이 보전되기를 원한다는 말은, 그냥 기다리다가 나중에 망가지지 말고 열심히 살라는 것입니다. 이것이 바울이 결론적으로 하고자 했던 말이었습니다.


## 개인에게 보낸 바울 서신
### 신앙의 동역자들에게 보낸 서신

바울이 주로 신앙의 동역자들에게 보낸 것으로 목회적 충고가 담겨 있습니다.

**디모데전·후서 : 에베소에 있는 아들과 같은 목회자에게 보낸 목회 서신**

디모데전·후서를 보면 목회 노하우가 나옵니다. 구체적으로 사람을 어떻게 세우는가부터 시작해서 연소함 때문에 업신여김 당하지 말라는 얘기, 그리고 심지어 비위 상하고 아픈 데가 있으니 물만 마시지 말고 포도주를 좀 먹으라(딤전 5:23)는 조언까지 해 줍니다. 그야말로 아들 같은 디모데를 돌보는 마음으로 건강 상담까지 해 준 것입니다.

**디도서 : 그레데 섬에 있는 동역자 디도(해결사)에게 보낸 목회 서신**

디도는 바울이 어디든 문제 있는 곳에 보내면 해결하고 오는 충성스런 해결사였습니다. 고린도 교회에도 디도가 갔습니다. 디도는 진짜 충성스러운 사람입니다. 그러다 바울이 디도를 그레데 섬(크레테 섬)에 보냈고 그는 그곳에서 마지막까지 이름 없이 섬기다가 생을 마쳤습니다. 그는 세상에 이름을 내는 것에는 전혀 신경을 쓰지 않았습니다. 그는 하나님께서 바울 사도를 세우신 줄 알기에 그를 위해 자기를 드렸던 것입니다. 어느 자리든 간에 생명 다해서 섬기고 끝나면 자신의 소임이 마쳐진 것으로 알았습니다. 그런 동역자들이 있었기 때문에 바울이 자기 몫을 제대로 해낼 수 있었습니다. 디모데, 디도 모두 하나님의 대단한 일꾼들입니다.

### 빌레몬서 : 회심한 도망 노예를 그 주인에게 보내며 쓴 서신(옥중서신)

바울이 로마에 있을 때 오네시모라는, 도망친 노예 출신을 만났는데 그는 바울을 만나 은혜를 받고 변합니다. 그런데 이 사람의 주인은 빌레몬으로서 바울이 아는 사람이었습니다. 빌레몬은 골로새 지역에 사는 돈 많은 크리스천이었습니다. 그래서 바울은 "네가 정말 하나님 앞에 온전케 되기 원하면 먼저 가서 해결하고 오라"며 그를 빌레몬에게 돌려보냈습니다.

노예는 도망치면 죽이는 게 일반적인 일이었습니다. 그래서 오네시모를 보내면서 바울은 빌레몬에게 편지를 씁니다. 이 사람이 변했으니 좀 봐주라고 말입니다. 결국 빌레몬은 오네시모를 용서해 주었고, 오네시모는 나중에 그 지역의 감독이 됩니다. 감독은 한 지역 전체를 책임지는 영적 리더입니다.

교회 안에도 보면 과거를 용서하지 않는 경우들이 왕왕 있습니다. 하지만 복음 안에 있는 자라면 과거를 용서해야 하는 줄로 믿습니다. 과거를 잡고 있는 사람은 복음의 사람이 아니라 율법의 사람입니다.

# 일반 서신

여러 저자가 여러 수신자에게 쓴 서신들

히브리서를 빼놓고는 저자의 이름으로 서신 제목을 삼았습니다.

### 히브리서 : 구약의 장막, 제사, 역사적 시각에서 그리스도를 봄

히브리서의 저자는 구약에 아주 정통한 사람이었습니다. 그래서 예수님에 대해 설명할 때도 구약에 대한 해박하고도 깊이 있는 지식으로 접근했습니다. 이를테면 이런 식입니다. 구약의 제일 첫 번째 대제사장은 아론입니다. 그 아론으로부터 대제사장의 전통이 이어져 내려왔습니다. 그리고 예수 그리스도 역시 우리의 대제사장이 되십니다. 대제사장은 제물을 잡아 피를 뿌려 속죄제를 드림으로 우리를 구원의 길로 인도합니다. 그 역할을 예수님이 하시는데, 그러면 예수님은 어떤 제사장이냐를 설명하면서 히브리서 저자는 아론의 반차(班次)가 아닌 멜기세덱의 반차라고 합니다. 아론이 누구인지 거슬러 올라가면, 아브라함이 이삭을 낳고, 이삭이 야곱을 낳고, 야곱이 열두 아들을 낳고, 그중 레위의 후손이 아론이니까 결국 아론은 아브라함의 후손인 것입니다. 그런데 이 아브라함이 제사장으로 섬겼던 사람이 살렘 왕 멜기세덱이었습니다. 하지만 이 사람이 어디서 왔는지는 아무도 모릅니다. 성경에 혜성같이 등장하여 아브라함에게서 십일조를 받고 경배를 받습니다. 그리고 아브라함을 축복하고는 사라졌습니다. 히브리서 기자는 바로 이 멜기세덱이 하늘에서 내려온 제사장의 모형이 아니겠냐고 얘기하는 것입니다.

아브라함이 멜기세덱한테 절할 때 그 허리에 아론을 비롯한 모든 이스라엘이 다 들어가 있었던 것입니다. 그 모든 제사장들이 굴복했던 오리지널 제사장이 멜기세덱인데 바로 이 분의 반차를 좇은 분이 예수 그리스도라는 것입니다. 이렇게 설명해 나가는데 그 논리가 아주 탁월합니다. 그래서 율법을 아는 유대인들은 이 히브리서를 특별히 좋아합니다.

### 야고보서 : 믿음의 실천을 강조한 서신

야고보서가 믿음의 실천을 강조했다는 것 때문에 마르틴 루터는 야고보서를 '지푸라기 서신'이라고 부르며 강하게 믿음을 강조했습니다. 하지만 야고보가 강조한 믿음의 실천 행위는 구원을 위한 행위가 아니었습니다. 루터가 잘못 이해한 것이었지요.

물론 구원은 오직 예수 그리스도를 통해서만 받습니다. 야고보는 행위만을 강조한 것이 아니라 진정으로 구원받은 자라면 마땅히 이렇게 행동해야 하는 것이 아니냐는 얘기를 한 것이었습니다. 그래서 구원의 전제조건으로서의 행위가 아니라, 믿는 자로서의 행위를 얘기한 것입니다. 야고보서는 굉장히 귀한 서신입니다. 특별히 우리의 입술이나 행동에 대해 너무나 사실적으로 고발하며 일침을 가하고 있습니다. 이 서신은 예수님의 형제 야고보가 썼습니다.

### 베드로전·후서 : 아시아와 갈라디아에 흩어져 있는 신자들에게 장로의 입장에서 보낸 서신으로서 고난과 마귀의 공격 속에서의 대처를 말함

언젠가 성지 순례를 갔을 때 갑바도기아의 동굴에 들어가서 이 베드로전·후서를 읽은 적이 있었는데 정말 눈물이 흘렀습니다. 바로 다음 말씀에서 말입니다.

"예수 그리스도의 사도 베드로는 본도, 갈라디아, 갑바도기아, 아시아와 비두니아에 흩어진 나그네 곧 하나님 아버지의 미리 아심을 따라 성령의 거룩하게 하심으로 순종함과 예수 그리스도의 피 뿌림을 얻기 위하여 택하심을 받은 자들에게 편지하노니 은혜와 평강이 너희에게 더욱 많을지어다"(벧전 1:1-2).

핍박을 피해 신앙을 지키겠다고 동굴로 들어갔던 초대교회 성도들은 "이러다 잊혀지는 건 아닐까? 우리가 제대로 믿는 것일까?" 하는 의문이 들었을 것입니다. 흔들렸을 것입니다. 그런데 "본도, 갈라디아, 갑바도기아, 아시아에 흩어진 하나님이 미리 예정하신 성도들에게 편지하노니"라는 사도 베드로의 편지가 왔으니 얼마나 큰 격려를 받았겠습니까? 저는 그때 동굴에서 읽으며 베드로의 호흡을 느낄 수 있었습니다.

그 당시 사도들의 편지는 단순한 편지가 아니라 한 영혼과 교회를 살리는 역할을 했습니다. 편지 속의 말씀에는 잘못된 것들을 잡아 주는 능력이 있었습니다. 그래서 서신서는 성경(카논, canon)인 것입니다.

정경(正經)을 뜻하는 카논은 '잣대'라는 의미를 갖습니다. 문제가 터진 와중에 사도들이 보낸 편지가 도착하면, 그 서신서가 이건 맞고 저건 아니고 하는 식으로 날카롭게 지적하는 잣대가 되었던 것입니다. 쓰는 사람도 그냥 쓰는 것이 아니라 성령에 감동해서 썼기 때문에 서신서는 정경에 들어가는 것입니다.

### 요한 1·2·3서 : 사도 요한이 쓴 서신으로서 하나님의 사랑을 강조

특별히 요한1서 같은 경우 사랑에 대한 얘기가 참으로 풍부합니다. 사도 요한이 사랑의 사도인 데에는 두 가지 이유가 있습니다. 우선, 사랑을 많이 강조했기 때문입니다. 또 사도 요한 그 자신이 사랑을 타는 편이기 때문입니다. 요한복음에서 예수님의 품에 의지하여 누웠던 제자는 요한이었을 것으로 추정됩니다. 그는 실제로 제일 어리기도 했습니다. 그때는 밥 먹을 때 항상 왼손으로 받치고 누워서 먹었는데 옆에 있는 사람은 그 품에 의지해서 누웠습니다. 바로 그 자리를 안 뺏기고 요한이 늘 차지했던 걸 보면 사랑에 보통 민감한 사람이 아니었던 것 같습니다. 요한은 사랑이 무엇인지를 알았습니다.

요한1서에서 요한이 예수님에 대해 얘기하는 것을 보면 다른 사람과는 차원이 다름을 알 수 있습니다.

"태초부터 있는 생명의 말씀에 관하여는 우리가 들은 바요 눈으로 본 바요 자세히 보고 우리의 손으로 만진 바라"(요일 1:1).

말씀이신 예수를 주목하고 손으로 만졌을 만큼 요한은 예수님과의 교제가 아주 두터웠습니다.


유다서 : 경건치 못한 생활에 대해 경고하는 서신

유다서는 특히 짧아서 좋습니다. 유다서는 전체가 1장으로 되어 있습니다.

12-13절에는 경건치 못한 사람들을 질타하는 얘기가 나옵니다.

"그들은 기탄 없이 너희와 함께 먹으니 너희의 애찬에 암초요 자기 몸만 기르는 목자요 바람에 불려가는 물 없는 구름이요 죽고 또 죽어 뿌리까지 뽑힌 열매 없는 가을 나무요 자기 수치의 거품을 뿜는 바다의 거친 물결이요 영원히 예비된 캄캄한 흑암으로 돌아갈 유리하는 별들이라."

# 요한계시록
마귀의 공격 속에 고난 받는 교회를 격려하는 서신

요한계시록은 사도 요한이 밧모 섬에 유배당한 상태에서, 황제 숭배 강요 앞에 무너져 가는 교회를 위해 안타깝게 기도하다가 본 환상을 기록한 서신입니다. 요한계시록은 굉장히 어려운 책이라고들 하지만 사실 어려울 게 하나도 없는 책입니다. 아주 심플한 책입니다.

### 메시지

악이 아무리 날뛰어도 역사는 하나님의 손에 있으므로, 때가 되면 악은 심판을 받고 성도는 구원을 받을 것이니 참고 기다리라는 위로의 서신이요, 격려의 서신입니다.

AD 90년경에 로마 제국은 완전히 망조로 가고 있었는데, 그 망조의 클라이맥스가 황제 숭배였습니다. 황제를 신으로 여기기 시작하면서 황제숭배가 로마의 엄청난 사업이 되었습니다. 황제숭배 한다고 신전을 지어 놓으면 도시 경제가 살아났습니다. 왜냐하면 누구나 다 와서 참배해야 했기 때문입니다. 그래서 그 당시 황제 신전을 유치하느라 난리들이 났다고 합니다. 그러다 보니 강제로 황제 신전에 모두들 와서 숭배하게 했습니다. 이에 대해 제일 끝까지 버텼던 사람이 바로 크리스천들이었습니다. 이 사람들은 약해 보였지만 결코 무너지지 않았습니다.

그 당시 도미시안 황제 때 에베소에 신전을 지었는데, 그 아시아 지역 7개 교회 및 여러 교회들이 참배를 하지 않고 다 버티니까 그것이 웬일인가 해서 조사해 봤더니 그 뒤에 노사도 요한이 있었습니다. 영적 사도를 잡아서 죽여 버리면 되는데, 그렇게 되면 순교 열풍이 불어 더 골치가 아플 판이었습니다. 크리스천은 죽는 것이 영광이라고 하니 말입니다. 놔둘 수도 없고 죽일 수도 없어 고민하던 황제는 결국 요한을 밧모라는 험한 섬에 유배를 시켰습니다. 그렇게 유배시켜 놓고 있으니 아니나 다를까 교회들이 흔들리기 시작했습니다. 지도자를 떠나보내고 흔들리는 교회들을 바라보면서 너무도 가슴이 아픈 나머지 요한 사도는 밧모 섬 굴에서 하나님께 기도하며 울부짖다가 계시를 받았습니다. 그것을 기록한 것이 요한계시록입니다.

계시 가운데 나타나신 예수님은 오른손에 일곱 별을 들고 일곱 촛대 사이를 거니셨습니다. 그 일곱 별은 바로 일곱 교회의 사자를, 일곱 촛대는 일곱 교회를 말합니다. 주님이 말씀하시기를, 교회가 흔들린 것처럼 보이지만 교회의 메시지는 내가 쥐고 있다고 하셨습니다. 그러니까 주님이 교회사를 운영하시며, 교회의 핵심, 교회의 영은 그분 손에 있다는 것이었습니다. 이렇게 주님이 나타난 모습 자체가 요한 사도에게는 은혜가 되었습니다. 세상이 아무리 무너뜨리는 것 같아도 교회의 영은 주님이 가지고 계시다는 것이었습니다.

일곱 별을 딱 움켜쥐고 일곱 촛대를 사이를 움직이면서 주님이 말씀하시는데 그 이야기를 들으면서 요한 사도가 얼마나 좋았겠습니까? 그래서 이것을 편지로 쓴 것이 요한계시록입니다. 그런데 2가지 문제가 있었습니다.

일단 요한 사도가 갇혀 있기 때문에 계시로 받은 말씀을 그대로 다 쓰면 편지가 검열에 걸릴 판이었습니다. 제가 군대에 있을 때 훈련소에서 지금 제 아내한테 편지를 쓰는데, 문학적으로 쓴답시고 "너는 알고 있느냐. 화장실에서 콜라를 먹는 그런 인간들의 무리가 있는 것을"이라고 했습니다. 실제로 군대에서는 빵하고 콜라를 빼앗기지 않으려고 화장실에서 먹거든요. 그렇게 썼는데, 군사기밀을 누출한다고 걸려서 "빨갱이냐"는 소리도 듣고 무지 얻어맞았습니다.

그런 식으로 검열이 있기 때문에 요한 사도는 '로마는 망한다'고 대놓고 쓸 수가 없어서 '바벨론'이나 '용'으로 표현하는 등 비유를 많이 쓰고 있습니다. 이처럼 비유가 많다 보니 요한계시록이 어렵게 여겨지는 것입니다.

또한 주님이 굉장히 많은 것을 보여 주셨는데 그 본 것을 설명할 적절한 단어가 없었습니다. 예를 들어 세종대왕한테 하나님께서 TV를 보여 줬다고 하면 세종대왕이 뭐라고 했겠습니까? 텔레비전이라는 용어 자체가 없으니, 아마 이렇게 썼을 것 같습니다. "내가 보니 상자 같은 것에 거울이 있는데 거울이 번쩍번쩍 하면서 사람의 형상 같은 것이 왔다 갔다 하면서 차마 끔찍하더라." 이렇게 표현하면 보는 사람은 이것이 뭘 말하는지 알 수가 없는 것입니다. 딱 맞는 단어가 없기 때문이었습니다. 그가 본 것을 설명할 방법이 별로 없었기 때문에 요한계시록이 난해해 보이는 것입니다. 하지만 아무리 그래도 요한계시록의 메시지는 간단명료합니다.

### 구조: 일곱 인 – 일곱 나팔 – 일곱 대접

처음에 7개의 봉인이 나오는데 그것을 하나씩 뜯을 때마다 뭔가가 튀어나오고 난리가 벌어집니다. 마지막 봉인을 뜯자 이번에는 일곱 나팔을 든 천사가 나타납니다. 그리고 7개의 나팔을 1번 나팔부터 불기 시작해서 마지막 7번째 나팔을 불면 일곱 대접이 나타납니다. 그런데 갈수록 인을 떼는 것보다 나팔을 부는 게 훨씬 더 급박하고, 나팔보다 대접이 더 급박해집니다. 왜냐하면 대접은 즉시 갖다 부으니까요. 역사는 점점 더 급박해 가고 있다는 것을 얘기하는 것입니다. 이 '쓰리세븐' 구조를 알면 요한계시록은 쉽게 이해가 됩니다.

요한계시록에는 또 하나의 구조가 나오는데 그것은 하늘땅 구조입니다. 언제나 땅만 계속 나오는 게 아니라 하늘과 땅이 번갈아 가면서 나옵니다. 왜냐하면 이 땅에 일어나는 일이 전부가 아니기 때문입니다. 하늘의 역사가 있다는 것입니다. 성도는 땅만 보면 안 되고 하늘도 봐야 합니다.

그런데 요한계시록 13장에 보면 아주 험악한 얘기가 나옵니다.

"그가 권세를 받아 그 짐승의 우상에게 생기를 주어 그 짐승의 우상으로 말하게 하고 또 짐승의 우상에게 경배하지 아니하는 자는 몇이든지 다 죽이게 하더라 그가 모든 자 곧 작은 자나 큰 자나 부자나 가난한 자나 자유인이나 종들에게 그 오른손에나 이마에 표를 받게 하고 누구든지 이 표를 가진 자 외에는 매매를 못하게 하니 이 표는 곧 짐승의 이름이나 그 이름의 수라 지혜가 여기 있으니 총명한 자는 그 짐승의 수를 세어 보라 그것은 사람의 수니 그의 수는 육백육십육이니라"(15-18절).

이렇게 짐승 얘기가 나온 후 바로 이어서 14장 1절에 뭐가 나옵니까?

"또 내가 보니 보라 어린양이 시온 산에 섰고 그와 함께 십사만 사천이 서 있는데 그들의 이마에는 어린양의 이름과 그 아버지의 이름을 쓴 것이 있더라."

하늘의 시온 산이 보이는 가운데 땅은 아주 캄캄합니다. 짐승의 표를 받지 않으면 매매도 못할 정도로 다 캄캄합니다. 정말 끔찍한 상황인데 하늘에는 하나님의 역사가 펼쳐지고 있는 것입니다. 이게 요한계시록의 하늘땅 구조입니다. 이처럼 하늘이 있으니 포기하지 말라는 것입니다. 실망하지 말라는 것입니다. 하나님의 역사는 아직도 진행 중이라는 것입니다. 요한계시록은 감동적인 책입니다. 성경의 마지막은 이렇듯 장엄하고 위로가 되고 행복한 해피엔딩입니다.

즐거운 성경 66권 탐구

Part 4

# 성경 보는
# 눈을 열어 주는
# 7가지 맥(脈)

성경을 꿰뚫고 지나가는 주제들 가운데 대속, 남은 자, 계약, 두 갈래 길, 절기, 서원, 마리아의 노래, 7가지 맥을 알아봅시다.

# 성경을 관통하는 7가지 주제

다양한 시대, 다양한 문화, 다양한 직업 변천사 가운데도 성경에는 일관되게 흐르는 맥이 있다.

성경은 수천 년에 걸쳐 수없이 많은 저자들이 쓴 책들을 모아놓은 책입니다. 한 사람이 다 쓴 책이 아닙니다. 그리고 그 속에는 아주 다양한 사회, 문화, 사람들의 이야기가 담겨 있습니다. 우리 삶을 초월한 책이 아닙니다. 성경에 나타난 인간의 삶이 얼마나 다양한지 실감나게 느껴 보기 위해 제가 한번 밑그림을 깔아 보았습니다.

## 성경에 나타난 직업 변천사

• **아담과 하와(에덴동산 시절)** – 동산 관리인(과일 따 먹기)

아담과 하와는 동산 관리가 주업이었을 것이며, 농사도 안 지었을 것입니다. 에덴동산에 결코 없었을 2가지가 있습니다. 요리와 설거지, 그리고 빨래가 없었을 것입니다. 동산 과일을 따 먹고, 다 벌거

벗고 사니 말입니다.

• **노아 홍수 이후 바벨탑까지** – 수렵과 채집(건축업에 종사하다 파산함)

건축업에 종사하다 파산했다는 것은 바벨탑 사건을 말합니다.

• **아브라함** – 상업(떠돌이 장사꾼: Donkey Caravan)

아브라함은 유목민이 아닙니다. 정확히 말하면 떠돌이 장사꾼이었
습니다. 갈대아 우르, 하란, 가나안, 애굽이라는 그 경로는 대상(隊
商)이 다니던 길이었습니다.

• **이삭, 야곱~모세 때까지(족장 시대, 애굽 시대, 출애굽 시대)** – 유목민
(일종의 베두인족)

이삭이 가는 곳마다 우물을 판 것은 유목민으로서 물이 필요했기 때
문입니다. 물을 찾아 계속 이동해 다니는 것이 유목민 생활입니다.

• **가나안 정착 이후(사사 시대, 왕국 시대)** – 농업(목축업과 혼합 형태, 농사
의 신 바알을 극성스럽게 섬김)

가나안 정착 이후 사사 시대, 왕국 시대에 사람들은 목축업과 혼합
된 형태의 농업을 했습니다. 농경 민족이 사는 가나안 땅에 들어가
살다 보니 어쩔 수 없이 농사를 배워야 했고, 먹고 살려다 보니 비
를 내려 준다는 그 땅의 신인 바알을 섬기게 되어 버렸습니다. 현실
생업이라는 게 그들에게 굉장한 올무가 되었던 것입니다.

• **바벨론 포로 시대 이후(포로 시대, 중간 시대)** – 상업과 농업의 혼합(한
동안 재건축 붐이 있었다.)

포로로 바벨론에 끌려갔던 유대인들은 그곳에서 상업을 하기 시작
하며 수완을 발휘합니다.

• **신약 시대(예수님 당시, 초대교회 시대)** – 국제적 혼합 직업(팔레스타인
뿐 아니라 이방 각 나라에서 모여 옴)

이때에는 다양한 직업들이 탄생했습니다. 다양한 생업의 변화가

있었고, 이것은 아주 심한 문화적 변혁이 일어났다는 것을 의미합니다. 그러므로 사고 방법이나 언어의 의미도 상당한 변화를 겪었으리라는 사실을 쉽게 추측할 수 있습니다. 직업이 바뀌면 얼마나 인생관들도 따라서 변하겠습니까? 그런데 이런 심한 문화적, 언어적인 변화 속에서도 성경에 하나의 맥이 흐른다는 것은 성령의 역사가 아니고는 설명할 수가 없습니다.

## 이스라엘을 지배했던 주변 강대국과 그 특징

- **애굽**—태양의 자손이라는 오만함으로 가득했던 나라, 죽은 자의 무덤을 만들기 위해 산 자가 평생을 노동했던 나라, 목축을 가증히 여기던 농업국
  사람이 죽으면 신이 된다고 생각하여 죽은 자를 떠받들던 나라가 애굽이었습니다. 이스라엘은 바로 그런 민족 아래에서 수백 년간 노예생활을 했는데 나중까지도 그 영향이 나타났습니다.
- **앗수르**—물 가운데 세워진 도시의 위용을 과시하던 정복자
- **바벨론**—음침한 달의 문명인 비옥한 초생달에 위치한 대국으로 2개의 큰 강 사이에 위치한 대국. 예루살렘 성전을 파괴하고 그 그릇으로 술을 마시던 나라
- **바사**—마술과 신화가 꽃피던 대제국. 점성술이 발달했던 나라
- **헬라**—인간 중심의 예술과 철학이 발전했던 대국. 논리적이고 합리적이나 예술적 낭만이 많던 나라
- **로마**—현실적이고 냉엄한 정복자. 도시 문명과 특히 도로망이 대단히 발전되었던 대제국

이처럼 다양하고 특색 있는 나라들의 통치를 장기간 받았다는 것은 그 문화적, 사상적 영향이 대단했다는 것을 의미합니다. 일본에게 36년간 지배를 받은 결과 우리나라 문화는 외세의 영향을 벗어나지 못하고 있습니다. 외세 문화가 우리 민족의 사고나 행동 가운데 너무도 많이 스며 있지 않습니까? 원조교제, 폭탄주, 가라오케 등이 다 거기서 나온 겁니다. 그 영향력이라는 게 이토록 무서운 것입니다.

그런데 이스라엘은 36년의 몇 배의 통치를 받았으니 그 영향이 어떠했겠습니까? 그래서 성경에는 이 다양한 나라들의 이야기가 모두 녹아들어 있습니다. 하지만 수많은 저자가 이렇게 다양한 직업의 변화, 주변의 영향 속에서 성경을 썼음에도 불구하고 성경에는 일관된 테마가 흐르고 있습니다. 이 기적 같은 사실만 보아도 성경의 참 저자는 성령 한 분임을 알 수 있습니다(딤후 3:16).

다양한 시대, 다양한 문화, 다양한 직업 변천사 가운데도 성경에 일관되게 흐르는 맥이 있다고 했는데, 성경을 꿰뚫고 지나가는 레이저 광선총 같은 주제들 가운데 7개를 뽑아서 같이 나누기를 원합니다.

1. 대속(Redemption)
2. 남은 자(Remnant)
3. 계약(언약)(Covenant)
4. 두 갈래 길(Two Ways)
5. 절기(Feast)
6. 서원(나실)(Nazir)
7. 마리아의 노래(Magnificat)

# 1장

# 대속

유산으로 받은 기업(권리)을 빚(=죄) 때문에 잃어버리게 되었을 때 친척 중 하나가 그 빚을 대신 갚아 주고 기업을 되찾아 주는 것.

K씨는 조상 대대로 내려온 땅을 큰아들, 둘째 아들, 성탐이에게 법대로 각각 2/4, 1/4, 1/4씩 유산으로 남겼습니다. 원래 장자는 2배를 주는 것이므로 큰아들은 4/2 나머지는 4/1씩 주었습니다. 그런데 성탐이가 그만 사업에 실패해서 아버지가 남겨 준 유산(기업)인 그 땅을 빚쟁이에게 빼앗기고 말았습니다. 그때 큰아들이 자신의 가진 돈을 다 동원해서 그 빚을 갚아 주고 다시 그 땅을 되찾아 성탐이에게 줬습니다. 이것이 대속(代贖, Redemption)입니다.

친척 중 하나가 빚을 갚아 주고 기업을 되찾아 준다는 것이 대속의 개념입니다. '대속이라는 것이 이렇게 간단한가?'라고 생각할지 모르겠지만, 복음은 원래 단순 명쾌한 진리입니다. 그런데 이 대속의 개념을 삶에 적용하다 보면 조금 복잡해지기 시작합니다. 그래서 일단 정신을 차리고 보아야 합니다.

## 대속을 이해하기 위한 전제들

**모든 사람에게는 각각의 몫으로 주어진 '기업'이 있다**

땅이 없으니 나에게는 받은 기업이 없다고 생각합니까? 잘 생각해 보십시오. 우리는 기업으로 자녀와 생명을 받았습니다. 그리고 우리는 왕 같은 제사장입니다. 또한 절대 무너지면 안 되는 '인간의 권리'를 갖고 있습니다. 그게 엄청난 기업입니다. 우리는 하나님의 형상대로 지음 받은 왕 같은 제사장입니다.

이것을 이해하느냐 못 하느냐에 따라 인생이 달라지게 됩니다. 기업을 붙잡고 살면 대충 살 수가 없습니다. 왜냐하면 기업은 굉장히 존귀한 것이기 때문입니다.

그 기업에 해당하는 것이 무엇인지 찾아봅시다. 성경에는 4가지 기업이 나옵니다.

첫째, 땅이 있습니다.

"온유한 자는 복이 있나니 그들이 땅을 기업으로 받을 것임이요"(마 5:5).

둘째, 자녀입니다.

"보라 자식들은 여호와의 기업이요 태의 열매는 그의 상급이로다"(시 127:3).

셋째, 생명입니다.

"여호와 하나님이 땅의 흙으로 사람을 지으시고 생기를 그 코에 불어넣으시니 사람이 생령이 되니라"(창 2:7).

넷째, 권리입니다.

"너와 함께 있는 네 형제가 가난하게 되어 네게 몸이 팔리거든 너는 그를 종으로 부리지 말고 품꾼이나 동거인과 같이 함께 있게 하여 희년까지 너를 섬기게 하라 그 때에는 그와 그의 자녀가 함께 네게서 떠나 그의 가족과 그의 조상의 기업으로 돌아가게 하라 그들은 내가 애굽 땅에서 인도하여 낸 내 종들이니 종으로 팔지 말 것이라"(레 25:39-42).

가난해서 비록 노동력은 팔지언정 인간은 팔면 안 된다는 것입니다. 그것이 권리입니다. 이스라엘 사람들은 동족의 노동력은 살 수 있지만 사람은 사고팔지 않았습니다. 그리고 희년이 되면 돌려보내야 했습니다. 그때 그 자녀가 함께 돌아가 자기의 기업을 회복하게 했습니다. 사람의 권리는 사람이 손댈 수 있는 게 아니라는 것이었습니다. 그 당시 온통 다 노예를 인간 취급하지 않던 시대 속에 이런 얘기가 성경에 나왔다는 것은 기적입니다. 사실 있을 수 없는 얘기였습니다.

이것은 지금도 통하는 얘기입니다. 사실 자본주의의 문제는 땅을 개인이 소유한다는 것입니다. 원래 땅은 하나님이 주신 기업으로서 소유의 개념이 아닙니다. 우리는 사용만 하는 것입니다. 중국 같은 경우 절대로 개인은 땅을 소유하지 못하게 하고 있습니다. 사용만 하게 합니다. 일종의 기업 개념을 갖고 있습니다. 기독교 국가도 아닌데 참 희한합니다.

우리에게는 누구나 기업이 있습니다. 적어도 땅은 몰라도, 혹 자녀가 없는 사람이 있다고 하더라도, 생명과 권리만큼은 다들 가지고 있지 않습니까? 건물은 인간이 만든 것이기에 기업에 들어가지 않습니다. 명예 같은 것은 없어도 괜찮지만 기업은 흔들리면 안 되는 중요한 것입니다.

### 그 기업을 무를 사람(되찾아 줄 사람)은 '위치'와 '능력'과 '의사'가 있어야 한다

기업 무를 사람은 히브리어로 '고엘'이라고 하는데 고엘이 된 사람에게는 위치와 능력과 의사가 있어야 했습니다.

기업 무를 자의 위치와 능력, 그리고 의사가 무엇인지는 룻기의 보아스를 보면 알 수가 있습니다(룻 3:6-4:10).

첫째, 위치는 가장 가까운 친척이라야 했습니다. 처음에 보아스가 룻의 기업을 무를 수 없었던 것은 그 집안에 자기보다 더 가까운 친척이 있었기 때문입니다. 아버지가 있으면 아버지가 제일 먼저 그 위치에 있게 되지만, 아버지가 안 계시면 형제가, 형제가 없으면 삼촌이, 삼촌이 없으면 사촌이 기업을 물러 줄 수 있었습니다. 더 가까운 사람에게 권한이 주어졌습니다. 아무나 할 수 있는 일이 아니었습니다.

둘째, 능력이 있어야 했습니다. 아무리 원해도 돈이 없으면 기업을 무를 수 없었습니다. 예를 들면 처음에 보아스 말고 더 가까운 친척이 기룐과 말론 집안의 땅을 보고는 고엘을 자처했지만 여자도 딸려 있다고 하니까 "곤란하다"며 포기했습니다. 아마 부인이 무서워 그랬지 않았나 싶습니다. 어쨌든 중요한 건 충분한 능력이 있어야 한다는 것이었습니다.

셋째, 의사(뜻)가 있어야 했습니다. 고엘이 되기를 그 스스로가 진정 원해야 했습니다.

"또 말론의 아내 모압 여인 룻을 사서 나의 아내로 맞이하고 그 죽은 자의 기업을 그의 이름으로 세워 그의 이름이 그의 형제 중과 그곳 성문에서 끊어지지 아니하게 함에 너희가 오늘 증인이 되었느니라 하니"(룻 4:10).

## 대속의 4가지 경우

### 땅

자기에게 유산으로 상속된 땅(기업)을 빚을 지거나 다른 이유로 잃어버렸을 때 가장 가까운 친척이 되찾아 주는 것(레 25:23-25)입니다.

만약 친척이 땅을 잃어버리면 돈을 주고 그 기업을 반드시 찾아 줘야 했습니다. 이스라엘의 회복은 남은 자가 다시 기업으로 돌아온다는 점에서 땅의 회복을 의미합니다.

### 자녀

상속할 자녀를 두지 못하고 죽었을 경우 친족 중 가장 가까운 사람이 그 부인을 취하여 자녀(아들)를 낳아 대를 잇도록 하는 것(창 38:6-26, 신 25:5-10)입니다.

우리 입장에서 성경을 볼 때 이상한 것 중 하나가 바로 이 형사취수

(兄死取嫂) 제도입니다. 결혼한 형이 자녀 없이 죽으면 그 형의 모든 기업은 사라지게 됩니다. 그래서 동생이 형수를 아내로 삼아 자녀를 낳게 하는 것입니다.

유다의 장남 엘이 자녀를 두지 못한 채 죽었을 때도 마찬가지였습니다. 그 상황에서는 둘째인 오난이 형수 다말을 취해서 자녀를 낳아야 했는데, 오난은 괜한 수고해 봤자 내 아들도 안 되는데 하는 생각 때문이었는지는 몰라도, 하여간 형수를 취하지 않고 땅에다 설정(泄精)을 해 버렸습니다. 이것이 여호와 앞에 악했으므로 여호와께서 그를 죽이십니다. 그 다음에 셋째인 셀라가 있었는데 너무 어렸기 때문에 다말로서는 아무리 봐도 소망이 안 보였습니다. 결국 다말은 창녀로 변장하여 자기 시아버지를 통해 자녀를 낳게 됩니다.

이것을 풍기문란이라고 보지 마십시오. 이 사람들에게는 이것이 생존권의 문제였습니다. 그 당시 자녀는 일종의 기업이기 때문에, 만일 자녀 없이 누가 죽으면 그와 가장 가까운 사람이 그 부인을 취해 자녀를 낳아 대를 잇도록 해 주었습니다. 물론 자녀를 남겼으면 그런 식으로 무르지 않아도 되었습니다.

성경을 이런 관점으로 이해하지 않고 현대의 잣대로 재기 시작하면 이상한 책이 되고 맙니다. 다말 사건은 며느리가 시아버지를 유혹한 스토리가 아니라, 대를 이어가는 처절한 싸움이요 기업의 문제였습니다.


생명

친족 중 하나가 살해당했을 경우 그 복수를 대신 해 주는 것(민 35:19)입니다.

도피성을 두는 이유는 바로 이 '피의 보수자', 즉 대속자로부터 오살자(誤殺者)를 보호하기 위한 것이었습니다. 도피성은 요단 동편에 3개,

서편에 3개 있었습니다. 만약 친족 중 하나가 죽임을 당했으면 그 당시는 경찰이 없으니까 가장 가까운 사람이 '피의 보수자'가 되어 그 친족의 생명을 갚아 줘야 했습니다. 즉, 그 살인한 사람을 그냥 놔두면 안 되고 무슨 일이 있어도 반드시 잡아 죽여야 하는 것이 법으로 정해 있었습니다.

그런데 실수로 사람을 죽이는 경우도 있습니다. 예를 들어 무거운 물건을 밖으로 던졌는데 지나가던 사람이 맞아 죽었다면 그것은 내가 일부러 죽인 게 아니지 않습니까? 그렇지만 피의 보수자는 어쨌거나 복수를 해야 할 책임이 있었습니다. 그럴 경우에는 억울한 죽음이 계속되니까, 도피성을 만들어 그 사람이 도피성으로 들어가는 겁니다. 도피성에 있는 동안에는 피의 보수자가 죽이지 못합니다. 도피성에 있는 기간은 그 성에 들어갈 당시의 대제사장이 죽을 때까지였습니다.

우리도 일종의 피의 보수자인 사람들에게서 생명에 대한 공격을 받습니다. 그때 우리의 도피성은 바로 예수 그리스도가 되십니다. 또 사단이 우리를 죽였을 때 예수 그리스도께서 피의 보수자가 되어 대신 갚아 주십니다.

### 권리

친족 중 하나가 노예가 되었을 때 그를 대신 속량해 주는 것(레 25:47-55)입니다.

친족이 노예가 되는 일이 생기면 절대로 그냥 놔두지 말고 돈을 갚고 풀어 주어야 합니다. 이방의 포로가 되었던 사람들이 해방되어 돌아오는 것도 주님이 권리를 속량해 준 구속에 해당합니다.

"거기에 대로가 있어 그 길을 거룩한 길이라 일컫는 바 되리니 깨끗하지 못한 자는 지나가지 못하겠고 오직 구속함을 입은 자들을 위하여 있게 될 것이라 우매한 행인은 그 길로 다니지 못할 것이며 거기에는 사자가 없고 사나운 짐승이 그리로 올라가지 아니하므로 그것을 만나지 못하겠고 오직 구속함을 받은 자만 그리로 행할 것이며 여호와의 속량함을 받은 자들이 돌아오되 노래하며 시온에 이르러 그들의 머리 위에 영영한 희락을 띠고 기쁨과 즐거움을 얻으리니 슬픔과 탄식이 사라지리로다"(사 35:8-10).

아울러, 죄와 사단의 노예에서 해방되어 하나님의 자녀로 회복되는 것도 권리의 대속에 해당합니다.

인간과 인간 사이에 대속(代贖)이 있듯이, 하나님께서 우리를 구원하기 위해 친히 '기업 무르는 자(고엘)가 되시는 것이 구속(救贖)입니다. 구원하고 속량하시는 것입니다.

결국 출애굽 사건도 이 대속의 관점으로만이 온전히 이해가 됩니다. 그 이유는 다음 3가지 때문입니다.

- 약속의 땅으로 인도하심. 땅의 기업 무름(출 6:2-8)
- 10가지 재앙과 죽음에서 보호하고 살리심. 생명의 기업 무름(출 30:12)
- 노예 생활에서 구하여 내심. 권리의 기업 무름(출 20:2)

성경에는 대속의 관점을 이해하지 않으면 안 풀리는 문제가 참 많습니다. 예수 그리스도의 구원 얘기는 다 대속 이야기입니다.


## 결론

### 1. 구약의 모든 제사도 대속(구속)의 관점에서 보아야 한다.

죄의 삯은 사망이기 때문에 짐승의 피로 대신 갚아 주고 생명을 살리겠다고 하는 개념입니다.

### 2. 이스라엘의 회복도 대속(구속)의 관점에서 보아야 한다.

이스라엘의 회복도 땅과 권리의 회복이었습니다. 하나님께서 일방적으로 탕감해 주신 것입니다.

### 3. 예수 그리스도의 십자가 사건은 구속(대속)의 사건이다.

"인자가 온 것은 섬김을 받으려 함이 아니라 도리어 섬기려 하고 자기 목숨을 많은 사람의 대속물로 주려 함이니라"(막 10:45)고 예수님이 선포하실 때 제자들은 물론 그 누구도 이해하지 못했습니다. 예수님은 이미 빚(죄) 때문에 권리와 생명을 잃어버린 상태에 있는 인간의 빚을 갚아 주지 않으면 안 되었기에 이 땅에 오신 것이었습니다.

대속을 이해하지 않으면 구원이 설명이 안 됩니다. 인간은 예수님이 대신 갚아 주지 않으면 이 사망에서 벗어날 길이 없습니다. 우리는 하나님의 자녀로서 이미 권리와 생명을 받았지만 다 잃어버렸습니다. 이것을 예수님께서 다 갚아 주시고 우리를 회복시켜 주십니다. 놀라운 것은 단순히 우리 생명만이 아니라 삶 전체를 회복시키신다는 겁니다. 그래서 우리는 죄에서 승리한 것입니다. 빚을 갚았으니 더 이상 빚이 우리한테 효력을 발휘하지 못합니다. 이런 개념들을 이해하는 것이 참 중요합니다.

- 인간의 상태 / 죄와 진노, 즉 사망 가운데 종 노릇 하고 있었다(엡 2:1-3, 롬 3:23, 6:17).
- 대속물 / 그리스도 자신의 생명, 보혈(엡 1:7)
  그리스도 자신의 생명, 곧 보혈이 대속물입니다. 에베소서 1장 7절이 그 사실을 아주 정확히 선포하고 있습니다.
  "우리는 그리스도 안에서 그의 은혜의 풍성함을 따라 그의 피로 말미암아 속량 곧 죄 사함을 받았느니라."

"피 흘림이 없은즉 사함이 없느니라"(히 9:22)는 말씀처럼 예수님의 피가 대속물이 된 것입니다. 우리의 믿음은 굉장히 신학적인 것입니다. 마귀 무당 섬기는 것은 주술적 개념이지만, 예수의 피가 대속을 한다는 것은 완전히 신학적 개념입니다.

**4. 종말(재림)도 구속(대속)의 관점에서 보아야 한다.**

종말은 세상 끝나는 얘기가 아니라 바로 우리를 완전히 구속하시는 이야기입니다.

"이런 일이 되기를 시작하거든 일어나 머리를 들라 너희 속량이 가까웠느니라 하시더라"(눅 21:28).

주님이 이 땅 가운데 다시 임하시는 것이 우리한테는 구속 사건이라는 것입니다. 우리를 완전히 회복시키는 사건입니다.

요한계시록 14장 3절에는 시온 산에 선 14만 4천 명이 나오는데 이들은 주님께 구속함을 받은 사람들입니다. 그래서 종말도 대속의 관점으로 이해해야 하는 것입니다. 우리의 모든 것을 주님께서 대속하신 줄 믿으십시오.

## 2장

# 남은자

죄로 인한 심판 속에서 하나님을 경외하는 자를 남겨두어, 그들로부터 새로운 역사를 시작하시는 하나님의 사랑 이야기

창세기 3장 이후 하나님께서는 이 땅에 죄악이 넘치는 것을 보고 세상을 창조한 것을 후회하셨습니다. 하나님은 그 성품과 속성상 절대로 죄를 그대로 놔두지 못하십니다. 절대로 죄는 용납하지 않으십니다. 하나님은 죄와는 같이하실 수가 없기에 죄를 즉각 심판하셔야 합니다. 그러나 그렇게 되면 이번에는 또 하나님의 사랑이라는 성품이 문제가 됩니다. 창조하신 인간을 다 쓸어버리시면 사랑의 하나님이 아니기 때문입니다. 죄와 더불어 있을 수 없다는 공의와, 다 죽일 수 없다는 사랑 사이에서 하나님은 정말 갈등하셨습니다. 어떤 면에서 성경의 전체 이야기는 하나님이 이 둘 사이에서 갈등하신 스토리라고 볼 수 있습니다.

마침내 세상의 죄악을 보고 그냥 둘 수가 없어 심판해야겠다고 결심하신 하나님은 그 심판의 방법으로 '물'을 선택하셨습니다. 하늘의 창들이 열리고 땅의 깊음의 샘들이 터져 궁창 밖에 있던 물들이 안으

로 밀고 들어왔습니다. 그 궁창 밖에 있는 물들은 혼돈과 공허와 흑암의 물이었습니다. 그러니 대홍수가 나서 완전히 창조 이전의 상태로 돌아가 버린 것입니다.

그런데 하나님은 그렇게 다 쓸어버리는 계획 속에서도 8명만은 따로 구별해 놓으셨습니다. 바로 노아와 그 가족입니다. 하나님이 그렇게 하신 것은 창조하신 이 세상과 인간에 대한 아무도 막을 수 없는 그 사랑 때문이었습니다. 이후로도 하나님은 심판하실 때마다 그 역사를 결코 끝낼 수가 없기에 그 가운데 반드시 사람들을 남겨두셨습니다. 이 사람들을 일컬어 '남은 자'(Remnant)라고 합니다. '남은 자 신학'은 노아 때부터 시작해서 요한계시록까지 쭉 이어지는 신학적 테마의 하나입니다. 이 남은 자를 두시는 하나님의 못 말리는 사랑의 이야기는 지금도 계속되고 있습니다.

하나님이 심판의 망치를 팡 내리쳤는데 다 죽지 않고 성탐이가 옆으로 튀어 나가고 있습니다. 이게 남은 자입니다. 얼마나 놀랐는지 성

탐이가 "휴~" 하고 있네요.

심판이 있고 그 가운데 구원받은 게 남은 자입니다. 남은 자 이야기는 절대적으로 하나님의 사랑 이야기입니다.


## 남은 자 신학의 전제들

'남은 자'가 있기 위해서는 먼저 심판이 있어야 한다

그 심판 가운데 남겨진 자들은 하나님을 경외하는 자들이어야 한다

하나님은 그분을 경외하는 자들을 남기십니다. 파종할 때 감자 중에서도 제일 알찬 씨감자, 곡식 중에서도 제일 토실토실한 품종의 씨를 갖다가 뿌리지, 아무거나 빌빌한 쭉정이 같은 것을 뿌리는 농부는 아무도 없습니다. 남은 자는 일종의 씨앗입니다. 역사를 이어 나가는 씨앗 말입니다. 그렇기 때문에 반드시 그들은 하나님을 경외하는 자들이어야 합니다.


## 성경에 나오는 심판의 경우들

- 홍수(창 6:5-7)
- 바벨탑(창 11:8)
- 소돔과 고모라(창 19:24-29)
- 애굽에서의 흉년(창 41:56-42:2)
- 바로의 유아학살(출 1:22): 하나님이 직접 행하시는 심판 말고, 악이 사람들을 죽이는 것도 다 심판으로 봐야 합니다.

- 열 번째 장자를 죽이는 재앙(출 12:29-30)
- 이스라엘과 아합에 대한 심판(왕상 19:17)
- 예루살렘의 멸망(왕하 25:8-10)
- 살육하는 기계(겔 9:1-6): 요즘으로 표현하면 '자동화기 소총' 같은 것입니다.
- 일곱 나팔과 일곱 대접 심판(계 14:17-15:1)


# 누가 남은 자인가?

- 노아 홍수 때는 노아와 그 가족이 남은 자였습니다(창 6:5-7).
- 바벨탑 심판에서 남은 자는 아브라함이었습니다(창 11:8).
  아브라함이 갈대아 우르에서 나왔는데, 그곳은 시날 평지로서 바벨탑 현장이었습니다. 홍수 이후에도 계속 죄악이 만연하고 급기야는 하나님에게까지 올라가겠다고 하자 인간들을 다 흩으시고 그 가운데서 한 사람을 부르시는데 그가 바로 아브라함입니다.
- 소돔과 고모라에서 남은 자는 아브라함의 조카인 롯이었습니다(창 19:24-29).
- 7년 흉년이 있을 때 남은 자의 대표는 요셉이라고 할 수 있습니다 (창 41:56-42:2).
  기근으로 그 땅 사람들이 다 죽을 상황에서 그들을 구해냈다는 의미에서 요셉은 남은 자입니다.
- 애굽의 바로가 모든 남자아이를 다 죽일 때 남은 자는 모세였습니다(출 1:22).
  바로가 남자아이들을 다 죽이겠다고 하자 하나님은 아예 그 기회를 이용하여 자신의 사람을 바로의 왕궁에다 집어넣으셨습니다.

• 장자를 다 죽이는 가운데 남은 자는 정확히 말해서 이스라엘 백성
이 아니라 피 바른 집안에 있던 사람이었습니다(출 12:29-30).
이스라엘 사람들이라고 해서 무조건 산 것이 아니라 믿음으로 피
를 발랐던 사람들만이 살았습니다.

• 이스라엘과 아합의 집에 대해 심판할 때 남은 자는 바로에게 무릎
꿇지 않는 자 7천 명이었습니다(왕상 19:17-18).

• 예루살렘이 멸망할 때 남은 자는 포로로 잡혀갔던 자들입니다(왕하
25:8-11).
사실 이 남은 자들이 '오리지널'입니다. 원래 성경에서 "남은 자는
돌아오리라" 할 때의 그 '남은 자'가 바로 이들을 가리킵니다. 앞에
서 얘기한 것은 전부 다 남은 자의 개념을 적용한 것이고, 예루살
렘 멸망 후 바벨론 포로로 잡혀갔던 자들이 진짜 남은 자입니다.

• 살육하는 기계를 가진 다섯 사람이 나타나 사람들을 다 죽이는데,
서기관의 먹 그릇을 찬 사람이 이마에 표시한 사람들은 살려 줍니
다. 이 이마에 표시한 사람들이 남은 자입니다(겔 9:1-6). 요한계시
록에도 보면 이마에 어린양의 이름이 있는 사람들이 살았습니다.

• 일곱 나팔, 일곱 대접의 심판 가운데 "이기고 벗어난 자"가 남은 자
입니다(계 14:17-15:2).
하나님의 심판이 있으면 반드시 남은 자도 있다는 것을 알 수 있습
니다.

# 결론

1. 심판하실 때마다 남은 자를 두시는 것은 이 세상을 향한 하나님의 사랑의 표현이다.

2. 예언자들의 모든 메시지는 이 남은 자들이 돌아온다는 데에 집중되어 있다 (암 5:3-4, 5:15, 사 7:3).

　예언자들은 심판의 메시지를 전했지만 반드시 희망의 메시지를 덧붙였습니다. 너희가 회개하고 돌아온다면, 하나님께서 축복하실 것이라는 메시지가 희망의 메시지입니다. 그런데 사람들은 빨리빨리 돌이키지 않고 계속 불순종하다가 결국 망하고 말았습니다. 이 망하는 상황에서 마지막까지 붙잡을 수 있는 희망은 바로 그 가운데서 회개하고 남은 자가 돌아온다는 것이었습니다. 예언자들의 메시지가 남은 자의 귀환에 집중된 이유가 거기에 있는 것입니다.

　"그때에 여호와께서 이사야에게 이르시되 너와 네 아들 스알야숩은 윗못 수도 끝 세탁자의 밭 큰 길에 나가서 아하스를 만나"(사 7:3).

　여기에서 스알야숩은 이사야의 아들인데, 이 이름의 뜻은 '남은 자는 돌아온다'입니다. 그 메시지를 전하기 위해 이사야는 아들 이름까지도 그렇게 지은 것입니다.

3. 영적 전쟁(거룩한 전쟁)에서 모두 진멸하도록 하는 것은 악의 남은 자들이 악의 세력으로 남아서 영적인 화근이 되기 때문이다(수 11:22/ 가사-삿 16:1, 가드-삼상 17:4, 아스돗-삼상 5:1).

　하나님의 남은 자들이 하나의 역사를 이어 나가는 씨인 반면, 악은 악대로 남아 화근이 됩니다. 그래서 하나님께서는 진멸법(헤렘 법)을 만들어 점령한 지역의 사람들을 반드시 다 죽이라고 명하셨습니다. 하나님이 너무 잔인하다고요? 악은 남겨두면 반드시 문제가 됩니다. 이 진멸법도 남은 자 신학의 변형이라고 볼 수 있습니다.

여호수아서 11장 22절을 보면 여호수아가 가나안을 점령하다가 가사와 가드와 아스돗 사람들을 조금 남겨 뒀다는 말이 나옵니다. 그런데 그 조금 남겨 둔 일 때문에 이스라엘은 두고두고 고생합니다.

가사의 남은 자 때문에 삼손이라는 사사가 결국 눈이 뽑히고 기둥에 묶이는 수모를 당합니다. 악의 씨를 아예 남겨 두지 않았으면, 단 지파가 고생을 하고 결국엔 삼손이 그렇게 죽는 일은 일어나지 않았을 것입니다.

또, 가드의 남은 자 때문에 다윗은 가드의 장대한 자 골리앗과 맞붙게 됩니다.

아스돗에 남은 자 때문에 결국 엘리의 두 아들은 법궤를 메고 나갔다가 빼앗겼습니다. 결국 남겨둔 것 때문에 이스라엘이 고통을 당했습니다. 악의 씨는 남겨 두면 끝끝내 우리의 발목을 잡습니다. 그래서 남은 자 신학에서 한편으로는 악을 다 끊어 버리라고 하는 것입니다.

**4. 바벨론 포로에서 돌아와 성전을 재건한 사람들은 역시 남은 자이다(학 1:12).**

"스알디엘의 아들 스룹바벨과 여호사닥의 아들 대제사장 여호수아와 남은 모든 백성이 그들의 하나님 여호와의 목소리와 선지자 학개의 말을 들었으니 이는 그들의 하나님 여호와께서 그를 보내셨음이라 백성이 다 여호와를 경외하매"(학 1:12).

'남은 바 모든 백성'이 남은 자인데 이들이 성전을 다시 세웠다는 것입니다. 다 무너진 줄 알았지만 남은 자가 있어서 성전이 재건되는 축복이 있게 됩니다.

**5. 남은 자 가운데서 남은 자는 예수 그리스도이며(롬 5:12-21), 예수를 주**

로 믿는 모든 사람은 이제 남은 자의 무리에 속하게 된다(계 12:13-17). 교회는 이 세상 가운데 있는 남은 자들의 모임이다.

예수 그리스도가 남은 자이기 때문에 예수님을 믿는 우리는 다 남은 자에 속합니다. 세상이 다 망하지만 그 가운데 남은 자가 된 것입니다. 교회는 남은 자들의 모임입니다. 결국 교회는 세상 가운데 남은 자들의 모임이 되어야 한다는 것이 신학적으로 연결된 이야기입니다. 남은 자는 하나님의 희망입니다.

요한계시록 12장 13-17절을 보면, 용이 여자를 핍박할 때 그 여자가 아들을 남깁니다. 그게 바로 성도를 말하는 것입니다.

"용이 여자에게 분노하여 돌아가서 그 여자의 남은 자손 곧 하나님의 계명을 지키며 예수의 증거를 가진 자들과 더불어 싸우려고 바다 모래 위에 서 있더라"(계 12:17).

'그 여자의 남은 자손'이 바로 성도를 말하는 것입니다. 우리는 남은 자입니다.

# 3장

# 계약(언약)

하나님과 인간의 관계를 왕(=영주)과 제후(=봉신) 사이의 계약 맺는 것에 비유하여 쓴 성경의 표현.

저는 어릴 때 부흥회를 참 많이 다녔습니다. 그런데 옛날 부흥회 문화가 참 독특하고 재미있지 않았습니까? 부흥사들이 얼마나 다양하고 재미있었는지 모릅니다. 청중들을 향해 반말을 하는 사람, 소리소리 지르며 야단치는 사람, 마이크 잡고 약장수 톤으로 "믿습니까?" 하는 사람 등등. 하여간 부흥사들을 보면 복음을 전하는 데 단골로 쓰는 그런 톤들이 있었습니다. 예화도 똑같았습니다. 대개 부흥사들은 다른 부흥사를 쫓아다니면서 배우기 때문입니다.

"이 약 두 첩만 먹으면 만병통치요 영생복락이다. 마음이 허전하고 가슴이 답답한 사람 이 약만 먹어 봐. 만병통치약!"이라고 외치며 복음을 전파하던 약장수 같은 부흥사들이 한국 교회의 영적인 부흥을 주도하던 시대가 있었습니다. 그때 그 부흥사들이 제시한 약(藥) 두 첩은 구약(舊藥)과 신약(新藥)이었으니 참 절묘합니다. 약은 약이니 말입니다. 원래 구약과 신약의 '약'은 약속을 말하는 약(約)인데, 초신자 가운데는 진짜로 먹는 약인 줄 아는 사람도 있습니다.

왜 신약과 구약은 둘 다 '약'자로 끝날까요? 그것은 성경 자체가 약속이기 때문입니다. 영어로 구약은 Old Testament, 신약은 New Testament라고 합니다. 그런데 Testament라는 말은 약(約)만큼 성경의 본질을 설명하지 못합니다. Testament는 일종의 '증거'를 뜻하는데 성경은 그보다 '약속'의 개념이 훨씬 더 중요하기 때문입니다.

한마디로 성경은 언약(Covenant)의 책입니다. 하나님과 인간 사이의 언약, 그것의 성취 이야기가 성경입니다.

그림을 보면 작은형이 어떤 분을 만나 거래를 하는데 선물을 받고 뒤로 돈을 주고 있습니다(쌍무적 계약). 그런데 성탐이와 친구는 선물을 주고받기만 합니다(편무적 계약). 그 점을 눈여겨보십시오.

성경의 언약을 이해하려면 고대 봉건제도를 먼저 알아야 합니다. 고대 봉건제도는 중세시대 봉건제도와 비슷합니다. 고대에 왕은 자기 영토를 일일이 다 다스릴 수가 없었습니다. 그래서 땅을 몇 등분하여

자기는 중앙을 차지하고, 각각의 지역에 자체 통치할 수 있는 주 정부 같은 것을 세웠습니다. 그 우두머리인 봉건영주들은 할당된 땅에 장원(莊園)을 만들어 세금도 걷고 자기 나름대로 통치를 했습니다.

그런데 이 봉건영주들은 반드시 제후인 왕과 언약관계, 즉 계약을 맺어야 했습니다. 그 계약은 농사지은 소득, 곧 세금을 바치라는 것이었습니다. 고대 봉건제도가 가장 발달되었던 곳이 앗수르였는데 그들은 소득의 1/10을 세금으로 바쳤습니다.

우리가 지금 십일조를 내는 것도 왕이신 하나님께 나의 삶의 일부를 드리는 것입니다. 내게 맡기신 분야에서 열심히 일해 번 것 중에서 십분의 일을 드린다는 의미가 십일조에 있습니다.

이렇게 세금을 바치면 왕은 이 사람들을 위해 군대로 보호해 주었습니다. 물론 자체적으로도 군대가 있었지만 그것만으로는 약했고, 만약 다른 나라에서 쳐들어오면 왕이 군대를 보내 커버해 주었습니다. 그리고 모든 질서를 잡아 주면서 봉건영주들이 그 자리를 계속 다스릴 수 있도록 도와주었습니다. 봉건영주와 왕이 맺었던 것과 똑같은 성격의 계약을 성경에서는 '언약'이라는 말로 표현하고 있는 것입니다.


## 계약(언약)의 전제들

### 언약을 맺는다는 것은 관계를 맺음을 의미한다

세상의 언약에서는 물건을 주고받는 일이 따릅니다. 그러나 하나님과 언약을 맺는다는 것은 어떤 물건 혹은 돈이나 권력을 주고받는 게 아니라, 관계를 맺는 것입니다. 우리 하나님의 관심은 관계에 있습니다. 바로 그렇기 때문에 기복신앙이 나쁜 것입니다. 그것은 하나님과의 관계보다 물질을 더 중요하게 여기는 태도입니다. 그 물질을 얻기 위해 하나님 앞에 가기 때문에, 겉으로 보기에는 하나님께 기도하는 것 같지만 본질적으로는 물질을 구하는 것에 대한 일종의 거래입니다. 그러니까 그건 신앙이 아닙니다. 하나님이 원래 원하시는 언약은 물질을 주고받거나 하는 게 아니라, 관계를 맺자는 것입니다. "너는 내 것이다", 이런 의미가 언약에 들어 있는 것입니다. 그래서 신앙생활을 할 때 가장 중요한 것은 관계임을 절대 잊어선 안 됩니다.

'계약(언약)을 맺는다'는 뜻을 갖는 히브리어 '브리트'(berit)는 원래 '빵을 함께 먹다'인데, 이는 아마도 계약을 맺은 후 서로 함께 식사를 하던 풍습이 있었기 때문이었던 것 같습니다. 누가 "밥이나 먹지" 한다면 그것은 계약 맺는 것을 의미했습니다. 그러니까 내용보다 관계가 중요하다는 것을 여기서도 알 수 있습니다.

### 계약을 맺으면 쌍방에 의무가 주어진다(출 19:5-6)

"세계가 다 내게 속하였나니 너희가 내 말을 잘 듣고 내 언약을 지키면 너희는 모든 민족 중에서 내 소유가 되겠고 너희가 내게 대하여 제사장 나라가 되며 거룩한 백성이 되리라 너는 이 말을 이스라엘 자손에게 전할지니라"(출 19:5-6).

이것은 하나님께서 이스라엘 백성과 최초로 계약을 맺는 장면입니다. 적어도 백성 정도의 수준이라면 그전에 아브라함이나 이삭이나 야곱과도 다 계약을 했지만 그것은 족장시대 개인과 한 것이고, 민족 단위로 봤을 때 최초로 맺은 계약은 이것입니다. 이 계약이 너무도 중요한 것은 오늘날 우리 성도들에게도 적용되기 때문입니다.

이 계약에 나타난 우리 쪽에서의 의무는 "너희가 내 말을 잘 듣고 내 언약을 지키면"입니다. 우리 쪽의 의무는 하나님의 말씀을 잘 듣고 언약을 지키는 것입니다. 그러면 하나님 쪽의 의무는 "너희는 열국 중에서 내 소유가 되겠고 너희가 내게 대하여 제사장 나라가 되며 거룩한 백성이 되리라"입니다. 하나님은 우리에게 그분의 소유요 거룩한 백성이며 제사장 나라가 되는 위치를 주신다는 것입니다. 그런 축복을 주신다는 것입니다. 이처럼 반드시 계약에서는 양쪽에 다 의무가 주어집니다.

- **하나님의 의무**: 우리를 보호하고 복 주시는 것
- **우리의 의무**: 하나님의 말씀에 순종하는 것

여기서 중요한 것은 한쪽이 의무를 저버리면 다른 한쪽도 의무를 꼭 이행할 필요가 없다는 것입니다. 그러니까 우리가 하나님 말씀을 잘 안 듣고 하나님 앞에 순종하지 않으면 결국 그것 때문에 하나님께서도 우리한테 복 주고 싶어도 못 주시는 것입니다. 이처럼 율법은 쌍무적입니다. 우리가 하나님의 말씀을 듣는 의무를 다하지 않을 경우 하나님도 우리에 대한 의무가 없다는 말입니다.

그런데 이 계약을 이행하는 데 문제가 있습니다. 우리 인간은 의무를 이행할 방법도, 능력도 없다는 것입니다. 아무리 악을 쓰고 난리를 쳐도 하나님 말씀을 그대로 다 지킬 수가 없습니다. 어떤 면에서 율법은 처음부터 우리에게는 불가능 그 자체였습니다. 적어도 부분적으로는 가능하겠지만, 사망을 이길 만큼 의무를 지킬 수는 없다는 말입니다. 그러니까 우리는 결국 하나님의 축복도 받을 수가 없는 처지에 놓여 있습니다. 그래서 율법은 절망을 의미합니다.

율법은 우리의 죄를 깨닫게 합니다. "율법은 결국 우리가 죄인이라는 것을 알게 할 뿐 길이 아니다", 이것이 바울이 율법을 바라본 관점이었습니다. 율법을 잘 지켜 보겠다고 눈에 핏발이 서도록 뛰어다녔던 사람이 내린 결론이 그것입니다. 율법 갖고는 안 된다는 것입니다. 그

래서 율법의 반대말은 복음입니다. 복음은 은혜이고, 율법은 행위입니다. 그래서 율법과 복음은 상대적 개념입니다. 이런 측면에서 성경에는 두 종류의 계약이 나옵니다.

## 두 종류의 계약(언약)

### 쌍무(雙務)적 계약- 시내 산 계약(출 24:3-8) - 율법(갈 4:24)

쌍무적 계약은 서로에게 의무가 있다는 것입니다. 시내 산 계약이 대표적입니다.

"모세가 와서 여호와의 모든 말씀과 그의 모든 율례를 백성에게 전하매 그들이 한 소리로 응답하여 이르되 여호와께서 말씀하신 모든 것을 우리가 준행하리이다 모세가 여호와의 모든 말씀을 기록하고 이른 아침에 일어나 산 아래에 제단을 쌓고 이스라엘 열두 지파대로 열두 기둥을 세우고 이스라엘 자손의 청년들을 보내어 여호와께 소로 번제와 화목제를 드리게 하고 모세가 피를 가지고 반은 여러 양푼에 담고 반은 제단에 뿌리고 언약서를 가져다가 백성에게 낭독하여 듣게 하니 그들이 이르되 여호와의 모든 말씀을 우리가 준행하리이다 모세가 그 피를 가지고 백성에게 뿌리며 이르되 이는 여호와께서 이 모든 말씀에 대하여 너희와 세우신 언약의 피니라"(출 24:3-8).

여기 보면 계약을 맺을 때 짐승을 잡아서 그 피를 양푼에 담는데 반은 여러 양푼에 담고 반은 단에다 뿌립니다. '단에다 뿌린다'는 것은 하나님의 의무를 뜻합니다. "우리가 이렇게 하면 당신도 이렇게 하겠다는 의무를 이행하십시오"라는 뜻입니다. 나머지 양푼에 있는 피는 백성들한테 뿌리는 것입니다. 시내 산에서 맺은 이 쌍무적 언약은 '시내 산 계약'이라고 합니다. 이것이 율법입니다.

바울 사도가 율법과 복음의 관계를 완전히 정리해 놓은 책이 바로 갈라디아서입니다.

"이것은 비유니 이 여자들은 두 언약이라 하나는 시내 산으로부터 종을 낳은 자니 곧 하갈이라"(갈 4:24).

사라는 약속을 받아 자녀를 낳았고, 하갈은 이스마엘을 낳았는데 그것은 아브라함이 자기 행위로 난 것이었습니다. 언약으로부터 나온 게 아니었습니다. 하갈에게서 낳은 이스마엘도 축복해 주지만 그것은 언약과 행위의 축복이라는 것입니다. 여기서 '시내 산'은 '율법'을 의미합니다.

### 편무(偏務)적 계약 아브라함 계약(창 15:8-21) ─은혜(갈 4:26-28)

이 '편'자는 한쪽 편을 얘기합니다. 한쪽 편만 의무가 있는 계약인데, 아브라함 계약이 대표적입니다. 이것은 시온 산 예루살렘 쪽을 의미합니다.

"그가 이르되 주 여호와여 내가 이 땅을 소유로 받을 것을 무엇으로 알리이까 여호와께서 그에게 이르시되 나를 위하여 삼 년 된 암소와 삼 년 된 암염소와 삼 년 된 숫양과 산비둘기와 집비둘기 새끼를 가져올지니라 아브람이 그 모든 것을 가져다가 그 중간을 쪼개고 그 쪼갠 것을 마주 대하여 놓고 그 새는 쪼개지 아니하였으며 솔개가 그 사체 위에 내릴 때에는 아브람이 쫓았더라 해 질 때에 아브람에게 깊은 잠이 임하고 큰 흑암과 두려움이 그에게 임하였더니 여호와께서 아브람에게 이르시되 너는 반드시 알라 네 자손이 이방에서 객이 되어 그들을 섬기겠고 그들은 사백 년 동안 네 자손을 괴

롭히리니 그들이 섬기는 나라를 내가 징벌할지며 그 후에 네 자손이 큰 재물을 이끌고 나오리라 너는 장수하다가 평안히 조상에게로 돌아가 장사될 것이요 네 자손은 사대 만에 이 땅으로 돌아오리니 이는 아모리 족속의 죄악이 아직 가득 차지 아니함이니라 하시더니 해가 져서 어두울 때에 연기 나는 화로가 보이며 타는 횃불이 쪼갠 고기 사이로 지나더라 그 날에 여호와께서 아브람과 더불어 언약을 세워 이르시되 내가 이 땅을 애굽 강에서부터 그 큰 강 유브라데까지 네 자손에게 주노니 곧 겐 족속과 그니스 족속과 갓몬 족속과 헷 족속과 브리스 족속과 르바 족속과 아모리 족속과 가나안 족속과 기르가스 족속과 여부스 족속의 땅이니라 하셨더라"(창 15:8-21).

한동안 이 장면을 성경학자들이 해석을 못 했습니다. 3년 된 암소와 3년 된 암염소와 3년 된 수양과 산비둘기, 집비둘기를 취해, 작은 건 안 쪼개고 큰 것들은 쪼개서 벌려 놓고 밤에 횃불이 지나가면서 하나님이 말씀하셨다는데, 그것이 뭘 말하는지 이해가 안 되었던 것입니다.

그런데 1940년경에 앗수르 왕의 도서관이 발견되었는데 거기서 '에블라 토판 문서' 몇 십만 장이 나왔습니다. 아브라함 시대의 고대 근동 국가들에는 아직 종이가 없어서 진흙을 얇게 구워 그 진흙이 굳기 전에 꼬챙이 같은 것으로 글자를 썼습니다. 그래서 새 발자국처럼 생긴 상형문자나 쐐기문자로 된 기록이 남은 것입니다.

그런데 그 에블라의 토판 문서를 식별해 보니 놀랍게도 어느 부분은 몽땅 다 짐승을 죽이고 쪼개는 내용이었습니다. 그것은 계약서였던 것입니다.

그 당시 계약을 맺을 때는 일단 짐승을 쪼개 놓고 그 사이를 갑, 을 쌍방이 손을 잡고 지나가면서 계약문을 낭독했습니다. "자, 우리 이렇게 했으니까 당신은 나한테 돈을 이렇게 대주고, 나는 당신을 도와주고 물건을 내주기로 합시다." 이 얘기는 "만약 이 계약을 안 지키는 사람이 있으면 이 쪼갠 고기처럼 될지니라" 하는 저주였습니다.

그걸 보니까 성경 창세기 15장이 해석되기 시작한 것입니다. 그런데 그 에블라의 토판 문서에 나와 있는 내용과 창세기에 나와 있는 얘기가 비슷한 듯하면서 다른 점이 하나 있었습니다.

에블라 토판 문서에는 쪼갠 고기 사이를 둘이 같이 손잡고 지나가면서 함께 계약을 낭독하는 모습이 나오는데, 성경을 보면 밤에 횃불만 지나가고 아브라함은 구경하고 있습니다.

이것이 바로 편무적인 계약이라는 말입니다. 이는 계약의 모든 것을 하나님만 책임지신다는 뜻입니다. "네가 믿든 말든 상관없이, 네가 뭘 하든 상관없이 나는 한다", 그 말입니다. 네가 혹시 내 말을 안 믿어줘도 나는 약속을 이행한다는 것입니다. 네가 나를 안 따라도 나는 한다는 얘기입니다. 이것이 바로 아브라함 언약의 근간입니다. 한마디로, 일방적인 계약입니다. 그래서 이것을 '은혜'라고 하는 것입니다.

"오직 위에 있는 예루살렘은 자유자니 곧 우리 어머니라 기록된 바 잉태하지 못한 자여 즐거워하라 산고를 모르는 자여 소리 질러 외치라 이는 홀로 사는 자의 자녀가 남편 있는 자의 자녀보다 많음이라 하였으니 형제들아 너희는 이삭과 같이 약속의 자녀라"(갈 4:26-28).

아브라함으로부터 시작된 일종의 자유의 율법이 은혜라는 것입니다. 성경에는 결국 2개의 계약이 흐르는데, 하나는 시내 산에서 맺은 계약입니다. 이 계약은 인간이 그 의무를 다하지 못하기 때문에 아무리 내용이 좋아도 이루어지지 않습니다. 그래서 하나님이 그것 말고 또 맺으신 계약이 '복음'입니다. 이 복음은 아브라함에서 시작하여 다윗으로 이어져 예수까지 이어졌습니다.

결국 우리에게 능력이 없기 때문에 하나님께서 일방적으로 행하시겠다는 것입니다. 그러면 우리는 우리를 구원하신 그 사실을 그저 믿고 받아들이기만 하면 됩니다. 구원받기 위해 우리가 할 수 있는 일이 무엇이 있겠습니까? 그게 바로 은혜요 복음입니다. 이런 편무적 언약이 아니고는 우리는 구원받을 길이 없습니다.

우리 생각에는 구원받기 위해 뭔가를 드려야 할 것 같지만, 하나님은 그렇지 않다고 하십니다. 왜냐하면 뭔가를 드릴 여력이 없는 사람도 있을 뿐더러, 하나님의 사랑은 일방적인 것이기 때문입니다. 우리는 편무적 언약이 있었기에 구원받은 줄 믿습니다.

하나님이 다윗과 맺으신 언약도 편무적입니다(삼하 7:8-16). 다윗이 성전을 짓겠다고 할 때 하나님께서 "너는 피를 많이 흘려서 안 된다"고 하시면서 뭐라고 하십니까? "네 자손들이 비록 나를 떠날지라도 내가 인생의 채찍과 사람의 매로 징계하겠지만 그러나 결코 버리지는 않겠다"고 하셨습니다. 이것이 다윗 언약입니다.

이 언약은 예수 그리스도에게로 흘러 그분은 온 세상 가운데 일방적으로 구원을 선포하셨습니다. 그래서 마태복음 1장 1절에 "아브라함과 다윗의 자손 예수 그리스도의 계보라"고 나오는 겁니다. 이러한 '편무적 언약의 흐름'은 한마디로 '하나님의 일방적 사랑은 이렇게 흘러갔다'는 것을 보여 줍니다.

# 하나님께서 아브라함과 맺으신 언약

여기에는 3가지 약속이 있었습니다.

첫째, 땅(창 13:14-18) - 일단 여호수아에 가서 이루어집니다.

둘째, 자손(창 15:5) - 다윗, 솔로몬에 가서 이루어집니다(왕상 3:8).

셋째, 복의 근원(창 12:2-3) - 예수 그리스도를 통해 이루어집니다 (마 1:1).

하나님께서는 아브라함과 세 가지 언약을 맺었습니다. "내가 땅을 주겠다. 자손을 주겠다. 너를 복의 근원이 되게 하겠다." 여기서 첫째, 둘째 약속은 셋째 약속에 포함됩니다.

그런데 아브라함은 이 언약 가운데 한 가지도 지키지 못했습니다. 예를 들면, 땅을 다 주겠다고 하셨는데도 그 땅에 기근이 드니까 지키지도 않고 그냥 애굽으로 내려가 버렸습니다. 아브라함은 하나님과의 약속에서 자기가 지키는 게 없었습니다. 하지만 하나님은 성실하게 계속 약속을 지켜 나가셨습니다.

이런 편무적 계약 관계에서 하나님이 단 한 가지 우리에게 요구하시는 것이 있습니다. 창세기 15장 6절을 보십시오.

"아브람이 여호와를 믿으니 여호와께서 이를 그의 의로 여기시고."

비록 하나님이 일방적으로 행해 나가시지만, "하실 줄 믿습니다"라고 믿어 드리는 것이 우리 편에서 중요합니다. "난 그것도 인정 안 해" 한다면 나와는 아무 상관없는 계약이 되겠지만 말입니다. 내가 뭘 할 건 없지만 적어도 그분이 하신 일을 받아들여 주기는 해야 합니다. 그래서 믿음이라는 게 중요합니다. 예수님이 나를 위해 십자가 위에서 행하신 모든 구원의 이야기를 내가 믿어 드리는 게 중요합니다.

# 결론

**그리스도께서 십자가에 죽으신 것은 최대의 편무적 언약의 실행이다.**

"사랑은 여기 있으니 우리가 하나님을 사랑한 것이 아니요 하나님이 우리를 사랑하사 우리 죄를 속하기 위하여 화목 제물로 그 아들을 보내셨음이라"(요일 4:10).

이 말씀대로, 예수 그리스도께서 십자가에 죽으신 것은 최대의 편무적 언약의 실행이었습니다.

**4장**

# 두 갈래 길 신학

인생은 하나님의 말씀에 순종하여 복을 받는 '생명의 길'과 거역하여 저주를 받는 '사망의 길' 두 가지가 있다.

<br>

## 가지 않은 길

프루스트

노란 숲 속에 길이 두 갈래 갈라져 있었습니다.
안타깝게도 나는 두 길을 갈 수 없는
한 사람의 나그네라 오랫동안 서서
한 길이 덤불 속으로 꺾여 내려간 데까지
바라다 볼 수 있는 데까지 멀리 보았습니다.

그리고 똑같이 아름다운 다른 길을 택했습니다.
그럴 만한 이유가 있었습니다. 거기에는
풀이 더 우거지고 사람 걸은 자취가 적었습니다.
하지만 그 길을 걸음으로 해서
그 길도 거의 같아질 것입니다만,

그날 아침 두 길에는 낙엽을 밟은 자취 적어
아무에게도 더럽혀지지 않은 채 묻혀 있었습니다.
아, 나는 뒷날을 위해 한 길은 남겨 두었습니다.
길은 다른 길에 이어져 끝이 없으므로
내가 다시 여기 돌아올 것을 의심하면서.

훗날에 훗날에 나는 어디에선가
한숨을 쉬며 이 이야기를 할 것입니다.
숲 속에 두 갈래 길이 갈라져 있었습니다라고,
나는 사람이 적게 간 길을 택하였다고,
그것으로 해서 모든 것이 달라졌다고.

아주 성경적인 근거를 가진 시입니다. 인생을 두 가지로 나누는 시각은 성경도 마찬가지입니다. 인생은 그것보다는 복잡하고 다양하다고 생각할지도 모르겠으나, 성경은 초지일관 이분법을 고집하고 있습니다.

성탐이가 지금 두 갈래 길에 서 있습니다. 얼마나 갈등이 심하면 머리가 왔다 갔다 하겠어요. 그런데 한쪽 길은 처음에는 험하고 어렵지만 가다 보면 나중에 아름다운 길이고, 또 하나는 처음에는 좀 넓어 보이지만 나중엔 멸망의 길로 가는 것입니다.

## 두 갈래 길 신학의 전제들

인생의 길은 하나님과의 관계라는 잣대로만 잴 수 있다.

성경은 돈이나 권력으로 인생길의 성패를 가르지 않습니다. 성경은 "결국 하나님과 어떤 관계에 있었느냐"는 잣대로만 인생을 잴 뿐입니다. 그 잣대로 잴 때 성공한 인생, 실패한 인생이 나오는 것입니다. 그 잣대로 잴 때 바른 인생, 틀린 인생이 나오는 것입니다. 성경은 다른 잣대는 쓰지 않습니다.

부자와 나사로 이야기를 보면, 부자는 호의호식하고 지냈지만 하나님과의 관계가 맺어져 있지 않아서 실패한 인생을 살았습니다. 반면 나사로는 비록 비참하게 그 집 앞에서 개들이 헌데를 핥을 정도로 빈궁하게 지냈지만, 하나님과 동행했기에 성공한 인생을 산 것이었습니다. 아주 단순한 얘기입니다. '인생의 길은 하나님과의 관계라는 잣대로만 잴 수 있다'는 것이 성경이 말하는 중요한 진리이고 전제입니다. 여기서부터 두 갈래의 신학이 나오는 것입니다.

이 두 갈래의 길은 한 번의 선택으로 끝나는 것이 아니라 삶 가운데 계속 선택하게 된다.

프로스트가 쓴 대로, 길은 또 이어져서 다른 길로 가는 것처럼, 한 번 한 선택은 그걸로 끝나는 게 아니라 계속적인 상태로 가게 됩니다. 그러므로 할 수만 있으면 계속 하나님의 일을 선택해서 나가는 것이 중요합니다. 물론 중간 중간 실수할 수 있지만 그때마다 다시 돌아오면 됩니다.

## 두 갈래 길 신학의 출발과 전개

이 두 갈래 길 신학에는 일종의 기승전결이 있습니다. 시작이 있고, 그것이 이어져 발전된 것이 있고, 그 다음에 전환이 있고, 마지막에 결론이 맺어집니다.

### 기(起)

"내가 오늘 복과 저주를 너희 앞에 두나니 너희가 만일 내가 오늘 너희에게 명하는 너희의 하나님 여호와의 명령을 들으면 복이 될 것이요 너희가 만일 내가 오늘 너희에게 명령하는 도에서 돌이켜 떠나 너희의 하나님 여호와의 명령을 듣지 아니하고 본래 알지 못하던 다른 신들을 따르면 저주를 받으리라"(신 11:26-28).

이것이 두 갈래 길 신학(Tow Ways Theory)입니다. 이 신학은 '하나님의 말씀을 들으면 복이고, 그걸 떠나면 저주다'라는 단순명쾌한 논리로 시작됩니다.

## 승(承)

• 에발 산(저주)과 그리심 산(축복) 의식(신 11:29, 27:12-14, 수 8:33)

두 갈래 길 신학을 하나님은 어떻게 이어지게 하셨을까요? 우선, 에발 산과 그리심 산에서 의식을 행하도록 하셨습니다.

"네 하나님 여호와께서 네가 가서 차지할 땅으로 너를 인도하여 들이실 때에 너는 그리심 산에서 축복을 선포하고 에발 산에서 저주를 선포하라"(신 11:29).

세겜 땅 한쪽은 그리심 산이고 한쪽은 에발 산인데 1년에 한 번씩 지파를 나눠서 양쪽에 세웁니다. 그리고 가운데서 제사장들이 신명기 28장을 낭독합니다. 축복을 낭독하면 그리심 산 사람들이 "아멘" 하고, 저주를 낭독하면 에발 산에서 "아멘" 하는 의식이었습니다. 이렇게 골짜기가 나누어진 것처럼 뚜렷하게 나눠진다는 것을 보여 주는 의식이었습니다. 이 의식을 1년에 한 번씩 행함으로 사람들로 하여금 잊지 않게 할 만큼 중요한 것이 두 갈래 길 신학입니다.

• 두 갈래 길로 나뉘는 신명기 28장

1-14절은 '생명의 길'을, 15-68절은 '사망의 길'을 설명하고 있습니다. 왜 사망의 길 내용이 더 많을까요? 고객이 많기 때문입니다. 이것이 현실입니다.

• 여호수아의 결단의 외침도 두 갈래 길 신학이다(수 24:15).

"만일 여호와를 섬기는 것이 너희에게 좋지 않게 보이거든 너희 조상들이 강 저쪽에서 섬기던 신들이든지 또는 너희가 거주하는 땅에 있는 아모리 족속의 신들이든지 너희가 섬길 자를 오늘 택하라 오직 나와 내 집은 여호와를 섬기겠노라 하니"(수 24:15).

어느 길에 설 것인지를 물어보는 것입니다.


• 시편 1편은 두 갈래 길의 전형이다.

시편 1편은 복 있는 사람과 악인을 극명하게 대비시키고 있습니다. 성경 가운데 하나님으로부터 내려온 말씀이 아닌, 인간이 올려 드리는 기도문인 책은 시편이 유일합니다. 그래서 인생의 이야기를 대변한다고 볼 수 있습니다. 인생의 이야기를 대변하는 이 시편에서 어떤 것을 1편으로 할 것인가, 이것이 제일 중요했을 것입니다. 이 시편 1편은 이 땅을 살아가는 모든 인생길의 요약입니다.

시편 1편 1-3절은 복있는 사람의 길입니다.

"복 있는 사람은 악인들의 꾀를 따르지 아니하며 죄인들의 길에 서지 아니하며 오만한 자들의 자리에 앉지 아니하고 오직 여호와의 율법을 즐거워하여 그의 율법을 주야로 묵상하는도다 그는 시냇가에 심은 나무가 철을 따라 열매를 맺으며 그 잎사귀가 마르지 아니함 같으니 그가 하는 모든 일이 다 형통하리로다."

4절부터 6절까지는 악인의 길을 얘기합니다.

"악인들은 그렇지 아니함이여 오직 바람에 나는 겨와 같도다 그러므로 악인들은 심판을 견디지 못하며 죄인들이 의인들의 모임에 들지 못하리로다 무릇 의인들의 길은 여호와께서 인정하시나 악인들의 길은 망하리로다."

이것이 바로 시편 1편입니다. 두 갈래 길 신학의 전형입니다.


• 갈멜 산에서 엘리야가 외친 외침도 이 두 갈래 길 사이에서의 선택을 촉구한 것이다(왕상 18:21). 선지자들의 외침도 이와 동일하다.

"엘리야가 모든 백성에게 가까이 나아가 이르되 너희가 어느 때까지 둘 사이에서 머뭇머뭇 하려느냐 여호와가 만일 하나님이면 그를 따르고 바알이 만일 하나님이면 그를 따를지니라 하니 백성이 말 한마디도 대답하지 아니하는지라"(왕상 18:21).

• **열왕기서를 쓴 사관(史觀)도 두 갈래 길 신학이다(왕하** 23:25-26).
모든 역사에는 나름대로 기록하는 관점이 있습니다. 열왕기서를 쓴 사관은 '두 갈래 길 신학'입니다.

"요시야와 같이 마음을 다하며 뜻을 다하며 힘을 다하여 모세의 모 든 율법을 따라 여호와께로 돌이킨 왕은 요시야 전에도 없었고 후 에도 그와 같은 자가 없었더라 그러나 여호와께서 유다를 향하여 내리신 그 크게 타오르는 진노를 돌이키지 아니하셨으니 이는 므낫 세가 여호와를 격노하게 한 그 모든 격노 때문이라"(왕하 23:25-26).

열왕기서를 쓴 사관은 '신명기 사관'인데, 이 사관은 전형적인 두 갈 래 길 신학입니다. 삶 가운데 어려운 일이 있다면 불순종했기 때문 이요, 복을 받았으면 순종한 때문이라는 것입니다. 왕국 분열 같은 경우도 이 사관으로 잘 설명이 됩니다. 이런 어려움이 어디서 왔는 지 찾아보니까, 솔로몬의 우상숭배가 있었던 것입니다.

그런데 남 유다의 마지막 왕 요시야의 경우는 이 사관으로는 다 설 명이 안 되었습니다. 요시야는 너무도 열심히 여호와를 섬겼는데도 결 국 애굽에게 패해서 망했습니다. 이것에 대해서 요시아는 잘했는데 그 윗대 왕인 므낫세가 우상을 섬겨서 망했다는 설명이 있습니다. 약간 억지 부리는 것 같지만 어쨌든 그 관점이 열왕기서를 관통하는 신학입 니다.

전(轉)

**왜 사람들은 이 좋은 복의 길을 택하지 저주의 길을 택하는가?**

사람은 누구나 다 복의 길을 원하지 저주의 길을 원하지는 않습니다. 복의 길과 저주의 길가운데 당연히 복의 길을 택해야 하는데 왜 그 길을 안 가고 저주의 길로 사람들이 많이 몰리는 걸까요? 예수님께서 그 이유를 시원하게 풀어 주십니다.

"좁은 문으로 들어가라 멸망으로 인도하는 문은 크고 그 길이 넓어 그리로 들어가는 자가 많고 생명으로 인도하는 문은 좁고 길이 협착하여 찾는 이가 적음이라"(마 7:13-14).

분명히 마지막은 생명 아니면 저주인데, 문제는 멸망으로 인도하는 길은 크고 넓어서 당장은 좋아 보인다는 것입니다. 반면 생명으로 가는 길은 당장은 좁고 힘들어서, 사람들은 이 길이 생명의 길인 줄 알지만 안 간다는 것입니다. 그래서 끝없이 사람들은 계속 저주의 길로 간다는 것입니다.

사실 잘 믿으면 좋은 줄 알지만, 현실적으로는 세상적인 재미도 있고 편하고 남들이 다 가는 길을 가게 됩니다. 그래서 좁은 길 가기가 힘든 것입니다.


결(結)

**이 두 갈래 길의 인생은 심판 때의 두 갈래와 연결된다.**

• **양과 염소의 비유**(마 25:32-33)

마지막 심판 때에 염소는 염소고 양은 양일 뿐입니다. 생기기는 염소처럼 생겼지만 속은 양이다, 이런 것은 의미가 없습니다. 그냥 딱 나눠지는 것입니다. 둘밖에 없습니다. 죄인 아니면 의인입니다. 중간에 어렴풋한 것은 없습니다. 그리고 죄인은 지옥으로 가고, 의인은 천국으로 갑니다. 예수 믿지 않으면 의인될 방법이 없으니까 모두 지옥행입니다. 이것이 양과 염소를 나눈다는 의미입니다.

인생도 보면 어느 순간 애매하게 있다가 칼같이 나눠집니다. 산 자와 죽은 자가 나눠지듯이 나눠집니다. 이건 피할 수가 없는 일입니다.

- 요한계시록 13장은 세상의 길(멸망의 길), 요한계시록 14장은 하나님의 길(생명의 길)

세상의 길을 걸어가는 자가 받는 오른손과 이마에 666짐승의 표를 받습니다. 이것을 진짜 '바코드'라고 말하는 사람이 있는데 그건 절대 아닙니다. "바코드는 666이 아니다"라고 분명히 얘기할 수 있습니다. 바코드를 보면 하필 우연인지 필연인지, 시작과 중간과 마지막이 있습니다. 그런데 이것의 굵기가 하필이면 6과 똑같습니다. 그래서 이것이 666이라고 하여 어떤 목사님들은 바코드를 받으면 짐승의 표를 받는다고 하는데 천만의 말씀입니다. 바코드로 온몸에 도배를 해도 괜찮습니다.

양심이 중요한 것입니다. 마음이 중요한 것입니다. 오른손과 이마라는 것은 '생각과 행동'을 말합니다. 몸이 아니라 생각과 행동 가운데 짐승의 가치관, 짐승의 습관과 생각을 가지고는, 영생이고 뭐고 일단 먹고사는 게 중요하다고 나가게 가면 그게 바로 짐승의 표를 받은 것입니다.

하나님의 길을 걸어가는 자가 받는 표는 어린양의 이름입니다. 시온 산에 있는 하나님의 사람들은 이마에 어린양의 이름이 있습니다. 이 이마에 어린양의 이름이 있다는 것은 출애굽기에 나오는 대제사장이 여호와 앞에 들어갈 때 '여호와께 성결'이라고 쓴 관 띠를 띠는 것을 의미합니다. 그들 자체는 아무것도 아니더라도 그들이 정금으로 만든

관 띠에 '여호와께 성결'이라고 쓴 것을 보고 하나님이 그들을 거룩하게 여기신다고 했던 것과 똑같이, 우리 자체는 비록 부족하지만 우리 이마에 예수 그리스도의 이름이 있으면 하나님이 그것을 보고 인정하신다는 것입니다. 그것이 우리가 구원받은 표적입니다.

**• 마지막 심판(백 보좌 심판) 때에도 두 갈래로 나눠진다**(계 20:11-15).

요한계시록 20장을 보면 생명책에 기록된 자와 생명책에 기록되지 못한 자로 나누어집니다. 아주 단순합니다. 생명책에 기록된 자들은 하나님의 권속(眷屬)이 되고, 생명책에 기록되지 못한 자들은 행위에 따라서 심판받는 것입니다.


## 두 갈래 길의 실례

사도행전 24장 22-27절에 나오는 두 사람(벨릭스, 바울)을 두 갈래 길 신학의 시각에서 분석해 봅시다.

### 벨릭스가 선택한 길 / 바울이 선택한 길

벨릭스는 시편 1편에 나오는 전형적인 악인의 길을 선택한 사람입니다. 예수님이 말씀하신 넓은 길로 가는 사람의 특징이 그에게 다 있습니다. 벨릭스에게는 파레스라는 형이 있었는데, 그는 굉장히 어려운 가운데 갖은 수단 방법을 다 동원하여 로마 중앙정부의 고위직까지 올랐던 자수성가형 인물이었습니다.

형이 로마의 권력을 얻으면서 벨릭스도 형의 백으로 그 당시 가장 수입이 좋다고 하는 팔레스타인 총독으로 내려온 것입니다. 로마 총독으로 팔레스타인에 왔을 때는 돈과 명예와 향락은 보장되었습니다. 벨릭스는 굉장한 부자입니다.

그런데 이 벨릭스가 이제 바울과 대면하게 됩니다. 바울은 굉장히 좋은 집안에서 훈련받았지만 예수 그리스도를 만난 다음부터는 좁은 길, 생명의 길을 걷기로 선택한 사람이었습니다.

벨릭스가 바울을 만났을 때 그는 복음을 알고 있었습니다.

"벨릭스가 이 도에 관한 것을 더 자세히 아는 고로"(행 24:22).

이처럼 복음이 어떤 것인지 알았으면 그 길을 따라가야 하는데, 그는 세상의 길을 버릴 수가 없었습니다. 그래서 "백부장에게 명하여 바울을 지키되 자유를 주고 그의 친구들이 그를 돌보아 주는 것을 금하지 말라 하니라"(23절)고 해 둡니다. 복음이 옳다는 걸 알기 때문에 일단 바울에게 자유를 주고는, "수일 후에 벨릭스가 그 아내 유대 여자 드루실라와 함께 와서 바울을 불러 그리스도 예수 믿는 도를 듣거늘"(24절)이라고 했습니다. 관심이 있으니까 들었던 것입니다. 사망의 길에서 생명의 길로 옮겨가려고 들었습니다.

"바울이 의와 절제와 장차 오는 심판을 강론하니 벨릭스가 두려워하여 대답하되 지금은 가라 내가 틈이 있으면 너를 부르리라 하고"(25절).

여기서 벨릭스가 왔을 때 바울에게는 두 갈래 길이 주어진 것입니다. 당대 총독 벨릭스한테 좋은 얘기만 해 줄 수도 있었습니다. 막 기도하는 척하다가 "권력은 아무나 갖나요. 하나님 주신 것이죠. 내가 음성을 들었는데 하나님이 당신을 너무 예뻐하십니다. 당신이 하는 모든 일은 하나님의 뜻 가운데 있고 하나님이 인정하십니다. 괜찮습니다"라고 얘기했으면 벨릭스가 풀어 줬을 것입니다.

그런데 바울은 그 자리에서 벨릭스가 제일 듣기 힘들어하는 3가지 메시지를 전했습니다. 바로 의와 절제와 장차 오는 심판에 관한 것이었습니다. 이것은 벨릭스가 살아온 인생을 한마디로 박살내는 메시지였습니다.

벨릭스는 불의한 방법으로 엄청난 돈을 벌었습니다. 뇌물을 받고 부정축재를 했습니다. 그리고 그는 절제가 안 되는 사람이었습니다. 그의 아내 드루실라는 원래 다른 사람의 아내였습니다. 벨릭스가 총독 자격으로 에메사 왕국을 방문했다가 그 왕국의 아지주스 왕의 젊은 아내 드루실라와 눈이 맞았습니다. 그래서 아지주스 왕으로부터 힘으로, 권력으로 그 여자를 빼앗아 온 것입니다. 그 드루실라와 지금 같이 찾아온 건데 바울은 그 앞에 대고 의와 절제와 장차 올 심판을 강론했으니 얼마나 불편했겠습니까? 양심의 가책이 왔을 것입니다. 힘들고 자존심 상하고 아쉬워도 그 순간 좁은 길을 선택하여 회개하고 예수를 믿었으면 벨릭스는 사도가 되었을지도 모릅니다.

그런데 이 친구가 갈등하다가 결국엔 "지금은 가라 내가 틈이 있으면 너를 부르리라"(25절) 하고 일단 미루어 버립니다. 하지만 인간이란 일단 그 자리만 벗어나면 생각이 달라지는 존재 아닙니까? C. S 루이스의 『스크루테이프의 편지』에 나오듯이, '오늘은 바쁘니까 내일 결정하자'라고 미루게 하는 것은 마귀가 가장 선호하는 전법입니다.

그러니까 은혜 받을 때 거기서 거꾸러져야지 '다음에'라면서 미뤄 두었다가는 때를 놓치고 맙니다. '내일부터 공짜'라는 말은 영원히 공짜가 아니라는 뜻입니다. 왜냐하면 내일은 계속 내일이니 말입니다. 내일은 영원히 오지 않습니다. 지금이 중요한 것입니다.

그래서 하여간 벨릭스는 좁은 길을 택하지 못하고, 넓은 길로 택해서 갔습니다. 그러면서 결국 어디까지 갔습니까?

"동시에 또 바울에게서 돈을 받을까 바라는 고로 더 자주 불러 같이 이야기하더라"(26절).

이제는 아예 바울에게 돈을 달라는 것입니다. 세상에 자기는 당대 최대의 거부(巨富)고 바울은 천막장사로 복음을 전하다가 장가도 못간 가난한 사람인데, 거기서 돈을 받겠다니 진짜 말도 안 되는 얘기입니다. 정말 벼룩의 간을 내먹어도 유분수입니다.

미국에서 수억 달러를 버는 사람이 탈세를 하다가 걸렸는데 놀랍게도 탈세액이 3천 달러였다고 합니다. 그때 타임지는 사설에서 "그 사람에게는 액수가 중요한 것이 아니다. 돈이 그 사람의 신이니까"라는 말을 했습니다. 돈을 모을 수만 있다면 못할 짓이 없다는 것입니다. 식당에서 음식 값 1달러 가지고, 싸우는 사람은 1달러가 중요한 것이 아니라 돈이 중요한 것입니다. 액수의 많고 적음은 문제가 안 됩니다.

벨릭스는 양심에 화인 맞아서 넓은 길로 간 것입니다. 그 후 형 파레스가 실각(失脚)하고 그 역시 형과 같은 신세가 됩니다. 그리고 베스도가 후임으로 왔는데, 그러면 그때는 바울을 풀어 줘야 하는데, 유대인의 마음을 얻고자 하여 계속 가둬 두었습니다. 그러고는 자기는 드루실라와 함께 그동안 번 것들을 싸 가지고 로마에 가서 뇌물로 자기의 모든 불의한 것을 대충 막아 놓고, 그 돈 가지고 여생을 편안하게 지내려고 그 당시 최고의 휴양도시인 폼페이에 가게 됩니다.

폼페이는 인간이 저지를 수 있는 사치와 향락의 극치입니다. 벨릭스는 그곳에서 쾌락에 취해 재밌게 잘 지내다가 베수비오 화산이 터질 때 죽고 말았습니다. 마침 벨릭스가 폼페이에 있을 때 그런 엄청난 재난이 폼페이에 닥친 것입니다. 이처럼 하나님의 법은 무서운 것입니다. 넓은 길로 계속 갔다가 결국 사망으로 간 것, 이것이 벨릭스가 선택한 길이었습니다.

하지만 바울은 비록 잡혀서 고난 가운데 있기도 했지만 결국 그는

"나를 위하여 의의 면류관이 예비되었다"라고 고백합니다. 그것이 바울의 믿음입니다.

벨릭스가 선택한 길과 바울이 선택한 길 가운데 어떤 길을 선택하겠습니까?

저도 악인이 바로 안 망하고 더 잘되는 것을 볼 때마다 헷갈리기는 합니다. 그런데 분명한 것은 하나님 앞에서 결국 망한다는 것입니다. 그가 만일 마지막까지 부자로 산다면 그게 저주 중에 제일 큰 저주입니다. 중간에 빨리 망해서 회개할 수 있으면 그게 축복입니다. 그러니까 하나님 앞에서 바르지 않게 벨릭스처럼 살아가는 사람들은 절대로 끝까지 좋을 수가 없습니다. 그것은 두 갈래 길의 신학에 어긋납니다.

그러니 좁은 길을 택하여 헌신하는 삶을 사는데 어려움과 고통이 끊이지 않는 사람은 절망하지 마십시오. 분명한 건 그 마지막에 '생명의 길'이 있다는 것입니다. 그건 누구도 막을 수가 없습니다. 하나님은 우리 인생을 하나님과의 관계라는 잣대로 재십니다.

# 5장

# 절기

하나님께서 과거에 베푸신 은혜를 기억하여 감사하며 지키는 날이다.

'추석' 명절의 의미는 무엇일까요? 한마디로 말하면 추수해서 기분 좋다는 것입니다.

'설' 명절의 의미는 무엇일까요? 새해를 시작한다는 것입니다.

'삼일절' 혹은 '광복절'의 의미는 또 무엇입니까?

우리나라 명절 가운데 '그냥 노는 날'이라는 명절은 없습니까? 저는 해마다 새로 달력을 받으면 항상 명절부터 봅니다. 어떤 해에는 노는 날이 절묘하게 주일날과 겹쳐서 피곤하게 노는 경우도 있는데, 하여간 우리나라 명절들 가운데서도 그냥 노는 날은 없습니다.

모든 명절(절기)에는 다 나름대로의 이유와 의미가 있습니다. 의미도 없고 이유도 없는 명절은 명절이 아닙니다. 모든 명절은 다 역사적인 배경에서 나온 의미를 가지고 있습니다. 성경에 나오는 절기(Feast)도 이와 마찬가지입니다. 성경에 나오는 절기는 구약에서부터 신약까지 일관된 의미를 가지고 하나의 맥이 흐르고 있습니다. 그래서 절기를 정확히 아는 것은 성경의 맥을 뚫은 중요한 방법 중 하나입니다. 성경을 읽다가 절기가 나오면, 그냥 절기인가 보다 하며 넘기지 말고 제대로 알아 나가는 것이 성경의 맥을 잡는 데 중요합니다.

성탐이가 지금 문설주와 인방에 뭘 바르고 있습니다. 날짜는 '몇 월 몇 일 유월절'이라고 되어 있습니다. 성경에는 유월절이 정월 14일이라고 하는데, 이 정월은 '아빕월'이라고 해서 지금의 4월에 있습니다.

성경에 나오는 절기는 모두 하나님의 은혜와 상관이 있습니다. 과거에 있었던 일을 기억하고 감사하며 지키는 날이 각 절기입니다.

## 절기 신학의 전제들

### 절기는 하나님의 명령에 의하여 지키는 것이다

절기는 사람들이 정한 것이 아니라 하나님께서 "이 날을 기억하여 지키라"고 정해 주신 것입니다. 그렇다면 하나님께서 왜 절기를 지키라고 하셨을까요? 그것은 결코 하나님 자신을 위해서가 아닙니다. 제삿날 기억하고 차려 놓으라고 난리 치는 건 귀신이고, 하나님은 이런 귀신과는 질적으로 다른 분이십니다. 하나님께서 절기를 지키라고 명하시는 것은 절기에 굉장히 중요한 의미가 있기 때문입니다.

### 각 절기마다 독특한 영적 의미가 있다

모든 절기에는 다 영적인 의미가 있습니다. 성경에 나오는 절기들 가운데 영적 의미가 없는 절기는 없습니다.

### 절기는 과거의 신앙적 체험을 현재의 것으로 '다시 한 번 체험'하게 하는 것이다

절기는 옛날 것을 기억하고는 끝내는 게 아니라 지금 다시 한 번 체험하는 것이 중요합니다. 예를 들면, 옛날에 있던 유월절을 지금 지키면서 '옛날에 그런 게 있었어' 하고 마는 게 아니라, 그 유월절 때 특별히 그 죽음의 칼날이 온 애굽을 휩쓸 때 이스라엘 백성들만을 보호하시던 그 사랑을 다시 한 번 또 경험하는 데 의미가 있습니다.

주일도 마찬가지입니다. 주일은 하나님이 엿새 일하고 일곱 째날 쉬셨기 때문에 쉬는 날이 아닙니다. 십계명 가운데 안식일을 기억하라고 했기에 쉬는 날인 것도 아닙니다. 혹은 예수님께서 안식 후 첫날 부활하셨기 때문에 그날을 기념하느라 쉬는 날인 것도 아닙니다. 주일은 바로 부활하신 주님을 만나는 날입니다. 그래서 그날은 주의 날인 것입니다.

절기가 정말 중요한 건 과거의 체험을 현재 다시 한 번 하게 하기 때문입니다. 이것이 바로 성경에 나오는 절기의 중요한 점입니다. 절기는 기념하기 위해서가 아니라 체험하기 위해 존재합니다. 그래서 우리는 매 주일날 주의 날의 감격을 체험해야 합니다. 모든 절기마다 그렇습니다. 부활절마다 부활의 감격을 체험하는 것이고, 감사절마다 하나님의 은혜를 체험하는 것입니다. 성탄절마다 우리 가운데 임하신 임마누엘의 역사를 체험하는 것입니다. 기념하는 것이 아닙니다.

이 3가지의 신학적 전제를 가지고 이제 절기들을 하나씩 살펴보겠습니다. 대략 성경에 나와 있는 절기를 중요한 것들만 정리해 보았습니다.

## 절기들

### 정한 절기(정해진 절기)

• **안식일**(Sabbath) (출 20:8-11)

이것은 매 칠일마다 이미 정해져 있는 절기입니다. 십계명은 출애굽기 20장과 신명기 5장 이 두 군데에 나오는데, 십계명 가운데 "안식일을 기억하여 거룩하게 지키라"는 말씀이 있습니다. 안식일은 쉬라는 날입니다. 그런데 우리는 안식일에 얼마나 바쁩니까? 교회 다니는 사람들은 평일보다 더 바쁩니다. 저희 아들은 주일날 바쁜 저에게 늘 불만이 많습니다. 하지만 여기서 쉬라는 것은 몸이 쉬라는 것이 아니라, 세상에서 바빴던 모든 것을 멈추고 하나님과 교제하라는 뜻입니다. 우리의 진정한 휴식은 하나님과의 교제 가운데 있음을 믿습니다. 몸만 쉬면 괜히 쓸데없는 생각이나 하고 오히려 건강을 해치게도 됩니다. 제가 보니까 오래 쉴수록 사람이 망가지더라고요.

이날만큼은 하나님께만 초점을 맞추고 교제하는 날입니다. 그래서 안식일을 철저히 지키는 사람들은 심지어 음식 준비도 하지 말라고 합니다. 어쨌든 안식일은 쉰다는 게 주제인데, 그 의미는 하나님과의 교제라는 것을 알면 되겠습니다.

〈유대인의 절기〉

| 분류 | 절기명 | 성경구절 |
|---|---|---|
| 정한 절기 | 안식일(Sabbath) | 출 20:8–11 |
| | 월삭(New Moon) | 민 10:10, 28:11 |
| | 안식년 | 레 25:5–7 |
| | 희년(Jubilee) | 레 25:8–18 |
| 순례 절기 | 유월절(Passover) | 출 12:1–28 |
| | 칠칠절(오순절) | 출 34:22, 23:16 |
| | 초막절(수장절) | 레 23:33–36 |
| 외경의 절기 | 수전절(하누카) | 요 10:22 |
| | 부림절(Purim) | 에 9:20–25 |

• **월삭**(New Moon) (**민** 10:10, 28:11)

"또 너희의 희락의 날과 너희가 정한 절기와 초하루에는 번제물을 드리고 화목제물을 드리며 나팔을 불라 그로 말미암아 너희의 하나님이 너희를 기억하시리라 나는 너희의 하나님 여호와니라"(민 10:10).

월삭은 한 달이 시작되는 첫날입니다. 사실 12월 31일과 1월 1일 사이에는 아무런 차이가 없습니다. 그런데 하나님께서 우리로 시간을 계산하게 하신 것은 인생이 쭉 지나가면서 중간 정리가 안 되기 때문입니다. "시간이 흐르고 있구나"를 깨닫고 중간 중간에 매듭을 짓게 하기 위해 달력이 있듯이, 매월 첫날이 되면 그날은 "또 한 달이 시작되는구나" 하며 새로운 의미에서 하나님을 기억하도록 초하루(월삭)라는 절기를 허락하신 것입니다. 특별히 바벨론 문화에도 신월제라는 것이 있긴 하지만, 월삭과는 전혀 다릅니다. 월삭이 있는 이유는 하나님을 기억하기 위함입니다. 그러면 하나님도 우리를 기억하신다고 하셨습니다.

### • 안식년 (레 25:5-7)

7년 만에 돌아오는 안식년에서 가장 중요한 키포인트는 땅이 쉰다는 것입니다. 원래 땅은 쉬어야 합니다. 사람이 계속 땅을 돌리다 보면 땅도 지치고 사람도 지치게 됩니다. 그래서 땅이 회복하고 사람도 회복하는 안식년이 필요한 것입니다.

또한 안식년에는 노예해방이 중요합니다. 히브리 노예들은 일단 안식년이 되면 다 풀어 줍니다. 원하면 다 내어 보내 주는 것입니다. 그런데 본인이 나가지 않겠다고 하면 데려다가 귀를 뚫어 증거를 삼았습니다. 하지만 안타깝게도 이 규례는 한 번도 이스라엘 역사에서 실행되어 본 일이 없습니다. 인간의 이기심 때문입니다. 생각해 보십시오. 노예를 샀는데 7년 만에 풀어 주게 되면 손실이 크지 않겠습니까? 그래서 한 번도 안 풀어 주었습니다. 땅은 계속 농사를 지으면 중간에 농사가 안 되니까 어쩔 수 없이 쉬게 했지만 사람은 안 풀어 줬습니다.

예레미야 34장 8-11절을 보십시오.

"시드기야 왕이 예루살렘에 있는 모든 백성과 한 가지로 하나님 앞에서 계약을 맺고 자유를 선포한 후에 여호와께로부터 말씀이 예레미야에게 임하니라 그 계약은 사람마다 각기 히브리 남녀 노비를 놓아 자유롭게 하고 그의 동족 유다인을 종으로 삼지 못하게 한 것

이라 이 계약에 가담한 고관들과 모든 백성이 각기 노비를 자유롭
게 하고 다시는 종을 삼지 말라 함을 듣고 순복하여 놓았더니 후에
그들의 뜻이 변하여 자유를 주었던 노비를 끌어다가 복종시켜 다시
노비로 삼았더라."

은혜 받는 순간에는 놓아 주었다가 금세 돌아서서는 다시 끌어다가
잡았다는 것입니다. 인간의 이기심은 참 무서운 적입니다. 그래서 은
혜 받은 대로 행하기가 쉽지 않은 것입니다.


• **희년**(Jubilee) (레 25:8-18)

안식년의 안식년, 즉 7×7=49를 해서 50년째가 되는 해가 희년입
니다. 희년은 양각 나팔을 부는 날입니다. 50년 되어 양각 나팔을 불면
모든 사람들은 자신의 원래 기업으로 돌아갑니다. 모두 다 원위치하
는 것입니다. 특별히 땅의 기업에 대해 그렇게 하는 것입니다. 자녀나
생명이나 권리는 유동적인 면이 있지만 땅은 그대로 있기 때문입니다.
하지만 희년 역시 한 번도 시행되어 본 적이 없습니다. 나팔은 그렇게
많이 불었건만 한 번도 땅을 돌려준 적도, 돌려받은 적도 없었습니다.
인간의 이런 약함을 알지만 그래도 하나님은 희년을 선포하게 하셨습
니다.

그런데 중국에서는 땅을 소유하는 개념으로 보지 않고 국민들에게
50년 사용권을 임대해 줍니다. 중국이 토지 문제에서 이처럼 성경적
인 것은 공산주의의 기초에 성경의 주제를 차용했기 때문입니다. 성경
적으로 본다면, 땅은 개인이 소유하는 것이 아닙니다. 땅은 하나님 것
입니다.

여하튼 희년은 원래의 기업으로 돌아가는 것입니다. 그래서 우리
나라도 1995년도에 얼마나 기대를 했습니까? 해방되고 희년이 되는

해라 북한이 열리려나 기대했지만 아무 일도 없었습니다. 2000년도에는 6.25전쟁이 일어나고 50년이 되던 해라서 또 기대했지만 또 무산되었습니다. 그런데 사실 50이라는 숫자가 중요한 것이 아니라, '하나님의 약속의 때'가 중요한 것입니다.

## 순례 절기

### • 유월절(Passover) (출 12:1-28)

유월절은 열 번째 재앙인 장자를 죽이는 재앙에서 하나님이 이스라엘을 보호했기 때문에 지켜지는 절기입니다. 이스라엘 역사의 출발점이 바로 출애굽 사건입니다.

그런데 그 출애굽 이야기의 하이라이트가 바로 유월절 사건입니다. 유월절은 모든 이스라엘 절기의 기본입니다. 사실 그날이 1월 달이 아님에도 불구하고 그날을 정월로 삼으라는 것은 이날부터 이스라엘이 시작되었다는 의미에서입니다. 모든 첫 번째 것은 하나님의 것이듯, 유월절은 첫 열매를 거두는 초실절과도 같은 절기로 여겨졌습니다. 유월절에 이스라엘 사람들은 그들 자신이 하나님의 은혜로 산다는 것을 되새겼습니다.

### • 칠칠절(오순절) (출 34:22, 23:16)

7×7=49 다음에 50이라는 개념에서 오순절이 나왔습니다. 순(旬)은 10을 뜻합니다. 그런데 원래 칠칠절은 보리 수확을 하기 때문에 맥추절이라고도 합니다.

유대인의 관점으로 볼 때는 초실절이 유월절과 비슷한데, 그 유월절 다음 50일 뒤에는 대량 수확을 한다고 합니다. 첫 번 수확은 유월절 때쯤 하지만, 50일쯤 뒤에는 대량 수확을 하는데 그때가 오순절이라는 것입니다. 그래서 오순절에는 '초실절 후 50일 뒤에'라는 의미가 있습니다.

유대인 크리스천들이 보는 바에 따르면, 예수님께서 단 한 번 잠자는 자들의 첫 열매가 되신 것이 초실절 때이고, 그 다음 오순절 성령 강림 때 왕창 임하셔서 대량 수확을 하셨다는 것입니다.

그런데 유대인들은 오순절에 또 하나의 의미를 부여하는데, 모세가 시내 산에서 율법 받은 날이라고 주장합니다. 왜냐하면 유월절 날 출애굽하여 홍해와 신 광야를 건너 시내 산까지 도착하려면 그때 10정도 걸리고, 모세가 산에 올라가서 40일쯤 뒤에 율법을 받았기 때문에 그날이 오순절일 것이라고 주장하는데, 이것은 그냥 설(說)일 따름입니다.

### • 초막절(수장절) (레 23:33-36)

이것은 광야생활을 기념하기 위한 절기입니다.

"여호와께서 모세에게 말씀하여 이르시되 이스라엘 자손에게 말하여 이르라 일곱째 달 열닷샛날은 초막절이니 여호와를 위하여 이레 동안 지킬 것이라 첫날에는 성회로 모일지니 너희는 아무 노동도 하지 말지며 이레 동안에 너희는 여호와께 화제를 드릴 것이요 여덟째 날에도 너희는 성회로 모여서 여호와께 화제를 드릴지니 이는 거룩한 대회라 너희는 어떤 노동도 하지 말지니라"(레 23:33-36).

초막절은 7월 15일입니다. 원래 이스라엘 달력은 7월 첫날이 신월입니다. 그리고 7월 10일이 속죄일, 7월 15일이 초막절입니다. 주요 절기가 7월 달에 다 몰려 있습니다.

7월 15일부터 21일까지 이스라엘 사람들은 광야 생활을 기억하며 초막절을 기념합니다. 이 7월 달이 지금 이스라엘로 치면 9월말인데, 언젠가 제가 9월 달쯤에 이스라엘에 갔을 때 초막절을 지키는 모습을 직접 목격하게 되었습니다. 지금도 초막절이 되면 사람들은 다들 집에서 안 자고 자기 집 베란다에 갈대 같은 것을 덮어 놓고 거기서 잡니다. "우리가 여호와 앞에서 광야를 걸었던 것을 기억하고 잊지 말자"는 의미에서 그렇게 초막절을 지키는 것입니다.

그런데 초막절은 단순히 광야생활을 체험해 보는 데서 그치는 것이 아니라, 종말론적으로 보면 굉장히 중요한 회복의 날이 됩니다. 그런 의미에서 스가랴 14장은 우리가 비전으로 꼭 받아야 할 말씀입니다.

"예루살렘을 치러 왔던 이방 나라들 중에 남은 자가 해마다 올라와서 그 왕 만군의 여호와께 경배하며 초막절을 지킬 것이라"(슥 14:16).

그날이 오면 사람들이 초막절을 지킨다는 것입니다. "모든 광야의 이야기가 끝난 어떤 절기일인데" 하면서 기억하고 지킨다는 얘기입니다. 그래서 종말론적으로 볼 때 초막절은 회복의 날입니다.

"땅에 있는 족속들 중에 그 왕 만군의 여호와께 경배하러 예루살렘에 올라오지 아니하는 자들에게는 비를 내리지 아니하실 것인즉 만일 애굽 족속이 올라오지 아니할 때에는 비 내림이 있지 아니하리니 여호와께서 초막절을 지키러 올라오지 아니하는 이방 나라들의 사람을 치시는 재앙을 그에게 내리실 것이라 애굽 사람이나 이방 나라 사람이나 초막절을 지키러 올라오지 아니하는 자가 받을 벌이 그러하니라 그 날에는 말 방울에까지 여호와께 성결이라 기록될 것이라 여호와의 전에 있는 모든 솥이 제단 앞 주발과 다름이 없을 것이니 예루살렘과 유다의 모든 솥이 만군의 여호와의 성물이 될 것인즉 제사 드리는 자가 와서 이 솥을 가져다가 그것으로 고기를 삶으리라 그 날에는 만군의 여호와의 전에 가나안 사람이 다시 있지 아니하리라"(슥 14:17-21).

그날에는 완전히 회복이 일어나 각각 집에서 쓰는 솥들이 다 성물이 된다는 것입니다. 일상생활이 전부 다 하나님께 드리는 제사가 되는 것입니다. 그래서 얼마나 거룩하면 이마에다 쓸 말인 '여호와께 성결'을 말방울에까지 쓴다는 것입니다. 지금으로 말하자면 모든 자동차 번호판에 다 '여호와께 성결'이라고 썼다는 뜻입니다.

이 초막절을 기억해서 해마다 초막절이 되면 이스라엘에 전 세계에서 사람들이 몰려듭니다. 그리고 몇 천 명씩 행진을 합니다. "만국이 다 올라온다"는 말씀처럼 전 세계 교회가 초막절을 지키러 오는 것입니다. 이 초막절은 이스라엘 백성한테는 광야생활을 기념하는 날이지만, 종말론적으로 가면 회복절기와 연결됩니다.

### 외경의 절기

**• 수전절(하누카) (요 10:22)**

수전절은 구약 성경에 나오지 않고 외경에 나오는 절기입니다. '하누카'라고 해서 성전을 다시 회복한 날입니다. 주전 164년에 마카비가 성전을 다시 봉헌한 날입니다. 요한복음 10장 22절에 "예루살렘에 수전절이 이르니 때는 겨울이라"고 되어 있듯이, 보통 12월 달로 봅니다. 유대인 달력으로 보면 아홉 째 달 키슬렛 25일로 되어 있습니다. 절기 날짜가 하도 달라서 애매합니다.

**• 부림절(Purim) (에 9:20-26)**

이날은 하만이 유대 사람을 죽이려고 제비(부르)를 뽑았던 날인데, 오히려 에스더의 활약으로 모든 게 수포로 돌아가고 하만 자신이 그날

기둥에 매달려 죽게 되었습니다. 그래서 유대인들은 구원받은 것을 기뻐하여 이 부림절을 지킵니다. 보통은 아다(Adar)월이 이스라엘 달력으로 열두 번째 달인데 이 달 14일, 15일쯤을 부림절로 보고 있습니다.

## 예수 그리스도와 절기

예수님의 사역은 절기와 그 궤를 같이합니다.
- 열두 살 때 이야기(눅 2:41-52)-유월절
- 세례 요한의 증언(요 1:29)-속죄일
  속죄일은 7월 10일입니다. 히브리 달력으로 유월절이 있는 정월은 아빕, 속죄일이 있는 7월은 에다님이라고 부릅니다.
- 요한복음 7장 2, 37절-초막절
  "명절 끝날 곧 큰 날"(37절)은 초막절을 말합니다.
- 성찬식(마 26:17-29)-유월절
  예수님은 유월절 식사를 하며 성찬식을 베푸셨습니다.
- 십자가에서 돌아가심(요 19:31)-유월절
  예수님은 유월절 어린양으로 돌아가셨습니다.
- 부활(마 28:1)-안식일
  부활절은 안식 후 첫날이었습니다. 그 안식일이라는 것은 '유월절 안식일'이었습니다.
- 성령 강림(행 2:1)-오순절
  예수님의 사역을 보면 절기와 굉장히 밀접하게 연결되어 있다는 것을 알 수 있습니다.

# 종말과 절기

- **초막절** (슥 14:16)
- 재림 주인 예수 그리스도를 어린양으로 보는 것도 절기와 관계가 있습니다(계 14:1). 예수 그리스도는 다시 오실 때 그냥 오시는 것이 아니고 어린양으로 오십니다.

# 6장
# 서원(나실)

어떤 목적을 위해 하나님께 삶을 드리고 드려진 자로서 구별된 삶을 사는 것이다.

　제가 어릴 때 교회에서는 해마다 성탄절이나 부활절 같은 때에 성극을 했는데 그때마다 아주 어려운 점이 하나 있었습니다. 그것은 예수님의 모습을 분장하는 것이었습니다. 예수님 역을 맡은 사람의 주된 고민은 예수님의 독특한 헤어스타일이었습니다. 마침 교회에 미용실을 하는 분이 있어서 가발을 빌렸는데, 가발은 해마다 유행이 바뀌기 때문에 어떤 해에는 예수님이 뽀글뽀글 라면머리를 했다가, 또 어떤 해에는 거지 커트를 하고 나타났습니다. 게다가 가발은 잘 벗겨져 무대에서 중간에 벗겨질까 봐 늘 조마조마했습니다.

　그런데 왜 예수님은 이처럼 항상 장발로 묘사되는 것일까요? 히피족의 원조가 예수님이라는 불명예까지 얻어가면서 말입니다.

　사실 예수님이 장발이라는 근거는 어디에도 없지만 거기에는 이유가 있습니다. 예수님이 나실인일 것으로 보기 때문입니다. 예수님이 실제로 나실인으로 서원했다는 기록은 없지만, 그분의 삶의 모습을 볼 때 나실인이었을 것 같기에  그런 모습으로 그리는 것입니다.

사무엘도 머리가 길었는데 그것 역시 그가 나실인이었기 때문입니다. 나실인 규례는 머리와 상관이 있습니다.

서원(나실)이란 어떤 목적을 위해 하나님께 삶을 드리고 드려진 자로서 구별된 삶을 사는 것을 말합니다. 중요한 것은 구별된 삶입니다. '나실'(Nazir, 나지르)이란 '성별된', '구별된', '봉헌된'이라는 뜻입니다.

## 나실인이 지켜야 할 것

민수기 6장 1-8절을 보면 3가지를 지키게 되어 있는 것을 봅니다. "여호와께서 모세에게 말씀하여 이르시되 이스라엘 자손에게 전하여 그들에게 이르라 남자나 여자가 특별한 서원 곧 나실인의 서원을 하고 자기 몸을 구별하여 여호와께 드리려고 하면 포도주와 독주를 멀리하며 포도주로 된 초나 독주로 된 초를 마시지 말며 포도즙도 마시지 말며 생포도나 건포도도 먹지 말지니 자기 몸을 구별하는 모든 날 동안에는 포도나무 소산은 씨나 껍질이라도 먹지 말지며 그 서원을 하고 구별하는 모든 날 동안은 삭도를 절대로 그의 머리에 대지 말 것이라 자기 몸을 구별하여 여호와께 드리는 날이 차기까지 그는 거룩한즉 그의 머리털을 길게 자라게 할 것이며 자기의 몸을 구별하여 여호와께 드리는 모든 날 동안은 시체를 가까이하지 말 것이요 그의 부모 형제 자매가 죽은 때에라도 그로 말미암아 몸을 더럽히지 말 것이니 이는 자기의 몸을 구별하여 하나님께 드리는 표가 그의 머리에 있음이라 자기의 몸을 구별하는 모든 날 동안 그는 여호와께 거룩한 자니라."

## 포도주와 독주를 멀리하라

포도를 건포도, 신포도, 생포도, 하다못해 포도즙도 먹지 말라고 하는데, 포도즙과 포도주의 차이를 어떻게 압니까? 알코올 함량이 0퍼센트면 포도즙이고 1퍼센트면 포도주인가요? 결국 아예 가까이하지 말라는 얘기인 것입니다. 괜히 가까이 가서 헷갈리지 말라는 것입니다. 원래 끊으려면 그렇게 끊어야 합니다.

이스라엘 백성들은 특히 포도주에 약했습니다. 안식일마다 계속 마시니까 안식일이 끝나고 나면 길바닥에 누워 있는 사람이 많았습니다. 포도주를 많이 마시다가 취해 버린 것입니다. 그러니까 나실인이 되기 위해 이것을 끊는 것이 보통 어려운 일이 아니기 때문에 아예 포도주 근처에도 못 가게 한 것입니다.

## 삭도를 머리에 대지 말라

나실인은 일단 태어날 때부터 머리에 손을 대지 않았습니다. 그런데 중간에 나실인이 되면 일단 머리를 다 밀고 다시 그때부터 시작해서 머리에 손을 대지 않았습니다.

삼손이 처음에 나실인이었을 때는 머리가 길었는데, 그만 유혹에 넘어가 머리를 잘랐습니다. 이때 그는 아무 힘도 쓰지 못하는데 이것은 머리카락에 힘의 근원이 있어서가 아니라, 나실인의 규율을 어기는 순간 하나님과의 관계가 깨졌기 때문이었습니다. 그런데 그가 완전히 눈이 뽑히고 연자 맷돌을 돌리는 자리에 서게 되자 다시 머리가 자라게 됩니다. 이때부터 나실인의 규율이 또다시 시작되어 그는 엄청난 힘을 되찾아 결국 블레셋을 물리치고 장렬한 최후를 맞이합니다.

나실인이 머리에 삭도를 대지 않는 것은 구별되기 위해서입니다. 머리를 자르는 게 나빠서라기보다는 구별되기 위해서였습니다.

**시체를 가까이하지 말라**

심지어 부모나 형제 자매가 죽었을지라도 그 시신을 가까이하지 말라는 것입니다.

나실인이 어떤 것을 하지 말아야 하는지 알고 싶으면 이 그림을 보십시오. 시체와 술과 삭도를 대지 말아야 하는 것입니다.

## 나실인들

서원은 일정 기간 할 수도 있고(적어도 30일 이상), 일생을 할 수도 있습니다. 성경에 나오는 나실인들을 보겠습니다.

### 삼손 (삿 13:2-7)

삼손의 서원 내용은 블레셋에서 이스라엘을 구원하는 것이었습니다. 삼손은 날 때부터 나실인이었습니다. 제가 볼 때 성경에서 제일 안타까운 인물 중 하나가 삼손입니다. 멋있기도 했지만 너무너무 비극적인 삶을 산 인물입니다.

### 사무엘 (삼상 1:11)

삭도를 대지 않는다는 얘기가 나오면 나실인입니다. 사무엘의 서원 내용은 하나님 앞에 평생 바치겠다, 성전에서 섬기는 일을 하겠다는 것입니다(삼상 1:28).

### 세례 요한 (눅 1:15–17)

누가복음 1장 15–17절에는 세례 요한이 나실인으로서 "포도주나 독한 술을 마시지" 아니한다고 나옵니다.

그의 서원 내용은 이스라엘을 하나님께로 돌아오게 하고 엘리야의 심정으로 주의 길을 예비하는 것이었습니다(눅 1:16–17). 그는 약대 털옷을 입고 광야에 있으면서 나실인의 삶을 살았습니다.

### 바울 (행 18:18)

사도행전 18장 18절을 보면 그가 "겐그레아에서 머리를 깎았다"고 했습니다. 겐그레아는 아가야 지방의 고린도 항구에 있습니다. 거기에서 2차 전도여행이 끝나고 3차 전도여행을 시작할 무렵에 그는 머리를 깎았습니다. 서원을 했다는 얘기입니다. 서원의 내용은 땅끝까지 가서 복음을 전하겠다는 것이었습니다(롬 15:23). 이것을 볼 때 사도 바울도 나실인 서약을 했음을 알 수 있습니다.

### 예수님

예수님은 나실인의 규례로 볼 때는 나실인이 아니셨습니다. 시체도 만지셨고, 포도주도 드셨기 때문입니다. 나실인은 아니지만 거룩하게 구별된 삶을 사셨다는 점에서는 예수님은 나실인이셨습니다. 그래서 예수님을 묘사할 때 머리를 길게 하는 것입니다.

### 예수를 믿는 사람 (빌 2:15, 계 14:4-5, 21:27)

예수를 믿는 사람은 다 나실인입니다.

"이는 너희가 흠이 없고 순전하여 어그러지고 거스르는 세대 가운데서 하나님의 흠 없는 자녀로 세상에서 그들 가운데 빛들로 나타내며"(빌 2:15).

이것은 나실인으로 살아라는 말씀입니다. 세상에서 흠 없고 순전하고 구별되게 사는 사람이야말로 나실인이 아니겠습니까?

요한계시록 14장 4-5절에는 14만 4천 명의 이야기가 나옵니다.

"이 사람들은 여자와 더불어 더럽히지 아니하고 순결한 자라 어린양이 어디로 인도하든지 따라가는 자며 사람 가운데에서 속량함을 받아 처음 익은 열매로 하나님과 어린양에게 속한 자들이니 그 입에 거짓말이 없고 흠이 없는 자들이더라."

이것 역시 나실인을 의미합니다. 여기서 "여자와 더불어 더럽힌다"는 것은 유대인의 상황에서 성적인 더러움을 표현한 것입니다. 나실인으로서의 크리스천이 구별되고 깨끗해야 한다는 얘기입니다. 나실인은 "무엇이든지 속된 것이나 가증한 일 또는 거짓말하는 자"(계 21:27)에게서도 구별되어야 합니다. 예수 믿는 사람은 다 나실인입니다. 그러니 나실인답게 살아야 합니다. 우리가 크리스천으로 살아가면서 구별됨에 관한 생각이 없으면 그때부터 우리는 다 무너집니다. 우리는 무엇인가 구별된 가운데 있어야 합니다. 괜히 형식적으로만 구별되어서는 안 되고 본질적으로 거룩을 향해 구별되어야 합니다.

# 7장
# 마리아 노래

하나님이 비천한 자를 들어 높이시고 스스로 높은 자를 낮추시는 것이다.

천국에 들어가는 순간 사람들은 3번 놀란다고 합니다.

'나 같은 것이 어떻게 천국에?'

'저 사람이 어떻게 천국에?'

'어떻게 그 훌륭한 사람은 못 왔을까?'

'나는 마땅히 천국 간다'고 한 사람은 천국에 거의 못 들어오고, '나 같은 것이 어떻게 천국에' 하는 사람은 들어간다는 것입니다. 또, 아닐 것 같은 사람이 천국에 와 있다는 것입니다.

'내가 어떻게 천국에', '저런 애가 어떻게 여길?', '그는 왜 안 왔을까?'

이것이 바로 '마리아의 노래'입니다. '아베 마리아'라는 노래는 곡 쓰는 사람치고 손을 안 댄 사람이 없을 정도로 성가(聖歌)나 가요로 수 없이 불렸던 곡입니다. 그런데 이 성모 마리아 노래의 진짜 의미를 알고들 부르는지는 의문입니다. 과연 '아베 마리아'를 열창하는 여가수가 자신이 비천한 여자라는 생각을 할까요?

마리아의 노래(눅 1:46-55)는 비천한 계집종에게 큰일을 행하신 하나님의 역사에 대한 찬양입니다.

"마리아가 이르되 내 영혼이 주를 찬양하며 내 마음이 하나님 내 구주를 기뻐하였음은 그의 여종의 비천함을 돌보셨음이라 보라 이제 후로는 만세에 나를 복이 있다 일컬으리로다 능하신 이가 큰일을 내게 행하셨으니 그 이름이 거룩하시며 긍휼하심이 두려워하는 자에게 대대로 이르는도다 그의 팔로 힘을 보이사 마음의 생각이 교만한 자들을 흩으셨고 권세 있는 자를 그 위에서 내리치셨으며 비천한 자를 높이셨고 주리는 자를 좋은 것으로 배불리셨으며 부자는 빈손으로 보내셨도다 그 종 이스라엘을 도우사 긍휼히 여기시고 기억하시되 우리 조상에게 말씀하신 것과 같이 아브라함과 그 자손에

게 영원히 하시리로다 하니라.”

여기서 핵심은 “비천한 자를 돌아보셨다”는 것입니다. 높은 자는 내리시고 낮은 자를 올리시며, 주린 자는 채우시고 부자는 빈손으로 보내는 하나님의 역전의 이야기가 나옵니다. ‘마리아의 노래’라고 하는 이 신학의 핵심 주제는 ‘하나님이 낮은 자를 들어서 높이신다. 스스로 교만한 자는 낮추시고 낮은 자는 들어서 높이신다’는 것입니다.

놀라운 일을 행한 하나님의 사람들은 다 자신의 비천함을 깨달은 사람들이었으며, 실제로도 대부분 별 볼일 없던 사람들이었습니다. 그랬기에 계속적으로 하나님의 능력을 의존했던 것입니다.

‘마리아 노래 신학’(Magnificat Theory)은 바로 이런 이야기이며, 성경을 관통하는 선명한 주제입니다.


## 마리아의 노래와 한나의 노래

‘마리아의 노래’(눅 1:46-55)가 신약에 나온다고 한다면, 그것과 너무나 똑같은 노래가 구약에도 나옵니다. 바로 ‘한나의 노래’(삼상 2:1-10)입니다. 한나의 노래와 마리아 노래는 동일한 주제를 가진 노래입니다 (눅 1:52-53, 삼상 2:5, 8).

“한나가 기도하여 이르되 내 마음이 여호와로 말미암아 즐거워하며 내 뿔이 여호와로 말미암아 높아졌으며 내 입이 내 원수들을 향하여 크게 열렸으니 이는 내가 주의 구원으로 말미암아 기뻐함이니이다 여호와와 같이 거룩하신 이가 없으시니 이는 주밖에 다른 이가 없고 우리 하나님 같은 반석도 없으심이니이다 심히 교만한 말을 다시 하지 말 것이며 오만한 말을 너희의 입에서 내지 말지어다 여호와는 지식의 하나님이시라 행동을 달아 보시느니라 용사의 활은 꺾이고 넘어진 자는 힘으로 띠를 띠도다 풍족하던 자들은 양식을 위하여 품을 팔고 주리던 자들은 다시 주리지 아니하도다 전에 임신하지 못하던 자는 일곱을 낳았고 많은 자녀를 둔 자는 쇠약하도다 여호와는 죽이기도 하시고 살리기도 하시며 스올에 내리게도 하시고 거기에서 올리기도 하시는도다 여호와는 가난하게도 하시고 부하게도 하시며 낮추기도 하시고 높이기도 하시는도다 가난한 자를 진토에서 일으키시며 빈궁한 자를 거름더미에서 올리사 귀족들과 함께 앉게 하시며 영광의 자리를 차지하게 하시는도다 땅의 기둥들은 여호와의 것이라 여호와께서 세계를 그것들 위에 세우셨도다 그가 그의 거룩한 자들의 발을 지키실 것이요 악인들을 흑암 중에서 잠잠하게 하시리니 힘으로는 이길 사람이 없음이로다 여호와를 대적하는 자는 산산이 깨어질 것이라 하늘에서 우레로 그들을 치시리로다 여호와께서 땅 끝까지 심판을 내리시고 자기 왕에게 힘을 주시며 자기의 기름 부음을 받은 자의 뿔을 높이시리로다 하니라"(삼상 2:1–10).

여기 보면 "풍족하던 자들은 양식을 위하여 품을 팔고 주리던 자들은 다시 주리지 아니하도다" 하면서 하나님 앞에서 역전이 일어납니다. 이것이 마리아 노래의 신학입니다.

## 마리아 노래에 해당하는 것들

이런 관점으로 성경을 보면 마리아 노래에 해당하는 것이 많이 나옵니다. 마리아의 노래나 한나의 노래뿐 말고도 많습니다.

## 믿음의 조상들은 애 못 낳는 여자들에게서 우여곡절 끝에 태어난다

이것이 그 유명한 '믿음의 어머니들의 불임성 신학'입니다. 그 당시 구약에서 애 못 낳는 여인들은 여자 축에도 못 들어갔습니다.

요즘엔 아이 낳는 것을 기피하는 풍조라 괜찮지만, 옛날에는 여인이 시집가서 애를 못 낳으면 그것처럼 비참한 게 없었습니다. 절망 그 자체의 인생을 살아야 했습니다. 한나의 그 애끓는 절절한 심정을 보십시오.

그런데 그런 비참한 여인들이 절망할 때 하나님께서 주셔서 태어나는 게 믿음의 조상들입니다. 낮은 자를 높이시는 하나님입니다.

사라는 아기를 그 전부터도 기다렸겠지만, 하나님의 약속을 들은 후 적어도 25년 동안 기다렸습니다. 리브가도 결혼하고 20년 동안 기다렸습니다. 제가 볼 때 참 감사한 것은 사라가 25년 기다려서 이삭을 낳았으니 망정이지, 그 성격에 만약 자기는 쑥쑥 낳는데 며느리는 20년 동안 애 못 낳았으면 고부 간의 갈등이 엄청났을 것입니다. 시어머니와 며느리가 동병상련이어서 다행이었습니다.

라헬도 아이를 못 낳아 얼마나 고생을 했습니까? 그러다 결국 낳은 게 요셉 아닙니까?

삼손의 어머니도 애를 못 낳다가 낳은 것이고, 한나도, 엘리사벳도 마찬가지였습니다. 하여간 성경은 '믿음의 어머니들의 불임성 신학'이 관통하고 있습니다.


## 하나님은 장자보다 둘째나 막내를 들어 쓰신다

이것 또한 그 유명한 '둘째 아들 신학'입니다. 옛날에 장자는 모든 것을 가진 사람이었습니다. 아무리 형제가 많아도, 재산 분배할 때 다른 형제의 2배를 상속받았습니다. 그래서 제가 보면 장자 신드롬이라는 게 있습니다. 장자들은 대개 우유부단합니다. 그냥 손 놓고 있는 경향이 있습니다. 자기가 결정하거나 책임을 안 져도 남들이 다 해결해 주기 때문입니다.

둘째들은 '모' 아니면 '도'입니다. 자기가 나서서 하지 않으면 들어오는 게 없으니까 일단 해보는 것입니다. 그런데 하나님은 오히려 그렇게 낮은 자를 들어 쓰실 때가 많습니다.

그래서 가인과 아벨의 경우 가인보다는 아벨을 쓰셨고, 에서와 야곱 가운데서도 야곱을 택하셨습니다. 요셉도 열한 번째 아들이었습니다. 므낫세와 에브라임의 경우에도 에브라임이 동생인데 에브라임을 더 크게 쓰셨습니다(창 48:18-19). 아론과 모세도 모세가 동생인데 아론 대신 쓰임 받습니다. 다윗도 여덟 아들 중 막내에 해당합니다.

### 이스라엘을 택하신 것도 마리아의 노래 신학이다(신 7:6-7)

"너는 여호와 네 하나님의 성민이라 네 하나님 여호와께서 지상 만민 중에서 너를 자기 기업의 백성으로 택하셨나니 여호와께서 너희를 기뻐하시고 너희를 택하심은 너희가 다른 민족보다 수효가 많기 때문이 아니니라 너희는 오히려 모든 민족 중에 가장 적으니라"(신 7:6-7).

너희를 택한 이유가 수효가 많아서가 아니라 오히려 제일 적기 때문이라는 것입니다. 이것 역시 '마리아 노래의 신학'입니다. 주변의 그 쟁쟁한 강대국인 애굽, 바벨론은 다 놔두고 조그마한 이스라엘을 택하신 하나님이십니다. 더구나 이스라엘은 애굽의 노예였지 않습니까? 한민족도 소망이 있습니다.

예수님의 족보에 나오는 다섯 여인은 다 과거가 복잡하고 기구한 여인들이다(마 1:3, 5, 6, 16)

예수님같이 훌륭한 분의 족보에 여자가 딱 5명 나오는데 그들은 하나같이 '과거를 묻지 마세요'형의 여인들입니다. 어떻게 이럴 수가 있는지 참 신기할 따름입니다. 대개 왕들의 족보를 쓸 때는 좋은 것만 쓰잖습니까? 그런데 좋은 얘긴 다 빠지고 정말 문제가 많은 여인들 5명만 딱 열거했습니다.

**• 다말: 청상과부로 시아버지를 통해서 아이를 낳은 여자**

운명이 기구하기로 따지면 이 여자를 당할 사람이 없습니다. 성경에서 다말이라는 이름을 가진 사람은 대부분 기구한 것 같습니다(압살롬의 여동생 이름도 다말이었습니다). 다말이 잘못한 것은 아니지만 사실 부끄러운 이야기입니다. 시아버지를 통해 아이를 낳아야 했으니 말입니다. 그런데 그 방법밖에는 다른 길이 없었습니다.

**• 라합: 여리고의 기생(창녀)**

라합의 집이 성문에 있는 것은 그 당시 술집들은 다 성벽에 있었기 때문입니다. 그래서 창이 밖으로 나 있다는 지리적 이점이 있었습니다. 밖으로 줄을 내려 사람을 탈출시킬 수 있었습니다.

**• 룻: 모압(이방) 여인, 청상과부**

그 당시 자녀가 없는 과부들은 여인 중 가장 비참한 여인이었습니다. 현실적으로나 경제적으로나 여러 가지 면에서 혼자 감당하기 너무 힘든 처지에 있는 사람들이었습니다. 그런데 하나님은 그런 사람들을 들어 쓰십니다.

**• 우리아의 아내(밧세바): 말할 필요가 없이 기구한 여인**

밧세바는 정말 불쌍한 여자입니다. 남편이라고 있는 우리아는 완전히 일밖에 모르는 사람이었습니다. 전쟁 갔다가 왔으면 집에 가서 자야지, 성문에서 병사들과 같이 자는 사람이 어디 있습니까? 저는 다윗도 문제지만 우리아도 좀 문제가 있다고 봅니다. 자신 때문에 남편을 죽게 하고 다윗 왕의 아내가 되지만, 그녀의 이름은 여전히 우리아의 아내로 나옵니다.

• 마리아: 나사렛 최대 스캔들의 주인공

요즘 같으면 모르겠지만, 옛날엔 어디 다니다 돌 맞을 만한 사고를 친 것이었습니다. 생각해 보세요. 정혼한 단계에서 애를 낳다니요. 남편이 받아 주었으니 망정이지 말도 안 되는 일이었습니다. 또 다들 수군거리니 제대로 밖에 나가지도 못했을 것입니다.

하나님께서 이처럼 복잡한 여인들을 택하신 것은 하나님의 역사는 그런 여인들을 통해 이루어진다는 것을 보여 주기 위해서였습니다.

**구원의 도구로 십자가를 사용하신 것도 마리아 노래 신학이다**(고전 1:20-24)

십자가는 인류 최악의 형틀이었습니다. 십자가가 고상하다구요? 당시 십자가처럼 처참한 형틀도 없었습니다. 키케로는 "교양 있는 로마 시민은 십자가라는 말을 입에 올리지도 말아야 한다"고 할 정도였습니다.

그런데 그 정도로 추악한 형틀이 '구원의 도구'로 사용된 것입니다. 그래서 우리 신앙에서 십자가를 들이대면 안 통하는 것이 없습니다. 죄를 이기는 데도, 갈등을 이기는 데도, 깨끗하게 하는 데도 십자가가 필요합니다. 십자가는 사실 어떤 면에서 만병통치약입니다. 놀라운 능력, 거룩한 능력입니다.

신앙은 똑똑하고 잘난 사람의 전유물이 아닙니다. 연약함이 오히려 은혜가 되는 것이 신앙입니다. 연약할수록 은혜가 더 하고, 내게 약한 부분이 있다는 것이 은혜가 임할 기회가 되기에 우리의 신앙은 너무도 소중합니다.

일본과 한국을 비유하면, 한국은 급속히 복음화가 됐지만 일본은 그렇지가 못했습니다. 그것은 일본의 경우 위로부터 복음이 들어갔기 때문입니다. 영주 같은 높은 자리에 있는 강자들이 복음을 정치적으로 받아들여 포교를 했기 때문에 천주교이기는 하지만 기독교 신앙이 제대로 전파가 안 된 것입니다.

그런데 한국은 복음이 약한 자들에게 먼저 들어갔습니다. 그 당시 제일 약한 자들은 서민들이었습니다. 특히 여자들 말입니다. 그들이 예수를 믿어 이 땅의 복음화가 순조로울 수 있었습니다. 우리나라 여인들의 신앙은 정말 대단했습니다. 진짜 연약하고 눌려 있던 사람들이었기 때문에 그들에게 신앙은 절실한 그 무엇이었습니다. 남편의 반대와 수모는 물론 엄청난 구타까지도 참아 내며 그들은 신앙을 붙들고 모진 삶을 살아냈습니다.

신앙이 들어오던 당시 우리나라는 역사상 가장 어두웠던 때를 맞고 있었습니다. 일제의 침략이 서서히 고개를 들던 구한말, 그때는 한 번 흉년 들면 50만 명씩 굶어 죽었습니다. 나라는 무너질 대로 무너지고 부패와 타락은 말도 못할 정도였습니다. 그 암흑 같은 상황 속에서 복음이 빛을 발한 것입니다. 십자가가 그런 의미에서 구원의 틀이 되었습니다. 그래서 우리의 신앙은 마리아 노래의 신앙입니다. 낮아짐으로 높아진 역설의 신앙입니다.

**세상에서 핍박받고 고난당한 자들이 천국에서 높임 받는다(계 7:14-17)**

이 사실을 믿습니까? 우리의 신앙은 역전의 신앙입니다. "여기서 고난당하고 어려움 당해도 하나님 앞에 높임을 받는다"는 것이 우리 신앙의 핵심입니다.

여기서 한 가지를 더 덧붙여 볼까요? 출애굽기 5장 3절을 보면 "히 브리인의 하나님"이라는 말이 나옵니다. 그런데 '히브리'라는 말의 어 원은 2가지입니다. 하나는 '하비루'라는 바벨론 쪽 어원이고, 또 하 나는 '입부르'라는 애굽 쪽 어원입니다. 하비루는 바벨론에서 인간 축 에 못 들어가는 천민 노동자를 가리키는 말이고, 입부르는 애굽의 채 석 노동자 아니면, 큰 돌을 운반하다가 깔려 죽는 것, 혹은 광야에 살 면서 무법자처럼 헤매는 비천한 유목민을 가리킵니다. 어쨌든 둘 다 입에 올렸다 하면 봉변당하기 딱 좋은 단어였습니다.

그런데 하나님은 스스로를 "히브리인의 하나님"이라고 하십니다. 여기서도 일종의 '마리아 노래' 신학을 발견하게 됩니다.

무엇보다도 예수 그리스도의 삶 자체가 마리아 노래의 신학입니다 (빌 2:5-11). 예수님은 스스로를 낮추고 낮추고 또 낮추시어 마침내 하 나님께서 그를 높이셨습니다.

- **예수 그리스도의 낮아지심**: 하늘 보좌 → 이 땅 → 이 땅 가운데 마구 간 → 가장 처참한 십자가에서 죽음
- **하나님께서 높이심**: 죽음 → 살리심 → 승천 → 하나님 보좌 우편

그러므로 우리 신앙의 삶은 바로 마리아 노래 신학입니다. 은혜를 체험하고 싶습니까? 그러면 자신의 낮고 비천한 실존을 깨달으십시 오. 하나님께서 높이실 줄로 믿습니다.

연약함이 오히려 은혜가 되는 것
이 신앙입니다. 연약할수록 은혜
가 더 하고, 내게 약한 부분이 있
다는 것이 은혜가 임할 기회가 되
기에 우리의 신앙은 너무도 소중
합니다.

**I 결론**

# 말씀이
# 나를 변화시킵니다

가만히 눈을 감아 보십시오.

가슴 벅찬, 진한 감동이 몰려오지 않습니까?

축하합니다.

저도 이렇게 기쁜데 하나님의 마음은 어떠하시겠습니까?

이렇게 성경 탐구를 끝내고 나면 결국 우리는 내가 성경을 정말 모른다는 사실을 확인하게 됩니다. 그리고 말씀을 더 사모하고 읽고 싶은 마음이 생겼을 것입니다. 지금부터가 시작입니다.

이제까지 배운 성경의 구조와 흐름의 맥을 가지고 하나님의 말씀을 매일 묵상하면 그 기쁨이 더할 것을 확신합니다.